GUERRE DE 1870-1871

CHALONS ET BEAUMONT

7 AOUT — 30 AOUT 1870

avec trois cartes des opérations militaires

PAR

ALFRED DUQUET

PARIS
BIBLIOTHÈQUE-CHARPENTIER
EUGÈNE FASQUELLE, ÉDITEUR
11, RUE DE GRENELLE, 11

1912

GUERRE DE 1870-1871

CHALONS ET BEAUMONT

OUVRAGES DU MÊME AUTEUR

DANS LA BIBLIOTHÈQUE-CHARPENTIER
à 3 fr. 50 le volume.

La Guerre d'Italie (1859), avec 8 cartes des opérations militaires . . . . 1 vol.
Fræschwiller, Châlons, Sedan, avec 5 cartes des opérations militaires (*Épuisé*) . . . . 1 vol.
Fræschwiller, avec 3 cartes des opérations militaires. 1 vol.

METZ

Les Grandes Batailles, avec 5 cartes des opérations militaires . . . . 1 vol.
Les Derniers Jours de l'Armée du Rhin, avec 2 cartes des opérations militaires . . . . 1 vol.

PARIS

OUVRAGES COURONNÉS PAR L'ACADÉMIE FRANÇAISE, PRIX BERGER

Le Quatre-Septembre et Châtillon, avec 4 cartes des opérations militaires. . . . . 1 vol.
Chevilly et Bagneux, avec 2 cartes des opérations militaires . . . . 1 vol.
La Malmaison, Le Bourget et le Trente-et-un-Octobre, avec 2 cartes des opérations militaires, 1 plan de l'Hôtel de Ville et 1 fac-similé. . . . . . 1 vol.
Thiers, le Plan Trochu et L'Hay, avec 1 carte des opérations militaires. . . . . 1 vol.
Les Batailles de la Marne, avec 5 croquis et 1 carte des opérations militaires. . . . . 1 vol.
Second Échec du Bourget et Perte d'Avron, avec 3 cartes des opérations militaires. . . . . 1 vol.
Le Bombardement et Buzenval, avec 2 cartes des opérations militaires. . . . . 1 vol.
La Capitulation et l'Entrée des Allemands . . . 1 vol.

La Victoire à Sedan, avec 4 cartes des opérations militaires. Témoignage préliminaire par JULES CLARETIE, de l'Académie française. (Albin Michel, édit.). . . . . 1 vol.
La Faillite du Cuirassé (Chapelot, édit.). . . . . . . 1 vol.

Paris. — L. MARETHEUX, imprimeur, 1, Cassette. — 11687.

GUERRE DE 1870-1871

CHALONS ET BEAUMONT

7 AOUT — 30 AOUT

avec trois cartes des opérations militaires

PAR

ALFRED DUQUET

PARIS

BIBLIOTHÈQUE-CHARPENTIER

EUGÈNE FASQUELLE, ÉDITEUR

11, RUE DE GRENELLE, 11

1912

Tous droits réservés.

IL A ÉTÉ TIRÉ DE CET OUVRAGE :

10 exemplaires numérotés sur papier de Hollande.

CHALONS ET BEAUMONT

L'ŒUVRE DE L'OPPOSITION

Moins de trois semaines après la déclaration de guerre, l'armée française avait été trois fois battue : à Wissembourg, à Forbach, à Frœschwiller ; la campagne s'ouvrait par de retentissants triomphes germains.

Comment ces effroyables catastrophes avaient-elles pu s'abattre sur notre malheureux pays ? Certes, nous l'avons déjà souvent écrit, Napoléon III, incapable et bon, socialiste rêveur et fantasque, doux *carbonaro* couronné, avait eu la faiblesse de céder aux objurgations, aux menaces de l'Opposition, de ne pas exiger le vote intégral des lois proposées par l'illustre maréchal Niel et de se lancer dans une guerre formidable sans préparation, sans but, sans plan stratégique mûrement étudié (1). L'Empereur est donc responsable

---

(1) Voir *Frœschwiller*, par Alfred Duquet; Paris, Bibliothèque-Charpentier, 1909; *passim*. Nous rappelons cependant que nous eussions été victorieux quand même si nous avions eu, à la tête de nos armées, des généraux même médiocres, et non Le Bœuf, Mac-Mahon et Bazaine. (Voir nos ouvrages sur la guerre, *passim*.)

des désastres de Lorraine et d'Alsace, car, avec un peu de perspicacité, un peu de bon sens, il aurait pu les conjurer ; mais, s'il en est responsable, pour sa lourde part, il n'est pas cependant le seul à porter le poids de nos malheurs ; il est d'autres gens, des politiciens, qui sont encore plus coupables que lui et auxquels on a le droit, le devoir de reprocher, non leurs fautes, mais leurs crimes, puisqu'ils les ont commis en connaissance de cause, dans un intérêt personnel, afin de ménager, d'entretenir leur popularité, d'assurer leur réélection, dût la France en souffrir, en mourir !

« Dans l'été de 1866, a écrit M. Henry Houssaye, membre de l'Académie française, peu après la campagne de Bohême dont le résultat avait été si imprévu et le succès si foudroyant, Napoléon III voulut mettre la France en état de lutter contre la Prusse. (Il n'entre pas dans le sujet de cet article de déterminer si l'Empereur, par sa politique des nationalités, n'avait pas contribué à faire tirer du fourreau cette épée des Hohenzollern dont il voyait désormais la pointe se tourner vers le Rhin.) Une commission fut instituée au ministère de la Guerre. Dès la fin de l'année, elle avait achevé son œuvre. La commission proposait un appel de 160 000 hommes, dont 80 000 pour l'armée active et 80 000 pour la réserve, et la création d'une garde nationale mobile astreinte, en temps de paix, à un rassemblement annuel de vingt jours dans des camps d'instruction et assimilée, en temps de guerre, aux troupes de ligne. Si ce projet avait été adopté, on aurait eu sous les armes, quinze jours après une déclaration de guerre, 1 232 000 hommes, tous exercés.

« Avant même que le projet du maréchal Niel fût déposé, les journaux le déclarèrent ««impitoyable»» et ««ruineux»» et, argument au moins imprévu contre une loi qui obligeait tous les citoyens à servir en temps de guerre, sans faculté de remplacement, ««antidémocratique»» et ««antiégalitaire»». Cette campagne de la presse fit augurer mal des dispositions du Parlement. Chez le souveverain et dans ses conseils, il n'y avait plus de volonté; il n'y avait plus que des velléités. Troublé par l'opposition des journaux, le Gouvernement n'osa pas soumettre au Corps législatif le projet du ministre de la Guerre avant de l'avoir fait modifier par le Conseil d'Etat. Considérablement amendée ensuite par une commission de la Chambre, la loi militaire, quand elle vint en discussion, n'était plus la sauvegarde qu'avait rêvée le maréchal Niel. La Garde mobile ne devait plus être exercée que quelquefois, quand on pourrait, et jamais plus de douze heures de suite; et, au lieu de 1 232 000 hommes, le Gouvernement en demandait seulement 600 000. C'était encore trop au sentiment de beaucoup de députés (1). »

Après avoir cité les criminelles déclarations de MM. Jules Simon, Ernest Picard, Jules Favre, Garnier Pagès, que nous avons déjà transcrites dans les volumes précédents (2), M. Henry Houssaye ajoute :

« Le colonel Réguis, député de la majorité, émit cet avis : ««Il vaut mieux conserver la loi actuelle et, en cas de guerre, faire des appels extraordinaires. *Comme entre la déclaration de guerre et le commencement des hostilités, on aura toujours deux ou trois mois devant soi*, cela suffira pour opérer les réquisitions et instruire les appelés. »»

---

(1) *L'Echo de Paris*, n° du 6 février 1900.
(2) *Metz, Les Derniers Jours de l'Armée du Rhin*, par Alfred Duquet; Paris, Bibliothèque-Charpentier, 1888; p. 115, note 1. — *Paris, Le Quatre-septembre et Châtillon*, par Alfred Duquet; Bibliothèque-Charpentier, 1890; pp. 140 à 142 et 145. — *Frœschwiller*, par Alfred Duquet, pp. 51 à 54.

« De même que les rois d'Yvetot, le colonel Réguis est peu connu dans l'histoire militaire. C'est injuste. Par cela seul qu'il a formulé cette maxime, que, «« entre la déclaration de guerre et le commencement des hostilités, on a toujours deux ou trois mois devant soi »», il mérite de prendre rang comme théoricien de la guerre, près de Jomini, de Clausewitz et de von der Goltz.

« Je m'arrête, mais combien il y aurait à prendre encore dans les longues colonnes du *Moniteur*! Et cette parole du baron de Janzé : «« Il faut désarmer. Si la guerre éclate, vous demanderez des soldats à la Chambre, et, alors, on vous en donnera deux millions, s'il le faut. »» Et cet argument de Thiers : «« On vous disait l'autre jour que différentes puissances peuvent mettre (en ligne) 1 200 000, 1 300 000, 1 500 000 hommes. Eh bien, ces chiffres-là sont parfaitement chimériques... Il ne faut pas se fier à cette fantasmagorie de chiffres... Ce sont là des fables qui n'ont jamais eu aucune espèce de réalité... Donc, qu'on se rassure : notre armée (telle qu'elle est) suffira pour arrêter l'ennemi. Derrière elle, le pays aura le temps de respirer et d'organiser tranquillement ses réserves. »» Et cette phrase de Jules Favre, qui a fait tant de phrases : «« Nous ne voulons pas que la France, au lieu d'être un atelier, ne soit plus qu'une vaste caserne »» ; à quoi le maréchal Niel répliqua : «« Prenez garde d'en faire un vaste cimetière ! »»

« Et l'on disait encore : «« La vraie frontière c'est le patriotisme. »» — «« Les armées permanentes sont jugées et condamnées. »»

«« Ce sont les principes et non les armées qui rendent les nations invincibles. »» — «« Le seul moyen d'assurer la paix, c'est de réduire l'effectif. »» — «« La force matérielle n'est rien, il n'y a que la force morale. »»

« En vérité, à entendre ces théories de songe-creux, ces graves niaiseries, ces pompeuses sornettes, ces billevesées sublimes, on devait se demander si l'on se trouvait au Corps législatif ou au théâtre du Palais-Royal, ou encore si n'étaient pas furtivement montés à la tribune les hommes d'État funambulesques de la *Grande Duchesse de Gérolstein*.

« En 1868 et 1869, le maréchal Niel dut encore lutter sans succès contre les mauvaises dispositions de la Chambre. On réduisit de 110 millions à 36 le crédit pour les places fortes, de 144 millions à 113 le crédit pour la transformation des fusils, de 13 millions à 3 le crédit pour l'augmentation du matériel d'artillerie. On exigea la suppression de 4 escadrons de cavalerie de la Garde, le renvoi chez les cultivateurs de 3 000 chevaux d'artillerie. Au lieu de 14 millions, on en donna 5 pour la Garde mobile. En 1870, ce crédit fut même réduit à 2 millions. Enfin, le 1ᵉʳ juillet 1870 (quinze jours avant la déclaration de guerre), la Gauche déposa un amendement portant réduction du contingent à 80 000 hommes ; et Jules Favre, qui n'était pas un prophète, s'écria : «« Est-ce que les quarante millions d'Allemands songent à nous attaquer ? »»

« D'ailleurs, à Bordeaux, le 1ᵉʳ mars 1871, ledit Jules Favre et Jules Simon et Ernest Picard, et tous, votèrent sans nul scrupule la déchéance de Napoléon III, «« comme responsable de la ruine, de l'invasion et du démembrement de la France »». Mais l'Histoire dira, comme elle a déjà dit, que les députés qui avaient combattu avec tant de passion ou tant d'imbécillité la grande réforme militaire du maréchal Niel, eurent aussi leur part

1.

de responsabilité dans les désastres des armées impériales (1). »

Nous-même, un an plus tard, après avoir rappelé nos citations du *Journal officiel*, que nous avions relevées dans le compte rendu sténographique de la Chambre des Députés et insérées dans *Les Derniers Jours de l'Armée du Rhin*, parus en 1888, nous terminions un article par ces mots :

« Dans tout autre pays que le nôtre, des hommes qui auraient à leur compte un pareil passif, qui auraient amené l'invasion, la ruine, la mutilation de leur patrie, seraient un objet d'horreur pour leurs concitoyens; les malédictions pleuvraient sur leurs têtes; en France, on a changé tout cela : nous les nommons ministres, nous plaçons leurs rejetons dans des sinécures et nous assurons à leurs épouses des retraites auxquelles elles n'ont aucun droit (2). »

Oui, Français et étrangers ont toujours sous les yeux le scandale de la statue d'un Jules Simon, qui appuya la proposition de M. Ernest Picard réclamant « la suppression de l'armée permanente et son remplacement par des gardes nationaux astreints à faire le service les premier et

---

(1) *L'Echo de Paris*, n° du 5 février 1900. — « En marchandant au Gouvernement les forces militaires qu'il réclamait, le Corps législatif a préparé nos défaites de 1870, et ce sera pour moi un éternel regret d'avoir émis, dans des conditions aussi graves, un vote d'opposition. » (Alfred Darimon, ancien député de la Seine; *Notes pour servir à l'histoire de la guerre de* 1870; Paris, Paul Ollendorff, 1888; p. VIII.) — *Ibid.*, p. IX. — « La France, qui est le principal champ d'action des pacifistes, en a fait la douloureuse expérience. Car nos désastres de 1870-1871 sont imputables autant à l'insuffisance d'une administration qui n'avait rien su prévoir qu'à la suffisance des rhéteurs écervelés qui nous adjuraient de réduire notre armée pour «« déclarer la paix au monde »» et «« la guerre à la guerre »». Et cette terrible leçon n'a pas fait taire les bavards ! » (Georges Deherme, *La Coopération des Idées*, n° du 16 février 1912, p. 241.)

(2) *La Patrie*, n° du 20 mars 1901.

troisième dimanches de chaque mois et à passer, tous les six ans, trente jours dans un camp »; d'un Jules Simon qui affirmait que, « avec ce système, on aurait de meilleurs tireurs et des hommes plus aguerris qu'avec le dur système de cinq ans du service actif »; d'un Jules Simon qui, ce jour-là, achevait son détestable discours par ces mots : « Nous voulons une armée de citoyens, non de soldats, une armée qui soit invincible chez elle et hors d'état de porter la guerre au dehors... Il faut faire disparaître l'excessive discipline qui tue le citoyen dans le soldat... Le militarisme est la plaie de l'époque... Il n'y a pas d'armée sans esprit militaire, me dit-on. Alors nous voulons une armée qui n'en soit pas une. »

La mémoire de pareils hommes devrait être en exécration dans un pays capable de se souvenir, de penser, de sentir, de prévoir; non, on passe, indifférent, à côté du bloc de marbre blanc représentant le rhéteur en redingote; ses successeurs au Palais-Bourbon, imitant sa conduite, s'épuisent en surenchères parricides et préparent, à son exemple, l'asservissement de la nation!

Cependant il semblait, quelques mois avant la guerre, que M. Jules Favre pressentait l'orage : fatigué, désillusionné, meurtri par les attaques dont il était l'objet, il se laissait aller à la désespérance, ainsi qu'en témoigne la lettre que l'on va lire.

En ce temps-là, nous étions une douzaine de jeunes gens faisant leur droit : Maurice Le Cointe, plus tard avocat à la Cour de cassation; Léon Bourgeois, le futur diplomate de la Haye, Gustave Ollendorff, mort directeur au ministère du Commerce; Marcel Girette, aujourd'hui percepteur à Paris; Camille de Pommayrac, que le tremblement de terre de Messine a enseveli sous ses ruines;

Charles Lefebvre, fondateur de *La Marmite*; Adolphe Cohn, parti comme professeur aux États-Unis, etc., etc. Nous voulions fonder une conférence et, selon l'usage, lui donner un nom ronflant. Sur les conseils d'Ollendorff et de Cohn, on choisit Jules Favre et nous lui demandâmes son agrément. Il nous répondit par cette lettre :

« *Messieurs Alfred Duquet et Adolphe Cohn.*

« Chers Messieurs,

« Vous me faites un honneur que je ne mérite pas, et vous m'obligeriez vraiment en prenant un nom plus autorisé que le mien pour patron de vos travaux. J'ai pu avoir la bonne fortune de rendre quelques services. On m'en a trop bien récompensé, et maintenant on me le ferait payer par un peu de sévérité qu'il n'y aurait pas de mal. Je ne ferais pas, je vous le jure, un pas pour conserver ce qu'on voudrait me disputer. Le moment me paraît donc mal choisi pour faire de ma personnalité une tête de colonne. Je suis et demeurerai jusqu'à la fin très dévoué aux intérêts de la jeunesse, mais je la prie en grâce de tourner la voile au vent populaire, et de laisser sur la rive *celui dont le vieil esquif n'attend plus que le grain qui le mettra à la côte.*

« Recevez, chers Messieurs, l'expression de mes bien affectueux sentiments,

« Jules Favre.

«« Royan-sur-mer, 16 octobre 1869. »

Jules Favre croyait à un « grain » et le redoutait. Quelle eût été sa terreur s'il avait deviné que ce n'était pas un simple coup de vent, mais un cyclone épouvantable, une tempête comme la France n'en avait jamais été secouée jusque dans ses entrailles, qui allait s'abattre sur le pays, et que ce serait lui qui tiendrait la barre du gouvernail durant l'horrible déchaînement d'une guerre atroce !

Nous ne nous serions pas ainsi étendu sur l'attitude misérable du parti républicain de 1868 à 1870, si l'Histoire n'était pas la grande éducatrice des peuples ne voulant pas mourir ; si ces leçons de choses n'enseignaient pas aux citoyens que la liberté est la récompense du mépris de la mort, du dévouement à la patrie ; si, aujourd'hui, les tendances de la majorité du Parlement, celle qui fait les lois, par conséquent le bien et plus souvent le mal, n'étaient pas celles de l'opposition à l'Empire, avant la guerre ; si la surenchère électorale, les flatteries au peuple souverain, aveugle, ignorant, friand de jouissances immédiates, ne s'étaient pas multipliées dans des proportions telles que l'armée, c'est-à-dire la France, est sacrifiée aux appétits des Homais du Palais-Bourbon.

Or, c'est par leur armée que les nations se régénèrent, qu'elles vivent ou qu'elles meurent. Le commerce, l'industrie, les sciences, les arts, la littérature ne sont que les conséquences de la puissance militaire qui les engendre tous en leur donnant la force et la vigueur ; les lâches ne sont bons à rien.

Est-ce que, en dépit de ses immenses richesses, la précarité de la situation de la France ne résulte pas de la faiblesse de ses moyens de combat ? Est-ce que la prospérité du Japon actuel n'est pas la suite naturelle de ses dernières victoires ? Est-ce que la puissance industrielle et commerciale de l'Allemagne n'est pas née de sa puissance militaire ?

« Dis-moi quelle est ton armée, je te dirai qui tu es. »

APRÈS LA DÉFAITE

CHUTE DU MINISTÈRE OLLIVIER

Nous avons raconté l'effet produit, à Metz, par les deux défaites de Frœschwiller et de Forbach, par le départ de Napoléon III pour le camp de Châlons (1).

A Paris, le terrible contre-coup s'en fit également sentir : il entraîna la chute du ministère Emile Ollivier, la débâcle de l'Empire libéral dont ce ministre, grand orateur, essayait, avec les illusions du parlementaire, de doter la France.

Le jour de la déclaration de guerre, « la confiance de la France était entière, absolue (2) ». Les victoires de Crimée, d'Italie avaient grisé la nation. On ne se rappelait que les triomphes du Premier Empire sans se souvenir de Leipzig et de Waterloo. On regardait l'armée française comme invincible. Enfin, on ne craignait pas une défaite, car, s'il n'avait pas été sûr de lui, le Gouvernement n'eût pas manqué de négocier jusqu'à complète préparation, n'eût pas lui-même mis le feu aux poudres en rappelant son ambassadeur à Berlin.

---

(1) *Metz, Les Grandes Batailles*, par Alfred Duquet; Paris, Bibliothèque-Charpentier. 1888; *passim*.
(2) *Histoire de Quatre Ans (1870-1873)*, par Théodore Duret; Paris, Georges Charpentier, 1876; t. I, p. 237.

Mais la presse commence son œuvre néfaste; les nouvelles les plus fantaisistes, les plus fausses sont jetées, à défaut des faits certains, en pâture aux lecteurs affamés. Tout à coup, les journaux annoncent le revers de Wissembourg. Cette douche, répandue sur des gens échauffés par la joie d'un triomphe facile et certain, glace les plus ardents partisans de la guerre; les gens sérieux font de tristes réflexions, l'optimisme est remplacé par le doute.

Un matin, le 6, les journaux paraissent, contenant la nouvelle d'une « grande victoire ». Les drapeaux garnissent toutes les fenêtres; on ne s'aborde que le visage radieux, fier de la bravoure des soldats, de l'habileté des généraux d'Afrique, de Crimée et d'Italie; c'est un enthousiasme indescriptible, une poussée, un vertige d'orgueil national.

« La joie était immense; sans réserve et sans méfiance, lorsque, le 7 août, au matin, Paris fut réveillé par la nouvelle de la grande victoire de Reichshoffen, car c'est sous ce titre que cette sanglante et héroïque défaite nous fut annoncée (1). »

Hélas! le soir, il fallut déchanter; la « grande victoire » était une manœuvre de nos ennemis : elle n'existait que dans les journaux.

« A 4 heures, lorsqu'on ne peut plus douter de

---

(1) Paul Déroulède, *1870, Feuilles de route*; Paris, Félix Juven; p. 38. — « Le 5 août, une nouvelle fantastique se répand soudainement dans Paris et y produit une émotion indescriptible. On annonce une grande victoire du maréchal de Mac-Mahon : 40 000 prisonniers, parmi lesquels le prince Frédéric-Charles, des drapeaux, des canons, des munitions de toute sorte sont tombés entre les mains des Français. En un clin d'œil, la ville est pavoisée. L'ivresse de l'enthousiasme va jusqu'au délire. » (*Gouvernement de la Défense nationale du 30 juin au 31 octobre*, par M. Jules Favre, de l'Académie française; Paris, Plon, 1871; pp. 29 et 30. — Théodore Duret, t. I, p. 240.) — *Histoire de la guerre franco-allemande*, 1870-1871, par Amédée Le Faure; Paris, Garnier frères, 1875; t. I, p. 146.

la fausseté des bruits de victoire (que l'on croit inventés par les gens de finances), la foule se rue dans l'intérieur de la Bourse, en proférant des menaces contre les boursiers et saccage la corbeille. Le soir, la population, qui avait éprouvé dans cette journée les chocs les plus violents, restait dans une sombre anxiété, et des bandes, se faisant l'écho du désir universel, parcouraient les boulevards en criant : ««Des nouvelles! Des nouvelles! »» et en chantant la *Marseillaise* (1). » La cruelle déception est décuplée, le lendemain matin, et changée en désespoir, en cris de rage, quand arrive la nouvelle, vraie cette fois, des sanglantes défaites de Forbach et de Frœschwiller. Le charme est rompu, l'invincibilité des généraux français s'est envolée au grondement du canon de Lorraine et d'Alsace, ce n'est pas seulement la hideuse déroute qui apparaît aux yeux épouvantés des Français paisibles, c'est l'invasion avec toutes ses horreurs, toutes ses ruines, toutes ses rouges tueries!

Voici comment nous avons noté nos impressions de cette journée :

« Je me rappellerai toujours le coup que je reçus en lisant l'horrible dépêche. J'avais, fébrilement, ouvert le journal, car je voyais autour de moi des visages consternés et j'entendais des exclamations de désespoir. A la constatation de l'effroyable réalité, il me sembla que des tenailles géantes m'avaient saisi le cœur et le tordaient à le broyer. Ma respiration s'arrêtait, reprenait, et, lâchement, je me mis à pleurer : j'avais compris que ma patrie, ma chère France, dont j'étais si fier, était frappée à mort! »

A la Cour, l'impression n'est pas moins terrible. L'Impératrice quitte, à la hâte, le château de Saint-

---

(1) Théodore Duret, t. I, pp. 240 et 241.

Cloud et rentre aux Tuileries. L'amiral Jurien de la Gravière l'y trouve, « anéantie, sans larmes et sans voix, à côté de ses nièces qui pleurent (1) ». L'amiral n'ose prononcer un mot. « Elle lui tend un papier sur lequel le chambellan de service vient de transcrire les premières phrases d'une dépêche chiffrée : «« Toute l'armée est en déroute; il faut élever notre courage à la hauteur des circonstances. »» Tandis que l'amiral lit, terrifié, M. de Cossé-Brissac rentre et déchiffre, à haute voix, la dernière phrase : «« Tout peut encore se réparer. »» A ces mots, l'Impératrice tombe à genoux et les larmes, jusque-là contenues, inondent son visage (2). »

Les amis du Pouvoir, les fonctionnaires semblent perdre la tête : aucune résolution n'est prise, aucune des mesures indiquées par les circonstances n'est proposée. La foule, soulevée par les ennemis de l'Empire, trop heureux de l'abominable aubaine, pousse des cris de révolte. Un rien suffirait à la jeter contre les Tuileries. M. Emile Ollivier, rentrant à pied, au ministère de la Justice, place Vendôme, est insulté, menacé. De jeunes attachés le sauvent à grand'peine (3).

« Les mouvements tumultueux, qui avaient commencé après Wissembourg, se reproduisent et prennent un caractère d'hostilité politique. Le dimanche et le lundi, des rassemblements menaçants s'étaient formés et avaient parcouru les boulevards en réclamant des armes. La police, la cavalerie avaient dû charger, après sommation au

---

(1) Pierre Lehautcourt (général Palat); *Histoire de la guerre de 1870-1871*; Paris. Berger-Levrault, 1909; 1ʳᵉ partie, t. IV. p. 6.
(2) Mᵐᵉ Carette, née Bouvet, *Souvenirs intimes de la Cour des Tuileries*, t. II, p. 44. Cité par le général Palat. 1ʳᵉ partie, t. IV, p. 6, note 3. — « Dans les sphères officielles, l'émotion fut extrême. » (Amédée Le Faure, t. I, p. 147.)
(3) Mᵐᵉ Carette, t. II, p. 151.

tambour; des arrestations en grand nombre avaient été opérées (1). » Déjà, « Paris inspirait de vives préoccupations; ce n'était pas sans raison (2) ». L'Impératrice écrivait à l'Empereur : « L'émeute est presque dans la rue (3). »

En province, si l'émotion ne se traduit pas de la même manière, elle n'est pas moindre; les plus dévoués défenseurs de l'Empire n'osent plus parler; le *solus eris* d'Ovide apparaît dans toute sa honteuse vérité. « Si un mouvement, plus apparent que réel, se produit dans le sens de la défense à outrance, de l'armement des gardes nationales, la popularité, qui entourait jadis l'Empereur, disparaît, même parmi les plus conservateurs (4). »

« Dans tous les grands centres de population, on réclamait à grands cris l'armement de la Garde nationale. On annonçait que la Gauche ne se contenterait plus de la formation d'un comité de défense, qu'elle réclamerait la déchéance de l'Empereur. En fait, des demandes de déchéance étaient publiquement signées dans plusieurs villes, notamment à Roanne et à Dijon (5). »

Certes, oui, les républicains n'étaient pas gens à ne pas jouer l'atout que les revers de nos soldats mettaient dans leur jeu. Jules Favre et ses amis de la Gauche vont trouver M. Schneider, président de la Chambre des Députés, et exigent la convocation immédiate du Parlement ainsi que le rappel de Napoléon III à Paris. Devant l'hésitation des

(1) Théodore Duret, t. I, p. 242.
(2) *La Guerre de France, 1870-1871*, par Charles de Mazade ; Paris, Plon, 1875 ; t. I, p. 128.
(3) *Ibid.*, p. 133.
(4) Général Palat, 1re partie, t. IV, p. 7. — *Papiers et Correspondance de la Famille impériale* ; Paris, Imprimerie nationale, 1870 ; t. I, p. 457. — *Souvenirs et Correspondance*, par Mme Octave Feuillet ; Paris, Calmann-Lévy, 1896 ; p. 89.
(5) Alfred Darimon, p. 187. — Voir aussi, *Le Droit* et *La Gazette des Tribunaux* du 2 au 5 novembre 1870.

soutiens du Pouvoir, ils vont tout de suite plus loin : il leur faut la démission du cabinet Ollivier et la déchéance de l'Empire. Le changement du gouvernement en présence de l'ennemi victorieux, quand l'invasion couvre l'est de la France n'effraie pas ces hommes : il leur semble le seul moyen de salut (1). « La vérité est que le Gouvernement n'inspire confiance à qui que ce soit et que le ministère est, le premier, atteint, par ces malheurs, dans sa situation, dans son crédit (2). »

Enfin, selon la bonne doctrine révolutionnaire, Jules Favre « demande formellement que le commandement suprême soit confié à un maréchal choisi par un comité exécutif pris dans la majorité de la Chambre, chargé de nommer de nouveaux ministres et de pourvoir aux mesures de défense (3). »

On voit que, en ce temps-là, les républicains n'allaient pas encore aussi loin que ce ministre de la Guerre qui voulait, en 1911, faire diriger les armées, en pleines hostilités, par le Conseil des ministres et M. Fallières ! Ces gens-là ne supportent pas la pensée du triomphe d'un grand général ; ils repousseraient un succès définitif, des victoires médiocres leur suffiraient. Ils se sentent tellement petits, tellement incapables qu'ils savent leur impossibilité de vivre dans une France redevenue puissante et glorieuse !

« L'immixtion de l'élément civil dans la direction purement militaire de la guerre m'a toujours paru une confusion d'attributions, dont je m'étonne

---

(1) Jules Favre, *Gouvernement de la Défense nationale* du 30 juin au 31 octobre, p. 31.
(2) Charles de Mazade, t. I, p. 131.
(3) Jules Favre, *Gouvernement de la Défense nationale* du 30 juin au 31 octobre, p. 31. — « Le maréchal en question est évidemment Bazaine. » (Général Palat, 1ʳᵉ partie, t. IV, p. 7, note 3.)

qu'un militaire consente à se rendre l'approbateur. Louvois, et, après lui, Louis XIV, dirigèrent, de Versailles, les opérations de généraux tels que Condé, Turenne, Luxembourg ; mais cette direction, rarement utile, fut le plus souvent funeste, et ceux à qui on l'imposait s'ingénièrent toujours à s'en affranchir. Aucun des hommes qui ont illustré l'art de la guerre par leur génie n'a accepté cette tutelle. Bonaparte, alors qu'il avait des supérieurs hiérarchiques, ne souffrit pas que le Pouvoir public s'immisçât dans la conduite de ses opérations et, par sa résistance, s'exposa en plus d'une occasion à être traité de rebelle ; Pélissier, à Sébastopol, ne consentit pas à se soumettre à la direction lointaine de l'Empereur (1). »

En 1870, après le 4 septembre, il fut question de donner un commandement au général de Palikao ; il paraît que Gambetta s'y opposa (2). Aussi bien, le comte de Palikao « n'aurait jamais voulu accepter la responsabilité d'opérations militaires tracées par des hommes étrangers au métier des armes et qui s'étaient improvisés stratégistes en vingt-quatre heures. » (3)

Il est vrai que la façon dont les professionnels venaient de s'acquitter de cette tâche n'était guère encourageante.

Revenons au lugubre mois d'août 1870.

M. Schneider, tout en acceptant la convocation des Chambres, ayant poliment repoussé les autres propositions des députés de l'Opposition, ceux-ci se contentent d'exciter la population contre le Pou-

---

(1) Emile Ollivier, *L'Empire libéral*, Etudes, récits, souvenirs ; Paris, Garnier frères, 1911 ; t. XV, p. 82.
(2) Jules Favre et ses amis voulaient le garder. (*Gouvernement de la Défense nationale* du 30 juin au 31 octobre, p. 61.) — Voir, à ce sujet, *Paris, Le Quatre-Septembre et Châtillon*, par Alfred Duquet, p. 19, note 1.
(3) Déclaration du comte de Palikao.

voir. Quant au président du Conseil, il ne désespère pas et télégraphie à l'Empereur :

Tuileries, 7 août 1870, 9 h. 45, soir.

« L'état de l'opinion publique est excellent. A la stupéfaction, à une immense douleur ont succédé la confiance et l'élan. Le parti révolutionnaire lui-même est entraîné dans le mouvement général. Un ou deux misérables ayant crié «« Vive la République ! »» ont été saisis par la population elle-même. Chaque fois que la Garde nationale sort, elle est acclamée. Ainsi, n'ayez aucune inquiétude sur nous, et ne soyez qu'à la revanche qu'il nous faut. Nous désirons faire tous les sacrifices. Nous sommes tous unis ; nous délibérons avec le Conseil privé dans le plus parfait accord. L'Impératrice est très bien de santé ; elle nous donne à tous l'exemple du courage, de la fermeté et de la hauteur d'âme. Nous sommes plus que jamais de cœur avec vous.

« Emile Ollivier (1). »

Certes, pareille dépêche contenait bien des exagérations : *L'état de l'opinion publique n'était pas excellent.* Le parti révolutionnaire n'avait pas désarmé, au contraire. La Garde nationale avait pu être acclamée, mais c'était dans ses sorties des jours précédents. En réalité, ce télégramme était celui d'un homme obstiné, disposé à lutter jusqu'au bout, qui veut inspirer confiance et qui n'a peint la situation couleur de rose que pour faire comprendre à un empereur malade et indécis qu'il ne devait « être qu'à la revanche ».

Comme nous faisions remarquer à M. Emile

---

(1) *Papiers et Correspondance de la Famille impériale*, t. I, p. 458.

Ollivier, le 1ᵉʳ juillet 1911, dans une conversation que nous avions avec lui, que cette dépêche était pleine d'exagérations: « Dites donc de faussetés, s'écriait-il avec la fougue qu'on lui connaît. Il n'y a pas un mot de vrai dedans ! Nous venions de recevoir, de l'Empereur, un télégramme d'affolé ; on aurait cru que les Prussiens allaient se présenter le lendemain devant Paris. C'est pour réagir, pour donner au souverain et à l'État-major général un peu d'énergie, un peu de courage, que j'ai pris sur moi de peindre la situation plus belle qu'elle ne l'était, hélas ! et j'ai menti dans l'intérêt de l'Empereur, de l'armée, de la France ! »

Subissant l'influence de l'opinion publique, des braillards de tous genres qui croyaient M. Trochu un grand général parce qu'il avait critiqué tout et tous, M. Émile Ollivier, sous le coup des défaites du 6 août, propose le lendemain, à l'Empereur, de nommer le bavard général ministre de la Guerre. « Dejean n'inspire confiance à personne, télégraphie-t-il à Napoléon III. Je demande à Votre Majesté de m'autoriser à signer en son nom le décret qui nomme Trochu. L'effet d'opinion sera infaillible (1). » Pauvre folle opinion !

A un dîner, chez le prince Napoléon, « le général avait, dans le courant de la soirée, développé avec une grande abondance de paroles, des théories et surtout des critiques sur l'organisation de l'armée. Il avait littéralement fasciné M. Émile Ollivier par sa facilité d'élocution véritablement surprenante, et, comme, aux yeux des orateurs, l'art de parler prime tout, l'étonnement avait peu à peu fait place à l'estime. M. Émile Ollivier prisait très haut les talents du général Trochu (2) ».

---

(1) Alfred Darimon, pp. 174 et 175.
(2) *Ibid.*, p. 175.

On fit donc la proposition à M. Trochu. Ce vilain Basile répondit, à M. Schneider et à l'amiral Jurien de la Gravière, par le refus suivant, modèle de fatuité, de félonie et d'hypocrisie : « Consciencieusement obligé d'expliquer devant le Corps législatif la cause de nos désastres par la faute du Gouvernement, je le compromettrais au lieu de le servir, en acceptant la haute position qu'on me propose, et j'aurais ainsi une situation tout à fait fausse, qui aurait l'apparence de la déloyauté, ce qui me répugne absolument (1). »

Le bon apôtre ! Que faisait-il donc depuis deux jours, depuis l'heure où l'on avait appris les revers des armées françaises de Lorraine et d'Alsace ? Ne se répandait-il donc pas en récriminations, en reproches, en imprécations contre l'Empereur, les généraux, les ministres ? Est-ce que la prétendue réserve qu'il s'impose l'empêchera d'accepter, quelques jours plus tard, le poste de Gouverneur de Paris et de jurer à l'Impératrice qu'en sa triple qualité de Breton, de catholique et de soldat il ne l'abandonnera jamais. Triple menteur, triple félon !

Et comme M. Emile Ollivier insistait, il répondait, brutalement, en homme qui sait ne plus avoir de ménagements à garder envers un président du Conseil courbé sous le vent de l'impopularité : « Mon entrée parmi vous ne pourra retarder d'un jour la chute d'un ministère que les événements accablent (2). » Comprenant qu'il n'y avait plus à insister, le premier télégraphiait à l'Impératrice : « Le général Trochu vient de me déclarer qu'il ne

---

(1) *Ibid.*, pp. 175 et 176.
(2) (*Ibid.*, p. 176. — Général Trochu, *Œuvres posthumes* ; Tours, Maine, 1896 ; t. I, p. 107. — « M. Emile Ollivier, aux prises avec les angoisses d'une situation politique et personnelle sans issue, accueillit cette franche déclaration en homme d'équilibre, avec beaucoup de philosophie et de sérénité. » (*Ibid.*)

peut prendre le ministère de la Guerre et qu'il faut le laisser (1). »

Le 8, les députés de l'Opposition ne manquaient pas de se réunir dans un des bureaux de la Chambre. Ils étaient, tous, là, flairant la proie, cherchant les moyens de jeter l'Empire à bas et de prendre sa place. Il leur fallait, surtout, la levée en masse, l'armement de la Garde nationale afin de donner, à leurs soldats, aux ouvriers révolutionnaires, les fusils qui leur manquaient. Alors, ce serait un jeu de s'emparer de Paris et de la France, car les gens tranquilles, majorité des citoyens, ne bougeraient pas, les révolutions étant toujours faites par les minorités.

De fait, les républicains, sauf de rares exceptions, et les royalistes militants, étaient enchantés de nos désastres : « C'est l'ineffaçable opprobre de tous les partis d'opposition au régime impérial que d'avoir continué à se laisser dominer, à pareille heure, par leurs passions personnelles. L'intérêt de la patrie avait disparu pour eux, par cela seul qu'ils le sentaient mêlé aux intérêts de l'Empereur. Il y eut chez la plupart une perte absolue du sens national. «« Croule la France, pourvu que l'Empire tombe (2)! »»

A ce propos, Paul Déroulède a raconté un fait répugnant, dont il fut témoin, au lendemain de Frœschwiller, fait qui nous montre sous son vrai jour le complice de Bismarck, l'homme des conquêtes coloniales, selon le désir de la Prusse :

« Comme mon père et moi, nous descendions côte à côte le grand escalier de la cour d'honneur du Palais de Justice, quelqu'un qui venait en sens inverse passe près de nous et, d'un ton satisfait,

---

(1) Alfred Darimon, p. 176.
(2) Paul Déroulède, 1870, *Feuilles de route*, p. 30.

nous jeta au passage ces paroles que je n'ai jamais oubliées :

«« Vous savez? Les armées de l'Empereur sont battues! »»

« Je me retournai, plein de colère, vers celui qui venait de parler ainsi et l'interpellant :

«« Et les armées de la France, que font-elles? »»

« Mais mon père m'avait pris par les épaules, et le joyeux propagandiste de désastre avait disparu sans répondre.

«« Quel est cet homme? »» demandai-je tout indigné.

«« C'est un avocat qui s'est fait journaliste et un journaliste qu'on a fait député, répondit mon père. Il s'appelle M. Jules Ferry (1). »»

C'est à ce sans-patrie que les gouvernants de nos jours ont élevé une statue, aux Tuileries!

Aussi bien, « le parti de ceux qui déclaraient qu'ils ne marcheraient pas contre l'ennemi tant que l'Empire subsisterait grossissait à vue d'œil (2) ». Inutile de faire observer que, l'Empire tombé, ces braves démagogues ne marchèrent pas davantage et ne pourfendirent les Prussiens que dans les clubs, les réunions publiques et les journaux.

Enfin, Messieurs les Députés de l'Opposition qui, depuis plusieurs années, se mettaient en travers de toute dépense militaire, de tout appel de troupes, accouchèrent de ces deux propositions :

La première était ainsi conçue :

« Considérant que l'ennemi a envahi le sol de la France; que, si notre armée est debout, toujours prête à le repousser, il est du devoir de chaque citoyen de s'unir à ses efforts; qu'il est en droit de réclamer une arme pour l'accomplissement de ce

---

(1) *Ibid.*, pp. 41 et 42.
(2) Jules Favre, *Gouvernement de la Défense nationale du 30 juin au 31 octobre*, p. 53.

devoir ; considérant que, de l'aveu du ministre de la Guerre, l'étranger marche sur Paris ; qu'en présence d'un tel péril ce serait un crime *de refuser à chaque habitant de la capitale le fusil qui lui est nécessaire* pour la défense de son foyer ; que la population tout entière demande à être armée et organisée en garde nationale élisant ses chefs ; la Chambre arrête :

« *Il sera immédiatement distribué, aux mairies de chaque arrondissement de Paris, des fusils à tous les citoyens valides* inscrits sur les listes électorales. La Garde nationale sera réorganisée en France dans les termes de la loi de 1851 (1). »

La pensée de ces subits guerriers était dépouillée de tout artifice : ce n'était pas les Prussiens qu'ils visaient, c'était l'Empire.

Voici le texte de la seconde proposition :

« Considérant que, malgré l'héroïsme de notre armée, le sol de la patrie est envahi ; que le salut de la France, le devoir de la défendre jusqu'à la dernière extrémité, commandent au Corps législatif de prendre la direction des affaires ; la Chambre arrête qu'un Comité exécutif, choisi dans son sein, sera investi des pleins pouvoirs du gouvernement pour repousser l'invasion étrangère (2). »

Et la Constitution ?

Les coups d'Etat ne sont pas faits que par un seul homme, ils peuvent l'être par plusieurs. C'est ce qui aura lieu le 4 septembre. Mais, pour les républicains, il y a coup d'Etat quand on les met à la porte, et affirmation du droit populaire lorsqu'ils chassent, à coups de fusils, les honnêtes gens de tous les partis.

---

(1) *Ibid.*, pp. 34 et 35.
(2) *Ibid.*, p. 35. — « C'est un coup d'Etat que propose Jules Favre, moins le nom. » (Général Palat, 1re partie, t. IV, p. 7.)

Mais il faut reconnaître que, après Frœschwiller, les modérés, eux-mêmes, abandonnent le souverain. « On souhaite que la conduite de nos affaires militaires passe en d'autres mains. A cet égard, l'opinion se montre presque unanime. Même parmi les députés conservateurs, on agite l'idée d'un « Comité de défense », émanant du Corps législatif, ce qui équivaudrait à un coup d'Etat. Le sentiment général est qu'on devrait rappeler l'Empereur et lui enlever le commandement (1). »

L'Empereur et ses intimes comprenaient bien le danger contenu dans la convocation du corps législatif : la déchéance pouvait sortir d'une motion adoptée en un moment de trouble. Mais M. Emile Ollivier a composé son ministère d'hommes entichés des principes du gouvernement parlementaire — celui qui réclame le plus de sagesse de la part du peuple, le plus d'habileté et d'honnêteté de la part des ministres — et, alors, le président du Conseil est obligé d'imposer à Napoléon III ce vain expédient que l'Impératrice finit par accepter, croyant ainsi être délivrée d'un ministère qu'elle abhorre. Le légendaire Gribouille n'eût pas mieux raisonné. La convocation des Chambres est fixée au 9 août, sous la pression des journaux et de l'opinion publique affolée (2).

Pourtant, à la consternation de la veille avait succédé un sombre désir de revanche. « La France est blessée, elle n'est pas vaincue ! » lisait-on dans *Le Constitutionnel*. Et *Le Figaro* ne craignait pas d'affirmer que, « si les Prussiens avaient l'audace de s'avancer en France, ils n'en sortiraient pas

(1) *Ibid.*, p. 66.
(2) Alfred Darimon, pp. 176 et 177. — Général Palat, 1re partie, t. IV, p. 8. — Voir. aussi, ce que M. Alfred Darimon, p. 248, pense de cette convocation.

vivants (1) ». C'eût été vrai, si nous n'avions pas eu Mac-Mahon, Bazaine, Trochu et Freycinet.

Et l'on augmente l'effectif de la Garde nationale ; on veut renforcer la Garde mobile ; on affirme que Paris est prêt à soutenir un siège, que nous avons 550 000 soldats de ligne, mobiles et francs-tireurs, soit, avec la Garde nationale, 2 000 000 d'hommes ; que l'on possède 3 000 000 de fusils pour les armées. C'est le général Dejean, ministre de la Guerre par intérim, qui l'affirme, dans un rapport inséré au *Journal officiel* du 8 août. Hélas ! les chiffres réels étaient loin de concorder : rien n'était prêt et les fusils faisaient grandement défaut (2).

Pendant ces cruelles journées, les imaginations ne cessaient de battre la campagne ; les récriminations, les accusations s'élevaient de toutes parts. Avec l'Empereur, l'opinion publique rendait le maréchal Le Bœuf responsable de nos sanglantes défaites (3). Les bonapartistes commençaient à douter des capacités militaires de Napoléon III ; le Conseil des ministres envoyait l'un d'eux, M. Maurice Richard, à Metz, afin qu'il se rendît compte de la santé du Souverain. Il le trouva dans le plus piteux état physique et moral ; aussi, à son retour, il ne cacha point ses pénibles impressions. M. Emile Ollivier émit alors l'hypothèse du changement du général en chef. Mais l'Impératrice, prévoyant quel accueil serait fait à l'Empereur s'il revenait à Paris, ne voulut pas en entendre parler. M Emile Ollivier, resté seul de son avis, ne fut pas écouté (4).

(1) Cité par le général Palat, 1re partie, t. VI, p. 66.
(2) Voir, à ce sujet, *Ibid.*, 1re partie, t. II, pp. 113 et 114 ; et 2e partie, t. VI, p. 103.
(3) Charles de Mazade, t. I, p. 134.
(4) Alfred Darimon, p. 181. — Général Palat, 1re partie, t. IV, pp. 9 et 10.

Au reste, les événements vont se précipiter. Le 9, les députés entrent en séance et ne dissimulent ni leurs espérances, ni leurs inquiétudes, ni les transes qui les étreignent, selon leur opinion politique. M. Emile Ollivier prend immédiatement la parole et essaie de justifier les actes du ministère. Interrompu par la Gauche, il ne se sent plus soutenu par la majorité.

« Le parti de l'Impératrice trouve que l'occasion est favorable pour saisir le pouvoir qu'il ambitionne depuis trois mois. Il sacrifie, tout à la fois, l'Empereur et le Cabinet : l'Empereur, en consentant à ce qu'on lui fasse subir une véritable dégradation militaire ; le Cabinet, en le rendant responsable de la mauvaise préparation de la guerre. On voit M. Jérôme David, un des partisans les plus résolus de la guerre, venir déclarer que nous étions entrés en campagne sans être prêts (1). »

Quand la lecture des deux propositions de M. Jules Favre est terminée, seul, M. Granier de Cassagnac demande le renvoi des signataires devant un Conseil de guerre.

M. Jules Favre a déclaré, plus tard, que « cette dénonciation eut le succès qu'elle méritait (2) ». Pourtant, elle était logique et, dès qu'on ne lui donnait pas suite, c'en était fait de la Chambre, de l'Empire, et, l'on peut ajouter, de la France, car ceux qui en avaient préparé la défaite n'étaient pas de taille à ramener la victoire : l'événement l'a démontré.

On le voit, alors qu'il aurait fallu l'union de

---

(1) Alfred Darimon, p. 249. — « M. Jules Simon a, un jour, laissé échapper cet aveu : «« Nous avions réussi sans difficulté à renverser le Cabinet parce que nous avions eu les partis pour auxiliaires, même le parti de la Cour. »» (*Ibid.*, pp. 187 et 188.)
(2) Jules Favre, *Gouvernement de la Défense nationale du 30 juin au 31 octobre*, p. 36.

tous les partis, l'oubli de toutes les haines, l'abandon de toutes les ambitions pour combattre l'envahisseur, chacun ne songeait qu'à soi, donnait un libre cours à ses convoitises et préparait ses vengeances. Qu'ajouter à ce triste tableau ? Après le discours de M. Emile Ollivier, la Chambre restait froide et plutôt malveillante ; elle écoutait les propos les plus insultants pour Napoléon III. « Sans doute, le ministère recevait de cruels outrages, mais l'Empire et l'Empereur étaient vilipendés et traînés dans la boue (1). »

Enfin, la majorité, sentant « qu'il fallait une victime à l'émotion populaire (2) », adopta un ordre du jour équivoque, proposé par M. Clément Duvernois, d'accord avec le baron Jérôme David, ordre du jour qui entraîna la démission du ministère (3).

Ainsi, ce sont deux hommes qui ont le plus poussé à la guerre que l'on a le dégoût de voir jeter la pierre à des ministres « sacrifiés en victimes expiatoires, pour des fautes dont beaucoup leur sont étrangères et une situation générale que la plupart n'ont pas créée. Sans doute, leur responsabilité dans la déclaration de guerre n'est pas douteuse... Mais aucun des partis de la Chambre, et la Droite moins que tout autre puisqu'elle a eu longtemps la direction effective, n'était en droit de leur reprocher notre manque de préparation. Chacun y a contribué dans le mesure de son influence, parce que la nation elle-même ne com-

---

(1) Alfred Darimon, p. 188. — « Les amis les plus dévoués de l'Empire ne défendaient plus que mollement l'Empereur. » Charles de Mazade, t. I. p. 132.)
(2) *Ibid.*, p. 134.
(3) « Le ministère Ollivier fut renversé à l'unanimité moins six voix. » (Amédée Le Faure, t. I, p. 147.) — « MM. Clément Duvernois et Jérôme David avaient insisté, quelques jours auparavant, pour que la guerre fût plus promptement déclarée. » (*Ibid.*, p. 148.)

prenait pas (comme à l'heure où nous écrivons ces lignes) la nécessité d'être forte en face d'une Prusse démesurément grandie (1) ».

A la fin de la séance, M. Emile Ollivier annonça la formation d'un nouveau ministère par le comte de Palikao; puis la Chambre rejeta, par 190 voix contre 53, les deux fameuses propositions de la Gauche (2). Le coup était manqué, ce jour-là; Jules Favre et ses suivants devaient être plus heureux le 4 septembre, grâce au désastre de Sedan.

L'Impératrice et les mamelucks de l'Empire n'avaient jamais regardé d'un bon œil l'essai d'empire libéral tenté par M. Emile Ollivier. Pour eux, l'Empire devait être autoritaire ou ne devait pas être. De là à rejeter sur le ministère la responsabilité des premiers désastres, il n'y avait qu'un pas. Les ennemis de M. Emile Ollivier le franchirent d'un bond et ce fut, à la Cour, un concert de malédictions contre celui d'où venait tout le mal.

Dès cet instant, la chute de M. Emile Ollivier fut décidée. Tous les amis de l'Empereur, tous les députés bonapartistes furent avisés d'avoir à voter contre le ministère : ils n'y manquèrent point (3).

---

(1) Général Palat, 1re partie, t. IV, p. 72. — Voir les appels désespérés que nous ne cessons de lancer à nos concitoyens pour les mettre en garde contre une nouvelle invasion, un asservissement définitif, notamment : Question de vie ou de mort, La Plume et l'Epée, n° du 1er août-1er novembre 1907; Prévisions réalisées, Ibid., n° du 1er décembre 1908; La Cote mal taillée de la Marine, La Revue bleue, n° du 6 mars 1909; Obus ou Torpille, Ibid., n° du 9 juin 1909; Dernier défi, La Coopération des Idées, n° du 16 janvier 1911; La Politique navale et la Flotte française, La Marine française, n° de mai 1910; l'Armement nécessaire, Ibid., n°s d'avril, de mai et de novembre 1910.

(2) Jules Favre, *Gouvernement de la Défense nationale* du 30 juin au 31 octobre, p. 36.

(3) « En renversant le Cabinet du 2 janvier et en abandonnant l'Empereur vaincu, l'Impératrice croyait avoir fortifié la Régence; elle ne tarda pas à s'apercevoir qu'elle avait annulé son pouvoir. » (Alfred Darimon, pp. 249 et 250.) — Il est bon de remarquer que M. Darimon a écrit que, « le 8, au soir, l'Impératrice était décidée

Ici, pourquoi ne pas exposer un projet de M. Emile Ollivier?

D'accord avec M. Chevandier de Valdrôme, ministre de l'Intérieur, sans prévenir les autres ministres, M. Emile Ollivier avait chargé un juge d'instruction, M. Bernier, d'avoir à préparer la liste des députés républicains les plus actifs, des dirigeants du parti socialiste, et de les arrêter dans la nuit. Une Haute Cour de justice allait être convoquée et les accusés jugés, condamnés et transportés à Belle-Ile-en-Mer, dans les quarante-huit heures. L'Empereur revenait à Paris avec l'armée de Châlons, Mac-Mahon et Trochu étaient placés à la tête des troupes et la guerre était menée avec une vigueur sans pareille, rendant impossible le siège de la capitale et la prolongation du séjour des Allemands sur le sol français (1).

Evidemment, tout valait mieux que le désastre de Sedan. L'arrestation des chefs de l'opposition n'eût pas été plus illégale que la Révolution du 4 septembre, perpétrée contre le verdict du plébiscite, rendu quelques mois auparavant.

Pourquoi cacher notre sentiment? Nous ne faisons guère de différence entre un coup d'Etat et une révolution, puisque tous les deux portent atteinte à la légalité. Si l'un est préférable à l'autre, c'est, assurément, le coup d'Etat intervenant toujours pour tirer le pays de l'anarchie, pour le sauver du pillage et de la servitude étrangère, tandis que la révolution n'a jamais d'autre effet que de rendre

---

à maintenir le Cabinet » et à repousser les propositions qui venaient de lui être apportées par MM. Jules Brame, de Dalmas, Dupuy de Lôme, Josseau, Gaudin et Dugué de la Fauconnerie, tendant à changer le ministère. (*Ibid.*, pp. 185 à 187.) — « L'abandon du Cabinet parut un moyen tout naturel de détendre la situation. » (*Ibid.*, p. 187.)

(1) Résumé de la conversation que nous avions avec M. Emile Ollivier le 1er juillet 1911. — Alfred Darimon, pp. 190 et 191.

pire une situation déjà mauvaise et de faire remonter à la surface les mortels miasmes de la démagogie et du socialisme.

Mais, eût-ce été le bon moyen de chasser les Allemands de France que de mettre à la tête de nos soldats des nullités militaires comme Mac-Mahon et Trochu ?

Au reste, le coup d'Etat rêvé par M. Emile Ollivier était-il réalisable ? M. Alfred Darimon, qui a suivi tous ces événements avec la plus grande attention et en a noté toutes les péripéties, ne croyait pas au succès. L'armée qui aurait permis l'exécution des projets de M. Emile Ollivier était à Metz, et puis, quel était alors l'esprit de cette armée ? Donc, un coup d'Etat ne pouvait réussir (1).

Nous ne sommes pas aussi affirmatif Tout aurait dépendu de l'énergie des gouvernants, de la vigueur des exécutants. Une force de 10 000 soldats, bien armés et résolus, eût suffi à mettre en fuite les révolutionnaires dont le courage est toujours en raison de la faiblesse de ceux qui leur résistent. Tous les braillards, à commencer par Jules Favre, Jules Simon, Jules Ferry et les autres fortes têtes de l'Opposition, se seraient sauvés comme des lièvres à la menace du moindre danger pour leurs précieuses personnes. Quant à leurs troupes, comme elles manquaient d'armes, elles auraient crié à la trahison et se seraient terrées comme leurs chefs. Aussi bien, il suffit de se rappeler la piteuse figure des socialistes, le Trente-et-Un-Octobre, quand ils se virent en présence des mobiles de province, déterminés à tirer sur eux. Pourtant ces mobiles étaient peu nombreux, pourtant les envahisseurs étaient armés ; néanmoins, ils déguerpirent avec un rare entrain, car ces gens-là ont toujours peur de

---

(1) Alfred Darimon, p. 192.

recevoir « des coups qui leur font mal » et ne sont héroïques que devant les faibles et les désarmés.

Sans philosopher plus longtemps, à notre avis, le pseudo-coup d'Etat que voulaient tenter MM. Emile Ollivier et Chevandier de Valdrôme n'aurait pas réussi, le ministère du 2 janvier, après Frœschwiller, étant trop impopulaire même chez les bonapartistes : on n'aurait pas trouvé de général pour risquer l'aventure, bien que, en réalité, ce ne fût qu'une parade, puisque la Gauche se disposait à consommer un véritable coup de force, bien que, légalement, il y eût motifs suffisants pour convocation d'une Haute Cour de justice. Quoi qu'il en fut, peu sûrs du résultat, MM. Emile Ollivier et Chevandier de Valdrôme préférèrent se démettre.

Revenant à la question du commandement en chef, l'armée, à la suite de l'opinion publique incompétente, réclame la nomination de M. Bazaine. On oublie son piteux rôle militaire au Mexique, ses intrigues criminelles. « Obéissant à l'un de ces entraînements irraisonnés qui nous sont familiers. l'opinion publique prête au maréchal Bazaine la valeur technique et la hauteur d'âme que réclament les circonstances. Partout, dans la presse, dans les salons, au Parlement, l'avis est identique (1). » Les Français furent cruellement punis de leur légèreté, comme ils le seront, hélas ! de leur obstination à ne pas vouloir écouter les avis que nous

---

(1) Général Palat, 1re partie, t. IV, p. 144. — Général de Montaudon, t. II, p. 87. — « La faveur publique, par une de ces inexplicables révolutions de la popularité, se déclarait tout à coup pour l'ancien commandant de la désastreuse expédition du Mexique, pour le chef du 3e corps de l'armée du Rhin, qui, après tout, n'avait pas fait plus que d'autres, qui, le jour de la bataille de Spicheren, n'avait point certes montré tout le zèle possible. L'opinion ne laissait même pas la liberté du choix au souverain, au Gouvernement. » (Charles de Mazade, t. I, p. 135.)

ne cessons de leur donner sur la nullité des cuirassés qui nous ruinent sans pouvoir modifier en rien la lutte suprême qui se déroulera, sur terre, non sur mer.

Sous la pression générale, car l'Impératrice et le nouveau ministère ont suivi le courant, l'Empereur, désespéré, nomme l'homme du Mexique commandant en chef de l'armée du Rhin, la plus belle que l'on ait jamais vue : on sait ce que le traître en fera (1) !

En terminant, nous tenons à présenter une courte observation. Nous ne nous sommes jamais risqué à soutenir que Napoléon III aurait dû continuer à commander en chef. Il avait été nul comme stratège, comme tacticien, en 1859, lors de la guerre d'Italie ; la maladie, qui le torturait, en 1870, ne lui permettait pas, *a fortiori*, d'assumer la responsabilité de la gigantesque besogne incombant à un généralissime de notre époque (2).

LE MINISTÈRE PALIKAO

Le 9 août, dans la soirée, le général Cousin de Montauban, comte de Palikao, recevait, à Lyon, où il commandait, une dépêche d'Emile Ollivier lui annonçant que l'Impératrice le mandait immédiatement à Paris. C'était la conséquence de la démission du ministère de l'Empire libéral.

---

(1) « L'Impératrice, elle-même, conseille à Napoléon III de se démettre en faveur du maréchal Bazaine. «« Entendez-vous, lui écrivait-elle, dès le 7 août, avec Bazaine pour toutes les opérations à venir. »» Le 13 août, le nouveau ministre de la Guerre, le général de Palikao, proclamait, à la tribune du Corps législatif, la déchéance militaire de l'Empereur. » (Alfred Darimon, p. 249.)

(2) Voir, à propos de l'état physique et moral de l'Empereur, *Frœschwiller*, par Alfred Duquet, pp. 66 à 68.

Le général partit, croyant que l'on allait, enfin, exaucer ses désirs et lui donner un commandement devant l'ennemi (1). C'était le portefeuille de la Guerre que M. Emile Ollivier lui proposait, car la démission du ministère n'était pas encore acceptée, n'était pas encore un fait accompli. Dans le conseil des ministres, qui suivit immédiatement, M. Emile Ollivier déclara « avec une loyauté que je dois constater, a écrit le général de Palikao, que le ministère qu'il présidait avait perdu la confiance du pays et qu'il devait se retirer tout entier, pour ne pas faire rejaillir sur moi une partie de son impopularité (2) ».

Le vainqueur des Chinois fut donc chargé de composer un nouveau cabinet, mission difficile « en présence d'un avenir chargé de gros nuages et dans un moment où l'Empire était déjà ébranlé (3) ».

Le général pensa que, pour réussir, il fallait choisir les ministres dans toutes les nuances conservatrices du Parlement. Voici son choix :

Ministre de la Guerre, comte de Palikao, séna-

---

(1) « J'avais vainement sollicité un commandement actif à l'armée, par lettres adressées tant au ministre de la Guerre, d'abord, que directement ensuite à l'Empereur... Il ne m'appartient pas de rechercher la cause du refus de mes services. » (*Un ministère de la Guerre de vingt-quatre jours*, du 9 août au 4 septembre 1870, par le général Cousin de Montauban, comte de Palikao; Paris, Plon, 1874; pp. 31 et 32.) — *Ibid.*, p. 177.

(2) *Ibid.*, p. 52. — M. Emile Ollivier nous a affirmé, de la façon la plus énergique, la plus nette, qu'il n'avait jamais tenu le langage à lui prêté par le comte de Palikao et que, comme il voulait le retour, à Paris, de l'Empereur, de l'armée, la Régente et le nouveau ministre de la Guerre l'ont brutalement prié de se retirer.

(3) Comte de Palikao, p. 52. — Cette dernière phrase démontre que le nouveau président du Conseil se considérait comme chargé de deux tâches : sauver la Dynastie et repousser l'ennemi. A cette observation, le comte de Palikao nous a répondu qu'il n'y avait qu'un moyen de sauver la Dynastie, c'était de repousser **l'ennemi**.

teur ; *ministre de l'Intérieur*, M. Henri Chevreau, sénateur, préfet de la Seine ; *ministre des Finances*, M. Magne, sénateur ; *ministre de la Justice*, M. Granperret, procureur général près la Cour impériale de Paris ; *ministre des Affaires étrangères*, le prince de la Tour d'Auvergne, sénateur, ambassadeur en Autriche ; *ministre de la Marine*, l'amiral Rigault de Genouilly, sénateur ; *ministre de l'Instruction publique*, M. Jules Brame, député ; *ministre des Travaux publics*, le baron Jérôme David, député ; *ministre de l'Agriculture et du Commerce*, M. Clément Duvernois, député ; *ministre président du Conseil d'État*, M. Busson-Billault, député.

Les décrets ayant été signés le 9, le ministère entra en fonctions le 10, accueilli « avec faveur par la grande majorité de la Chambre » (1).

C'était une rude charge pour le nouveau ministre de la Guerre, « une grosse corvée », comme le lui dit, le jour même, le maréchal Baraguey d'Hilliers, alors gouverneur de Paris (2), que le sinistre Trochu remplaça sans retard.

Loin de nous l'intention de raconter, par le menu, les discussions qui s'engageaient, chaque jour, au Palais-Bourbon : le *Journal officiel* les contient et chacun peut en prendre connaissance ; nous nous contenterons de quelques réflexions.

Premièrement, nous ferons observer que l'Opposition, d'abord réservée avec le nouveau ministère, reprit une attitude agressive dès « qu'elle

---

(1) Comte de Palikao, p. 54. — « L'arrivée à la présidence du Conseil du général de Palikao fut accueillie, de tous côtés, avec une faveur marquée. » (Théodore Duret, t. I, p. 252.) — M. de Palikao était « un bon général ». (Jules Simon, de l'Académie française, *Souvenir du Quatre-Septembre, Origine et chute du Second Empire* ; Paris, Calmann-Lévy, 1876 ; p. 288.)—*Ibid.*, pp. 264 et 277.

(2) Comte de Palikao, p. 55. — « La tâche du nouveau ministère était lourde. » (Amédée Le Faure, t. I, p. 150.)

crut avoir trouvé des appuis dans l'armée (1) ». Ensuite, il est nécessaire de constater que l'Opposition, à peu près seule, prend la parole dans ces séances. Jules Favre, Jules Simon, Ernest Picard, de Kératry, Emmanuel Arago, Glais-Bizoin, Guyot-Montpayroux, Thiers occupent presque toujours la tribune. Ils inondent la Chambre de leurs propositions variées. Ce ne sont pas seulement des mesures militaires, surtout l'armement de leurs électeurs, qu'ils réclament, ce sont des lois de tous genres, des lois politiques qu'ils entendent imposer au Corps législatif. Rien de navrant comme la lecture de ces bavardages. Enfin, deux cloches sont incessamment agitées par l'Opposition. Au premier moment qui suivit Fræschwiller, c'est la cloche Bazaine qu'elle secoue à tour de bras. Nous aurons occasion d'en citer plusieurs exemples; mais, la question étant de valeur pour l'histoire, nous signalons tout de suite les passages suivants cueillis dans le *Journal officiel* :

Le 9 août, Jules Favre demande « que le maréchal Bazaine soit mis à la tête de l'armée et que l'Empereur revienne à Paris (2) ».

Le 11, c'est M. Guyot-Montpayroux qui attaque le maréchal Le Bœuf. Le comte de Palikao répond que le maréchal Bazaine commande en chef l'armée de Metz. Et M. Guyot-Montpayroux de s'écrier : « Très bien! Il fallait le dire et il faut qu'on le sache! (3) »

Le 13, c'est le tour du grotesque Glais-Bizoin: « La Chambre est heureuse de savoir que le maréchal

---

(1) Comte de Palikao, p. 69. — Il nous semble que le président du Conseil fait allusion à M. Trochu. Nous ne voyons pas d'autre général suspect, à cette époque, de pactiser avec les révolutionnaires.
(2) *Journal officiel*, n° du 10 août 1870.
(3) *Ibid.*, n° du 12 août 1870.

Bazaine n'a pas de supérieur (1). » De cette façon, il pourra trahir tout à son aise.

Enfin, le 3 septembre, veille de l'effondrement de Sedan, M. Jules Favre, incapable de modérer son incontinence oratoire, faisait cette superbe déclaration :

« Tout à l'heure encore, on vous parlait de ces prodiges de valeur qui ont été accomplis par le maréchal Bazaine, essayant de percer le cercle de forces quadruples des siennes qui s'est formé autour de lui. Il n'a pas calculé le nombre ; il a vu que la France avait besoin de son épée, et, à travers tous les obstacles, il a essayé de se faire jour (2). »

Mais non, fatal bavard, M. Bazaine, le 16 août, même le 18, s'était bien gardé de « rompre un cercle » qui n'était pas formé, de chercher à quitter Metz ! Mais non, les forces qu'il avait devant lui n'étaient pas « quadruples » des siennes. Mais non, il ne songeait point à la France et n'a jamais « essayé de se faire jour » !

Il résulte donc de ces citations que « le glorieux Bazaine » était l'homme de l'Opposition ; que c'est elle qui a contribué largement, avec Trochu, à le placer à la tête de nos vaillants soldats ; qu'elle est, alors, responsable de la capitulation de l'armée du Rhin, de la perte de Metz, des effroyables conséquences qui ont suivi.

La seconde cloche mise en branle, chaque jour, à plusieurs reprises, dans les journaux et le Parlement, est celle de M. Trochu. Nous ne reproduirons pas, ici, les réclamations incessantes de la

---

(1) *Ibid.*, n° du 14 août 1870. — « Le général de Palikao leur donnait satisfaction, le 13, en annonçant au Corps législatif la remise du commandement faite par l'Empereur au maréchal Bazaine. » (Théodore Duret, t. I, p. 253.)

(2) *Journal officiel*, n° du 4 septembre 1870.

presse en faveur de son maréchal favori, Bazaine, pas plus que les appels répétés de la gauche républicaine pour faire passer l'armée française dans la main de M. Trochu : ce serait trop long. Nous nous contenterons de deux citations prises au *Journal officiel*. Il résulte de l'une que les modérés eux-mêmes, les parlementaires, comme on les appelait, ne juraient que par Trochu. Il résulte de l'autre que les ennemis de l'Empire croyaient la partie gagnée dès que ce dévôt militaire serait à la tête du ministère. Voici les citations :

MM. Latour du Moulin, d'Andelarre, de Dalmas, Keller, etc., expriment le désir de voir le général Trochu nommé président du Conseil du nouveau ministère (1).

Le 3 septembre, réclamant la dictature pour son complice, M. Jules Favre s'exprime en ces termes :

« Ce qu'il faut, en ce moment, ce qui est sage, ce qui est indispensable, c'est que tous les partis s'effacent devant un nom représentant Paris, un nom militaire, le nom d'un homme qui vienne prendre en main la défense de la patrie. Ce nom, ce nom cher et aimé, il doit être substitué à tout autre (2). »

L'Opposition, modérée ou violente, est donc également responsable de l'arrivée au pouvoir du néfaste général, par conséquent de la façon déplorable avec laquelle la défense de Paris fut menée politiquement et militairement. Si nous n'avons pas hésité à flétrir l'imprévoyance, la mollesse de l'Empire, à étaler au grand jour sa phénoménale incapacité; s'il a eu sa large part dans les catastrophes de l'année terrible, combien plus redoutables seront les comptes que la mémoire de ses

---

(1) *Ibid.*, n° du 10 août 1870.
(2) *Ibid.*, n° du 4 septembre 1870.

ennemis aura à rendre, quand il s'agira, pour l'impartiale postérité, de liquider les responsabilités de chacun.

Mais le comte de Palikao n'aimait pas à perdre son temps à la Chambre; il agissait au lieu de parler. Pendant que l'Extrême Gauche pressait le ministre de distribuer des fusils à toute la Garde nationale de Paris, celui-ci commençait par en munir l'armée, la Marine, la Garde mobile, les pompiers. Comme on ne disposait que de 1 050 000 chassepots, à Châtellerault, à Saint-Étienne, à Tulle, on fabriquait, par jour, plus de 1 000 fusils à tir rapide (1).

C'était une goutte d'eau dans la Seine; ce n'est pas quand l'étranger foule la terre de France que l'on doit fabriquer les fusils, c'est avant l'invasion, afin qu'ils soient en mains de chaque combattant, lorsqu'il s'agit de repousser les ennemis. Aujourd'hui, le Gouvernement, les Chambres commettent un crime de lèse-patrie, en retardant la confection des fusils à répétition qui remplaceront, trop tard, les Lebels devenus armes démodées. Il faudrait 600 millions de francs pour doter les troupes actives du fusil nouveau modèle, adopté par les comités compétents; on ne veut pas y songer, faute d'argent, et l'on ne craint pas de jeter des milliards à l'eau, en construisant des cuirassés de 23 000 tonnes, et plus, qui ne nous serviront à rien dans le gigantesque conflit qui s'avance vers nous comme les noires et sinistres nuées d'un cyclone (2).

(1) Comte de Palikao, pp. 76 et 77.
(2) « Notre fusil Lebel a besoin d'être remplacé, comme n'étant plus en rapport avec la nouvelle tactique de l'infanterie qui fait usage du tir par rafales. » (Jean Grimal. *La guerre de 1870 et ses enseignements*, d'après le cours professé au 227ᵉ de ligne; Paris, Librairie universelle, p. 214.) — « La guerre de 1870 nous a surpris sans fusil à tir rapide. » (*Le service dans les Etats-majors*,

Oui, le comte de Palikao ne s'endormait point une minute. La loi du 10 août avait appelé sous les drapeaux tous les citoyens non mariés ou veufs sans enfants, ayant 25 ans accomplis et moins de 35 ans, qui n'étaient point gardes mobiles. La classe de 1869 et celle de 1870 furent également convoquées. On s'efforça de créer des corps de francs-tireurs; 100 000 gardes mobiles de province furent envoyés à Paris, dont ils formèrent la véritable garnison, contenant l'ennemi du dehors et celui du dedans, plus redoutable encore. Quant aux 18 bataillons de mobiles parisiens, on les expédia provisoirement au camp de Châlons, sous les ordres du général Berthaut. Ils y causèrent un déplorable scandale, par leur indiscipline, jusqu'au jour où, comme nous le verrons plus bas, ils furent ramenés à Paris, sur les instances du mielleux Trochu (1). Ils eussent été d'un véritable secours à la défense, encadrés dans les armées de province : à Paris, ils firent piètre besogne, sauf quelques bataillons modérés qui se conduisirent vaillamment.

« Le nouveau ministre de la Guerre, général de Palikao, s'occupait avec le zèle le plus louable de constituer des régiments de marche avec les 100 quatrièmes bataillons d'infanterie de ligne disponibles; de renforcer les unités de l'armée du Rhin par l'envoi de détachements de réservistes; de réorganiser le 1er corps et les divisions Conseil-Dumesnil et Bonnemains; de compléter leurs effectifs; de pourvoir à tous les besoins en matériel, habillement, équipement et campement.

par le colonel Fix; Paris, Berger-Levrault, 1891; p. 76.) — De même, la prochaine guerre nous surprendra sans fusil nouveau modèle. — Voir, à ce sujet : *La Faillite du Cuirassé*, par Alfred Duquet; Paris, Librairie militaire Chapelot, 1906, et, *suprà*, p. 27. note 1.

(1) Voir, *infrà*, pp. 187 et 188.

Deux nouveaux corps d'armée furent créés portant les n°s 12 et 13... On rassembla les premiers éléments du 14e corps (1). »

Restaient, en Algérie : quatre régiments d'infanterie de ligne, trois bataillons d'infanterie légère, le régiment étranger, trois régiments de cavalerie et trois régiments de spahis. Quatre régiments d'infanterie gardaient la frontière espagnole : deux régiments d'infanterie et deux régiments de cavalerie étaient attendus de Civita-Vecchia (2), laissant, un peu tard, le champ libre aux Italiens.

Enfin, le ministre avait encore à sa disposition les 14e, 20e et 31e régiments de ligne, plus les quatre régiments d'infanterie de marine (3). En un mot, le ministère du comte de Palikao « développait, avec énergie et activité, les moyens de défense du pays (4) ».

Mentionnons l'étrange idée d'appeler les pompiers de France à la défense de Paris. On renvoya, bientôt, dans leur pays, ceux qui, patriotiquement, s'étaient, tout de suite, rendus à l'appel. Ces braves gens, a déclaré Jérôme David, avaient été convoqués à Paris, « pour tenir en échec les passions politiques que nous savions agitées dans certaines régions de la société. Comme les corps de pompiers sont formés, dans les communes, de sujets laborieux, honnêtes, exercés au maniement des armes, nous pensions pouvoir nous en servir comme opposants aux agitations révolutionnaires (5) ».

(1) Section historique. La Guerre de 1870-1871; Paris, Librairie militaire Chapelot, 1906; IIIe série, I, pp. 3 et 4.
(2) Ibid., p. 3.
(3) Ibid.
(4) Précis de la guerre franco-allemande, par le colonel Fabre; Paris, Plon, 1884; p. 109.
(5) Enquête parlementaire sur les actes du Gouvernement de la Défense nationale; Versailles, Cerf et fils, 1872; dépositions des témoins, t. I, p. 161.

Le comte de Palikao n'oubliait pas le ravitaillement de Paris. Si la capitale a tenu si longtemps, malgré la nullité militaire de son gouverneur Trochu, malgré les embarras que causaient à la défense les socialistes armés si criminellement par les bénéficiaires du coup d'Etat du Quatre-Septembre, c'est au général Cousin de Montauban qu'on l'a dû.

Nous n'exposerons pas, de nouveau, la belle besogne, accomplie en quelques jours par le ministère du 9 août, nous contentant de renvoyer à ce que nous avons écrit, sur ce sujet, dans *Paris, Le Quatre-Septembre et Châtillon* (1).

Au reste, M. Jules Favre a été contraint de rendre hommage au dévouement et à l'intelligence du ministère Palikao dans la préparation de la défense de Paris. « Le comité de défense déployait une louable activité ; il commençait, avec une patriotique ardeur, le grand œuvre auquel jusque-là nul n'avait paru songer. Aussi tout était à faire. Et bien qu'il soit aujourd'hui de mode et de bon goût d'accuser d'inertie et d'incapacité les hommes qui se sont voués à cette difficile tâche, il n'en faut pas moins reconnaître qu'ils ont accompli de véritables prodiges, ayant à surmonter des obstacles de tout genre et n'étant soutenus que par le sentiment du devoir. On travaillait nuit et jour à compléter les fortifications ; on accumulait d'énormes ressources en matériel et en approvisionnements ; on armait les forts ; on appelait cent mille mobiles des départements ; on les préparait à un grand effort, et néanmoins on espérait encore que l'ennemi serait arrêté par nos généraux. On avait accueilli avec

---

(1) Pages 265 à 326. — Voir, aussi, sur le ravitaillement en vivres, la *Guerre franco-allemande, Résumé et commentaires de l'ouvrage du Grand Etat major prussien*, par Félix Bonnet, chef d'escadron d'artillerie ; Paris, Dumaine, 1882 ; t. II, pp. 23 et 24.

empressement les assurances du ministre de la Guerre disant dans la séance du 22 : «« Je puis affirmer à la Chambre que la défense de Paris marche avec une grande activité, et que bientôt nous serons prêts à recevoir quiconque se présenterait devant nous (1). »» Rien de plus vrai.

Aussi, comment s'expliquer l'attitude inconvenante de la Commission des marchés, nommée par l'Assemblée nationale, qui n'a pas craint d'écrire : « Imprévoyant dans les préparatifs, impuissant dans l'organisation, incapable dans l'administration, le ministère de la Guerre était, au commencement de septembre, sévèrement jugé par l'opinion (2). »

Le général de Palikao a protesté avec indignation contre une pareille calomnie : « Comment ! une armée reconstituée au chiffre de 140 000 hommes, à Châlons ; trois corps d'armée nouveaux constitués avec leur armement, leur artillerie et leur approvisionnement, trente-trois nouveaux régiments, 100 000 gardes mobiles organisés en province, appelés à la défense de la capitale, mise en état des forts et de l'enceinte, et vous appelez cela une administration incapable d'organiser (3) ! » Et le comte de Palikao oublie les approvisionnements de toutes sortes qui ont permis à une agglomération de deux millions trois cent mille personnes de vivre, pendant plus de quatre mois, séparés du reste du monde (4) !

Les reproches de la Commission des marchés sont d'une injustice révoltante. Non, les accusations des enquêteurs ne tiennent pas debout : le ministère

---

(1) Jules Favre. *Gouvernement de la Défense nationale* du 30 juin au 31 octobre, pp. 52 et 53.
(2) Cité par le comte de Palikao, p. 90.
(3) *Ibid.*, p. 91.
(4) 2 300 000 personnes, y compris la garnison et les réfugiés, est le chiffre approximatif qui résulte des recherches faites par notre savant ami Lucien Delabrousse.

Palikao a fait preuve d'une activité, d'une habileté extraordinaires ; ce qui pouvait être fait a été fait, mais nulle force humaine, en quinze jours, ne saurait fournir, à un pays, les hommes, les fusils, les canons, les munitions, les vivres qui manquaient à nos armées ; la disette était trop grande.

Ce n'est pas dans l'administration que le comte de Palikao a péché, c'est dans le choix du général en chef donné à l'armée de Châlons. Nous examinerons, plus loin, de quelle manière cette armée a été dirigée au secours de Bazaine, nous pèserons les raisons qui ont déterminé les résolutions prises par le président du Conseil et la Régente, d'abord, par l'Empereur et le duc de Magenta, ensuite ; mais, dès maintenant, de quelle façon expliquer le choix du vaincu de Frœschwiller pour conduire au feu les soldats sur lesquels reposait le salut de la patrie ?

Dans son livre, le comte de Palikao a écrit : « L'Empereur confia le commandement en chef de l'armée de Châlons au maréchal de Mac-Mahon ; ce choix était justifié par le besoin d'avoir un homme actif et résolu à la tête de troupes dont la jonction avec celles du maréchal Bazaine devait changer la situation des affaires (1). »

Considérer le duc de Magenta comme un général se comprendrait chez un civil ignorant les éléments de la tactique et de la stratégie, mais chez le comte de Palikao ! Il était impossible que, de Lyon, il n'eût pas relevé les fautes grossières du maréchal de Mac-Mahon dans les journées de Wissembourg et de Frœschwiller ; il n'est pas admissible qu'il n'ait pas été frappé par l'absurdité de la retraite vers Châlons. Comment, alors, accepter

---

(1) **Comte de Palikao**, p. 96.

que, s'adressant au piteux commandant du 1er corps, il lui écrive : « Que ne doit-on pas attendre d'un général tel que vous (1) ? »

Le chef du ministère du 9 août était, au contraire, dans la vérité quand il nous disait, au moment où nous commencions l'étude approfondie des désastreux événements de 1870 : « J'ai voulu la marche sur Metz et j'avais raison de la vouloir; je n'ai qu'une faute à me reprocher : c'est d'avoir confié la direction de l'armée de Châlons à un homme aussi indécis que Mac-Mahon, au lieu de la remettre à un général entreprenant et rapide comme Wimpffen (2). »

On le voit, depuis la publication de son livre, le vainqueur des Chinois avait bien changé d'opinion sur les capacités militaires du duc de Magenta. Mais qu'il ait cru ou n'ait pas cru aux talents guerriers du maréchal de Mac-Mahon, dans les deux cas le comte de Palikao a commis une lourde faute puisque, dans le second, il compromettait un plan de la réussite duquel dépendait la délivrance du pays. Les influences exercées sur lui, en faveur du Maréchal, ne sont ni excuses ni circonstances atténuantes : en l'épouvantable situation où se trouvait la France, rien n'aurait dû détourner les yeux du président du Conseil du seul but à atteindre : battre les Allemands !

En revanche, le comte de Palikao faisait acte de militaire avisé lorsqu'il rappelait en France le général de Wimpffen pour lui confier un commandement devant l'ennemi. Le général Trochu allait pouvoir se livrer à la politique, il abandonnait le 12e corps d'armée; le président du Conseil eut alors l'idée juste de le remplacer dans le commandement

(1) *Ibid.*
(2) Appréciation du comte de Palikao, émise dans une conversation qu'il avait avec nous, en 1874.

de ce corps par le général de Wimpffen, qu'il tenait pour très actif, très énergique et qui venait d'accomplir, contre les tribus guerrières du sud-ouest de la province d'Oran, touchant le Maroc, une expédition délicate qu'il avait su mener à bonne fin (1).

En même temps qu'il lui remettait la succession de M. Trochu, en l'envoyant à l'armée de Châlons, le président du Conseil le nommait général en chef pour le cas où M. de Mac-Mahon serait hors d'état de conduire l'armée. Rien n'était plus conforme « aux règles du commandement puisque le général de Wimpffen allait se trouver le plus ancien des commandants de corps d'armée (2) ».

Mais voici M. Trochu à Paris, avec sa nomination de gouverneur en poche. Il était arrivé, le 18, avant le lever du soleil. Sa présence, loin de servir la cause de la défense, allait être un véritable embarras pour le Gouvernement.

Nous signalerons, plus loin (3), les justes défiances que l'arrivée du personnage fait naître dans l'esprit de l'Impératrice, la colère mal dissimulée que cette arrivée provoque chez le général de Palikao. M. Trochu, ce politicien que l'Empereur lui expédie, de Châlons, ne lui dit rien qui vaille. Vainement, le général-avocat plaide-t-il la nécessité du retour de l'armée à Paris, Palikao l'interrompt et réplique, d'un ton péremptoire, que la marche vers Metz est le seul mouvement possible en la circonstance (4).

Trochu, qui n'a jamais résisté à qui lui tenait résolument tête, s'incline devant le ministre de la Guerre hautain et gourmé, ne songe pas à donner

(1) Comte de Palikao, pp. 119 et 120.
(2) *Ibid.*, p. 120.
(3) Voir, *infrà*, pp. 196 à 198.
(4) Théodore Duret, t. I, p. 262.

sa démission et s'efforce de décider Palikao à contresigner le décret le nommant gouverneur de Paris. Ce n'est qu'après un long débat et grâce à l'intervention du ministre de l'Intérieur, M. Chevreau, que le président du Conseil appose enfin sa signature. Rempli de joie, M. Trochu fait immédiatement porter le décret à l'imprimerie du *Journal officiel* par son aide de camp, le général Schmitz. Ce décret paraît, le matin même du 18, « provoquant dans Paris un mouvement de surprise mêlée de satisfaction (1) ». Pauvres grands enfants parisiens, pauvres naïfs Français, vous faites-vous toujours assez d'illusions sur les hommes et sur les choses !

Enfin, le futur président du gouvernement à naître de l'insurrection est dans la place. Il entasse Pélion sur Ossa, proclamations sur proclamations, lettres sur lettres. Il s'adresse aux habitants de la capitale, à l'armée, à la presse. C'est un flot d'encre qui déborde et noircit le papier blanc, en attendant le flot de paroles qu'il déversera, sans mesure, à propos de tout et à propos de rien.

Oui, pour le moment, le nouveau gouverneur éprouve le pressant besoin de se servir de sa plume à défaut de son épée : il le satisfait par une proclamation qui va produire un grand scandale, car le nom de l'Empereur n'y figurera pas, car il déclarera que Paris « veut » donner des ordres.

Nous allons transcrire cette proclamation telle qu'elle se trouve au *Journal officiel*, en écrivant en italiques les mots supprimés par M. Trochu, dans le texte de ses *Œuvres posthumes*, et en mettant entre parenthèses les mots changés par lui dans ce même texte afin d'atténuer sa félonne incorrection.

(1) Général Palat, 1re partie, t. VI, p. 113.

Proclamation.

« Paris, le 18 août 1870.

« *Habitants de Paris,*

« Dans le péril où est le pays, je suis (l'Empereur, que je précède de quelques heures, m'a) nommé gouverneur de Paris et commandant en chef des forces chargées de défendre (la défense de) la capitale en état de siège.

« Paris se saisit du rôle qui lui appartient et il veut (il va) être le centre des grands efforts, des grands sacrifices et des grands exemples. Je viens m'y associer avec tout mon cœur. Ce sera l'honneur de ma vie et l'éclatant couronnement d'une carrière restée jusqu'à présent inconnue de la plupart d'entre vous.

« J'ai la foi la plus entière dans le succès de notre glorieuse entreprise, mais c'est à une condition dont le caractère est impérieux, absolu, et sans laquelle nos communs efforts seraient frappés d'impuissance. Je veux parler du bon ordre, et j'entends par là non seulement le calme de la rue, mais le calme de vos foyers, le calme de vos esprits, la déférence aux ordres de l'autorité responsable, la résignation devant les épreuves inséparables de la situation *et*, enfin, la sérénité grave et recueillie d'une grande nation *militaire* qui prend en main, avec une ferme résolution, dans des circonstances solennelles, la conduite (direction) de ses destinées.

« Et je ne m'en référerai pas, pour assurer à la situation cet (un) équilibre si désirable, aux pouvoirs que je tiens de l'état de siège et de la loi. Je le demanderai à votre patriotisme, je l'obtiendrai de votre confiance en montrant moi-même à la population de Paris une confiance sans limites. Je fais appel à tous (aux) les hommes (**Français**) de tous les partis n'appartenant moi-même, on le sait dans l'armée, à aucun autre parti qu'à celui du pays. Je fais appel à leur dévouement. Je leur demande de contenir par l'autorité morale les ardents qui ne sauraient pas se contenir eux-mêmes et de faire justice par leurs propres mains de ces hommes qui ne sont d'aucun parti, et qui n'aperçoivent dans les malheurs publics que l'occasion de satisfaire (servir) des appétits détestables.

« Et pour accomplir mon œuvre, *après laquelle, je l'affirme, je rentrerai dans l'obscurité d'où je sors*, j'adopte l'une des vieilles devises de la province de Bretagne, où je suis né :

« Avec l'aide de Dieu, pour la Patrie (1) ! »

Aussi, avec juste raison, l'Impératrice, le président du Conseil, les bonapartistes ne cessent pas de se méfier de l'intrus. En dépit de ses hypocrites protestations de dévouement, on le tient outrageusement à l'écart. C'est une cinquième roue à un carrosse ; c'est pire encore, c'est un bâton dans les roues de la Défense.

D'un autre côté, le Corps législatif en permanence est également un élément de faiblesse. Ce « grand conseil de guerre, troublé, tumultueux, le plus souvent affolé, » fait commettre des indiscrétions déplorables, même au ministre de la Guerre (2).

Le général Palat reproche amèrement au comte de Palikao d'avoir annoncé une victoire aux députés alors que c'était une défaite (3). Si les batailles du 16 et du 18 août étaient des défaites

---

(1) *Journal officiel*, n° du 20 août 1870. — La proclamation falsifiée se trouve dans : Général Trochu, *OEuvres posthumes*; Tours, Alfred Mame, 1896; t. I, *Le Siège de Paris*; pp. 136 et 137.
(2) Général Palat, 1ʳᵉ partie, t. VI, p. 167.
(3) *Ibid.*, p. 166.

stratégiques (et nous savons bien que ce genre de défaites compte), elles n'en constituaient pas moins des victoires matérielles, puisque, à Rezonville, il y eut 14 828 tués et blessés du côté des Allemands, 12 007, du côté des Français ; puisque, à Saint-Privat, il y eut 19 667 tués et blessés du côté des Allemands, 7 855 du côté des Français (1).

Dans ces conditions, alors que l'on ne connaissait pas encore les conséquences que la félonie de Bazaine, tenant à être bloqué, allait entraîner, il était permis à un ministre de croire, tout d'abord, que des pertes, aussi effrayantes que celles éprouvées par l'ennemi, devaient avoir des résultats heureux pour nous et affaiblir, du même coup, l'armée adverse, moralement et matériellement. Enfin, n'est-ce pas le rôle d'un général, d'un chef de gouvernement, de donner du cœur au ventre des lièvres parlementaires, d'encourager les bonnes volontés, de ne pas parler en pessimiste ? De fait, si le pessimisme est de mise, est utile avant l'action, dès que le canon tonne, l'optimisme seul doit régner, à peine d'être vaincu même avant de combattre. La critique du général n'est donc pas juste. Passons.

La tension augmenta entre l'Impératrice et le général de Palikao, d'une part, et M. Trochu, d'une autre part. Pendant que le premier s'occupe fébrilement de lever des armées, d'approvisionner Paris, de le préparer, au besoin, à un siège, le dernier ne fait que de la politique. « On lui reproche les termes des proclamations, des lettres aux journaux, des entretiens avec les personnalités politiques dont il fait grand abus (2). » On verra plus loin avec quelle insistance, dans les conseils

---

(1) *Metz, Les Grandes Batailles*, par Alfred Duquet, pp. 184 et 305.
(2) Général Palat, 1re partie, t. VI, p. 283.

de guerre de Châlons, il réclamera le rappel des mobiles de la Seine à Paris, mesure absurde au premier chef, si absurde qu'elle n'a pu germer en la cervelle de Trochu que dans l'hypothèse où ces mobiles, qu'il savait si bien flatter, lui seraient une garde prétorienne, au moyen de laquelle il tiendrait le Gouvernement sous sa dépendance. Comment qualifier, pareillement, son obstination à remettre à l'élection les cadres de la Garde nationale! C'est effrontément préparer l'insurrection. En un mot, « l'élévation de M. Trochu, c'était forcément l'abaissement de l'Empire (1) ».

L'Impératrice et le comte de Palikao n'avaient, par conséquent, pas tort de redouter un pareil personnage.

Lisons l'aveu, fait par Jules Favre, de la vilenie de ce général politicien :

« La population de Paris (les républicains) le comprit ainsi (qu'il détruirait l'Empire) et lui fit fête de tous ses ressentiments ; elle remarqua avec joie que le nom de l'Empereur ne figurait point dans sa proclamation et, dans le général, elle vit, dès les premiers jours, celui qui devait la sauver de la Prusse et de Napoléon (2). »

Hélas! s'il devait renverser la dynastie impériale, il fit tout ce qu'il fallait pour assurer le triomphe de la Prusse! Mais continuons à lire M. Jules Favre qui nous démontre la trahison de son ami.

« Il ne dépendait du général Trochu d'échapper à ce rôle (renverser l'Empire) que la force supérieure des événements lui assignait, *et je ne crois pas qu'il s'y soit jamais trompé*. Dans le long entretien qu'il voulut bien m'accorder, le dimanche

(1) Jules Favre, *Gouvernement de la Défense nationale* du 30 juin au 31 octobre, p. 48.
(2) *Ibid.*

21 août, il s'expliqua avec une entière franchise. J'étais accompagné de mes collègues MM. Picard et Jules Ferry et de quelques électeurs de Paris, au nombre desquels se trouvaient M. Tirard et le docteur Montanié. La conversation n'avait rien d'intime, et le général, presque seul, en fit les frais. Nous étions loin de nous en plaindre, car sa parole facile, élégante, colorée, toucha à presque tous les points qui nous préoccupaient en nous en donnant la solution. Il s'étendit longuement sur l'infériorité de notre armée, due surtout à sa vicieuse organisation. Il estimait le soldat français supérieur à l'allemand ; mais la défectuosité de son instruction, le relâchement de la discipline, l'absence de respect et de confiance envers ses chefs, étaient pour lui autant de causes de périlleux affaiblissement. Ce n'était pas du reste à l'armée seulement que s'appliquaient ces affligeantes observations ; elles caractérisaient la France de l'Empire. «« Elle n'est, nous disait-il, qu'un décor derrière lequel est le néant ; aussi rien ne peut condamner assez énergiquement la coupable résolution des hommes d'État et des hommes de guerre qui ont entraîné la France dans l'aventure où elle se débat. Quant à Paris, *la défense n'y peut être qu'une héroïque folie* : je le sais, mais je m'y dévoue ; elle sera le dernier acte de ma vie. Je ne suis pas un politique, je suis un brave homme : je ferai mon devoir sans illusion et sans arrière-pensée, et j'irai finir mes jours dans une humble retraite, qu'après une telle entreprise j'aurai bien méritée. »»

« Cet incomplet résumé ne peut donner qu'une bien faible idée du discours qui nous tint sous le charme pendant près de deux heures. Tour à tour simple et incisif, quelquefois véhément, prodigue d'images, toujours abondant, le général semblait prendre plaisir à soulager son âme par cette éloquente effusion. Il nous témoigna, en nous congédiant, une affectueuse cordialité (1). »

Voilà l'homme qui assurait l'Impératrice de son entier dévouement! Judas n'a pas fait autre chose en embrassant le Christ. Bazaine a livré la France, Trochu, son souverain : les deux font la répugnante paire !

Et l'homme s'était exprimé, d'après M. Jules Favre, « avec une inaltérable sérénité (2) » qui prouve sa sécheresse de cœur, son indifférence pour la patrie près de sombrer dans un sanglant naufrage. Et M. Jules Favre, qui le traitera de fou quand il proposera, à l'époque du bombardement de Paris, « une immense procession de tous les habitants, chantant des cantiques, implorant la miséricorde céleste, opposant la châsse de la patronne de Paris aux obus allemands (3) », d'oser écrire, à propos de cette honteuse conversation : Nous conservâmes de cette conférence « le souvenir des qualités éminentes et du caractère chevaleresque qui venaient de se révéler à nous (4) ». On voit que M. Jules Favre et ses amis de l'Opposition se faisaient une idée originale de la chevalerie !

Il n'y avait pas que M. Trochu en coquetterie avec l'Opposition : un autre criminel, M. Bazaine, avait mis tous les siens en campagne pour remplacer l'Empereur dans le commandement suprême. Une preuve de ces sourdes intrigues est rapportée par M. Favre lui-même : Le 23 août, « je recevais,

---

(1) *Ibid.*, pp. 49 et 50.
(2) *Ibid.*, p. 50.
(3) *Paris, Le Bombardement et Buzenval*, par Alfred Duquet; Paris, Bibliothèque-Charpentier, 1898; pp. 64 à 69.
(4) Jules Favre, *Gouvernement de la Défense nationale du 30 juin au 31 octobre*, p. 50.

par un des membres de la famille du maréchal Bazaine, les communications les plus inquiétantes : le maréchal était complètement cerné et, au lieu de chercher à le rejoindre par la ligne la plus directe, celle de Verdun, le maréchal de Mac-Mahon remontait vers Mézières (1) ».

On remarquera la précision, la justesse des renseignements fournis contre toutes les prescriptions militaires. Une si grande exactitude, une si grande netteté dans l'exposé de la situation démontre que les nouvelles données provenaient de l'entourage même du maréchal Bazaine. Quel était le membre de la famille qui correspondait ainsi avec les ennemis les plus acharnés du Gouvernement? N'ayant pas l'habitude d'accuser sans preuves, nous n'osons pas citer un nom, bien qu'il s'en présente un au bout de notre plume, et laissons à d'autres le soin de découvrir le porte-paroles du livreur de Metz.

De son côté, la presse abondait en indiscrétions; l'ennemi n'a qu'à lire les journaux français pour connaître les mouvements de nos troupes, les plans de nos généraux. Le comte de Palikao menace vainement les journalistes des rigueurs de la loi (2), ceux-ci ne tiennent aucun compte de ces avertissements et continuent leur triste métier.

Le général Palat revient à la charge et reproche au président du Conseil « d'entretenir les espérances les moins fondées », de télégraphier des nouvelles rassurantes (3). Notre réponse sera toujours la même : Si le comte de Palikao avait fait part de ses craintes au public, s'il n'avait pas intelligemment sauté sur toutes les probabilités de succès, il eût manqué au plus vulgaire devoir d'un

---

(1) *Ibid.*, p. 51.
(2) *Journal officiel*, n° du 25 août 1870.
(3) Général Palat, 1ʳᵉ partie, t. VI, p. 286.

chef de gouvernement, en temps de guerre, qui est d'élever les courages à la hauteur des dangers courus !

Comme si l'Opposition ne suffisait pas à jeter le trouble dans les esprits! Le général Palat le reconnaît : « Si Palikao affiche un optimisme auquel il est difficile de croire, l'Opposition ne se fait pas faute d'exagérer la note contraire. Le 23 août, M. Emmanuel Arago s'exprime ainsi : « Il faut que Paris ne soit plus dans l'illusion. Il faut que Paris sache que les ennemis peuvent être ici dans cinq jours (1). » MM. Gambetta, Jules Favre déclarent que le pays roule vers l'abîme, que la nation française va mourir (2).

Le général Palat est plus juste pour le ministère Palikao lorsqu'il écrit : « Il faut dire que la tâche du Gouvernement déjà si pénible, est grandement compliquée par l'ingérence abusive du Corps législatif. Constamment les ministres perdent un temps irréparable à répondre aux questions les plus indiscrètes. La grande préoccupation de l'Opposition est «« l'armement des populations »», alors que nous n'avons pas assez d'armes pour nos formations régulières. Les 23, 24 et 25 août, les discussions à ce sujet sont interminables. Une autre question est non moins agitée : l'adjonction, demandée par M. de Kératry, de neuf députés élus par le Corps législatif, au comité de défense de Paris. Malgré le refus persistant du Gouvernement, l'urgence est adoptée, le 23 ; le 24, cette proposition n'est rejetée par 204 voix contre 41, sur le rapport de M. Thiers, que pour éviter une crise ministérielle (3). »

Que faire avec un Parlement transformé en

(1) *Ibid.*, pp. 287 et 288.
(2) *Journal officiel*, n° du 24 août 1870.
(3) Général Palat, 1re partie, t. VI, pp. 286 et 287.

conseil de guerre, voulant tout savoir, tout ordonner? Là encore, nous sommes obligé de montrer que la Chambre des Députés de 1870, en somme composée d hommes raisonnables, instruits, de bonne compagnie, même ceux de l'Extrême Gauche, donna le spectacle d'une véritable anarchie. Que serait-ce, aujourd hui, avec des législateurs ignorants, grossiers, mal élevés, « esclaves ivres », véritables bandits de gouvernement, prêts à commettre tous les crimes, non comme ceux de la Convention pour faire triompher leurs idées de patrie et d'égalité, mais, prosaïquement, bassement, pour faire entrer dans leurs poches l'argent des grandes et des petites bourses.

Et le bavardage continue au Palais-Bourbon. Fait curieux; depuis les défaites de Forbach et de Frœschwiller, l'Opposition, d'ordinaire si hostile aux propositions militaires avant la faillite de l'Etat-major impérial, est devenue tout à coup plus soucieuse de l'armement que le Gouvernement lui-même, s'il ne réclame point de dépenses pour l'armée. En ce dernier cas, la Gauche redevient pacifiste, opposée à toute mesure pouvant nuire à sa popularité. Ainsi, le 27 août, le ministre de la Guerre dépose un projet de loi simple, pratique, dont l'article premier décide que « les bataillons de la Garde nationale mobile peuvent être appelés à faire partie de l'armée active pendant la durée de la guerre (1) ». M. de Kératry trouve, tout seul, sans le moindre secours, que cette loi va aggraver la situation des hommes mariés de la Garde mobile! Elle aggraverait même celles des célibataires! MM. Guyot-Montpayroux, Ernest Picard, Cochery, Jules Simon, parlent dans le même sens.

Malheureusement, il est nécessaire de noter, ici,

---

(1) *Journal officiel*, n° du 28 août 1870.

que les préoccupations politiques pesaient lourdement sur les résolutions de l'Opposition républicaine comme elles déterminaient les décisions de l'Impératrice et du comte de Palikao. Les adversaires politiques étaient à deux de jeu. Ainsi, « la Gauche, dont le maréchal Bazaine était devenu l'homme de guerre favori, reprochait au Gouvernement de ne pas aller au secours de l'armée de Metz (1) ». Ceux qui, après l'événement, crièrent tant à l'aberration stratégique se taisaient, avant la catastrophe. « Nous étions désespérés de la marche vers Bazaine, a dit, bien souvent, M. Jérôme David, l'un des plus bouillants partisans de la guerre, l'un des plus intraitables adversaires de M. Émile Ollivier, et nous avons tout fait pour l'empêcher (2). » Où, quand, comment? Il n'y a trace, nulle part, de cette opposition d'un ou de plusieurs ministres du cabinet du 9 août au plan de Palikao. Loin de là, les gouvernants et la Régente marchaient d'accord, préoccupés, sans doute, de la situation militaire, — on l'aurait été à moins, — mais, enfin, la main dans la main.

Pareillement, M. Thiers a prétendu avoir, au Conseil de défense, prononcé la fameuse phrase : « Si l'armée de Châlons ne périt pas, le moins qu'il puisse lui arriver c'est d'être bloquée comme celle de Metz; vous avez un maréchal bloqué, vous en aurez deux (3). »

Il eût été permis de demander à M. Thiers, lors-

(1) Alfred Darimon, p. 256. — D'après M. Trochu, « le sentiment public a été le meilleur *auxiliaire* du général de Palikao pour pousser Mac Mahon à se diriger du côté de Bazaine ». (Général Trochu, *Œuvres posthumes*, t. I, pp. 130 et 131.)
(2) Alfred Darimon, p. 255. — Le comte de Palikao a écrit, dans son *Un ministère de la Guerre de vingt-quatre jours*, p. 97 : « Cette opération, adoptée par l'*unanimité* des membres du Conseil. M. Jérôme n'a pas protesté contre cette déclaration formelle. »
(3) *Enq. parlem. Déf. nationale*, déposition de M. Thiers, p. 13.

qu'il prononçait ces paroles à effet : « En quelle place forte, en quel camp retranché l'armée de Châlons se retirera-t-elle pour être bloquée de cette sorte, puisqu'elle pouvait être cernée, comme elle le fut à Sedan, mais non bloquée ? » Il n'eût su que répondre. Seulement, a-t-il dit le mot? Ne l'a-t-il pas trouvé dans l'escalier, après Sedan ?

Quoi qu'il en soit, il faut retenir que, dans la seconde moitié d'août, personne, à la Chambre, et l'Opposition moins que les autres députés, ne s'opposa à la marche vers celui que Jules Favre appelait le « glorieux Bazaine », bien au contraire. « On ne vit, dans le nouveau ministre, que le chef militaire, considéré comme l'homme le plus capable d'imprimer une bonne direction aux opérations de guerre. La partie exaltée des républicains, qui avait essayé de renverser l'Empire par la violence, cessa ses tentatives. De toutes parts, le désir de ne rien faire qui pût porter atteinte à l'efficacité de la défense, considérée désormais dans d'excellentes mains, prévalut (1). » Bien entendu, toutes ces bonnes dispositions se seraient évanouies, comme brouillard au soleil, si l'Empereur et l'armée de Châlons étaient revenus vers Paris.

Le 18 août, le Gouverneur de Paris, M. Trochu, avait pris une mesure absurde, n'atténuant en rien la faute commise par le ministère précédent, qui aurait dû, le jour même de la déclaration de guerre, arrêter les Allemands se trouvant en France et les déclarer prisonniers. Du coup, l'ennemi se trouvait privé de ses espions, de ses guides, de nombreux officiers, sous-officiers et soldats ; cette mesure aurait eu les meilleurs résultats pour nous ; mais on tenait à laisser au seul Bismarck le monopole de la violence : il en a largement profité.

1) Théodore Duret, t. 1, p. 252.

Quoi qu'il en soit, décider, comme le faisait l'arrêté du 26 mai, que les Allemands devaient quitter Paris et le département de la Seine sous trois jours, sortir de France ou se retirer au delà de la Loire, était une mesure enfantine qui a dû exciter l'hilarité des pseudo-exilés.

S'étendre davantage sur les faits et gestes du ministère Palikao et du général Trochu serait fastidieux et inutile. Reportons-nous, donc, sans tarder, aux pauvres vaincus de Frœschwiller ; leur chef ne sait pas plus les conduire, dans leur retraite désordonnée, qu'il n'a su les diriger sur le champ de bataille. Pourvu que nos généraux coloniaux actuels, qui arrivent si rapidement au faîte de la hiérarchie, ne soient pas, pour les mêmes raisons, stratèges et tacticiens aussi nuls que nos généraux d'Algérie, en 1870 !

VERS CHALONS

RETRAITE DU MARÉCHAL DE MAC-MAHON

On conçoit facilement en quel état les chefs et les soldats français se trouvaient dans la nuit qui suivit la bataille de Frœschwiller. Les blessés, pouvant encore marcher, se traînaient courageusement derrière la cohue des glorieux fuyards; le sang rougissait les linges déchirés qui entouraient la tête ou les bras de ces malheureux dont les vêtements en haillons, roux de poussière, recouvraient à peine le corps épuisé par les marches des jours précédents, par l'infernal combat de la veille.

« Des fantassins à cheval, des cavaliers à pied, des cuirassiers sans cuirasse et sans casque, des blessés qui se traînaient péniblement appuyés sur des camarades. De grands chariots de campagne passaient chargés de soldats qui se tenaient debout dans les voitures, entassés et serrés les uns contre les autres. Beaucoup de ces hommes laissaient tomber leur tête et dormaient (1). »

Plus de rangs, plus d'ordre de marche; la lamentable file des héros de Frœschwiller s'écoulait le

---

(1) Ludovic Halévy, de l'Académie française, *L'Invasion, Souvenirs et récits*; Paris. Calmann-Lévy, 1885; p. 30.

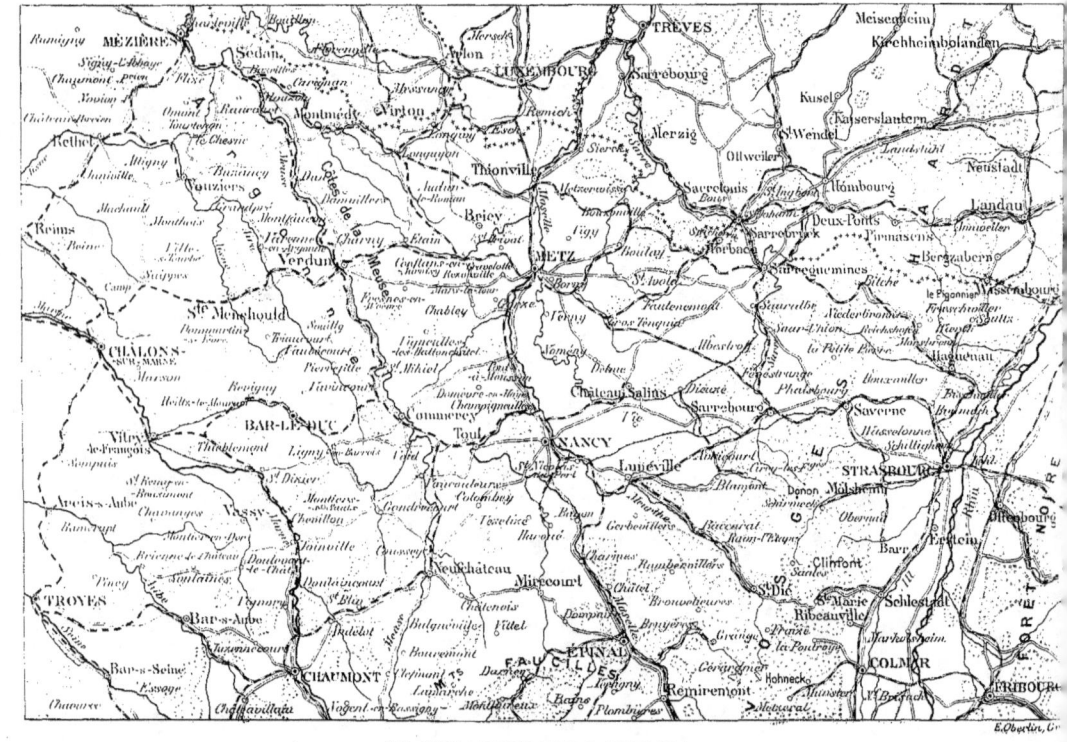

DE FROESCHWILLER A CHALONS

long des routes, à travers les villages, devant les habitants épouvantés, comme un torrent grossi par un orage charrie des débris de toutes sortes dans un pêle-mêle terrifiant. Il semblait que tous ces regards, jetés sur eux, étaient autant de reproches pour les vaincus, eux qui avaient cependant poussé la bravoure jusqu'à l'impossible et la résistance jusqu'au sublime ; aussi, sans répondre aux questions, passaient-ils, farouches, au hasard, comme dans un rêve de mort.

Et, pourtant, « que de braves gens dans cette Alsace !... Les habitants étaient admirables ; ils venaient au-devant des fuyards, charitablement, leur offraient du vin, de la bière, des vivres (1) ».

Nous l'avons écrit dans notre *Frœschwi er*, le duc de Magenta n'avait pas donné d'ordres de retraite et s'était contenté d'indiquer Saverne comme point de ralliement (2).

Le Maréchal n'était pas en état de diriger une retraite. Echappé, on ne sait comment, à la grêle d'obus, aux volées de balles qui avaient déchiré l'air, autour de lui, durant toute la bataille, il n'était sorti de Frœschwiller qu'à l'instant où les Allemands y entraient ; puis, il s'était retiré, la tête perdue, le corps brisé, s'effondrant dans un fossé, sans connaissance. « On s'empresse ; un soldat du 11ᵉ chasseurs à cheval, Jean Colmettes tend sa gourde d'eau-de-vie avec laquelle on réussit à le ranimer (3). » Il paraît qu'à ce moment la « grandeur de la défaite lui apparut et qu'il se prit à foudre

---

(1) *Ibid.*, p. 28. — *Ibid.*, pp. 27 à 30 et 36 à 37.
(2) *Frœschwiller*, par Alfred Duquet, p. 327.
(3) Dick de Lonlay, *Français et Allemands, Histoire anecdotique de la guerre de 1870-1871* ; Paris, Garnier frères, 1897 ; p. 239. — Il ne faut pas accepter de confiance tout ce qu'on lit dans cette histoire ; cependant il s'y trouve nombre d'anecdotes vraies, que l'auteur a recueillies, peu de temps après la guerre, et qui méritent d'être conservées.

en larmes. Quelqu'un de ceux qui l'entouraient lui dit, alors : «« Monsieur le Maréchal, pourquoi pleurez-vous ? Avons-nous donc refusé de mourir (1) ? »» Hélas, c'était, peut-être, parce que M. de Mac-Mahon savait que tous les courages s'étaient prodigués, que toutes les vies s'étaient données à lui pour la victoire et qu'il ne s'en était servi que pour le désastre, c'était, peut-être, parce qu'il sentait l'écrasante responsabilité résultant de son insuffisance militaire qu'il pleurait ainsi des larmes de sang ! Mais, a-t-il pleuré ?

Certes, son courage, pendant toute la journée du 6, avait été superbe, mais c'est ici le cas de citer le mot adressé, le 6 mars, de Schmolainen, par le maréchal Ney au major général Berthier : « Je ne me plains pas de la bravoure du général Gardanne : j'ai été satisfait de lui sous ce rapport ; mais *c'est une des qualités les moins essentielles pour un général* (2). » Venant du brave des braves, cette observation a son prix.

Arrivé à Niederbronn, Mac-Mahon indique, de nouveau, Saverne comme première étape de la retraite.

On a critiqué la retraite par Saverne. « Le choix de la direction de Saverne, le 6, au soir, avait ceci de particulièrement regrettable qu'au lieu de se rapprocher des corps concentrés autour de Saint-Avold on s'en éloignait de façon à rendre très laborieuse pour l'avenir une jonction *alors facilement réalisable* et qui eût pu offrir de sérieux avantages. » C'est donc qu'il fallait prendre la route de Bitche, encore toute encombrée des traînards, des équipages, des bagages de la division

---

(1) *Relation de la bataille de Frœschwiller* ; Paris, Berger-Levrault, 1890 ; p. 256.
(2) *Méthodes de guerre actuelles vers la fin du XIXe siècle*, par le général Pierron : Paris, Baudoin, 1886 ; t. I, 1re partie, p. 12.

Guyot de Lespart et des fuyards de tous les corps (1).

Non, ce n'était pas « facilement réalisable ». De fait, voit-on les divisions Pellé, Raoult, de Lartigue, Conseil-Dumesnil, Guyot de Lespart, Duhesme, de Bonnemains, ou, mieux, ce qui restait de ces sept divisions, s'engouffrant dans le boyau qu'est le défilé formant l'unique route de Reichshoffen à Bitche !

De plus, l'amoncellement des vaincus à Reichshoffen, à l'entrée du défilé, eût été tel que les Allemands, établissant leurs canons sur les hauteurs dont ils venaient de s'emparer, eussent tiré dans le pitoyable tas de fuyards sans qu'un seul obus ne portât pas. C'eût été une abominable boucherie, suivie de la reddition rapide des survivants de ces héros, forcés de recevoir des coups sans pouvoir en rendre.

Et pour quel résultat ? Pour aller joindre des renforts ! En quoi ces renforts (division Goze, de l'Abadie d'Aydren et de Brahaut) auraient-ils pu servir aux débris de Mac-Mahon ? Où ces renforts se seraient-ils alignés afin de protéger la retraite ? Comment auraient-ils pu conjurer l'écrasement des malheureux se pressant, s'étouffant à Niederbronn, au commencement du défilé ?

Mais on assure que l'avantage de la retraite sur Bitche eût consisté dans la jonction de l'armée d'Alsace à l'armée de Lorraine ! On oublie, d'abord, nous le répétons, que cette jonction ne pouvait

---

(1) « Le choix de Saverne a ce désavantage d'éloigner l'armée de Bitche, où elle serait assurée de trouver des renforts, et de Saint-Avold, où elle se relierait aux troupes de Lorraine. Il rendra donc très laborieuse, sinon impossible, la concentration de l'armée du Rhin. » (Général Palat, 1re partie, t. III, p. 346.) Mais le général Palat reconnaît que « ce désavantage n'est qu'apparent ». (*Ibid.*), et que la concentration vers Bitche « **entraînerait des dangers évidents** ». (*Ibid.*).

avoir lieu, faute de chemins pour se transporter à Bitche, car il aurait fallu faire un grand détour et passer par Ingwiller et Lemberg. Et puis, quel eût été le bénéfice de cette concentration des deux armées ? Nous n'en voyons qu'un : c'est que nous n'aurions pas eu Sedan puisque Bazaine se serait chargé de livrer aux Prussiens, d'un seul coup, l'armée française tout entière. Ce bénéfice n'est guère appréciable. A cet égard, le général Palat écrit, fort justement : « Concentrer les 1er et 5e corps vers Bitche, entre les masses allemandes d'Alsace et celles déjà signalées au nord de Sarrebruck, entraînerait des dangers évidents. Quant au projet de grouper les armées de Lorraine et d'Alsace, qui doit nous faire commettre tant de fautes, il est fort douteux que sa réalisation puisse être avantageuse. Sans doute, si l'armée du Rhin réunie devait n'avoir devant elle que les Ire et IIe armées, elle opérerait dans des conditions moins défavorables. Mais il est peu probable que la IIIe armée renonce à suivre nos troupes d'Alsace, surtout si elles se retirent suivant l'axe général des opérations allemandes. Au cas à prévoir où la concentration rêvée entraînerait celle des trois armées adverses en face de la nôtre, elle risquerait de hâter le désastre final et d'en accroître l'étendue (1). »

Le mouvement de recul le plus simple, le plus facile, en raison des nombreux chemins et routes qui en permettaient la réalisation, était de se diriger vers la Petite-Pierre, Ingwiller et Bouxviller. Les troupes du duc de Magenta, peu éloignées les unes

---

(1) *Ibid.* — « La retraite par Bitche serait donc fort imprudente. » (*Ibid.*, 1re partie.) — Un instant, nous avons cru à l'intérêt, pour l'armée de Mac-Mahon, de rejoindre Bazaine (Alfred Duquet, *Frœschwiller, Châlons, Sedan*, Paris, G. Charpentier, 1880; p. 141); mais l'étude approfondie de la question nous a convaincu de l'impossibilité de cette jonction par Bitche et de l'inanité de ses résultats.

des autres, pouvaient se concentrer aisément et se diriger, suivant les circonstances et les ordres à recevoir, soit vers Metz, — ce qui eût été une faute, — soit vers Nancy, où elles eussent été en relation avec le camp de Châlons et Paris, soit, enfin, vers Epinal où, placées sur le flanc de la III⁶ armée s'avançant dans le cœur de la France, elles eussent singulièrement gêné, retardé la marche des envahisseurs, si elles n'avaient pas profité d'une occasion heureuse, d'une faute de l'ennemi pour tomber sur lui et lui infliger une défaite. De plus, en se dirigeant vers la Saône et le Rhône, on gagnait un pays accidenté, où il n'était guère facile de poursuivre les vaincus du 6 août. Enfin, de ces régions, il était aisé de mettre en wagons, bataillons, escadrons et batteries, et de les diriger soit vers Châlons, soit vers Paris, soit vers tout autre point du centre ou de l'ouest de la France (1).

Le général Derrécagaix penche pour la retraite vers Belfort et la concentration sur ce point des 1ᵉʳ, 7ᵉ et 5ᵉ corps. « Ce parti avait l'avantage d'obliger l'adversaire, dès le début, à diviser ses masses et d'arrêter sa marche vers l'intérieur du pays. Il lui était impossible, en effet, de pénétrer plus avant en laissant deux armées importantes, appuyées sur des places fortes, menacer ses lignes de communication. A Belfort, le duc de Magenta aurait pu rallier ses troupes, remonter leur moral, recevoir les renforts du Midi, organiser peut-être un nouveau corps, et, établi sur une ligne rapidement fortifiée, disputer le terrain à la III⁶ armée. Le moindre succès à Metz ou à Belfort aurait entraîné la jonction de nos deux masses, la reprise

---

(1) Général Palat, 1ʳᵉ partie, t. III, pp. 316 et 317. — *Ibid.*, t. VI, p. 6.

de la ligne des Vosges et la délivrance de Strasbourg (1). »

Ces considérations ne laissent pas de nous séduire et nous sommes bien près de penser que c'était le seul plan à adopter. Mais, comme l'écrit le général Derrécagaix, était-il possible, à cette époque, à ce moment, de demander à nos généraux de s'arrêter à une résolution raisonnable (2)? Ils fuyaient, droit devant eux, au hasard!

Quoi qu'il en soit, dans la soirée du 6, la division Guyot de Lespart, après avoir fait tête à l'ennemi victorieux, s'était scindée en deux parties, comme nous l'avons déjà relaté (3) : l'une, la brigade de Fontange, avait suivi le torrent des fuyards et s'était portée vers Saverne, en protégeant toujours la retraite; l'autre, la brigade Abbatucci, suivie par un millier d'isolés du 1er corps, avait péniblement rétrogradé vers Bitche (4). Mais le général Abbatucci, en y arrivant, n'y avait plus trouvé son commandant de corps; aussi, était-il immédiatement reparti pour Philippsbourg, où il lui avait été remis une dépêche du général de Failly lui ordonnant de gagner les bois, de « suivre la crête des Vosges » et de le rejoindre du côté de Phalsbourg (5). « Le 19e bataillon de chasseurs et les 27e et 30e de ligne franchirent, par des sentiers

(1) *Histoire de la guerre de* 1870, par V. D***, officier d'état-major (général Derrécagaix); Paris, à la direction du *Spectateur militaire*, 1871; p. 123. — « Si le maréchal de Mac-Mahon, se rendant un compte exact de sa situation, se fût borné à défendre les passages des Vosges, appelant à lui les corps de Failly et Douay, les progrès de la droite ennemie eussent été plus lents. » (*Ibid.*, p. 205.)
(2) *Ibid.*, p. 123.
(3) *Frœschwiller*, par Alfred Duquet, p. 329.
(4) *La Guerre franco-allemande de* 1870-1871, rédigée par la Section historique du Grand Etat-major prussien, traduction de M. le capitaine E. Costa de Serda, de l'Etat-major français; Paris, Dumaine, 1874; 1re partie, pp. 284 et 285.
(5) *Section historique*, 1re partie, VII, pp. 179 et 180.

forestiers, la crête boisée qui les séparait de la vallée de la Zintzel et gagnèrent Lemberg par Monterhausen, puis Phalsbourg qu'ils atteignirent le 7 août, à 9 heures du soir, après avoir parcouru plus de 100 kilomètres en trente-six heures (1). »
— « Effort presque surhumain, sans aucune nécessité (2) », mais qui montre ce qu'un général, se doutant un peu de la stratégie, aurait pu faire de ces braves gens.

Quant au général Ducrot, il n'avait pu traverser Niederbronn. Arrêté par des forces ennemies, il avait été contraint de se jeter vers le sud, dans les bois de Zinswiller, et était parvenu à gagner le fortin de Lichtenberg, conduisant un pitoyable troupeau composé d'épaves de tous les corps qui s'étaient si bien battus durant toute la journée. Dès les premières lueurs du matin, la malheureuse troupe se remettait en marche avec une admirable volonté; elle gagnait la Petite-Pierre, où elle rencontrait les bataillons du 5e corps; tous prenaient, alors, le chemin de Phalsbourg, puis celui de Sarrebourg, où ils trouvaient le duc de Magenta (3).

La plus grande partie du corps Ducrot, séparée de son général, qui avait été contraint de prendre une autre direction, atteignit péniblement Saverne. Quelques fractions de la brigade Wolff passèrent par Bitche à la suite de la brigade Abbatucci. On le voit, dès la fin de la bataille et pendant deux

(1) *Ibid.*, p. 180.
(2) Général Palat, 1re partie, t. III, 361.
(3) *La vie militaire du général Ducrot*, d'après sa correspondance (1839-1871), publiée par ses enfants; Paris, Plon, 1895; t. II, pp. 371 et 372. — *Section historique*, 1re partie, IX, p. 65. — « A Sarrebourg, le gros du 1er corps est rallié par le général Ducrot, venu de Lichtenberg, la Petite-Pierre et Phalsbourg, avec 2 000 hommes environ des divers corps. » (Général Palat, 1re partie, t. VI, p. 7.)

6.

jours, le 1er corps ne fut pas conduit par son chef (1). Quant au gros des fuyards (divisions Pellé, Raoult et de Lartigue), il prit immédiatement la route de Saverne (2).

Le matin du 7, lorsque le Maréchal voit ce troupeau humain, dans un désordre inexprimable, il perd complètement la tête, ne pense pas à utiliser les Vosges ou leurs contreforts pour retarder la marche des envahisseurs; il n'a plus qu'une idée : gagner le camp de Châlons (3). Il ne faisait que devancer les ordres d'un autre ahuri : l'Empereur lui prescrivait, quelques heures plus tard, par un télégramme du maréchal Le Bœuf, de continuer sa retraite sur Châlons (4).

« Il ne pouvait y avoir à cette marche sur Châlons qu'un motif plausible, celui d'entraîner à sa suite l'armée ennemie, peut-être une partie de la IIe armée qui aurait cherché à se trouver en relation constante avec elle, et permettre ainsi à la masse principale des troupes françaises rassemblées sous Metz de battre près de cette ville la partie des masses ennemies laissées en arrière. Cette combinaison pouvait peut-être réussir; mais, pour cela, il fallait compter sur l'imprudence des chefs prussiens et s'inspirer d'une audace désespérée, deux sentiments qui n'existaient pas (5). »

Nous avons déjà exposé le désarroi qui s'était emparé de l'État-major impérial à l'arrivée des dépêches annonçant les défaites de Forbach et de Frœschwiller (6); nous n'y reviendrons pas et nous

---

(1) « Le général Ducrot n'est pas venu par la route de Saverne; il a passé par la Petite-Pierre. » (Ludovic Halévy. p. 37.)
(2) *Section historique*, 1re partie, VII, pp. 178 à 180.
(3) *Souvenirs inédits du maréchal de Mac-Mahon*.
(4) *Section historique*, 1re partie, IX, p. 70. — Général Palat, 1re partie, t. VI, pp. 5 et 22.
(5) Général Derrécagaix, p. 122.
(6) *Metz, Les Grandes Batailles*, par Alfred Duquet, pp. 60 et 61.

nous contenterons d'ajouter une touche à ce tableau désolant, qui l'achèvera, puisqu'il y donnera tout à la fois les couleurs philosophique et militaire.

« Dans ces heures douloureuses, on juge les caractères. Je suis obligé de l'avouer : le 6 août, au soir, alors que, consternés, nous recevions, au Quartier impérial, ces télégrammes successifs et navrants, je n'ai pas trouvé, chez les généraux dans l'atmosphère desquels vivait l'Empereur, le calme, la pondération, la fermeté réconfortante que j'aurais été heureux de saluer chez ces vieux soldats qui, tous, avaient fait la guerre, et qui étaient les conseillers naturels et indiqués de leur souverain... Les idées les moins raisonnables furent émises. Mais le plus violent de tous fut précisément le général Lebrun, qui était en partie l'éditeur responsable de nos malheurs présents, qui avait été, dans la coulisse, l'inspirateur du «« plan de campagne »» et qui avait à la longue fait prévaloir la théorie des petits paquets disséminés le long de la frontière pour en empêcher la violation... Ce soir-là, il nous fit à nous autres, les jeunes, une impression pénible. Se laissant aller à une excitation que la présence de l'Empereur aurait dû, tout au moins, contenir, il traita d'incapables et d'ignorants ses camarades malheureux, et ne parla de rien moins que de les faire fusiller!...

« Une personnalité grandit cependant beaucoup, ce même soir, dans mon esprit. Je veux parler du général de cavalerie Pajol, dont le sang-froid, le bon sens et la saine appréciation des événements finirent par rappeler les exaltés à la raison... J'admirai également l'Empereur, qui sut rester calme au milieu de ces divagations et ne laissa pas échapper une parole de blâme contre ceux de ses généraux qui venaient d'être mis en déroute et rendaient désormais si grosse la responsabilité que lui, chef suprême de l'armée, endossait fatalement. Mais je songeai douloureusement qu'en un moment si angoissant il n'avait auprès de lui aucun guide réfléchi, susceptible de l'éclairer, quand tous ceux que leur situation mettait à même de le faire se laissaient aller au découragement ou à la colère. Cet ami des anciens jours, ce conseiller fidèle et sûr, dont l'intelligence supérieure et l'esprit prodigieusement fécond auraient su dominer les circonstances et dicter les suprêmes et décisives résolutions, j'ai toujours pensé, avec le vaillant maréchal Canrobert, que c'était le général Fleury qui en réalisait l'idéal. S'il est vrai que sa présence à Saint-Pétersbourg a été des plus utiles à la France, grâce à la situation unique qu'il s'était acquise auprès de l'empereur Alexandre II, il est non moins certain que l'ascendant si justifié et si discret qu'il savait exercer dans les cas graves sur Napoléon III aurait pu avoir des conséquences incalculables sur la marche des événements militaires (1). »

Le général Fleury eût-il été le bon génie capable de diriger un souverain, malade et complètement désorienté, dans l'effroyable tempête qui menaçait d'engloutir l'Empire et la France? Nous l'ignorons, mais nous ne saurions trop déplorer la disparition du maréchal Niel, dont la valeur militaire et l'autorité personnelle auraient imposé à tous les brouillons politiques et militaires que l'Impératrice avait introduits à la Cour.

En tout cas, abandonnons l'Empereur, revenons à Mac Mahon et à ses troupes débandées.

En somme, le 8, l'armée vaincue, après avoir

(1) *Mes souvenirs, La guerre contre l'Allemagne* 1870-1871, par le général baron Faverot de Kerbrech; Paris, Lon-Nourrit, 1905, pp. 29 à 31. — Nous faisons toutes réserves quant à l'appréciation de M. de Kerbrech sur le général Lebrun.

laissé de petites garnisons à Bitche, à la Petite-Pierre, à Phalsbourg, se groupait aux environs de Sarrebourg (1).

Il est peut-être inutile de faire observer que les distributions régulières de vivres avaient fait défaut pendant la journée du 7. Les soldats, harassés de fatigue, à moitié morts de faim, avaient marché comme dans un funèbre cauchemar, soutenus par le petit morceau de pain, le verre de vin que les habitants des villes et villages traversés leur offraient en gémissant, déjà en proie à la terreur de l'ennemi redouté (2). Toutes les mesures prises par l'Intendance et le ministre de la Guerre, afin d'expédier à la cohue en retraite vivres et munitions, ne pouvaient produire instantanément d'effet; aussi les vaincus manquaient-ils de tout. « Le brusque départ de Saverne et la rapidité de la retraite suffisaient à rendre le ravitaillement presque impossible (3). »

« L Intendance est devenue le bouc émissaire d'Israël, que l'armée a rendu responsable de tous ses revers. Il y a beaucoup de vrai dans les imprécations que l'on a lancées contre l'Administration militaire; mais, si plusieurs intendants n'ont pas fait leur devoir avec l'énergie voulue, d'autres n'ont pu le faire par la faute des généraux. Comment veut-on, en effet, que l'Administration envoie ses approvisionnements sur les points où doivent arriver les troupes, quand on refuse, quelquefois, quand on néglige, presque toujours, de les lui faire

---

(1) *Campagne de France de* 1870-1871; *Etude d'ensemble*, par Léonce Patry, capitaine adjudant-major au 67° d'infanterie, 1879; imprimerie L. Couturier, à Soissons, et Graudrémy-Hénon, Paris; Carte du 8 août. — Général Bonnal, *Frœschwiller*; Paris, Chapelot, 1899; p. 456.

(2) *Ibid.* — *Section historique*, 1re partie, VII, p. 180.

(3) Général Palat, 1re partie, t. VI, p. 4. — « De l'Intendance, aucune trace, aucune nouvelle. » (Ludovic Halévy, p. 37.)

connaître, ou bien quand, après les lui avoir indiqués, on les change sans la prévenir ou en la prévenant trop tard? D'ailleurs, on connaît l'axiome : « Un bon général a toujours un bon intendant » : et cela s'explique parce qu'on n'est un bon général qu'à la condition de connaître la science des marches et de l'appliquer aux mouvements des convois aussi bien qu'aux mouvements des troupes (1). »

Mais il s'agissait bien d'intendance et de distributions, même irrégulières, dans cette ruée vers l'ouest des braves vaincus de Frœschwiller! Il n'y avait plus que des fuyards. Et puis, avouons-le, loyalement, les intendants de l'armée impériale étaient aussi routiniers, aussi inconscients de la grande guerre que les généraux qui, eux, ne se doutaient pas plus de ce qu'allaient être les grandes batailles nouvelles que nos marins actuels ne veulent reconnaître la révolution profonde apportée par la torpille dans les luttes navales (2).

Néanmoins, une dernière fois, nous faisons remarquer la force de résistance de l'armée impériale de 1870, car « les combattants de Frœschwiller avaient passé la nuit du 5 au 6 au bivouac, sous une pluie torrentielle; ils avaient livré bataille toute la journée du 6, sans boire ni manger, et exécuté, du 6 au soir au 7 août dans la matinée, une marche de 45 kilomètres (3) ».

(1) *Histoire générale de la guerre de 1870-1871*, par L. Dussieux, professeur honoraire à l'Ecole de Saint-Cyr; Paris, Lecoffre, 1881 : t. I, p. 70.
(2) « L'Intendance impériale de l'armée du Rhin s'était couverte de honte en laissant mourir de faim (avant et après Frœschwiller), les Africains qui se battaient à Wœrth. » (Karl Bleibtreu, *La Légende de Moltke*; contribution critique à l'histoire de la guerre de 1870 ; traduit de l'allemand par P.-A. Veling, capitaine au 26e bataillon de chasseurs; Paris, Charles-Lavauzelle ; p. 109.)
(3) *Section historique*, 1re partie, VII, p. 180.

« Cette retraite du 6 au 8 août avait donc été une course sur un long calvaire où les hommes ne s'étaient soutenus que par des prodiges d'énergie. «« J'ai continué, a écrit un témoin, à marcher comme un homme ivre, trébuchant à chaque pas et me heurtant contre des hommes aussi endormis que moi. Dans mes rares moments de lucidité, j'ai vu des bandes de soldats, incapables de supporter plus longtemps la privation de sommeil, se coucher sur les tas de pierres ou dans les fossés pour y dormir. Comme j'aurais suivi leur exemple, si j'avais été soldat! »» (Journal du commandant David.) Ainsi débute cette retraite qui doit être, jusqu'au bout, si pitoyablement conduite (1). » — « C'était une vraie déroute (2). »

Avec une admirable prescience, le grand homme de guerre qu'était le tant regretté colonel Ardant du Picq, qui connaissait à fond les généraux de Napoléon III, les Bazaine, les Mac-Mahon, les Le Bœuf, les Ducrot, les Trochu, écrivait, avant la guerre : « Il ne manque pas de généraux sans-souci, qui jamais ne se font d'inquiétude ni de tracas ; ils ne s'occupent de rien : «« Je marche, suivez »» ; et, de là, des marches de colonnes d'un désordre incroyable ; un hourra de 10 maraudeurs et le désordre devient déroute, désastre. Mais ces Mes-

---

(1) Général Palat, 1re partie, t. VI, pp. 6 et 7. — « Nous sommes en déroute, quelque chose de navrant, l'absence d'ordres, l'indiscipline, les fatigues de toute sorte, privation de sommeil et de nourriture, la pluie sur le dos, jour et nuit au bivouac, sans abri depuis huit jours, voilà où nous en sommes. » (Lettre écrite de Laneuveville, par un officier supérieur ayant glorieusement combattu à Frœschwiller. Citée par le général Thoumas, *Les Transformations de l'armée française* ; Paris, Berger-Levrault, 1887 ; t. II, p. 317.)

(2) Arthur Chuquet, *La Guerre*, 1870-1871 ; Paris, Léon Chailley, 1895 ; p. 78. — *La Campagne de 1870 jusqu'au 1er septembre*, par un officier d'état-major de l'armée du Rhin ; Bruxelles. Librairie Rozaz, 1871 ; p. 45. L'auteur serait le colonel Frédéric Robert.

sieurs ne comptent jamais avec cette éventualité-là : ils ont de la chance : ce sont les grands hommes du jour, jusqu'au moment où un désastre les désarçonne (1). »

Il semble que, le lendemain de Frœschwiller, le Maréchal n'ait plus eu la liberté de son esprit. Profondément atteint par la catastrophe qu'il s'est attirée, il ne se rend plus compte de la situation, ne donne aucun ordre suivi et se contente d'indiquer la ville de Saverne comme lieu de ralliement. C'est là que, le 7 août, se précipitent, comme une trombe, les débris du 1ᵉʳ corps. Les généraux imitent le Maréchal et n'essaient pas de reconstituer les bataillons désorganisés, mais qui comptaient, en somme, dans leurs rangs, les premiers soldats du monde, des vétérans de Sébastopol et de Solférino.

En ces circonstances, la première idée qui serait venue au bourgeois le plus simple eût été de défendre les passages des Vosges, où mille hommes peuvent retenir une armée pendant plusieurs jours ; de détruire les ponts, les routes, le chemin de fer et surtout de faire sauter le tunnel de Saverne qui permit plus tard à l'ennemi d'amener à Nancy, puis à Paris, troupes, approvisionnements, matériel de siège.

La Compagnie du chemin de fer de l'Est demanda, le 18 juillet 1870, au ministre de la Guerre, s'il ne jugerait pas opportun de préparer des fourneaux de mines dans les principaux ouvrages d'art de la voie et notamment dans les souterrains des Vosges. Le ministre donna son approbation et ces travaux furent exécutés. Mais là se bornait le rôle de la Compagnie et ce n'était

---

(1) Colonel Ardant du Picq. *Études sur le combat* ; Préface de M. Ernest Judet ; Paris, Chapelot, 1903 ; p. 239. — *Ibid.*, préface. pp. VII et VIII.

pas à elle de charger ces fourneaux, encore moins d'ordonner de les faire sauter (1).

« Si l'armée française, en se retirant, avait détruit derrière elle tous les chemins de fer, fait sauter tous les ponts sur les fleuves, brûlé ou coulé tous les bateaux, laissant des arrière-gardes pour harceler et retarder l'ennemi dans la construction de ponts provisoires, il eût été impossible aux Allemands d'arriver à Châlons avant quinze jours, pour le moins (2). »

Après la bataille de Frœschwiller, Mac-Mahon ne se préoccupa en aucune façon de cette question capitale.

« Les représentants locaux de l'autorité militaire n'osèrent rien prendre sur eux et deux ou trois jours furent ainsi perdus. Lorsque, enfin, à Paris, on sut que Mac-Mahon et de Failly ne se reformaient pas, comme on le supposait, sur le versant oriental

---

(1) Jacqmin, *Les Chemins de fer pendant la guerre de* 1870-1871 : Paris, Hachette, 1872; p. 315. — « Les ponts ne furent même pas détruits. » (M. le général autrichien von Dœpfner, cité par le général Pierron, *Stratégie et grande tactique d'après l'expérience des dernières guerres*; Paris, Berger-Levrault, 1887 ; t. 1, p. 75.) — Dans ce gros ouvrage, aussi bien, du reste, que dans ses autres publications, le général Pierron a beaucoup plus fait œuvre d'expéditionnaire que de stratège ou de tacticien, et nous n'aurions pas été rassuré si un pareil porte-plume avait été chargé d'un corps d'armée en temps de guerre. Mais, dans les monceaux de documents qu'il a ramassés de tous côtés, on arrive à découvrir certaines pièces intéressantes pour l'historien et pour le militaire. — *Histoire des chemins de fer français pendant la guerre franco-prussienne*, par le baron Ernouf; Paris, Librairie générale, 1874 ; pp. 21 et 22. — « Si, en battant en retraite après Wœrth, l'armée française (Mac-Mahon) avait jeté des forces suffisantes dans Strasbourg et fait sauter les tunnels situés entre Saverne et Sarrebourg, il eût, peut-être, été possible d'éviter Sedan. » (*Les Forteresses françaises pendant la guerre de* 1870-1871, par F. Prévost, lieutenant-colonel du génie à Vincennes; Paris, Dumaine, 1872 ; p. 55.)

(2) Henry Brackenbury, capitaine de l'artillerie anglaise (depuis ce temps général), professeur d'histoire militaire à l'Académie royale militaire de Woolwich ; *Les Maréchaux de France : Etude de leur conduite de la guerre en* 1870 ; Paris, Lachaud, 1872 ; pp. 67 et 68.

des Vosges, des instructions furent lancées pour la destruction des ouvrages ; il était trop tard : ceux-ci étaient occupés par les Allemands, *dont rien n'égala la joie*, dit un de leurs historiens, *lorsqu'ils découvrirent qu'aucun obstacle n'arrêtait leur marche dans la traversée de la ligne des Vosges* (1). »

« Les Allemands n'avançaient qu'à pas comptés. L'abandon de ces passages, si faciles à défendre ou à fermer, leur semblait un piège. Ils redoutaient une destruction combinée pour le dernier moment, à bout portant, foudroyante, effondrement de viaduc ou affaissement du tunnel ; c'était nous faire trop d'honneur. Ils venaient d'occuper, le 10, le tunnel de Saverne quand les ordres de destruction arrivèrent. Les Allemands se hâtèrent de mettre à profit cette bonne fortune inespérée (2). »

Pour le transport des vivres, vêtements, munitions de l'armée allemande, « des encombrements

---

(1) Jacqmin, p. 316. — « Dans leur retraite précipitée, les Français avaient négligé de détruire les tunnels de Saverne et de Phalsbourg ; ce fut une circonstance très favorable. » (Colonel Borbstaedt, *Opérations des armées allemandes depuis le début de la guerre jusqu'à la catastrophe de Sedan et la capitulation de Paris* ; traduit de l'allemand par E. Costa de Serda, capitaine au corps d'état-major ; Paris, Dumaine, 1872 ; p. 363.) — « Il semble qu'il aurait été préférable pour les Français d'opérer un mouvement de retraite sur Niederbronn, sur les Vosges, afin d'en défendre les défilés. Il devait être facile au Maréchal, avec les quatre divisions dont il disposait, avec son artillerie et sa cavalerie, de se maintenir sur la ligne des montagnes. En agissant ainsi, il donnait la main aux 5e, 2e et 7e corps et se mettait dans la possibilité d'opposer des forces imposantes à l'ennemi, tandis que les 3e, 4e corps et la Garde Impériale auraient pu faire face à l'armée de Frédéric-Charles. » (*Sedan*, par le général de Wimpffen ; Paris, Lacroix, Ferbœkhoven et Cie, 1872 ; p. 88.)

(2) Baron Ernouf, p. 22. — « Après le 6 août, Mac-Mahon s'était sauvé jusqu'à Châlons sans tourner la tête, sans donner un ordre, sans couper un pont, sans détruire un tunnel, une voie ferrée, abandonnant les Vosges... » (Urbain Gohier, *L'Armée nouvelle* ; Paris, Stock, 1897 ; p. 45.) — Arthur Chuquet, p. 78. — *Histoire de la guerre de 1870-1871*, par Paul et Victor Margueritte ; Paris, Chamerot ; p. 52.

terribles ne tardèrent pas à se produire sur le Palatinat. Quelle gravité n'auraient-ils pas eue si les chemins de fer des Vosges eussent été détruits (1) ! » « Si la ligne de Saverne à Sarrebourg, si la section de Frouard à Commercy avaient été détruites, peut-être le sort de la campagne eût-il été moins désastreux pour la France (2). » Et c'était possible, et, plus tard, les Français, qui n'avaient plus de maréchaux à leur tête, prouvèrent que la destruction des voies ferrées ne dépendait que d'eux. « Les journaux allemands citent la ligne de Nancy à Vesoul comme *un des plus remarquables exemples de la rapidité et de la rage surprenantes avec lesquelles les Français ont accumulé les ruines pour arrêter la marche des armées allemandes.* Sur cette ligne, en effet, la destruction des ouvrages fut faite sans hésitation et les Français sacrifièrent successivement : le 13 août 1870, le pont de Langley-sur-Moselle, près de Charmes ; le 13 octobre, celui de l'Euron, près d'Einvaux ; le même jour, le viaduc de Bertraménil, près d'Epinal ; le grand viaduc de Xertigny, le viaduc d'Aillevillers-Plombières. Ces sacrifices ne furent pas inutiles ; les Allemands ne purent rétablir la circulation : jusqu'à Epinal, que le 15 novembre 1870 ; jusqu'à Vesoul, que le 10 mars 1871 (3). »

Ainsi, non seulement le Maréchal ne songea pas à batailler sur les Vosges, mais il ne pensa même pas à en détruire les passages ! C'est inouï (4).

Le général Palat est indulgent lorsqu'il se contente d'appeler « imprévoyance et légèreté (5) » la conduite de M. de Mac-Mahon. Quand le général

---

(1) Jacqmin, p. 224. — *Ibid.*, pp. 312 à 316.
(2) *Ibid.*, p. 247.
(3) *Ibid.* — *Ibid.*, p. 248.
(4) Alfred Duquet, *Fræschwiller, Châlons, Sedan*, pp. 164 à 166.
(5) Général Palat, 1re partie, t. VI, p. 7.

de Brettevillois, commandant le génie du 1er corps, propose à son commandant, lors du passage à Saverne, de faire sauter les longs tunnels creusés sous les Vosges, entre cette ville et Sarrebourg (1), le refus, par le Maréchal, d'autoriser cette opération ne saurait se justifier parce qu'il fallait conserver ces tunnels en prévision de retours offensifs. Quand on sent un troupeau d'hommes galoper auprès de soi dans une fuite éperdue, il est déraisonnable de ne pas commencer par se garer de la poursuite du vainqueur et de songer à des retours de fortune immédiats et décisifs.

Que de mal ne se donna-t-on pas, plus tard, pour réparer cette faute grossière d'un chef ignorant ! « L'objectif de la défense (française), au début des opérations, fut la destruction d'un des tunnels du chemin de fer d'Avricourt à Saverne. Il naquit de l'impérieux besoin, ressenti par tous, de couper les communications des armées allemandes avec la mère-patrie, afin de retarder l'envoi de leurs renforts en hommes et en matériel (2). »

Hélas ! malgré la bonne volonté, le courage des francs-tireurs, ceux-ci ne parvinrent pas à atténuer la coupable impéritie du maréchal de Mac-Mahon, duc de Magenta !

Donc, le 8, le Maréchal, avec son malheureux corps d'armée et la division Conseil-Dumesnil, est à Sarrebourg ; les divisions de cavalerie Bonnemains et Duhesme ont gagné Blâmont (3). C'est là que le vaincu de Frœschwiller rencontre le général

---

(1) *Ibid.*
(2) *La Défense des Vosges et la guerre de montagnes*, par le capitaine Bruté de Rémur ; Paris, librairie militaire Edmond Dubois, 1890. p. 13. — « On aurait dû, au moins, faire sauter les ponts, combler les tunnels. » (*La Débâcle*, par Emile Zola ; Paris, Bibliothèque-Charpentier, 1892 ; p. 64.)
(3) Général Palat, 1re partie, t. VI, p. 17.

de Failly, dont nous raconterons, séparément, la retraite sur Châlons.

Dans sa fuite éperdue, le maréchal de Mac-Mahon avait cependant trouvé le temps, le surlendemain de sa défaite, de télégraphier au ministre de la Guerre : « Sarrebourg, 8 avril 1870, 11 h. 25 du matin. Nous avons consommé la plus grande partie des munitions d'artillerie et de cartouches d'infanterie à la bataille du 6 (Frœschwiller). Nous n'avons jamais reçu de parc de campagne et sommes, par suite, dans une situation fâcheuse. Je demande qu'il nous soit envoyé 42 caissons de 4 rayé de campagne, et 10 caissons de cartouches modèle 1866. Toutes ces voitures devraient être attelées au moins de 2 chevaux, être embarquées, aujourd'hui au plus tard à 6 heures du soir, et se diriger sur Blâmont, où je serai demain. Dans le cas où cette mesure ne serait pas applicable, envoyez-moi la moitié de ce que je demande en caissons de 4, et les 10 caissons de cartouches; enfin, des marmites, dont les deux tiers de mes hommes manquent (1). »

A Sarrebourg, le Maréchal trouva le commandant Vanson, officier d'état-major, envoyé de Metz par l'Empereur, qui prescrivit aux 1er et 5e corps de continuer la retraite, tout en ne dépassant pas Nancy sans un ordre du souverain. Ce même commandant débarrassa Mac-Mahon et de Failly de tous leurs éclopés et se chargea de les conduire directement à Châlons (2).

« Puisque l'ennemi, le lendemain de la bataille, avait montré tant de mollesse, dit le général de Wimpffen, il eût été possible et même facile de rallier le 1er corps sinon *à Phalsbourg*, du moins à Sarrebourg ou à Lunéville. On devait pouvoir dis-

---

(1) Général Pierron, *Méthodes de guerre*, t. I, 1re partie, p. 737.
(2) Amédée Le Faure, t. I, p. 133. — « Le dernier train de malades et de blessés partit de Sarrebourg le 11 août. » (Jacqmin, p. 132.)

poser encore de quelques pelotons de cavalerie pour s'éclairer et prendre des renseignements sur la marche du Prince royal. Il ne paraît pas que l'on ait eu cette pensée si naturelle, car, à l'exception de la brigade de Fontanges, la retraite continua sans désemparer et aussi désordonnée que le premier jour. C'est ainsi que les débris d'un de nos plus vaillants corps d'armée, commandé par un de nos plus vaillants généraux, atteignirent Blâmont le 9 et Lunéville le 10 (1). »

Le 9 août, c'est la même course folle que la veille et l'avant-veille. La cavalerie de Mac-Mahon prend toujours les devants et se sauve comme si notre infanterie était de l'infanterie allemande. Le général Bonnemains quitte Blâmont à 2 heures du matin et entre à Lunéville, vers 7 heures, sous une ruisselante averse. La division Duhesme le rejoint bientôt. Hommes et chevaux sont fourbus. Quant au restant des troupes du duc de Magenta, il gagne péniblement les alentours de Blâmont (2).

Le lendemain, 10, l'infanterie du 1er corps et la brigade de cavalerie de Septeuil rejoignaient, à Lunéville, les cavaliers des généraux Bonnemains et Duhesme. « Quelle entrée, quel défilé ! Tout le monde, a raconté un des vaincus, en nous voyant, a des larmes dans les yeux. Devant un café, des officiers de la Garde mobile étalent leurs galons, nous regardent passer. Pourquoi nous faire ainsi traverser cette ville ? Pourquoi donner un tel spectacle à ses habitants ? »

Quelles marches ! Quel désordre ! « Je viens

---

(1) Général de Wimpffen, p. 95.
(2) Capitaine Léonce Patry, 9 août. — Général Palat, 1re partie, t. VI, p. 24. — Nous faisons remarquer qu'il est impossible de donner, d'une façon complètement exacte, la position de chaque corps, en raison de sa dispersion, exigée souvent pour les cantonnements, par les marches, par les combats.

d'arriver à Lunéville, écrit un officier du 1ᵉʳ corps, par une pluie battante qui dure depuis hier. Sur toute la route spectacle de plus en plus triste. Artillerie, cavalerie, infanterie, tout est pêle-mêle; les hommes marchent, les uns isolément, d'autres par groupes. Ils n'ont pas reçu de vivres. Quelques-uns se livrent à la maraude, ou plutôt au pillage, dans les villages près de la route. On en voit étendus, inertes, dans les fossés pleins d'eau, rompus de fatigue et ne voulant plus suivre. Au milieu de cette agglomération de pauvres diables marchant sans effets, sans souliers, on voit circuler lentement, péniblement, quelques voitures de bagages et d'éclopés. C'est navrant. Vraiment nous ne paraissons pas plus habiles pour réparer une défaite imméritée, mais certaine, que pour livrer une bataille impossible. Qui diable nous presse ainsi? L'ennemi ne semble pas du tout nous suivre. Ne pourrait-on facilement, en deux ou trois jours se réorganiser dans une place forte comme Phalsbourg? Est-ce que cela ne vaudrait pas mieux que de courir à perpétuité, d'éreinter des hommes qui ont si vaillamment combattu, et d'en arriver à l'indiscipline, qui commence déjà à s'infiltrer parmi nos infortunés fuyards? Comme tout cela est mal dirigé, mon Dieu (1)! »

Depuis la veille, le maréchal de Mac-Mahon se trouvait dans la ville où fut signé, au temps de la grande France, le fameux traité qui nous donnait la rive gauche du Rhin.

« Arrivé à Lunéville, a dit le duc de Magenta, j'appris que l'avant-garde du prince de Prusse était près de Nancy. Cette ville ne présentant que des positions défectueuses pour la défense, je crus

---

(1) *De Frœschwiller à Sedan; journal d'un officier du 1ᵉʳ corps* Tours, Hachette, novembre 1870; pp. 33 et 34.

devoir appuyer vers Bayon, pour gagner Neufchâteau, puis Châlons, par le chemin de fer (1). »

Ainsi, sans vérifier l'information, le Maréchal a cru devoir immédiatement descendre vers Bayon (2).

C'est ce que lui a reproché l'ex-maréchal Bazaine : « J'aurais pu exposer, pour ma défense, que Mac-Mahon s'était laissé surprendre et fait battre en Alsace sans se rendre compte des forces écrasantes qui marchaient contre lui; qu'il avait effectué sa retraite sans chercher à défendre les Vosges, sans y arrêter l'ennemi un seul jour dans leurs défilés : enfin qu'il avait évacué l'Alsace par trop rapidement sans laisser dans les places de cette province, ainsi que le prescrivaient les règlements spéciaux, les garnisons nécessaires à une longue et bonne défense; qu'il s'était porté à Châlons, en arrière de moi, *sans tirer parti des 5ᵉ et 7ᵉ corps et de la ligne de défense de la Seille, laissant ainsi ma droite découverte et tournée, malgré l'ordre envoyé de ne pas dépasser Nancy*; que, par son ignorance des forces et des mouvements de l'ennemi, par sa présomption en acceptant la bataille en aveugle, il pouvait être regardé comme un des premiers auteurs de nos désastres (3). »

Mais retournons aux fuyards. Les divisions Bonnemains et Duhesme espéraient pouvoir respirer, un jour, à Lunéville. Arrivées de la veille, elles avaient reçu de quoi nourrir, sinon ravitailler, hommes et chevaux. « Les cavaliers avaient retrouvé leur belle humeur et s'apprêtaient à manger

---

(1) *Enq. parlem. Déf. nationale*, déposition du maréchal de Mac-Mahon, p. 35.
(2) Alfred Duquet, *Frœschwiller, Châlons, Sedan*, p. 168.
(3) Lettre de l'ex-maréchal Bazaine, n° du *Times* du 14 septembre 1874. — Au surplus, cette lettre prouve bien que le duc de Magenta a fait de grandes fautes, mais elle ne démontre pas que M. Bazaine n'a pas commis de grands crimes.

quand survint l'ordre du départ. On renversa les marmites et l'on sella. A 10 heures du matin, la division Bonnemains se mit en marche sur Bayon, où elle arriva vers 3 heures. Celle du général Duhesme suivit le même itinéraire, sans qu'il y eût la moindre raison pour ce mouvement doublement inopportun (1). Le soir du 10, le 1er corps et la division Conseil-Dumesnil restaient à Lunéville (2).

Le général Ducrot écrivait, de cette ville, à Mme Ducrot, une lettre dont sa famille nous a livré un passage : « ... Nous sommes à Lunéville, reculant toujours, honteusement, misérablement, livrant nos belles provinces de la Lorraine et de l'Alsace à ces affreux Prussiens ! C'est un crime, et mon sang bouillonne dans mes veines en participant à une pareille lâcheté !

« Ma division est bien reconstituée, j'ai communiqué à mes hommes, à mes généraux l'ardeur qui me dévore, et nous ne demandons qu'à prendre une noble revanche. Mais ceux qui nous dirigent semblent affolés ! C'est une honte, une honte qui ne perdra pas seulement la dynastie impériale, mais aussi notre malheureux pays (3). »

Oui, certes, ceux qui nous dirigeaient étaient « affolés », M. Mac-Mahon le premier, mais le général Ducrot se faisait une étrange illusion quand il annonçait que sa division « était bien reconstituée », quand il croyait avoir « communiqué à ses

---

(1) Général Palat, 1re partie, t. VI, p. 33, d'après le général Bonnal, p. 42, et le journal de la division Duhesme, cité par la *Revue historique*, t. IV, 1902, p. 1417.
(2) Capitaine Léonce Patry, 10 août. — Le capitaine indique, contrairement à ce qu'on vient de lire, que la division Duhesme était encore à Lunéville. Il est probable que cette division quitta cette ville assez tard dans la journée.
(3) *La Vie militaire du général Ducrot*, d'après sa correspondance, 1839-1871, publiée par ses enfants; Paris, Plon, Nourrit et Cie, 1895; t. II. p. 380.

hommes et à ses généraux l'ardeur qui le dévorait ». Les tableaux que l'on vient de lire de l'entrée du 1er corps à Lunéville ne ressemblent en rien à la déclaration de M. Ducrot. Quant à son « ardeur » personnelle, on n'en découvre trace nulle part; il paraissait, au contraire, singulièrement abattu et ne recouvrait son « ardeur » que pour récriminer, forme d'action des plus impuissantes et stériles. Il aurait mieux fait, à Wissembourg de se trouver en tête, devant l'ennemi, et non en queue, loin des responsabilités immédiates; il aurait ainsi évité la première défaite, amorce fatale des défaites futures.

Le 11, à 4 heures du matin, les troupes se mettaient en marche par une pluie battante.

« Toujours pas d'effets, pas de tentes, pas de marmites. Les soldats étaient sordides de boue et beaucoup d'entre eux trouvaient plaisant de s'affubler de tous les costumes, des vêtements les plus grotesques. Ils vivotaient, maraudaient et leur tenue était telle que les populations, effrayées, fuyaient à leur approche. On se demandait : «« Mais qui donc commande ici?... »» Un exemple de l'indiscipline. Le lieutenant Marescalchi, un des officiers d'ordonnance du Maréchal, fut accosté sur la route par deux zouaves qui lui demandèrent la bourse ou la vie. Ce ne fut qu'en les menaçant de son revolver qu'il put s'en débarrasser. Hélas! si l'indiscipline régnait parmi la troupe, le désordre était au comble dans les états-majors; personne ne commandait, aussi personne ne savait ce qu'il devait faire. Habituellement, chaque jour, il y a un rapport, tout le monde se rend à la réunion pour prendre des ordres. Depuis la bataille du 6, il n'a plus été question du rapport (1). »

---

(1) *De Fræschwiller à Sedan*, pp. 37 et 38.

Enfin on arriva à Bayon, où le Maréchal reçut un convoi de munitions conduit par le capitaine Aufrye. Ce convoi se composait de 30 caissons contenant des cartouches et des projectiles de 4 et de 12. La lutte pouvait être soutenue, même en plaine, si l'ennemi, ou plutôt sa cavalerie, rejoignait le 1er corps (1).

Il est vrai que, ce jour-là, les deux divisions de cavalerie Bonnemains et Duhesme n'étaient plus en mesure de repousser les éclaireurs allemands puisqu'elles avaient filé, à grande allure, du côté opposé, en avant de l'armée, et ne s'étaient arrêtées qu'à Colombey-les-Belles (2). Les grands chefs persistaient à faire bivouaquer ces deux divisions. « Elles passèrent la nuit dans les prairies dont la terre était si détrempée que les piquets d'attache ne pouvaient tenir. Elles restèrent ainsi, sans abri, sans paille pour se coucher, sans feu, sous l'averse. Les chevaux, repliés sur eux-mêmes, le dos voûté, le cou tendu, serrés les uns contre les autres, cherchaient à se garer de la pluie et du vent qui emportait une partie de leur maigre ration. Le matin, ils sortaient de ce cloaque, les membres raides, fatigués avant l'étape (3). »

Le 12, au soir, le 1er corps, et la division du 7e qu'il traînait à sa suite, sont cantonnés à Haroué ; les deux divisions de cavalerie sont dans Vézelise et à Colombey-les-Belles (4).

Le Maréchal, qui voulait laisser ses troupes se reposer durant toute la journée du 12, a changé d'avis. Se croyant plus en sûreté de l'autre côté de la Moselle, il a fait passer la rivière à ses régi-

---

(1) Amédée Le Faure, t. I, p. 133.
(2) Capitaine Léonce Patry, 11 août. — Général Palat, 1re partie, t. VI, p. 43.
(3) Général Bonie, p. 44. Cité par le général Palat, *Ibid.*
(4) Capitaine Léonce Patry, 12 août.

ments. On ne se sauve plus à toutes jambes, on ne sent plus les Prussiens à ses trousses : c'est une très courte étape.

« En passant par Haroué, écrit un des acteurs de ce triste drame, je trouve le Dr Legouest, installé au château du prince de Beauvau. Nous causons, un instant, déplorant, l'un et l'autre, l'indiscipline qui s'infiltre de plus en plus dans nos rangs. Le docteur me raconte qu'il vient d'entendre un zouave, auquel un de ses camarades reprochait les expressions dont il s'était servi pour adresser la parole au Maréchal, répondre à ce camarade ces propres mots : «« Ah ! laissse donc, dans ce moment, on peut tout leur dire. Les généraux c'est un tas de..... »» Nous ne prononcerons pas le nom (1). »

Certes, on ne saurait approuver les paroles du zouave : un chef, même incapable, doit être respecté par ses soldats; mais, quelles circonstances atténuantes ! Et comme l'on comprend la colère de ces hommes qui s'étaient battus en lions et qui se sentaient commandés par des ânes !

Quelques jours auparavant, le 10 août, le Maréchal avait prévenu, par dépêche télégraphique, le général commandant le département de la Meurthe que les 1er et 5e corps quitteraient Lunéville le 11 au matin pour se diriger sur Bar-le-Duc par Bayon et Colombey, en évitant ainsi Nancy et Toul, et qu'il fallait dès lors faire évacuer sur Châlons toutes les troupes qui se trouvaient à Lunéville et à Nancy. La dépêche ajoutait :

« Les hommes de ces deux corps et tous les convois qui seraient envoyés à leur destination devront rétrograder sur Châlons d'où on les rappellera au besoin. Les employés du télégraphe devront

---

(1) *De Frœschwiller à Sedan*, pp. 39 et 40.

continuer leur service jusqu'à l'arrivée de l'ennemi ; alors seulement ils devront emporter ou briser leurs appareils. »

En présence de cette dépêche, qui leur fut communiquée, les agents supérieurs de la compagnie de l'Est à Nancy jugèrent qu'il n'y avait qu'une chose à faire, c'était de sauver le matériel roulant épars sur les embranchements de Saint-Dié et d'Epinal et sur la ligne principale. Rien qu'à Nancy, il y avait plus de cent machines locomotives et un nombre immense de voitures et de wagons. L'autorité militaire quitta Nancy le 11, au matin. La Compagnie de l'Est ne pouvait songer à patienter plus longtemps et, à partir du 11, 8 heures du matin, les trains d'évacuation se succédèrent sans interruption. Cette opération dura environ quarante-huit heures. Le 13, tout le matériel était sauvé et on ne laissa rien aux mains des Allemands qui, en entrant le même jour à Nancy, n'y capturèrent qu'une machine de gare hors de service (1).

Le 13 août, les troupes du duc de Magenta sont disposées avec la même ignorance des nécessités de la guerre. Nous finirons par croire que nous l'avons flatté quand nous lui avons donné les qualités d'un colonel : il n'eût été qu'un bon sergent, à la condition de n'avoir pas à conduire une escouade ! Oui, sa cavalerie ne protège pas l'arrière, les divisions de Bonnemains et Duhesme sont à des kilomètres en avant, à Neufchâteau, tandis que la division Conseil-Dumesnil et le 1er corps bivouaquent : l'un près de Vézelize, l'autre aux environs de Vicherey (2). Bien que l'ennemi ne soit signalé nulle part, on ne loge pas les soldats chez l'habitant : on craint de le gêner, on les parque en plein

---

(1) Jacqmin, pp. 136 et 137.
(2) Capitaine Léonce Patry, 13 août.

air (1). Les Allemands, bientôt, ne feront pas tant de manières!

Cette marche du 13 a été lamentable : elle ressemblait à une fuite, sans poursuivants. « La troupe a eu une rude journée ; quelque chose comme 26 kilomètres par une chaleur d'orage, avec vivres insuffisants. Chose assez singulière et fort heureuse, il n'y a, pour ainsi dire, pas de malades. Voilà qui prouve en faveur de la bonne composition de l'armée, au point de vue de la force physique et du bon choix de recrutement. Mais s'il n'y a pas de malades, il ne manque pas, en compensation, de grognards, ou plutôt de geignards, de murmureux et d'indisciplinés (2). »

Enfin, avant de partir, le Maréchal a eu une bonne inspiration : il a fait sauter les ponts de Flavigny et de Bayon, sur les routes de Lunéville et de Nancy. On ne détruit pas celui de Pont-Saint-Vincent, faute de poudre (3) !

M. de Mac-Mahon croit pouvoir enfin concentrer toutes ses forces. Arrivé, le 13, à Neufchâteau, il informe le ministre de la Guerre, général de Palikao, que, le lendemain, ses régiments seront en état de monter en wagon, pour être transportés, par voies ferrées, au camp de Châlons. Il constate que la continuation de marches, semblables à celles des jours précédents, ne manqueraient pas d'entraîner la débandade matérielle et morale des vaincus de Frœschwiller : il a hâte de les soustraire à la hantise de la poursuite, espérant les remonter de toutes manières à la faveur du repos et des magasins du camp. Il supplie le ministre d'autoriser le retour par chemins de fer. Le général lui

---

(1) De Narcy, *Journal d'un officier de turcos*, p. 138. Cité par le général Palat, 1ʳᵉ partie, t. VI, p. 59.
(2) *De Frœschwiller à Sedan*, pp. 40 et 41.
(3) Général Palat, 1ʳᵉ partie, t. VI, p. 59.

répond par la dépêche suivante : « Si vous pouvez effectuer votre mouvement sur Châlons par le chemin de fer sans compromettre la sécurité de votre corps d'armée, faites-le ; entendez-vous avec la Compagnie de l'Est, à Neufchâteau (1). »

A ce sujet, le général Palat fait justement observer qu'une pareille mesure, à raison du trouble qu'elle doit apporter dans les services de l'arrière, aurait dû être réglée par le ministre seul (2).

Le 14, selon sa déplorable habitude, le Maréchal fait galoper ses deux divisions de cavalerie, en avant, jusqu'à Poissons, tout près de Joinville-sur-Marne ; la réserve d'artillerie ne peut aller que jusqu'à Allianville ; le 1er corps et la division Conseil-Dumesnil sont à Neufchâteau (3).

De cette ville, il adressait un télégramme à la Compagnie de l'Est, à Paris, et lui demandait du matériel pour porter, du côté de Châlons, par Saint-Dizier et Blesmes : 22 000 hommes d'infanterie, 3500 chevaux, 500 pièces ou voitures. La distance à parcourir de Neufchâteau à Châlons était de 170 kilomètres, dont la presque totalité en voie unique. On demanda au Maréchal de diviser l'embarquement de ses troupes et de diriger une partie de la cavalerie et de l'artillerie vers les gares de Donjeux et de Joinville. Il fut fait droit à cette demande et, dès le 14 au soir, le service des trains était assuré ; il était terminé le 17, et les Allemands arrivaient, sur l'embranchement de Neufchâteau, vingt-quatre heures après le passage du dernier train (4).

(1) *Revue historique*, 1905, p. 127.
(2) Général Palat, 1re partie, t. VI, p. 60.
(3) Capitaine Léonce Patry, 14 août. — Général Palat, 1re partie, t. VI, p. 61.
(4) Jacqmin, p. 137. — Il est même probable que les soldats du 1er corps auraient pu être rendus dès le 15 au camp de Châlons. Mais un faux renseignement, donné à Joinville, ralentit la

Ce mouvement avait été retardé par une alerte. Le général de Failly avait informé le ministre de la Guerre et le duc de Magenta que Blesme allait être occupé par l'ennemi. Ordre fut alors donné à une brigade de la division Conseil-Dumesnil de défendre cette petite ville et sa gare. Effrayé par cette prétendue menace des Allemands, Mac-Mahon, qui se trouvait à Joinville, revient à Chaumont ; il arrête les convois se dirigeant sur Châlons : c'est une confusion inextricable. Mais le ministre de la Guerre fait vérifier l'exactitude de la nouvelle donnée par le commandant du 5ᵉ corps ; elle est reconnue fausse et il télégraphie à Mac-Mahon que Blesme est en notre pouvoir. Alors, le Maréchal se décide à faire remonter les trains de troupes sur Châlons.

« Naturellement, cet incident entraîne un retard considérable dans les transports de nos régiments. L'auteur du livre *De Frœschwiller à Sedan*, qui fait sans doute partie de l'état-major du 1ᵉʳ corps, part. le 15, à 8 heures du soir, de Neufchâteau, pour être seulement le 17, à 6 heures du matin, à Mourmelon (pp. 42 et suiv.). Deux nuits et un jour pour 170 kilomètres ! La confiance de tous dans un commandement aussi mal inspiré en est encore affaiblie : ««Je ne comprends rien à ce qui se passe, écrit Ducrot... Combien ce manque de direction est désolant ! »» (Lettre du 15 août à Mᵐᵉ Ducrot.) A Joinville, dans la nuit du 15 au 16 août, Mac-Mahon a donné une nouvelle preuve de sa profonde incapacité. Ce ne sera pas la dernière (1). »

---

marche. Un receveur de l'enregistrement avait envoyé cette dépêche : « Voie ferrée coupée à Saint-Dizier. » Mac-Mahon ajouta foi à cette nouvelle sans en vérifier l'exactitude. Cela retarda la retraite d'un jour et demi. (Général de Wimpffen, p. 96.)

(1) Général Palat, 1ʳᵉ partie, t. VI, p. 66.

RETRAITE DU GÉNÉRAL DE FAILLY

De son côté, le 5ᵉ corps avait offert un spectacle de désordre et d'ahurissement militaire semblable à celui du 1ᵉʳ.

Tout ce monde avait roulé, comme un torrent après un violent orage, et atteint, le 8, Réchicourt et les villages environnants. Sans avoir combattu, les soldats du général de Failly portaient le stigmate de la défaite : le contact des vaincus les avait mis immédiatement à leur niveau moral. Cet infortuné corps a marché, toute la journée, sans que ses chefs aient songé à le couvrir par une arrière-garde (1) !

Mais avant d'exposer brièvement la retraite du général de Failly, revenons au 6 août et ajoutons quelques réflexions à celles que nous avons précédemment émises sur la situation de ce général pendant la bataille de Frœschwiller (2).

Ici, nous tenons à transcrire, littéralement, le passage du récit du Grand Etat-major prussien qui se rapporte à la position du général de Failly, durant ce jour à jamais détestable ; on y verra combien la conduite du maréchal de Mac-Mahon y est, avec raison, sévèrement jugée.

---

(1) Général Bonnal, *Frœschwiller*, p. 458. — « Le général de Failly se retirait dans le plus grand désordre, sans avoir combattu. » (*Récits de l'Invasion, Alsace et Lorraine*, par Alfred Mézières, de l'Académie française ; Paris, Emile Perrin, 1884 ; p. 301.) « Le 5ᵉ corps, qui n'avait pas combattu, fut entraîné dans la déroute des troupes de Mac-Mahon et se débanda en partie avec elles. » (Général autrichien von Dœpfner, cité par le général Pierron, *Stratégie et Grande tactique*, d'après l'expérience des dernières guerres ; Paris, Berger-Levrault, 1887 ; t. I, p. 75.) — Journal de la brigade Nicolas. — Journal de la division de l'Abadie. — Général Palat, 1ʳᵉ partie, t. VI, pp. 25 et 26.

(2) Voir, *Frœschwiller*, par Alfred Duquet, pp. 195 à 215.

« A Bitche, le général de Failly s'était trouvé, le 6, dans la singulière situation d'avoir à soutenir, à la fois, et le maréchal de Mac-Mahon, à Wœrth, avec son aile droite, et le général Frossard, à Spicheren, avec son aile gauche. Tandis que le canon tonnait dans ces deux directions, le commandant du 5ᵉ corps croyait devoir surveiller la trouée de Rohrbach et garder les routes de Pirmasens et de Deux-Ponts, avec les forces qui lui restaient encore. *Bien que toujours relié télégraphiquement au Maréchal, il n'en recevait plus aucune communication* jusqu'au moment où lui parvenaient, dans la soirée, les nouvelles des échecs simultanés des deux corps voisins. Un conseil de guerre était aussitôt convoqué et, conformément à ses conclusions, le général de Failly rompait, le soir même, à 9 heures, avec ses deux divisions, dans la direction de la Petite-Pierre (1). »

N'admire-t-on pas la prévoyance du duc de Magenta qui, chargé de trois corps d'armée, non seulement ne donne aucune instruction, pendant qu'un de ses corps est engagé, aux deux lieutenants qu'il a sous ses ordres, mais qui, après la déroute complète de ce corps, n'a pas l'idée de prévenir ces lieutenants, de leur indiquer la marche qu'ils doivent suivre pour échapper eux-mêmes au désastre, ou pour rendre celui du corps battu

---

(1). *La Guerre franco-allemande*, 1ʳᵉ partie, p. 286. — « Le général de Failly, laissé sans ordres, informé le 6, au soir, de la perte de la bataille, levait son camp de Bitche et arrivait, le 7, dans la journée, à la Petite-Pierre. » (*La Transformation de l'armée française*, par le général Thoumas, t. II, p. 403.) — « Il est à remarquer que le commandant du 5ᵉ corps, malgré les accusations dont il a été l'objet, avait exécuté les ordres qui lui étaient transmis et fait, par conséquent, son devoir. Les causes de la défaite se trouvent dans les ordres eux-mêmes. » (Général **Derrécagaix**, p. 417. — *Ibid.*, p. 245. — **Charles de Mazade**, t. I, p. 104.

moins épouvantable (1) ! Jamais, à la guerre, pareille insouciance ne s'était rencontrée; il faut remonter au maréchal de Soubise, lorsqu'on veut trouver une aberration semblable. Quant à la défense de Strasbourg, le Maréchal n'y songea pas un seul instant, comme nous le verrons plus bas (2).

Le soir de ce triste jour, le général reçut deux dépêches : l'une, du chef de gare de Banstein ; l'autre, du général Abbatucci, commandant la 1re brigade de la division Guyot de Lespart. La première était ainsi conçue : « Bataille perdue, l'ennemi est à Niederbronn. »

(1) Le Maréchal ne donna aucun ordre au général de Failly et ce n'est que le 7 qu'il avertit le général Douay de la défaite, sans lui envoyer les moindres instructions. — Le général de Failly « fut victime de la dissémination originelle, puis dupe des démonstrations et des escarmouches qui se produisirent autour de lui, le 5 et le 6. (Le 5, non le 6.) Dans le doute, il ne sut que s'immobiliser. Là, croyons-nous, fut tout son tort, qui n'est pas d'une nature inavouable et que n'eussent pas mieux évité beaucoup d'autres excellents divisionnaires subitement appelés à la tête d'un corps d'armée à peu près indépendant. Quant à croire que de Failly mit, à son inaction, du mauvais vouloir et des intentions de désobéissance, rien n'autorise une semblable supposition, ni les faits de la journée, ni la longue et honorable carrière du général, homme de devoir avant tout, mais pas toujours prompt à en bien saisir les diverses applications. Néanmoins, le commandant du 5e corps fut violemment attaqué par la presse. On lui fit payer cher ses fonctions agréables d'aide-de-camp de l'Empereur et ses lauriers faciles de Mentana. A ces deux titres, à tort ou à droit, il représentait une politique fort décriée en France et qu'on attaqua sur son dos ». (*Relation historique et critique de la guerre franco-allemande en 1870-1871*, par Ferdinand Lecomte, colonel fédéral suisse; Paris, Tanera, 1872; t. I, p. 338.) — Si le général de Failly avait été suspecté de républicanisme, l'Opposition l'aurait porté aux nues.

(2) Alfred Duquet, *Fræschwiller, Châlons, Sedan*, pp. 139 à 141. — « Ce ne sont pas des prières ou des invitations élastiques que Mac-Mahon devait adresser aux chefs des 5e et 7e corps, mais, aussitôt qu'il en eût eu la compétence, l'ordre catégorique de rejoindre avec tout leur monde. Donné à temps, et même encore le 5 au matin, un tel ordre lui eût procuré, le 6, huit à neuf divisions, peut-être dix, au lieu de cinq seulement dont il disposa. » (Colonel Ferdinand Lecomte, t. I, pp. 330 et 331.)

La seconde annonçait que la brigade de Fontanges se retirait sur Saverne, tandis que la brigade Abbatucci se repliait sur Bitche (1).

Un conseil de guerre fut réuni, à 7 heures du soir, pour résoudre les deux questions suivantes :

Devait-on accepter le combat sous les murs de Bitche?

Devait-on suivre le mouvement de retraite de Mac-Mahon, en passant par la Petite-Pierre, point de défense du passage des Vosges, au-dessous de Reichshoffen, pour se diriger ensuite vers Phalsbourg et Saverne, autre défilé des Vosges?

Après une discussion approfondie, écrit le général de Failly, la première question fut résolue négativement. Le conseil fut d'avis que, bien que le fort de Bitche pût être considéré comme inexpugnable par sa position, il était impossible aux trois brigades de songer à combattre avec avantage sous ses murs (la plaine étant dominée de tous côtés). On conclut donc à la retraite indiquée, dans la crainte, bien motivée, du reste, de se voir fermer la seule route qui fût encore libre, celle de la Petite-Pierre (2). Les douaniers des environs, organisés en compagnie, un bataillon d'infanterie et des artilleurs, *comme instructeurs*, sous les ordres d'un capitaine d'artillerie, furent désignés, avec un médecin et un sous-intendant militaire, pour former la garnison du fort, *qui se trouvait sans troupes* (3)!

A 8 heures du soir, le camp fut levé à la hâte; la brigade Nicolas parvint, au milieu de la confusion et du désordre occasionnés par les fuyards de toutes armes qui encombraient les rues étroites de la ville, à se faire place et à sortir, par la porte de

---

(1) *Opérations et Marches du 5º corps*, par le général de Failly: Bruxelles, Lebègue, p. 15.
(2) *Ibid.*, p. 16.
(3) *Ibid.*, p. 17.

Phalsbourg, abandonnant toutes ses voitures renfermant la comptabilité, les caisses, tous les bagages, toutes les ressources indispensables (1). Bref, trois brigades, onze batteries et onze escadrons se sont mis en marche vers la Petite-Pierre.

Le 7 août, après une course de nuit des plus fatigantes, par des chemins détestables, ils arrivent à ce fortin, de 9 heures du matin à 3 heures du soir. En dix-huit heures, ils avaient franchi la distance de Bitche à la Petite-Pierre (2).

Là, le général de Failly trouva les instructions qui suivent : « *L'Empereur maintient les ordres qu'il vous a donnés* (ordres non reçus, mais justifiant le départ de Bitche décidé par le conseil de guerre), *et d'après lesquels vous devez vous retirer avec vos troupes sur le camp de Châlons* (3). »

L'état-major français avait oublié que le duc de Magenta commandait le 5ᵉ corps : c'est toujours l'anarchie.

Et le jeu des ordres et des contre-ordres de recommencer, pour le général de Failly, comme avant Frœschwiller. Une intelligence militaire, supérieure à celle du général, en aurait été atteinte; qu'on juge de l'effet produit sur un esprit n'ayant pas la moindre idée des conceptions militaires!

En réalité, le 5ᵉ corps se trouvait, le 7, fractionné en quatre parties : la division Goze, la brigade de Maussion, la division de Brahaut, à la Petite-Pierre; la brigade Abbatucci, à Phalsbourg; la brigade de Fontanges, à Sarrebourg; la brigade Lapasset, avec le 2ᵉ corps, à Ernestwiller (4).

Nous avons à mentionner ici la colère du général

---

(1) Rapport du général baron Nicolas.
(2) *Ibid.* — Alfred Duquet, *Frœschwiller, Châlons, Sedan,* pp. 174 et 175.
(3) Général de Failly, pp. 17 et 18.
(4) *Ibid.*, p. 17. — Général Palat, 1ʳᵉ partie, t. VI, p. 8, en note.

de Failly contre le duc de Magenta, qu'il rendait responsable des accusations dont il était l'objet à propos de sa conduite le jour de Frœschwiller. « A la vue de ses soldats, entamés par ceux du 1er corps, le commandant du 5e, que l'opinion, sans se rendre un compte exact des faits, accusait d'une lenteur coupable, le 6 août, ne dissimulait à personne ni son mécontentement ni son dépit. Déjà, il avait fait connaître au commandant en chef de l'armée du Rhin sa répugnance à exécuter les ordres du maréchal de Mac-Mahon, qui étaient, en effet, les causes premières de ses mouvements du 6 et de la réprobation qui commençait à l'accabler; celui-ci, de son côté, se montrait peu disposé à lui en donner. Aussi, le général de Failly mit-il, dans la direction qu'il suivit, autant de soin à éviter le 1er corps que les Prussiens (1). »

Le 8, en exécution des instructions que l'Empereur venait de lui donner, le 5e corps se met en marche pour Sarrebourg.

Naturellement, la cavalerie court en tête, du côté où il n'y a aucune surprise à redouter. La division Goze, derrière la brigade de Maussion, ferme la marche. La pluie tombe à torrents; les chemins, détrempés, ne forment plus que de boueuses ornières; les hommes manquent de tout, par suite de l'abandon des bagages à Bitche, au moment du départ, sous l'étrange prétexte « de hâter la marche des troupes et de la rendre plus facile (2) ». Alors, le général de Failly et ses offi-

(1) Général Derrécagaix, p. 245.
(2) Rapport du général baron Nicolas. — « Quant au dispositif de retraite, il renverse tous les principes admis en pareil cas. La cavalerie est mise en avant alors que sa place est à l'arrière-garde. » (Général Bonnal, *Frœschwiller*, p. 458.) — « La cavalerie continue à devancer l'armée ou à la couvrir du côté sud, direction où l'ennemi n'est certainement pas. » (Général Palat, 1re partie, t. VI, p. 21.)

ciers ont une lumineuse idée ; cette cavalerie qu'ils ont lancée en tête de leurs troupes, ils vont lui faire rebrousser chemin et la charger de retourner à Bitche, afin d'en ramener les bagages laissés dans le fort! Est-il besoin d'ajouter que le 5ᵉ lanciers, le 12ᵉ chasseurs (non le 12ᵉ hussards, comme l'écrit, à tort, le général Palat, t. VI, p. 19), et deux batteries à cheval ne dépassent pas Mackwiller, où ils rencontrent le 5ᵉ hussards que certains détachements de cuirassiers et de uhlans de Bredow (IIᵉ corps prussien) ont fait reculer sans difficultés. Il ne faut pas songer à atteindre Bitche, déjà entouré par des groupes d'infanterie ennemie. C'est pourquoi les lanciers, chasseurs, hussards, artilleurs de M. de Brahaut rétrogradent à bride abattue sur Sarrebourg, où ils entrent, le 8, à minuit et demi (1). Dans la journée, le gros du 5ᵉ corps a campé aux alentours de cette ville, et le Maréchal confère avec le général de Failly ; ils essaient de comprendre quelque chose aux prescriptions du Quartier impérial, duquel ils recevront, le soir, l'ordre de ne pas dépasser Nancy (2). Nous savons déjà que leur conversation manque de cordialité.

Par malheur, les récriminations ne font avancer ni les affaires ni les troupes en retraite : il faut conclure. Les deux chefs de corps se décident à diviser leurs forces en trois colonnes, afin de se procurer plus facilement des vivres et, pendant que le 1ᵉʳ corps et la division Conseil-Dumesnil se dirigent du côté de Châlons par Blâmont, Lunéville, Bayon, Vézelise et Neufchâteau, la division Goze, une brigade de la division L'Abadie, la réserve d'artillerie, les ambulances tâchent de gagner le

---

(1) *Ibid.*, pp. 19 et 20. — *Section historique*, 1ʳᵉ partie, t. IX, pp. 67 et 68.
(2) *Ibid.*, p. 70.

camp de Châlons par Réchicourt; la division Guyot de Lespart, avec la cavalerie, prend le même objectif, par Cirey et Baccarat.

Nous allons suivre, jour par jour, la retraite du 5ᵉ corps, comme nous l'avons fait pour le 1ᵉʳ.

Le 9, les troupes du général de Failly arrivent à Réchicourt, sans la moindre arrière-garde (1). Elles campent dans les champs environnant la ville, sur des terres détrempées par les orages des jours précédents et de la nuit. C'est là, aussi, le gâchis matériel et moral à son suprême degré; nombre d'officiers et de soldats abandonnent leur régiment et vont coucher dans Réchicourt, chez l'habitant (2).

Mais voilà que le général de Failly reçoit, du Quartier impérial, l'ordre apporté par le capitaine de France, de marcher sur Nancy (3).

Le commandant du 5ᵉ corps allègue qu'il était forcé de gagner Lunéville, ce qui eut le grand inconvénient de le rejeter au milieu des soldats du 1ᵉʳ corps. Pourquoi ne pas avoir marché vers Nancy en suivant le canal de la Marne au Rhin? Il n'y avait pas de chemin, répond le général de Failly. Que fait-il donc de la route départementale qui va de Réchicourt à Dombasle, le long du canal, et de la route nationale qui va de cette dernière ville à Nancy (4)? Le baron de Tann n'a pas partagé l'opinion du général de Failly, car il a parfaitement suivi cet itinéraire, dans la journée du 15 août, à la tête du Iᵉʳ corps bavarois (5).

Cependant les instructions du Quartier impérial

---

(1) Général Bonnal, *Frœschwiller*, p. 458.
(2) Général Palat, 1ʳᵉ partie, t. VI, p. 25.
(3) Général de Failly, p. 18.
(4) Voir la carte de l'Etat-major français, nᵒˢ 70 et 69.
(5) Voir la carte d'ensemble pour la soirée du 15 août, dressée par le Grand Etat-major prussien. (Annexe de la *Guerre franco-allemande*.) — Voir Alfred Duquet, *Frœschwiller, Châlons, Sedan*, p. 176.

étaient si formelles que le général de Failly n'osa pas les enfreindre complètement. Ainsi, à Lunéville, le 10 août, à 4 heures du soir, il lança les ordres nécessaires pour la marche sur Nancy (1). La division Guyot de Lespart et les escadrons du général de Brahaut reçurent, le 10, à Baccarat, l'ordre de partir, le 11, pour Blainville et, le 12, pour Nancy (2).

Le même jour, le général de Failly s'empressa de faire connaître à Mac-Mahon la dépêche de l'Empereur ; le Maréchal comprit, alors, qu'il n'avait décidément plus le 5e corps sous sa direction, ce dont on n'avait pas jugé à propos de l'avertir. Il fit répondre au commandant de ce corps que l'ennemi s'avançait à marches forcées sur Nancy, et que les uhlans se montraient à Château-Salins, Dieuze et Marsal. Il le prévint, en même temps, qu'il avait ordonné au général de La Charrière, commandant à Nancy, de faire sauter les ponts.

Le général de Failly s'en vint trouver le duc de Magenta qui lui demanda quelle marche il comptait suivre. Je vais à Nancy, répondit le général, puisque les instructions du Quartier impérial me le commandent. Le Maréchal garda le silence, et de Failly le quitta après l'avoir prié de donner avis au général de La Charrière d'attendre l'arrivée du 5e corps avant de faire sauter les ponts (3).

A 10 heures du soir, comme les troupes étaient prêtes à se mettre en route, arrive la dépêche suivante :

« Dans le cas où vous vous verriez devancé à Nancy par l'ennemi, pour ne pas vous mettre dans la nécessité de lutter contre des forces supérieures, vous devriez, tout en continuant votre marche,

---

(1) Général de Failly, p. 19.
(2) *Ibid.*
(3) *Ibid.*, pp. 19 et 20.

prendre une direction plus à gauche, vers Langres, par exemple ; cette éventualité venant à se réaliser, vous auriez à la faire connaître à l'Empereur. De Nancy, l'Empereur vous appellera à Metz ou vous indiquera votre retraite soit sur Châlons, soit sur Paris (1). »

Il est bon de remarquer ici que, si la première dépêche, indiquant catégoriquement Nancy comme but à atteindre, donnait à penser qu'il existait un mouvement combiné où le 5ᵉ corps jouait son rôle, ce qui rendait inutile toute discussion touchant l'exécution des ordres reçus, la seconde dépêche laissait à l'appréciation du chef de corps la question de savoir s'il était opportun de traverser Nancy ou de redescendre plus au sud. Le général de Failly, effrayé à la pensée de s'éloigner du Maréchal, commit la faute de ne pas continuer sa marche sur Nancy et s'attacha à la remorque du 1ᵉʳ corps, dont il ne fit qu'embarrasser la retraite. Toujours est-il que la partie du 5ᵉ corps, campée à Baccarat, et celle qui se trouvait à Lunéville, se rejoignirent à Charmes.

(1) *Ibid.*, p. 20. — Voilà une dépêche qui ressemble singulièrement à celle reçue le 9. (Voir général Palat, 1ʳᵉ partie, t. VI, p. 26.) Les deux n'en font-elles qu'une ? A ce sujet, le général Palat écrit : « Dans le livre du général de Failly, ainsi que dans le journal du 5ᵉ corps, rédigé, après la guerre, par le colonel Clémeur, sous son inspiration, il semble qu'une confusion, peut-être involontaire, se soit établie entre les deux missions du capitaine de France. Il résulte de documents positifs (rapports ou télégrammes) que cet officier est envoyé deux fois en mission par le Major général : une première fois, le 9 août, à Réchicourt ; une deuxième, à Lunéville, le 10. C'est le 9 qu'il apporte les instructions datées du 8 ; le général de Failly et le journal Clémeur indiquent, à tort, qu'elles ont été apportées le 10. (Voir les documents cités, R. H., IV, 1902, 1397 et suiv., l'ouvrage du général de Failly, p. 19.) » (Général Palat, 1ʳᵉ partie, t. VI, p. 35, note 1.) — Nous ne voulons pas contredire les affirmations du général ; aussi, pour être certain de rester dans la vérité, nous avons écrit que le capitaine de France avait apporté, le 9, l'ordre de marcher sur Nancy et que, le 10, le commandant du 5ᵉ corps avait reçu la dépêche dont nous venons de transcrire le texte.

Et le duc de Magenta se garde bien, maintenant, de donner des ordres au général de Failly ; il prie le maréchal Le Bœuf d'envoyer des instructions à ce général, témoin cette phrase d'une dépêche adressée par le vaincu de Frœschwiller au Major général : « Il peut être opportun de prescrire au général de Failly de faire sauter quelques ponts du chemin de fer. Il serait possible d'obtenir, de nos populations, de rompre, pendant la nuit, le chemin de fer au pouvoir de l'ennemi (1). » A ce propos, le général Palat continue à s'indigner de la nullité du Maréchal : « On voit combien l'initiative manque à ce commandant d'armée ; il convient d'ajouter que le 5° corps serait bien en peine de faire sauter les ponts, faute d'explosifs (2). » Nous ajouterons qu'on tremble à la pensée que nos soldats ont été commandés par des chefs qui n'étaient pas sûrs qu'il fût « opportun » de faire sauter les ponts afin de retarder la marche des poursuivants et qui songeaient à charger les populations de détruire ponts et passages (3). Quant à l'impossibilité de démolir un pont, « faute d'explosifs » elle n'est pas acceptable : en un jour, avec des pioches, il est aisé de rendre une voûte impropre au passage de lourdes voitures. A *fortiori*, il est aisé de renverser un pont en fer, surtout un pont suspendu : les instruments ne manquent pas chez le premier serrurier venu.

(1) *Revue historique*, IV, 1902, p. 1139.
(2) Général Palat, 1re partie, t. VI, p. 28.
(3) Nous avons, maintes et maintes fois, fourni des exemples navrants de l'égoïsme des municipalités ; en voici une nouvelle preuve. Pendant la retraite, le 10 août, le commandant du 5° corps reçut ce télégramme du général de La Charrière : « Seul et sans troupes à Nancy ; le maire et le conseil municipal s'opposent à ce qu'on fasse sauter les ponts par peur de représailles de l'ennemi. » (Journal du 5° corps, cité par le général Palat, *Ibid.*, p. 36.) Si les municipalités bonapartistes de 1870 se conduisaient de cette misérable sorte, que nous réservent les municipalités radicales et socialistes de notre triste époque ? ?

Mais tout cela est trop simple pour des mathématiciens !

Cela posé, arrêtons-nous, quelques instants, devant la décision du commandant du 5ᵉ corps de ne pas continuer directement sa marche sur Nancy, ainsi qu'il en avait reçu l'ordre.

Il prétend justifier sa décision par les explications qu'il adressa à l'Etat-major général de l'armée, explications que l'on va lire.

« *Il lui semblait préférable*, disait-il, *de marcher sur Toul par Vézelise. A Toul, le 5ᵉ corps se réunirait, occuperait la vallée de la Moselle, protégerait Frouard et marcherait sur Nancy, par les hauteurs, d'où on pourrait repousser l'ennemi avec chance de succès en l'abordant de front. En cas de retraite forcée, on pourrait tenir dans la forêt de Haye et gagner Metz; au besoin, se retirer sur l'Argonne* (1). »

Voilà une bien mauvaise explication. Comment ! vous avez déjà commis la faute de vous jeter dans le chemin du 1ᵉʳ corps, à Lunéville, au lieu de filer droit sur Nancy par Saint-Nicolas-du-Port, et voici que, maintenant, aggravant cette faute, vous descendez à Charmes pour remonter vers Toul ! En d'autres termes : ayant à aller rapidement de Paris à Evreux, vous passez par Chartres au lieu de traverser Mantes !

Il fallait prendre la route nationale qui relie Lunéville, Saint-Nicolas-du-Port, Nancy et Toul; c'était la ligne la plus courte pour gagner cette dernière ville. Quant aux troupes du 5ᵉ corps égarées à Cirey et à Baccarat, il fallait envoyer celles de Cirey vers Toul par Blâmont, Domèvre, Ogeviller, Lunéville, Nancy et diriger celles de Baccarat également vers Toul par Azerailles, Moyen, Xermaménil, Bayon, Richardménil, Neuves-Mai-

---

(1) **Général de Failly**, p. 23.

sons, Pont-Saint-Vincent, Thuillez-aux-Groseilles et Bicqueley (1). Toutes ces routes sont des routes nationales, excepté de Baccarat à Moyen, où il y a 10 kilomètres de chemins vicinaux parfaitement entretenus, et de Richardménil à Neuves-Maisons, où l'on compte une lieue de route départementale (2).

En adoptant cette marche, le 5ᵉ corps n'embarrassait pas le 1ᵉʳ et se transportait avec célérité à Toul, qu'il prenait pour objectif. Le 11, malheureusement, le 5ᵉ corps fut lancé vers Charmes où il arriva, le soir, auprès des troupes du maréchal de Mac-Mahon.

Le 12, le général de Failly reçoit du Quartier impérial, une dépêche dont la teneur suit : « Marchez sur Toul aussi vite que possible ; suivant les circonstances, vous serez appelé à Metz ou dirigé sur Châlons. Accusez réception (3). »

Mais, à 3 heures 35 minutes du soir, nouvelle dépêche du Quartier impérial : « Vous avez reçu, ce matin, l'ordre de vous diriger sur Toul ; l'Empereur annule cet ordre et vous prescrit de vous diriger sur Paris en suivant la route qui vous paraît la plus convenable. Accusez réception (4). »

Il est évident qu'il devenait difficile au 5ᵉ corps, descendu à Charmes, de remonter vers Toul ; mais il est également certain que l'occupation de Toul et de ses environs eût été fort simple, si le général de Failly avait suivi la ligne droite au lieu de prendre la ligne brisée.

Enfin, après maints projets de marches coup sur coup renversés par les contradictoires dépêches

---

(1) Voir la carte de l'Etat-major, nᵒˢ 70 et 69.
(2) C'est, du reste, la route prise par la IIIᵉ armée allemande, quelques jours après.
(3) Général de Failly, p. 24.
(4) *Ibid.*, p. 25.

de l'Empereur, le commandant du 5ᵉ corps met le cap sur Mirecourt, où il débarque, le soir du 12 (1).

Le 13, les régiments du général de Failly partent, reposés de corps et d'esprit; il y a plus d'ordre dans le trajet, qui est court, 10 à 12 kilomètres seulement (2). Le soir, on a atteint Remoncourt; la cavalerie se trouve à Mirecourt (3).

Ce jour-là, d'après les ordres du général de Failly, la cavalerie et le génie ont fait œuvre intelligente. Malgré les criailleries des maires, les ponts sur la Moselle ont été détruits (4). Excellente mesure, qui a l'avantage de laisser l'ennemi dans l'ignorance de nos mouvements puisque, à cette date, le Prince royal « continue à manquer d'indications précises sur le 5ᵉ corps, qu'il croit en retraite vers le sud (5) ». La destruction des ponts perpétuera cette ignorance jusqu'au 25 août.

Le 14, le 5ᵉ corps se dirige sur Chaumont. Le soir, il est à Lamarche. La cavalerie couvre encore la retraite, à Lignéville (6). « Elle a dû quitter Charmes sans détruire le pont de la Moselle. Les travaux n'étaient pas encore terminés quand un ordre du général a prescrit de les arrêter. Il a suffi d'une démarche du maire de Charmes (7) ! » L'éclair de sens militaire, qui a illuminé un instant l'esprit de M. de Failly, s'est éteint! Toujours les municipalités égoïstes, les popula-

---

(1) « Combien ce manque de direction est désolant ! » (*La Vie militaire du général Ducrot*, t. II, p. 383.)
(2) Général Palat, 1ʳᵉ partie, t. VI, p. 60.
(3) Capitaine Léonce Patry, 13 août.
(4) Général de Failly, p. 25. — Général Palat, 1ʳᵉ partie, t. VI, pp. 60 et 61.
(5) *La Guerre franco-allemande*, 1ʳᵉ partie, pp. 895 et 896. — Alfred Duquet. *Fræschwiller, Châlons, Sedan*, pp. 182 et 183.
(6) Capitaine Léonce Patry, 14 août.
(7) **Journal de la division**, *Revue historique*. II, 1905. Cité par le général Palat, 1ʳᵉ partie, t. VI, p. 63.

tions ignorantes sacrifient le tout à la partie (1)!

Le 15, jour de la fête de l'Empereur, les Français continuent leur retraite. A la tombée de la nuit, les soldats du général de Failly ont gagné Montigny: sa cavalerie ne cesse pas de couvrir la retraite et campe à Fresnay (2). Le commandant du 5ᵉ corps a reçu un télégramme du comte de Palikao lui annonçant que des voitures transporteront ses troupes, de Chaumont, où il se trouvera le lendemain, à Vitry-le-Français, où il sera remis sous les ordres du duc de Magenta (3).

Ainsi, n'osant rompre avec les préjugés de la Cour et de la Ville, le comte de Palikao, qui sait pourtant quel triste stratège est le pseudo-vainqueur de Magenta, lui rend un grand commandement dont il est incapable d'exercer la charge! Enfin, le 16, le 5ᵉ corps arrive à Chaumont.

Les troupes du général de Failly étaient donc à Chaumont, sans campement; les pelotons, serrés à une demi-distance, formaient les faisceaux sur les boulevards ; les hommes les plus fatigués se reposaient à terre, tandis que les autres préparaient le dîner, quand arrive l'ordre de couvrir la gare de Blesme, menacée par l'ennemi. A 1 heure du matin, la brigade Nicolas monte en chemin de fer et rejoint, à Blesme, 2 bataillons du 20ᵉ de ligne, détachés du camp de Châlons, après avoir trouvé le 3ᵉ bataillon du même régiment échelonné le long de la voie de Chaumont à Blesme (4). Une autre brigade est envoyée à Saint-Dizier; en somme, le 17, le général de Failly protège la retraite, s'étend

---

(1) Voir, à ce sujet, *Paris, Le Quatre-Septembre et Châtillon*, par Alfred Duquet, p. 110, et *Paris, Chevilly et Bagneux*, par Alfred Duquet; Paris, Bibliothèque-Charpentier, 1899; pp. 139 à 160.
(2) Capitaine Léonce Patry, 15 août.
(3) *Revue historique*, 1905, 150. Cité par le général Palat, 1ʳᵉ partie, t. VI, p. 67.
(4) Rapport du général baron Nicolas.

de Blesme à Chaumont et repousse partout les éclaireurs allemands.

Ce jour-là, arrive au général une dépêche de Mac-Mahon lui annonçant que le 5ᵉ corps est de nouveau mis sous ses ordres et lui prescrivant de se rendre au camp de Châlons, par Vitry-le-François, et d'embarquer en chemin de fer la cavalerie, l'infanterie et le matériel, jusqu'à cette petite place.

On se met immédiatement en mesure d'exécuter les mouvements indiqués par le Maréchal. L'embarquement du 5ᵉ corps est réparti entre les gares de Langres, Chaumont et Bar-sur-Aube ; le 19, l'opération est terminée (1). Le général L'Abadie était resté à Chaumont, avec une brigade, afin de protéger le départ. Il se mit en retraite, après le passage du 7ᵉ corps, que l'on transportait de Belfort à Châlons par Paris. En se retirant, le général L'Abadie ralliait à chaque station les détachements chargés de garder la voie (2). Remarquons ici que, sans la défense de Blesme par la brigade Nicolas, la ligne de Blesme à Chaumont aurait été coupée par les uhlans, les trains chargés des soldats du général de Failly auraient dû rebrousser sur des chemins à voie unique et auraient ainsi compromis la marche des convois chargés des troupes du général Félix Douay (3). Du reste, il était temps car, le 19, les Allemands, en force, occupaient Saint-Dizier (4).

Le 20 août, à midi, l'état-major général du 5ᵉ corps et la division Guyot de Lespart débarquaient au camp de Châlons, où ils trouvaient les 1ᵉʳ et 12ᵉ corps. Le 21, la division Goze et l'une des

(1) Jacqmin, p. 138.
(2) Général de Failly, p. 27.
(3) Jacqmin, p. 138.
(4) *Ibid.*

brigades L'Abadie ralliaient, à leur tour, l'armée dite de Châlons (1).

RETRAITE DU GÉNÉRAL FÉLIX DOUAY

On sait que la division Conseil-Dumesnil avait été englobée dans le désastre de Frœschwiller. La division Liébert et la division de cavalerie Ameil se trouvaient à Mulhouse. La 3º division du 7º corps (Dumont) allait, pendant quelques jours, garder Lyon, non contre les Allemands, mais contre les socialistes français qui menaçaient de s'insurger en face de l'ennemi. Il eût été bon d'expédier, sans retards, par chemin de fer, cette division à Châlons, mais les 35º et 42º de ligne, venant de Rome, n'étaient pas encore arrivés à Lyon et le maréchal Le Bœuf fit répondre au ministre de la Guerre, qui lui demandait vers quel point il fallait diriger la division Dumont, « de la maintenir, jusqu'à nouvel ordre, à Lyon, sans doute en raison des troubles qu'on redoutait dans cette ville (2) ». On voit que les sans-patrie ne datent pas de nos jours et que les républicains de 1870 mettaient déjà leurs rancunes, leurs convoitises politiques et matérielles au-dessus du salut de la France.

Ce malheureux 7º corps, dont une seule division, celle du général Conseil-Dumesnil, avait combattu, était, le lendemain de Frœschwiller, dans un état de désordre et de dispersion extraordinaire. Cette

---

(1) Général de Failly, p. 28.
(2) « La division Dumont est restée à Lyon dans un intérêt purement politique. » (Général Palat, 1ʳᵉ partie, t. VI, p. 73.) — « La division Dumont se trouvait encore à Lyon, avec une brigade de la division de cavalerie Ameil, pour y maintenir l'ordre public. » (*La Guerre franco-allemande*, 1ʳᵉ partie, p. 372.)

division Conseil-Dumesnil suivait Mac-Mahon dans sa retraite ; la division Dumont était donc encore à Lyon comme nous venons de le voir. Félix Douay n'avait, sous la main, que la division Liébert.

Le 7, à 7 heures du matin, il recevait, de son chef, le duc de Magenta, le télégramme suivant : « J'ai été attaqué, dans mes positions, par des forces supérieures ; j'ai perdu la bataille et fait de grandes pertes. Je prends les ordres de l'Empereur ; je vous les ferai connaître (1). »

Cette dépêche, dont tout le monde reconnaîtra la noble et simple grandeur, ne prescrivait malheureusement rien au général Douay. Là, encore, le caractère hésitant du duc de Magenta n'était pas à la hauteur de sa responsabilité. Puisqu'il écrivait à un de ses lieutenants, ce n'étaient pas les instructions de l'Empereur qu'il fallait lui annoncer, mais les siennes propres qu'il fallait expédier au plus vite.

A la nouvelle du désastre subi par Mac-Mahon, le général Félix Douay, déjà cruellement éprouvé par la perte de son frère Abel, tué, le 4, à Wissembourg, fut pris d'un immense désespoir, que vint encore augmenter l'effrayante et laconique dépêche de Napoléon III que voici : « Jetez, si vous le pouvez, une division dans Strasbourg et, avec les deux autres, couvrez Belfort (2). » En d'autres termes : « Jetez la division Liébert, dont vous disposez, dans Strasbourg, et couvrez Belfort avec la division Conseil-Dumesnil, qui est avec Mac-Mahon, et avec la division Dumont, qui est à Lyon ! »

« Que le Quartier impérial ne sût pas que la division Conseil-Dumesnil était englobée dans la débâcle du 1er corps, cela pourrait s'expliquer ; mais

---

(1) *Belfort, Reims, Sedan,* par le prince Georges Bibesco : Paris, Plon, 1874 ; p. 27.
(2) *Ibid.* — Colonel Ferdinand Lecomte, t. I, p. 314.

avoir laissé ignorer à l'Empereur que, des trois divisions du 7ᵉ corps, l'une était avec le Maréchal à Reichshoffen, que l'autre se trouvait encore en formation à Lyon et que le général Douay disposait seulement d'une division, cela était surprenant (1) ! »

« Il faut admettre qu'il y avait eu quelques heures de trouble extrême à la suite de la déroute du 1ᵉʳ corps, de la retraite précipitée du 5ᵉ (de Failly), arrivé trop tard sur le terrain de Reichshoffen pour prendre part à la bataille, et de l'échec du 2ᵉ corps (Frossard) qui s'était battu à Forbach, pendant toute la journée du 6, contre l'armée de Steinmetz (2). »

Certes, oui, ce télégramme est celui de troublés, d'affolés, de fous ! Depuis quand l'infanterie doit-elle couvrir les villes fortes ? Ne sont-ce pas, au contraire, ces dernières dont le rôle est de permettre aux vaincus de se reformer ? Mais, en 1870, les forteresses n'avaient pas de garnison, pas d'armement, pas d'approvisionnements ! En 1870, la tête était en bas, les pieds étaient en l'air : tout allait à l'inverse des règles militaires et du sens commun ! Nous cherchons vainement à nous persuader que ce n'est pas pire de nos jours. Félix Douay ne sait plus que résoudre : jamais, en Algérie, il n'a eu pareil problème à résoudre devant les Arabes. Et, pour surcroît d'ahurissement, voici que le sous-préfet de Schlestadt, à l'inverse de son intelligent collègue de Wissembourg, perd la tête et annonce le passage du Rhin par les Prussiens à Markolsheim ! Puis, de Huningue, le télégraphe signale que l'ennemi a pareillement traversé le fleuve aux environs de Lorrach. « Alors, on croit

(1) Prince Bibesco, pp. 27 et 28.
(2) *Ibid.*, p. 28.

l'Alsace déjà envahie par des masses allemandes se proposant de capturer le 7ᵉ corps (1). »

Terrorisé, le général Douay n'a plus qu'une pensée : gagner Belfort, où il n'a laissé que 500 mobiles comme garnison ; « il ordonne une retraite qui, par sa précipitation, prend le caractère d'une fuite et en a, bientôt, les fâcheux effets (2) ». La voici, racontée par un officier du 7ᵉ corps :

« Les hommes (arrivés à leurs bivouacs de Mulhouse le samedi après midi) touchèrent leurs vivres à 8 heures du soir seulement, et le bois, le lendemain, 7 août, à 8 heures et demie du matin. Cette irrégularité des distributions avait fait de l'ivresse l'état normal du soldat, qui buvait à jeun pour tromper sa faim. Le dimanche, 7 août, à 9 heures, les marmites étaient au feu et les soldats se réjouissaient déjà à l'espoir d'une soupe réconfortante, quand arriva l'ordre de lever le camp et de partir sur-le-champ. L'émotion était grande à Mulhouse ; les bruits les plus sinistres se répandaient : ««Les Prussiens, disait-on, n'étaient déjà plus qu'à deux heures de la ville, et les troupes appelées pour la défendre se repliaient à leur approche ! Cette retraite soudaine était donc la récompense de l'accueil si chaleureux et si patriotique qu'on avait fait à l'armée, et la gare remplie de richesses et de marchandises accumulées pour deux mois de fabrication, allait donc être livrée au pillage de l'ennemi ! »»

---

(1) Colonel Ferdinand Lecomte, t. I, p. 345.
(2) « Le général Douay exécute ce mouvement avec une hâte excessive. » (Général Palat, 1ʳᵉ partie, t. VI, p. 73.) — « La précipitation inutile de ce départ, jointe à la faim qui commençait à se faire sentir, et à un arrêt de trois heures au passage du pont du canal, exerçaient une influence des plus fâcheuses sur les dispositions des troupes, de sorte que le mouvement se continuait dans un désordre complet. » (*La Guerre franco-allemande*, 1ʳᵉ partie, p. 373.)

« Une dépêche fut envoyée au parc, lui donnant l'ordre de se porter de Vesoul sur Epinal, l'intention du général Douay étant alors de rallier le maréchal Mac-Mahon à Nancy, après avoir assuré la défense de Belfort.

« Les ordres de marche, donnés avec trop de précipitation, furent mal exécutés : les troupes se trouvèrent toutes massées près du pont du canal n'ayant d'autre débouché qu'un passage de cinq mètres. En vain le général Renson, chef de l'état-major général, se porta de sa personne au point de départ, faisant des efforts inouïs pour débrouiller ce chaos. Les régiments se confondirent dans les routes qu'ils devaient suivre; le défilé d'une seule division dura trois heures, pendant lesquelles les hommes restaient debout, sac au dos, impatients, regrettant cette soupe renversée trop tôt pour leur estomac vide, maugréant déjà, et, sans comprendre la nécessité urgente d'une retraite par la même route qu'ils avaient eu tant de peine à faire la veille, en venant de Belfort, riaient très haut de la singulière direction que venait de prendre cette marche à l'ennemi, dont on leur parlait depuis deux jours. L'état-major partit en tête, avec le général Douay, par la route du canal, pour aller étudier à loisir les dispositions à prendre pour la défense de la vallée d'Altkirch, dans le cas où l'armée prussienne, qui pouvait y arriver d'Huningue par une route directe, ne nous y aurait pas précédés déjà.

« Heureusement, on trouva la petite ville d'Altkirch paisible et calme, et on poursuivit la route jusqu'à Dannemarie, où l'on arriva à 5 heures du soir. Les troupes exténuées n'établirent leur bivouac qu'à 8 heures. Elles étaient réduites de moitié par les traînards. Un régiment avait semé en route 700 fusils et 800 sacs !... Le fusil n'était plus plus aujourd'hui pour nos troupiers qu'un fardeau, et le soldat, hébété d'ivresse, ne savait que jeter l'injure grossière à la face des officiers d'arrière-garde, qui s'efforçaient de l'encourager et de le faire marcher encore. Quelques-uns, peu endurcis à la marche, étaient blessés par des chaussures trop neuves; d'autres étaient désespérés par la rapidité de la retraite et le poids accablant d'un sac auquel ils n'étaient plus accoutumés; mais ces souffrances de quelques-uns peuvent-elles excuser ce découragement trop prompt de la plupart, et cette dispersion criminelle des armes et des munitions, si rares et si précieuses, que leurs chefs venaient de leur confier pour la défense du pays?

« Il fallait faire des exemples sévères et immédiats; mais on crut plus prudent de ne pas divulguer, par l'éclat du châtiment, la honte d'une faute que tant d'hommes avaient commise. C'est que le général Douay, dur pour lui-même et dévoué à sa tâche, ne pouvait se défaire, à l'égard de la troupe, d'une paternité désespérante, que nos soldats étaient trop indisciplinés pour apprécier, peu soucieux de lui rendre en dévouement et en obéissance tous les adoucissements qu'il s'efforçait toujours d'apporter à leur sort.

« C'était, parmi les aides-de-camp de l'Empereur, un des choix les plus heureux et les plus appréciés des officiers qu'on eût pu faire. Beaucoup avaient déjà servi sous ses ordres, en Italie et au Mexique, et avaient toujours reconnu en lui une droiture, une honnêteté qui séduit et un sentiment élevé du devoir qui inspire le respect du chef.

« Mais, dans ce moment, les graves préoccupations du dehors, son deuil récent absorbaient son esprit, et les malheurs du pays lui faisaient oublier vite les misères de la discipline. Le bruit de l'arrivée des Prussiens s'était répandu à Dannemarie : «« **Faut-il nous sauver? Arrivent-ils? et nos petits** enfants? »» On rassurait ces malheureux le mieux qu'on pouvait, leur disant que les Prussiens ne songeaient guère à passer le Rhin par là. Et, pourtant, ces renseignements de Schlestadt et de Mulhouse, venant se corroborer l'un l'autre par leur étrangeté même, cette retraite précipitée qui ne pouvait s'expliquer que par la certitude de leur approche, tout tendait à faire croire que l'ennemi n'était pas loin. La nuit, un nouveau télégramme arriva, recommandant aux maires d'enjoindre à leurs administrés de sauver ce qu'ils avaient de plus précieux, l'ennemi étant proche.

« Le départ, fixé pour 5 heures du matin, eut lieu à 4 heures. Les troupes n'avaient pas été prévenues à temps de ce changement d'heure ; elles étaient arrivées fort tard au bivouac, elles n'avaient pu réparer les fatigues de la veille. Le bon ordre eut encore à souffrir de cette précipitation. Mais, dans la conviction du général Douay, il fallait arriver à Belfort à tout prix et le plus vite possible.

« Vous dirai-je la marche de Dannemarie ? On traversait les fermes et les villages que la dépêche de la nuit avait surpris et terrifiés : les pauvres ameublements jonchaient la route ; on jetait les matelas par les fenêtres pour déménager plus rapidement, et puis le chariot qui était à la porte s'encombrait trop vite : le conducteur disait que les chevaux avaient leur charge ; mais la mère de famille suppliait d'attendre encore et y mettait un berceau de plus. Le passage rapide et silencieux des généraux et des états-majors ne faisait que confirmer une nouvelle qui, quelques heures auparavant, avait trouvé des incrédules, et la terreur redoublait... La route était encombrée de voitures et de familles, en longue file, qui fuyaient en pleurant. Où fuyaient-ils, les malheureux ? Droit devant eux ; les uns dans les bois, les autres sous les murs de Belfort.

« A 9 heures du matin, l'ingénieur des Ponts et Chaussées M. Renault sortait tristement de la place sur un chariot, assis devant avec un garde du génie ; derrière eux, deux grands tonneaux de poudre. Il avait reçu l'ordre d'aller faire sauter le viaduc de Dannemarie. Un contre-ordre le devança au village. On lui disait de surseoir, jusqu'à nouvel avertissement du chef de gare de Mulhouse, qui avait supplié le général Douay de lui laisser quelques heures pour évacuer les richesses agglomérées dans ses magasins. Quatre cents vagons de marchandises purent ainsi encore remonter de Mulhouse à Belfort.

« En même temps arrivaient deux dépêches : «« Les Prussiens n'avaient pas passé le Rhin à Markolsheim. »» — «« Il n'y avait plus un seul Prussien à Lörrach. »» C'est ainsi que le viaduc de Dannemarie fut sauvé !

« L'indignation ne connut plus de bornes quand on songea à tout le mal qu'avait fait la dépêche imprudente du sous-préfet de Schlestadt.

« Le passage du Rhin à Markolsheim, les feux électriques qui en avaient favorisé l'établissement, la nuit, tout cela n'était que le cauchemar d'une imagination troublée, ou le rapport d'un agent subalterne, que le sous-préfet n'avait pas eu soin de vérifier lui-même. Et pourtant la ruine et la panique folle avaient, en une nuit, ravagé douze lieues d'une riche contrée ! Il ne manquait à un si grand désastre que la présence même de l'ennemi pour l'excuser. Cette fausse dépêche, qui avait déterminé une retraite si précipitée, devait avoir aussi son contre-coup dans l'armée, qui pardonne difficilement le ridicule d'une fausse manœuvre.

« Les troupes arrivèrent presque de nuit aux

campements qu'on leur avait choisis autour de Belfort, et quand on apprit que toutes ces marches forcées étaient en pure perte, on s'en prit aux chefs : «« Si l'on avait fui devant un ennemi imaginaire, quelle eût donc été la déroute devant une attaque sérieuse ? Et voilà les généraux qu'on leur avait donnés pour les conduire contre les Prussiens ! »» Tels étaient les propos qui se débitaient au bivouac du lundi soir 8 août (1)... »

Sans être aussi sévère, l'appréciation du prince Bibesco sur cette retraite n'en est pas moins navrante :

« Triste fut notre marche de Mulhouse à Belfort ; triste à cause du souvenir de notre défaite, de la vue de ces champs que nous traversions, de ces demeures au seuil desquelles se peignait déjà la terreur et que l'invasion allait peut-être fouler bientôt ; triste surtout à cause de honteux actes d'indiscipline. Il y eut des soldats qui ne craignirent pas de semer leurs cartouches et de jeter leurs fusils le long de la route (2) ! »

Quoi qu'il en soit, le général Douay a disposé ses troupes en deux colonnes et les a dirigées sur Belfort, par Dannemarie et Altkirch, où elles campent, le 7, au soir, après une marche dont nous venons de voir le honteux tableau (3).

Le 8, dans les mêmes conditions de désordre et d'indiscipline, les deux colonnes atteignent Belfort ; elles s'établissent auprès de la forteresse (4).

---

(1) *Histoire de l'armée de Châlons, Campagne de Sedan*, par un volontaire de l'armée *du Rhin* ; Paris, Ghio, 1871 ; pp. 32 à 39. Cité par le colonel Ferdinand Lecomte, t. I, pp. 345 à 351.
(2) Prince Bibesco. p. 29. — « Cette retraite, que rien ne faisait prévoir, répandait la plus vive consternation dans les villages ; les habitants couraient se réfugier dans les bois avec leur avoir. » (*La Guerre franco-allemande*, 1re partie, p. 373.)
(3) Prince Bibesco, p. 27.
(4) *Ibid.*, pp. 27 et 28.

Le premier soin du général Félix Douay est de mettre Belfort en état de défense, car cette place était aussi peu préparée pour un siège que nos autres forteresses (1) ; on persuade aux soldats qu'il leur faut manier la pelle et la pioche afin d'élever les ouvrages qu'ils seront appelés à défendre ; en travaillant pour la ville et pour la patrie, ils travailleront également pour eux-mêmes (2).

La place est à peu près pourvue de vivres. L'intendant militaire, « M. Largillier, qui a fait entrer, depuis quelques jours, dans les magasins de Belfort des approvisionnements considérables, reçoit l'ordre d'en diriger sans retard, sur Neuf-Brisach, Schlestadt, Strasbourg ; le chemin de fer, qui n'a interrompu son service que pendant une nuit, commence aussitôt ce travail de ravitaillement (3) ». Voilà quelle a été la prévoyance de l'Administration de la Guerre, à Paris, durant les jours qui ont précédé les premiers coups de feu : c'est quand l'ennemi envahit l'Alsace que les mandarins militaires songent à garnir de vivres les citadelles alsaciennes qui manquent, pareillement, de munitions, de fusils, de canons ! Et ces gens-là se croyaient des hommes de guerre !

A cet égard, nous avons une déclaration formelle à faire. Dans un des volumes de *L'Empire libéral*, M. Emile Ollivier a bien voulu apprécier, en termes élogieux, notre travail sur la guerre de 1870-1871. On y lit : « Au lendemain de nos malheurs, au milieu des effarements et des lâches reniements,

---

(1) « On ne discute plus, aujourd'hui, sur les causes qui ont amené les lamentables désastres de l'Année terrible ; ils sont dus, tout le monde en convient, d'une part à la mauvaise préparation de la guerre, d'autre part à l'insuffisance de notre diplomatie. » (Alfred Darimon, p. 1.)
(2) Prince Bibesco, p. 32.
(3) *Ibid.*, pp. 31 et 32.

on a prétendu que cette armée était inévitablement condamnée à la défaite et qu'aucun de ses chefs, quelle qu'ait été son incapacité, n'était responsable de ses infortunes, imputables seulement à l'infériorité de son organisation, de son matériel, de ses effectifs. Peu à peu, on est revenu de ce premier jugement et on a reconnu que nous n'avions pas eu tort de croire que nous pouvions vaincre. Parmi les historiens, Alfred Duquet est le premier qui ait lutté, avec une remarquable vigueur de talent et un ferme courage d'esprit, contre un courant qui paraissait irrésistible. Il a été suivi, et, aujourd'hui, on peut affirmer que la créance à peu près commune se trouve dans cette parole d'Albert de Mun, alors attaché à l'état-major de Ladmirault : «« Et pourtant, malgré tout, avec toutes nos faiblesses, en dépit du gouffre où sombra notre orgueil, je le dis avec une ferme assurance : nous pouvions, nous devions vaincre (1). »»

Oui, nous aurions dû être vainqueurs : à Frœschwiller, à Forbach, à Rezonville, à Saint-Privat, même à Sedan, même à Paris, même en province : Nous l'avons amplement démontré dans nos ouvrages. Nous sommes également convaincu que le ministre de la Guerre et les généraux ont affirmé au président du Conseil, avant l'ouverture des hostilités, que nous étions prêts, archi-prêts. Mais, si nous pensons que la victoire n'aurait pas abandonné nos drapeaux, ce n'est pas, certes, parce que Chambres et ministres de la Guerre — sauf Niel — avaient fait leur devoir, n'avaient négligé aucune des précautions, des mesures qui font gagner les batailles, c'est quoique les dispositions nécessaires au succès n'aient pas été prises.

---

(1) Emile Ollivier, *L'Empire libéral*, t. XV, pp. 282 et 283.

Nous allons nous expliquer, ne rien cacher de notre pensée.

Dans son plaidoyer, M. Emile Ollivier écrit :

« Je ne dis pas qu'au 31 juillet, par suite, soit de la lenteur inhérente à notre système de mobilisation, soit à cause de la simultanéité de la mobilisation et de la concentration, soit par l'effet de la négligence dans l'exécution, il n'y eut pas encore des manques dans l'administration, dans les objets de campement, dans les ambulances, c'est-à-dire dans ce qui peut, à la rigueur, être suppléé ou omis, mais je dis qu'il n'y en avait pas dans les canons, dans les fusils, dans les cartouches, dans les obus, ce qui ne s'improvise pas. Je dis que les manques réellement existants n'étaient que provisoires, car il y avait indisponibilité et non pénurie, et cette indisponibilité cessait, jour par jour, heure par heure. Je dis que ces manques provisoires n'étaient que partiels, et que les télégrammes de ceux qui réclamaient, parce qu'ils n'étaient pas pourvus, ne comptent pas à côté du silence de ceux, bien plus nombreux, qui ne réclamaient pas parce qu'ils étaient pourvus... Je dis que ces manques provisoires et partiels n'étaient pas de nature à empêcher un général vigoureux de pousser son armée en avant.

« Ecoutez-le affirmer par l'homme qui a si souvent répété que nous manquions de tout, Thiers. Dans ses dépositions sur les actes de la Défense Nationale, au milieu de tant de propos contestables, de mises en scène d'imagination, de langage composé après coup, de contradictions manifestes, emporté par son instinct d'historien, il a prononcé ce grave jugement, dans lequel on retrouve le narrateur des batailles de l'Empire : ««Si, au début, on avait agi avec vigueur et présence d'esprit; si, au lieu de demeurer vingt jours immobiles, sans plan, sans vues arrêtées, dispersés sur une ligne de cinquante lieues, de Thionville aux bords du Rhin, en cinq corps qui ne pouvaient pas se secourir les uns les autres: si, au lieu d'accumuler toutes ces fautes, on avait laissé 30 000 hommes sur la crête des Vosges, pour observer la vallée du Rhin, et qu'avec 220 000 on eût marché vigoureusement sur Trèves, on aurait rabattu les Prussiens, peut-être percé leur ligne, rejeté leur énorme masse sur Mayence et changé la face des événements. On le croyait tout à fait en Russie. »» Le chancelier Gortchakow, alors à Wilbad, était prié de hâter son retour afin de n'être pas surpris par les Français.

« Je dis que ces manques partiels, qui ne devaient pas empêcher de marcher en avant, eussent été bien moins nombreux et peut-être nuls si l'armée avait eu à sa tête un général vigoureux. Ici, ce sont les intendants qui nous instruiront. Blondeau : «« Les changements d'emplacement étaient permanents. La grosse affaire, en 1870, c'est que les projets ont varié tous les jours. Je citerai, par exemple, le 6ᵉ corps qui avait reçu l'ordre de se rendre du camp de Châlons à Nancy; qui, arrivé en partie à Nancy, a reçu l'ordre de rétrograder sur le camp de Châlons et qui, à peine de retour au camp, a dû se porter sur Metz où il n'est arrivé qu'en partie, ayant été coupé à Frouard (1). »» Et Wolff : «« Ce qui m'a surtout empêché de prendre des mesures, c'est l'absence d'ordres, de projet. Il régnait une incertitude perpétuelle ; dans les premiers jours, on parlait de passer la frontière et d'envahir les provinces rhénanes; plus tard, on devait marcher sur Nancy, puis sur Châlons, mais tous ces projets étaient plus vite abandonnés que conçus. Comme il n'y avait jamais de plan arrêté, je ne pouvais pas

---

(1) **Déposition de Blondeau**, 12 février 1873.

recevoir d'ordres et il arrivait fréquemment que l'on n'attendait pas seulement une réponse sur les ressources administratives pour changer le projet (1). »»

« La plupart de ceux qui ont barbouillé tant de pages pour démontrer que l'armée, faute d'objets de campement, d'ambulances, de vivres, etc., n'était pas en état de franchir la frontière, blâment cependant Napoléon III de ne pas l'avoir passée le 2 août et de ne pas avoir été chercher la victoire que lui aurait offerte Steinmetz. Mettez un peu de cohérence dans vos idées, je vous en prie. Si l'armée était dans l'état déplorable de formation incomplète que vous dites, l'Empereur eût été coupable de l'exposer aux hasards d'une telle rencontre ! Si réellement, au contraire, elle avait la possibilité de remporter la victoire, comme vous le prétendez, c'est qu'elle n'était pas dans l'état où vous la dépeignez. Et c'est là l'exacte vérité (2). »

Que de vérités, en effet, dans ces explications lumineuses ! Oui, certes, un bon général n'aurait pas manqué de se servir des instruments qu'il avait en main. Nous nous permettons, toutefois, de faire observer que si, au commencement de la guerre, il y avait, en magasins, les armes, les munitions indispensables pour l'entrée en campagne de l'armée active, il n'est pas démontré qu'il en fut de même, à cette époque, pour la Garde mobile. De plus, l'armement, l'approvisionnement des places fortes, grandes ou petites, n'existaient pas : les canons étaient vieux et usés, les vivres rares, les garnisons

---

(1) Déposition de Wolff, 17 février 1873. — Il est évident que la disette qui menaçait les troupes de Mac-Mahon a été la cause de la défaite de Wissembourg. (Voir *Frœschwiller*, par Alfred Duquet. pp. 104 à 111.)

(2) Emile Ollivier, *L'Empire libéral*, t. XV, pp. 354 à 357.

nulles (1). Les généraux n'avaient pas reçu de cartes.

Pourquoi nous étendre davantage sur une question claire comme le jour ? Oui, une dernière fois, oui, en dépit de l'insuffisance de notre préparation, en dépit de la disproportion des forces en présence, nous n'eussions pas manqué d'être victorieux si des généraux en chef ou des ministres de la Guerre incapables comme l'Empereur, Le Bœuf et Mac-Mahon, présomptueux et hâbleurs comme Ducrot, traîtres comme Bazaine, phraseurs et médiocres comme Trochu, nuls en stratégie comme Freycinet, n'avaient pas dirigé les armées françaises, du mois de juillet 1870 au mois de janvier 1871 !

Donc, les coupables, en l'espèce, ont été le ministre de la Guerre, les chefs de service du ministère, les généraux, non le ministre de la Justice, président du Conseil, et ses autres collègues, tout au moins au même degré. Les compétents leur ont affirmé que tout était prêt, que rien ne manquait : ils l'ont cru ; bien d'autres, à leur place, auraient pensé de même sorte.

Revenons auprès des pauvres soldats du 7ᵉ corps.

Rien ne saurait peindre l'anxiété des troupes et des braves gens d'Alsace durant ces mortelles journées. Pas de nouvelles ou des nouvelles confuses et contradictoires. Mais les socialistes lyonnais ont bien voulu permettre à la division Dumont de marcher à l'ennemi ; le 10, une partie de cette

---

(1) « Lorsqu'on eut déclaré la guerre à la Prusse, aucune des villes voisines de la frontière allemande ne possédait l'armement convenable, surtout en fait d'affûts. Les pièces rayées, les canons nouveaux y étaient rares ; il en était de même pour les munitions et les vivres, les médicaments, les approvisionnements de toutes sortes. Quant aux garnisons, nos forteresses se trouvaient presque complètement dépourvues de troupes régulières et disciplinées... Les officiers d'artillerie et du génie y étaient en nombre insuffisant et les soldats de ces deux armes manquaient, quelquefois, complètement. » (Lieutenant-colonel Prévost, pp. 35 et 36.)

division débarque à Belfort ; le 12, le restant rejoint les troupes du général Félix Douay. Sans doute, la brigade de cavalerie du Colombier n'est pas encore là ; sans doute, le grand parc d'artillerie a vagabondé d'Epinal à Langres et n'apporte pas son précieux concours au 7e corps ; néanmoins, au lieu de la seule division (Liébert) dont disposait le général Douay, du 5 au 10 août, celui-ci possède, enfin, 17 000 hommes d'infanterie, 90 pièces de campagne et 1 300 cavaliers (1).

Tout d'abord, le commandant du 7e corps pense que son rôle consiste à défendre Belfort. « Les troupes sont établies sur les positions qu'elles seront, peut-être, appelées à occuper définitivement et qui deviendront, alors, leurs positions de combat (2). »

Et tout ce monde continue à remuer la terre, à faire sauter le roc, à se préparer à la défense de la place. Quant aux ordres, quant aux nouvelles, toujours la même incertitude. On ne connaît que ce qu'impriment les journaux de Paris. Quant aux Prussiens, on n'apprend leurs gestes que par les rapports fantaisistes des messagers de bonne volonté ou des personnages louches envoyés par l'ennemi lui-même (3).

« C'est en vain que le commandant du 7e corps écrit, télégraphie : le Grand Quartier-général reste muet et, sans le sous-préfet de Belfort, qui nous communique toutes les dépêches qu'il reçoit de son ministre, nous demeurerions dans une ignorance profonde de toutes choses (4). » C'est ainsi que les professionnels militaires de 1870 entendaient la guerre ; c'est ainsi qu'ils se mettaient en rapport

(1) Prince Bibesco, pp. 32 et 33.
(2) Ibid, p. 33.
(3) Ibid., p. 33, note 1.
(4) Ibid., p. 35.

avec leurs chefs de corps; c'est ainsi qu'ils négligeaient des milliers d'hommes, risquant de les perdre, alors que l'on manquait de tant de bras pour repousser l'envahisseur!

Enfin, le 16, Douay reçoit deux dépêches du général de Palikao. Voici un homme de guerre qui commence à donner à l'armée une impulsion raisonnée, à lui faire suivre un plan sérieux et méthodique.

Le premier télégramme ordonne de se porter incontinent sur Paris; le second de se rendre à Châlons (1). Il n'y a pas contradiction entre ces deux dépêches, attendu qu'il était plus simple de passer par Paris pour aller à Châlons, en chemin de fer, afin de ne pas gêner les mouvements des 1er et 5e corps (2).

L'embarquement des troupes se fit sur les deux lignes de Lyon et de l'Est. Une partie suivit la ligne Belfort, Besançon, Dijon; elle traversa Paris, par le chemin de fer de ceinture, entre la gare de Bercy et celle de la Villette, où les trains ne séjournèrent que le temps de changer de machine. L'autre partie suivit la ligne Belfort, Chaumont, Troyes, et, à Noisy-le-Sec, passa de la ligne de Mulhouse sur celle de Strasbourg. Le 21 août, au matin, on eut avis, au ministère de la Guerre, de l'abandon du camp de Châlons: à partir de 11 heures, les trains furent expédiés sur Reims par Soissons. Quinze convois furent aussi réunis dans la gare du chemin de fer du Nord durant la journée du 21; six autres suivirent le même itinéraire le 22 et le 24. Commencé le 18, le transport du corps d'ar-

(1) *Ibid.*, p. 36.
(2) « Les opérations d'embarquement et le transport des troupes du 7e corps, par les compagnies de Lyon et de l'Est, furent menés par M. Lépine, inspecteur de la Compagnie de l'Est, à Belfort, avec une intelligence et une activité remarquables. » (*Ibid.*).

mée du général Douay était terminé le 20, à 11 h. 20 du matin, et la gare de Belfort télégraphiait simplement à Paris : « Nous reprenons le service des voyageurs (1). »

« La concentration des corps d'armée à Châlons et à Reims s'était effectuée sans qu'un seul accident fût à déplorer, quoique l'on eût transporté, dans des conditions exceptionnelles : 50 000 hommes, 12 000 chevaux et 1 300 canons et voitures. Les trains, au nombre de 108, furent composés à 50 et 60 voitures et, s'ils marchèrent lentement, ils circulèrent très régulièrement. Le dernier jour, ils se succédèrent, à la gare de la Villette, presque coup sur coup, mais sans le moindre désordre et en quelque sorte silencieusement. Un journal technique allemand signale ce transport par chemin de fer de l'armée de Châlons comme dépassant tout ce qui a été fait sur les voies allemandes (2).

Cette concentration des troupes françaises à Châlons n'est pas critiquable. C'était bien le point à choisir pour reconstituer une armée. Il était placé entre l'armée allemande et la capitale qu'il fallait couvrir; on pouvait y loger beaucoup de régiments; « il n'y avait pas d'autre choix possible (3) ».

Oui, si l'on voulait *concentrer les armées*; mais il y avait une autre hypothèse stratégique, celle d'une retraite vers le sud-est de la France, qui aurait eu pour effet de menacer le flanc gauche des envahisseurs, ce qui, peut-être, aurait arrêté, mieux que la concentration sous Paris, la marche de la IIIe armée sur la capitale.

---

(1) Jacqmin, pp. 138 et 139.
(2) *Ibid.*, pp. 139 et 140.
(3) Prince Kraft de Hohenlohe-Ingelfingen, général d'infanterie, aide de camp de l'Empereur et Roi; *Lettres sur la Stratégie*, traduites par A. Veling, lieutenant d'infanterie; Paris, Louis Westhausser, 1888; t. II, p. 23.

POURSUITE DES ALLEMANDS

Examinons, maintenant, l'attitude, prise par les Allemands, au lendemain d'une victoire qu'ils n'avaient jamais rêvée aussi complète, victoire qui les laissait un peu abasourdis, moralement, et très meurtris, matériellement. Une journée de repos parut à leurs généraux nécessaire pour les réapprovisionner en vivres et en munitions, dont ils avaient fait une consommation extraordinaire, et, aussi, pour les remettre des fatigues des jours précédents.

Aussi bien, le soir du 6, Bavarois et Wurtembergeois n'avaient pas osé dépasser Reichshoffen et Niederbronn, d'où ils constataient la disparition de la brigade Abbatucci par la route de Bitche. Les Ve et XIe corps, à bout de souffle, n'avaient point fait un pas depuis la cessation du feu.

Quoi qu'il en soit, le dispositif des troupes allemandes était plus que défectueux pour la besogne à accomplir par elles; la prétendue habileté de M. de Moltke aurait bien dû rectifier des ordres dont l'absurdité stratégique n'est pas douteuse. Oui, on le croira difficilement, mais c'est reconnu par les Prussiens eux-mêmes, la XIIe division du VIe corps, les Ier et IIe corps bavarois, à droite, les Wurtembourgeois, au centre, les Ve et XIe corps, à gauche, devaient suivre les traces de l'armée battue, pendant que la division de cavalerie du prince Albrech, la seule dont le Prince royal disposât pour le moment, au lieu de précéder l'infanterie, imitait les cavaliers français et se traînait à la suite des fantassins, comme un convoi de vivres ou de munitions (1).

(1) Alfred Duquet, *Fræschwiller, Châlons, Sedan*, p. 325.

« Si notre retraite après Wœrth, a pu se faire aussi tranquillement (quoique en désordre), malgré la désorganisation de notre cavalerie, la faute en est aux Allemands, qui ont perdu notre contact. Nul doute que leur cavalerie, bien employée, aurait pu faire, pendant plusieurs jours, de véritables razzias de troupes débandées, sans être contrariée par la nôtre, puisqu'elle était à demi détruite (1).

Du temps de Napoléon, les généraux français opéraient d'autre sorte : « La cavalerie de Murat ne laisse pas un instant respirer l'armée battue. Elle ne perd pas l'ennemi de vue comme le perdit la cavalerie prussienne après Reichshoffen et dans les plaines de la Champagne en 1870. Constamment en mouvement, elle fait des marches journalières moyennes de 42 kilomètres et qui atteignent parfois le double de ce parcours (2). »

Nos ennemis ont essayé d'expliquer l'inaction de leur cavalerie, après Frœschwiller : « Le généralissime n'osa faire avancer les divisions de cavalerie seules au cœur du pays envahi où elles eussent été entourées par les francs-tireurs, les gardes mobiles et des fractions de troupes nouvel-

---

(1 La Tactique des Trois armes. par G. Mazel. ancien officier d'infanterie ; Paris, Berger-Levrault, 1880 ; p. 146. — Dussieux. p. 111.

(2) Militar-Zeitung des 25 et 29 mars 1876. Cité par le colonel R. Henry, L'Esprit de la guerre moderne d'après les grands capitaines et les philosophes; Paris, Berger-Levrault, 1894 ; p. 246. — « A Wœrth, une poursuite à fond de la part des Allemands aurait pu amener l'anéantissement des armées françaises. Mais la cavalerie n'était pas à portée de recevoir des ordres. Frédéric II et Napoléon ont décidé de bien des batailles avec la cavalerie seule, témoins Marengo, Iéna, Eylau, Ocagna, Dresde, Leipzig (à la première journée le 16 octobre 1813), Champaubert, Montmirail, Château-Thierry, Vauchamps, Mormant, etc., etc. » (Aperçus sur la Tactique de demain mise en rapport avec la puissance du nouvel armement et l'emploi de la poudre sans fumée, par le commandant Coumès, ancien professeur à l'Ecole spéciale militaire; Paris, Baudoin, 1872 ; p. 541.)

lement formées (1). » Il eût été bon, si les Prussiens avaient cette crainte, d'aller hardiment à la découverte. Les cavaliers du Prince royal auraient constaté qu'ils n'avaient devant eux, ni gardes mobiles ni troupes de nouvelle ou d'ancienne formation. Mais ils auraient essuyé les coups de feu des francs-tireurs et des isolés. Or, comme le soldat allemand *ne craint rien, fors l'inattendu*, sous les espèces de balles de partisans, les escadrons allemands restèrent prudemment près de leur infanterie. Ce n'était pourtant pas les chevaux qui manquaient : « En 1870, l'armée allemande envahissait la France avec près de 360 000 chevaux (2). »

Le prince de Hohenlohe écrit encore, à propos de cette extraordinaire prudence de la cavalerie allemande : « Bien des critiques, il est vrai, lui reprochent de n'avoir pas fait de poursuite indirecte après la bataille de Wœrth. L'armée de Mac-Mahon ne reprit haleine qu'à Châlons, à 247 kilomètres du champ de bataille. Une partie de cette armée avait pu se servir des voies ferrées. La cavalerie de la III⁰ armée qui poursuivait les Français fut arrêtée dans son mouvement, dans le voisinage de la Meuse ; on voulait attendre l'issue de la lutte qu'on engageait alors avec l'armée principale de Bazaine. C'est ce qui fut cause qu'elle perdit l'ennemi de vue (3). »

En somme, la cavalerie allemande n'avait rempli son rôle ni le 6, au soir, ni le 7. En effet, « la bataille gagnée, c'est la continuité implacable d'action qui lui donnera son plein rendement. Les résultats de la victoire sont dans la poursuite et la

---

(1) Prince Kraft de Hohenlohe-Ingelfingen. *Lettres sur la Cavalerie* ; traduites par Ernest Jœglé, professeur à l'École spéciale militaire de Saint-Cyr ; Paris, Hinrichsen et Cⁱᵉ, 1885 ; p. 79.

(2) M. Richard (du Cantal), ancien inspecteur général des Haras. Cité par le général Pierron, *Méthodes de guerre*, t. 1, 1ʳᵉ partie, p. 715.

(3) Prince de Hohenlohe. *Lettres sur la Cavalerie*, p. 78.

poursuite doit être incessante. Il faut frapper à coups redoublés, frapper jusqu'au moment où l'adversaire gît dans la poussière (1) ».

En voilà assez touchant le rôle de la cavalerie allemande le 6, au soir, et le 7. Ce jour-là, s'effectue la concentration, en arrière de la III⁰ armée, à Soultz et à Haguenau, de la XI⁰ division du VI⁰ corps et de la II⁰ division de cavalerie. Les Allemands sont comme scellés sur le lieu de leur victoire ; les deux corps bavarois se tiennent à Niederbronn et aux environs ; le V⁰ corps n'a pas bougé de Reichshoffen ; le XI⁰ remplit Gundershoffen ; les Wurtembergeois, qui ne se sont pas battus la veille, ont cherché à atteindre les fuyards mais se sont prudemment arrêtés à Zinswiller ; les Badois sont arrivés à Haguenau, se dirigeant sur Strasbourg, qu'ils sont chargés d'investir ; enfin, la cavalerie, *pede claudo*, n'a pu que dépasser, de quelques mètres, le petit village de Pfaffenhoffen (2).

Enfin, par suite de leur immobilité, les Allemands « ont complètement perdu le contact des Français (3) ». Nous verrons qu'ils ne le reprendront que le 25.

---

(1) *Essais de critique militaire*, par G. G. (capitaine Gilbert) : Paris, Librairie de la *Nouvelle Revue*, 1890 ; p. 19. — « On laissait aux Français cinq jours pour se refaire, pour se remettre et, pendant ce temps, la poursuite de la cavalerie ne fut pas plus acharnée à Forbach qu'à Wœrth. » (*Ibid.*, p. 161.) — « La cavalerie allemande ne trouva pas, même une seule fois, l'occasion d'en venir aux mains avec les Français. » (*Causes des succès et des revers dans la guerre de* 1870, par de Woyde, lieutenant général de l'Etat-major général russe ; traduit par le capitaine Thiry ; Paris, Librairie militaire R. Chapelot, 1900 ; t. 1, p. 150.)
(2) Capitaine Léonce Patry, 7 août.
(3) Prince de Hohenlohe, *Lettres sur la Stratégie*, t. I, p. 338. — *La Guerre franco-allemande*, 1ʳᵉ partie, p. 289. — *Ibid.*, p. 349. — Major Scheibert, *La Guerre franco-allemande de* 1870-1871 décrite d'après l'ouvrage du Grand Etat-major et avec son autorisation ; traduit par Ernest Jœglé, professeur à l'Ecole militaire de Saint-Cyr ; Paris, Berger-Levrault, 1895 ; p. 70. — *Ibid.*, p. 96.
— **Général de Woyde**, t. I, p. 157. — *Ibid.*, t. I, pp. 203 et 204.

Mais la ligne de retraite, suivie par la brigade Abbatucci, a fait croire aux Allemands que l'armée d'Alsace allait rallier l'armée de Lorraine. En conséquence, la XII° division du VI° corps fut envoyée vers Bitche afin de nous couper le chemin, ce que, du reste, elle n'aurait pu accomplir à temps.

Ainsi persuadé que nous nous dirigions du côté de Metz, l'Etat-major allemand porta ses forces au nord et négligea la route d'Ingwiller, qui était pourtant celle qu'avait suivie l'armée vaincue. De valeureux soldats français, isolés, remplissaient les défilés des Vosges et empêchaient la cavalerie ennemie de se renseigner en la forçant à rebrousser route (1). Cependant, le 7, le prince Albrecht, commandant de la IV° division de cavalerie, se décida à enfiler le chemin d'Ingwiller et, par les sacs, les fusils, les fourgons abandonnés, les traînards qu'il ramassait, les hommes débandés qui lui tiraient des coups de fusil des maisons et des montagnes voisines, le prince ne tarda point à reconnaître qu'une armée avait passé là (2). Mais les Allemands n'en étaient guère mieux au courant de notre route puisque, ce matin-là, le 7, à 10 heures, cette division informait le Prince royal « que le gros des forces françaises s'était retiré, par Niederbronn, sur Bitche, mais qu'une notable partie avait pris par Ingwiller (3) ».

A 11 heures, les régiments prussiens atteignent Bouxwiller, où ils sont contraints de se reposer, tout inquiets de ne plus être, selon leur excellente habitude, en contact avec nous et d'ignorer, par conséquent, le lieu de notre concentration. A 5 heures du soir, 30 escadrons allemands, flanqués de trois batteries d'artillerie, reprennent leur course

---

(1) *La Guerre franco-allemande*, 1re partie, p. 287.
(2) *Ibid.*
(3) *Ibid.*

vers Saverne. A Steinbourg, ils ont la joie d'être accueillis par une fusillade sérieuse ; ils nous talonnent de nouveau. A 8 heures, ils bivouaquent dans cette localité, ayant parcouru 67 kilomètres en 24 heures (1).

Tout à coup, sont signalés des bataillons d'infanterie française se dirigeant sur Steinbourg. Avec la prudence qui les caractérise, quand ils ne sont pas quatre contre un, les Allemands rebroussent immédiatement chemin jusqu'à Bouxwiller, préférant exécuter une fatigante marche de nuit plutôt que de combattre au hasard (2).

Cependant la présence de la cavalerie ennemie à Steinbourg, constatée par les régiments qui avaient effrayé le prince Albrecht, avait achevé de désorienter le maréchal de Mac-Mahon. Aussi, pendant que les Prussiens se sauvaient des Français et galopaient toute la nuit du 7 au 8, les troupes du Maréchal, de leur côté, employaient la même nuit à fuir les fuyards et parvenaient à Sarrebourg : les deux armées étaient sûres de ne point se rencontrer (3).

(1) *Ibid.*, p. 288.
(2) *Ibid.*
(3) Alfred Duquet, *Fræschwiller, Châlons, Sedan*, pp. 141 à 143. — Le prince Albrecht atteignit, le 7, au soir, « la ligne des postes de l'arrière-garde ennemie (française) à Steinbourg, à l'entrée des Vosges. *N'ayant pas d'infanterie, la division ne put pas pousser plus avant* (!), mais sa simple apparition avait eu pour résultat de jeter l'épouvante dans les rangs ennemis. Dans la nuit même, le 1er corps se remit en marche et atteignit Sarrebourg, où il opéra sa jonction avec le 5e. De la sorte, les Français se trouvaient avoir une avance de 35 kilomètres et demi, et ils purent, sans être le moins du monde poursuivis, continuer leur retraite sur Lunéville ». (*Mémoires du maréchal de Moltke* ; *La Guerre de* 1870, par le maréchal comte de Moltke, chef du Grand État-major ; édition française par E. Jœglé, professeur à l'École militaire de Saint-Cyr ; Paris, Le Soudier, 1891 ; pp. 23 et 24. — « Par suite de faux rapports, annonçant l'approche de quelques bataillons d'infanterie française, la cavalerie allemande, pour ne pas se trouver engagée dans un combat de nuit, leva son bivouac de Steinbourg, assez tard dans la soirée du 7, et se replia sur **Bouxwiller.** » (**Général de Woyde, t. I, p. 157.**)

C'est là que le général de Failly rejoignit l'armée de Mac-Mahon, et, sans désemparer, tout ce monde fila à marches forcées vers Lunéville. Il n'y avait plus moyen de nous suivre pour les Allemands, mais, le 8 août, l'invasion trouvait les Vosges évacuées et la Lorraine ouverte (1).

Les Allemands ne profitent pas de l'aubaine ; après Frœschwiller, leur cavalerie demeure inerte, leur infanterie marche à pas de tortue. Comment expliquer, de la part de nos ennemis, cette mollesse dans la poursuite, en même temps que l'absence de netteté dans les ordres de mise en mouvement des colonnes victorieuses ?

D'abord, la crainte des coups à recevoir rendait les cavaliers prussiens plus que prudents et les empêchait de recueillir des renseignements permettant au Prince royal de lancer des instructions précises (2) ; « nos trainards étaient trop nombreux, les pertes trop sensibles : toutes les patrouilles détachées vers les Vosges recevaient des coups de feu (3) » ; ensuite, le passage des Vosges préoccupait grandement l'état-major du prince. « A partir du point où elles pénètrent dans la montagne, les principales communications s'infléchissent, en général, au nord-ouest ; au débouché des défilés, elles reprennent fréquemment une direction sud-ouest. Les chemins qui franchissent la chaîne étaient, le plus souvent, très mauvais et barrés, pour la plupart, par des

---

(1) Alfred Duquet, *Frœschwiller, Châlons, Sedan*, p. 143.
(2) Aux environs de Saverne, des isolés français tiraient sur les poursuivants et les forçaient à rebrousser chemin. (Général Palat, 1re partie, t. VI, p. 12.) — Les Allemands étaient si peu rassurés que des paniques se produisirent dans leurs rangs et que des uhlans prussiens chargèrent des cuirassiers bavarois et leur blessèrent 14 cavaliers. (Von Widdern, VI, 76 ; cité par le général Palat. *Ibid.*, note 3.)
(3) *Ibid.*, p. 11.

places fortes. Le bruit courait que la population avait pris les armes. On pouvait s'attendre à trouver l'ennemi concentré sur le revers occidental des montagnes (1). » On voit que, pour l'Etat-major prussien, la défense des défilés des Vosges n'était pas une chimère. « En plaine, le succès appartient presque toujours au plus fort ; en montagne, il appartient souvent au plus habile ; mais il faut que le chef possède une connaissance approfondie du terrain, l'esprit d'initiative, la promptitude dans la décision et l'énergie (2). » Nos généraux avaient oublié de se munir de ces accessoires indispensables à la guerre.

Comment les Allemands expliquent-ils la quasi-inaction de leur infanterie après leur triomphe de la veille ? « D'après la théorie générale, la III armée aurait dû commencer, le 7 août au matin, au plus tard, une poursuite énergique avec son infanterie. Mais nous savons qu'elle n'avait pas non plus complètement terminé son déploiement, au moment où elle prenait, le 4 août, une offensive dont le seul but était, pour le moment, de couvrir la frontière du Rhin. Elle n'avait pas encore tout

---

(1) *La Guerre franco-allemande*, 1re partie, p. 372. — *Frœschwiller*, par Alfred Duquet. pp. 186 à 194. — « Mac Mahon sachant les Vosges peu praticables entre lui et les ennemis, pouvait se croire, à bon droit, à l'abri d'une poursuite immédiate. » (Major Scheibert, p. 70.) — *Ibid.*, p. 97. — « Mac-Mahon n'avait pu défendre les défilés des Vosges. » (Arthur Chuquet, *La Guerre, 1870-1871*, p. 78.) — *La guerre de montagnes*, par Henri Baraude ; Paris, Chapelot, 1900 : p. 33. — « Avec quelques milliers d'hommes on pouvait, sur l'admirable ligne de défense des Vosges, disputer le terrain pied à pied contre les masses ennemies. Ces bois épais, où pouvaient se cacher des nuées de tirailleurs, ces ravins profonds, ces rochers escarpés se prêtaient on ne peut mieux à une guerre de partisans. On pouvait harceler l'armée envahissante, couper ses convois, inquiéter ses communications, ne lui donner aucun moment de répit. » (*Nos places perdues d'Alsace-Lorraine*, par Marcel Poullin, ancien rédacteur à la *France militaire* ; Paris, Bloud et Barral ; pp. 227 et 228.)

(2) Capitaine Bruté de Rémur, p. 27.

son train. Cela n'avait aucune importance au point de vue d'une défensive de trois jours, mais cela pouvait entraîner de graves désordres, si l'on entreprenait des mouvements sérieux en pays ennemi. La première chose à faire, après avoir entrepris cette défensive, était donc de terminer avant tout le déploiement stratégique. Il fallait, pour cela, s'arrêter avec toute l'armée le 7 août et faire avancer toutes les troupes qui étaient encore en arrière, d'autant plus que celles-ci avaient besoin d'une journée de repos après toutes les fatigues subies (1). »

Il était donc entendu, chez nos ennemis, que l'on marcherait sur la Sarre, entre Sarre-Union et Sarrebourg; mais, de quelle manière franchir les Vosges, dont certains passages étaient plus ou moins obstrués par des fortifications peu redoutables, mais cependant gênantes?

Dans l'après-midi du 7, le Prince royal réglait, jusqu'au 12, les mouvements de son armée pour la traversée des Vosges :

« Soultz, le 7 août 1870.

« Demain, l'armée continuera sa marche sur cinq colonnes, conformément au tableau ci-joint, et se dirigera sur la Sarre.

« Il est de toute nécessité que, le 12 août, elle ait atteint cette rivière et qu'elle occupe les points indiqués. Partout où l'on rencontrera l'ennemi, il faudra donc l'attaquer aussitôt et le rejeter en arrière, sans lui laisser le temps de recevoir des renforts. Les colonnes seront souvent séparées les unes des autres par des montagnes élevées et difficiles, et ne pourront pas toujours se soutenir; elles devront cependant se prêter réciproquement appui

---

(1) Prince de Hohenlohe, *Lettres sur la Stratégie*, t. I, p. 340.

lorsque les circonstances le permettront et, par conséquent, rester autant que possible en communications entre elles.

« Je n'ai pas à rappeler que les corps d'armée doivent être, au moins en partie, établis dans des cantonnements serrés, et que l'ennemi, servi probablement par une quantité d'espions, étant constamment devant nous, il faut, moins que jamais, se départir des mesures de précautions ordinaires.

« En principe, les troupes seront nourries au moyen de réquisitions régulières; mais chaque homme emportera trois jours de vivres de réserve, afin de n'être pas exposé à manquer de ressources dans les montagnes.

« Les voitures et les colonnes des parcs suivront leurs corps d'armée à une distance de un à deux jours de marche; toutefois, ils ne s'engageront jamais dans un défilé avant que les troupes en soient sorties.

« Les corps d'armée seront trop éloignés pour que l'ordre puisse être régulièrement donné au grand quartier général; je compte cependant recevoir, aussi souvent qu'il le sera nécessaire, les rapports des troupes isolées sur les combats qu'elles auront eu à livrer ou les obstacles qui les auront arrêtées. Si quelque colonne se trouvait dans l'impossibilité d'arriver sur la Sarre au jour fixé, je devrais en être immédiatement informé.

« Frédéric-Guillaume, prince royal (1). »

---

(1) *Section historique*, t. IX, pp. 58 et 59. — « La plus grande partie de l'armée du Prince royal sortit de l'Alsace en traversant les Vosges pour se rallier à l'aile gauche du prince Frédéric-Charles; le gros suivant la route de Haguenau à Sarre-Union, et des détachements sur les routes latérales. » (Rustow, *Guerre des frontières du Rhin* 1870-1871, traduit de l'allemand avec l'autorisation de l'auteur par Savin de Larclause, colonel du 1ᵉʳ lanciers; Paris, J. Dumaine, 1871; t. I, pp. 236 et 237.)

« Il résulte de cet ordre que le Prince royal se mit en devoir de faire marcher la IIIe armée en autant de colonnes qu'il y avait de routes traversant les Vosges depuis Bitche jusqu'à Phalsbourg.

« Or, plusieurs de ces routes divergent vers le nord-ouest, à l'intérieur du massif, donnant ainsi à quelques-uns des itinéraires choisis un allongement excessif.

« Les quelques vieux forts et forteresses des Vosges étaient peut-être difficiles à enlever de haute lutte, mais ne barraient complètement aucune route.

« La présence de ces obstacles n'a d'ailleurs eu aucune influence sur le choix des cinq routes de marche adoptées, sans compter celle attribuée à la XIIe division, donnant au dispositif de franchissement des Vosges un front de 40 kilomètres.

« La détermination du Prince royal a été dictée par deux préoccupations : 1° le désir d'opérer le déploiement stratégique de la IIIe armée sur la haute Sarre, conformément à la lettre de ses premières instructions, antérieures aux batailles du 6 août; 2° l'observation du principe théorique qui veut qu'une armée se fractionne en un grand nombre de colonnes pour traverser un massif au delà duquel on peut rencontrer l'ennemi.

« En la circonstance, les deux considérations qui précèdent avaient aussi peu de valeur l'une que l'autre (1). »

Il résulte aussi du même ordre la nouvelle constatation, venant des Prussiens, que la traversée des Vosges était contrariée par « des montagnes élevées et difficiles » et que « les colonnes, séparées les unes des autres, ne peuvent pas toujours se soutenir ». Cet aveu de l'ennemi fortifie encore

(1) Général Bonnal, *Frœschwiller*, pp. 466 et 467.

la thèse, déjà soutenue par nous, de l'obstacle mis à la marche de la III⁰ armée par le massif des Vosges et ses contreforts de l'ouest (1).

En ce qui concerne le principe invoqué plus haut, dans les observations du général Bonnal, pour expliquer l'ordre du Prince royal, à savoir : « qu'une armée doit se fractionner en un grand nombre de colonnes pour traverser un massif au delà duquel on peut rencontrer l'ennemi », nous avouons humblement ne rien comprendre à cette prétendue règle stratégique. Qu'on se fractionne en un grand nombre de colonnes, lorsque l'on ne peut faire autrement, cela va de soi : à l'impossible, nul n'est tenu, mais que l'on se divise, quand on n'y est pas forcé, pour livrer bataille, voilà qui dépasse notre imagination et démolit nos connaissances militaires de fond en comble, car il nous avait toujours semblé que, s'il fallait diviser pour dominer, il fallait se concentrer pour combattre. Mais nous avons, certainement, mal compris le général Bonnal, pour le sens stratégique duquel nous avons la plus grande admiration.

Il est cependant bien entendu que, si l'armée d'invasion est beaucoup plus nombreuse que l'armée adverse, ce qui était le cas en 1870, elle ne devrait pas, alors, prendre une route unique, mais traverser la chaîne de montagnes, par tous les chemins qui la coupent, afin de déborder les troupes de défense sur leurs flancs. Au contraire, si les envahisseurs ne possèdent pas la supériorité en combattants, ils se feront, en débouchant par plusieurs routes, écraser en détail à la sortie de chaque défilé, par des forces qui les attendront dans des positions choisies (2). Par conséquent, franchir un obstacle

---

(1) Alfred Duquet, *Fræschwiller*, pp. 185 à 195.
(2) Capitaine Brackenbury, p. 62. — Alfred Duquet, *Fræchwiller*, p. 194.

en se servant de tous les passages qu'il présente n'est pas un principe de guerre. Non, il n'y a rien d'absolu à cet égard : tout dépend des circonstances.

En l'espèce, contrairement à l'opinion du général Bonnal, nous estimons que le prince Fritz a eu raison d'utiliser toutes les routes des Vosges pour s'avancer en France et que la « considération » qui a déterminé sa décision n'avait pas « peu de valeur ». Il n'existe qu'une règle stricte, à la guerre, auraient dit, avec raison, les soldats du maréchal de la Palice : vaincre. Seule, l'expérience acquise, par les anciens sur le champ de bataille, par les jeunes en étudiant l'histoire, permet de suivre cette règle : le reste n'est que vent ou fumée.

Quant à l'ordre du Prince royal, nous n'avons pas la prétention de le critiquer mieux que l'a fait (1) le très savant général Bonnal en deux pages magistrales :

« L'ordre de marche du 7 août étonne par sa prolixité.

« On pourrait rédiger les dispositions qu'il contient en dix lignes.

« Indépendamment de sa forme, des plus médiocres, l'ordre en question est muet sur la direction où l'on suppose que l'ennemi s'est retiré et sur la mission ultérieure de la IIIe armée ; mais ce sont là pures vétilles à côté de la faute capitale qu'il contient.

« Comment ! voilà une armée marchant à la poursuite d'un ennemi dont la direction de retraite est encore indécise, quoiqu'elle se soit effectuée sûrement vers l'ouest à travers les Vosges, et le général victorieux abandonne pendant cinq jours ses corps à eux-mêmes, se contentant de les inviter

---

(1) « C'est volontairement que nous supprimons l'absurde *ne* explétif, toutes les fois que nous pouvons le faire sans trop choquer les habitudes. » (Alfred Duquet, *Frœschwiller*, p. 66.)

à attaquer l'adversaire là où il sera. Ce n'est pas ainsi que Napoléon entendait franchir le Franken-Wald, le 8 octobre et les jours suivants, quoiqu'il ne fût pas encore maître de la situation.

« Ne voulant à aucun prix abandonner complètement les rênes du commandement et se réservant, au contraire, de manœuvrer, même dans l'intérieur du massif, si les circonstances l'y invitaient, Napoléon, dans ses lettres écrites avant le départ aux maréchaux commandant les colonnes collatérales, prévoyait les principales éventualités, indiquait en conséquence la ligne de conduite à suivre pendant toute la durée du passage, et prescrivait les communications à échanger journellement en des points déterminés.

« Le Prince royal eût-il voulu conserver le commandement de son armée durant la traversée des Vosges, à la façon du Napoléon de 1806, cela lui était impossible avec le dispositif adopté, et comme tout est harmonique dans les opérations militaires, ainsi que dans les manifestations les plus diverses de l'activité humaine, au dispositif linéaire de la traversée des Vosges succédera un déplacement non moins linéaire sur un objectif géographique : la Sarre.

« L'hérésie stratégique et tactique, que l'état-major de la IIIe armée a commise involontairement et dont il a parfaitement calculé la mise en œuvre, devait produire et a donné ce résultat extraordinaire de faire parcourir à une armée victorieuse lancée à la poursuite de l'ennemi une distance de 70 kilomètres en cinq jours, soit, en moyenne, 14 kilomètres par journée de marche. Les corps de la Grande Armée se comportèrent d'une tout autre façon, avant et après Iéna !

« L'ordre que nous étudions fait marcher la IVe division de cavalerie derrière le XIe corps.

« Le choix de l'aile gauche pour la cavalerie d'armée était judicieux en ce que le col de Saverne est plus facile, moins long que les autres passages, et que l'ennemi étant signalé en retraite, par Bitche, la région comprise entre Phalsbourg et Sarrebourg serait probablement libre. Mais la précaution consistant à placer la IV° division de cavalerie en arrière de tout le XI° corps nous paraît excessive.

« On pouvait donner un ou deux bataillons de soutien à cette cavalerie et lui faire précéder le XI° corps, à 10 ou 15 kilomètres. Elle se serait trouvée, plus vite et plus tôt, en situation d'inonder la plaine de la haute Sarre et, par suite, de fournir des renseignements précieux au commandant de l'armée avant que les colonnes eussent achevé leur débouché au delà des montagnes (1). »

Le 8, au matin, quand une fraction des vainqueurs va se heurter à la place de Bitche, ils ignorent encore la direction prise par les vaincus puisque « l'entourage du roi de Prusse est toujours persuadé que le Maréchal a suivi la route de Bitche et de Rohrbach (2) ». Quoi qu'il en soit, « en traversant les Vosges, l'armée du Prince royal a affaire aux petites places qui en gardent les passages (3) ». Hélas ! elles ne sont guère en état d'arrêter les envahisseurs (4).

---

(1) Général Bonnal, *Fræschwiller*, pp. 472 à 475. — Nous ne reproduisons pas le tableau des marches par journées. Voir *Ibid.*, pp. 472 et 473.
(2) Lettre du Roi à la reine Augusta. 8 heures du matin ; Ducken, *Unser Heldenkaiser*, 199. Cité par le général Palat. 1re partie, t. VI, p. 23.
(3) Rüstow, t. I, p. 237.
(4) Napoléon III « commença la guerre, ayant toutes ses places dans un déplorable état ou inachevées ». (Colonel Fix, p. 139.)

ATTAQUE DE BITCHE

Le 7, l'aile droite de la III⁰ armée s'était trouvée en face de Bitche.

Cette petite forteresse — sous laquelle le général de Failly était resté si malheureusement, le 6 août, par la faute du duc de Magenta et, aussi, par son manque d'iniative, alors qu'un vrai général se serait jeté sur le flanc droit et les derrières de l'armée du Prince royal, du côté de Lemberg (1), — cette petite place, donc, avec laquelle les Allemands « avaient à compter puisqu'elle commande la route de Rohrbach (2) », l'un des passages des Vosges, était huchée presque au faîte de la montagne, dans un renfoncement du versant occidental, et possédait un château du xve siècle, construit sur un mamelon assez élevé, fort bien choisi quand le canon n'avait guère de portée. Elle avait le grand défaut d'être dominée par d'autres mamelons, l'environnant, où l'ennemi put, quand il fit le siège en règle, établir ses batteries et la bombarder (3).

Le commandant Teyssier, chargé de la défense, n'avait à sa disposition, le 6 août, pour le service de l'artillerie, que « 6 hommes, avec un garde et un gardien de batterie, sous les ordres d'un capitaine en retraite qui avait spontanément offert ses services (4) », quand le 5⁰ corps quitta l'abri de Bitche. Cet officier, grièvement blessé, quelques jours auparavant, lors d'une chute de cheval,

---

(1) Alfred Duquet, *Fræschwiller*, pp. 214 à 216.
(2) *La Guerre franco-allemande*, 1ʳᵉ partie, p. 377.
(3) A.-J. Dalsème, *Le Siège de Bitche*; Paris, Dentu, 1878 ; p. 14. — Lieutenant-colonel Prévost, p. 63.
(4) *Bitche* ; imprimerie de la Société de typographie, 1888 ; p. 6. Publication de la **Revue du Cercle militaire**.

était assez peu valide. « Heureusement, le brave général Liédot, commandant l'artillerie du 5ᵉ corps, tué plus tard glorieusement à Sedan, ne voulant pas abandonner seul un de ses officiers, lui donna un détachement de 2 sous-officiers et 31 canonniers (1). »

« Un bataillon du 86ᵉ de ligne, 800 hommes, commandant Bousquet, était préposé à la défense de la citadelle, qu'occupaient déjà 200 douaniers, sous les ordres de l'inspecteur Narral ; 250 artilleurs de la réserve, capitaines Poulléau, Lair de la Motte et Lesur, complétaient cet effectif, augmenté d'un millier d'isolés de toutes armes, pour la plupart débris de Frœschwiller, auxquels il faut ajouter environ 250 gardes nationaux composant la milice de la ville (2). »

En raison de la faiblesse des moyens de défense, le commandant Teyssier avait décidé d'abandonner les ouvrages entourant la place et de se borner à l'occupation du château « dont les murailles de roc et les abris casematés permettaient à une poignée d'hommes de faire une longue et énergique résistance (3) ». En abandonnant prématurément ces ouvrages, le commandant commettait une faute car les 2 000 soldats, et même plus, dont il disposait, étaient bien suffisants pour les garnir, au moins durant les premiers jours du siège. Sans s'occuper des vieilles pièces, à âme lisse, « la seule artillerie qui puisse entrer en lutte est représentée par 2 pièces rayées de 24, 6 pièces rayées de 12 et 5 mortiers de 0,27. L'arsenal renferme des fusils à tabatière, avec des cartouches appropriées à ce modèle, un nombre considérable de fusils lisses non transformés et une quantité restreinte de cartou-

---

(1) *Ibid.*
(2) A. Dalsème, p. 20. — Marcel Poullin, p. 229.
(3) **Bitche**, p. 6.

ches chassepot (1) ». Il est bon d'ajouter à cet armement les fusils des isolés qui avaient combattu à Frœschwiller et qui étaient venus se réfugier à Bitche.

A la constatation de ces ressources, chefs et soldats s'étaient décidés à résister à outrance, malgré le conseil donné, en s'éloignant de la ville, par le général de Failly, de ne pas risquer une défense inutile, malgré les lamentations du maire Lautenschlager, vieillard faible et maladif (2).

Aussi, le 7 août, au soir, quand « du haut de la plate-forme du château, d'où l'on ne découvre ni une bourgade, ni un hameau, ni la pointe d'un clocher (3) », on aperçut, dans la campagne déserte, les évolutions des cavaliers allemands, chacun courut à son poste de combat.

Avisant un groupe serré de ces cavaliers, qui s'approche à bonne portée de canon, le commandant Teyssier fait tirer trois coups par une pièce de 24, dont le dernier projectile éclate au beau milieu de l'escadron et jette à terre quelques hommes et quelques chevaux. Avec la résolution dont la cavalerie allemande n'a cessé de donner des preuves durant toute la guerre, quand on lui a opposé la plus petite résistance, l'ennemi se sauve immédiatement, bride abattue (4).

Ce n'est qu'un court répit. Le lendemain, 8 août, « la ville est sommée d'ouvrir ses portes, *pour éviter une inutile effusion de sang* (5) », déclarent les sensibles Germains.

Le même jour, un officier allemand se présente

---

(1) A. Dalsème, p. 22. — *Bitche*, p. 6. — Marcel Poullin, p. 231.
(2) A. Dalsème, p. 23. — *Bitche*, pp. 8 et 9. — Marcel Poullin, p. 232.
(3) A. Dalsème, p. 16.
(4) *Ibid.*, p. 24. — *Bitche*, p. 7. — Marcel Poullin, p. 233.
(5) *Bitche*, p. 8.

en parlementaire; il vient demander la reddition de la place.

«« Vous savez nos victoires, dit-il; coupés de toute communication, vous ne pouvez tenir contre une attaque sérieuse. Acceptez les conditions que je vous apporte : sortez avec les honneurs de la guerre et rejoignez vos corps. »»

« Le Conseil s'assemble sous la présidence du commandant de place. Délibérera-t-il? Non. Devant de telles propositions, il n'y a point lieu de délibérer.

«« Allez dire à ceux qui vous envoient, réplique sommairement le commandant Teyssier, que des Français ne se rendent pas sans combattre (1). »»

Peu satisfait de cette réponse, l'officier ennemi se retire. La garnison attend le premier choc avec un calme d'autant plus méritoire qu'elle se compose surtout des vaincus de Wissembourg et de Frœschwiller, dont l'ardeur aurait dû être refroidie par ces déplorables défaites.

Mais la leçon de la veille a profité aux envahisseurs. Les bataillons de la division de Hoffmann, du VIe corps, s'approchent de Bitche en se dissimulant derrière les plis de terrain, les talus et les fossés des routes; dès qu'un groupe se montre, « il est accueilli par un feu très vif (2) ».

A la fin, deux batteries viennent, à travers les bois et hors des vues, s'établir à 2 000 mètres environ, à l'est, l'une sur un mamelon, au sud-ouest du chemin de fer d'Haguenau, l'autre le long de la route de Strasbourg, en avant du village de Pfaffenberg. Elles entament le feu (3), à 2 heures et

---

(1) A. Dalsème, pp. 24 et 25. — Marcel Poultin, p. 233.
(2) *La Guerre franco-allemande*. 1re partie, p. 378.
(3) Les Allemands prétendent n'avoir mis qu'une batterie en action : la batterie bavaroise La Roche. (*Ibid.*). — *Contrà* : A. Dalsème, p. 25. — Conformément au texte de Dalsème, le capitaine Mondelli, dans son ouvrage : *La vérité sur le siège de Bitche*, écrit

demie du soir, avec l'intention d'allumer des incendies dans la ville, dans le château et, aussi, afin d'intimider les défenseurs. L'effet n'en fut pas heureux : les positions des batteries étant reconnues, les pièces de la place répondent avec précision au tir ennemi ; au bout de deux heures, les canons allemands sont forcés de cesser le feu, « quelques hommes ayant été blessés et un affût étant brisé (1) », d'après l'aveu du Grand Etat-major prussien, sans qu'aucun incendie se soit déclaré dans Bitche, sans qu'aucun drapeau blanc soit hissé sur les remparts. La vigueur de notre riposte a déconcerté les assiégeants. A la constatation de leur insuccès, ils se retirent à la hâte (2).

Comment tourner la place ? Dès le jour même, les Allemands prenaient les mesures nécessaires. Ils se décidaient à commencer les travaux, du côté méridional. « On aménagea une route, qui traversait un terrain montagneux et boisé, très difficile, reliait les villages d'Egelshardt et de Lemberg au sud de Bitche, et avait une longueur totale de 9 kilomètres.

« Grâce aux efforts des pionniers et au concours prêté par les attelages du train du génie, on réussit à effectuer le passage sans à-coup. Le *10 août*, de très grand matin, le IIe corps bavarois avait achevé de tourner la place (3). »

« Le mouvement se fit en trois marches forcées, dont la première conduisit à Lemberg, la seconde à Montbronn et la troisième à Saint-Laurent. Les routes avaient été si bien coupées que, bien que les pionniers y eussent fait pendant la nuit les répa-

---

que deux batteries entrèrent en action, l'une à 2 500 mètres environ, l'autre à 2 000 mètres, à droite et à gauche de la route de Niederbronn. (Cité par la *Section historique*, IX, p. 94, note 1.) — Bitche, p. 10.
(1) *La Guerre franco-allemande*, 1re partie, p. 378.
(2) A. Dalsème, p. 25. — *Bitche*, p. 10.
(3) A. Gœtze, cité dans *Bitche*, p. 10, note 1.

rations indispensables, l'infanterie ne put y passer qu'en file ; l'artillerie ne les franchit qu'au prix des plus grandes difficultés. Ces mouvements montrent combien cette petite forteresse, bien placée sur la ligne d'étapes des Allemands, eut d'influence sur leur marche (1). »

Avant de quitter Bitche, nous tenons à signaler deux faits témoignant combien on a exagéré la valeur des informations ennemies. Durant cette abominable guerre, le service des renseignements n'était guère mieux organisé que le nôtre et occasionnait des méprises véritablement impardonnables pour des vainqueurs ne rencontrant plus de résistance dans un pays abandonné par les vaincus.

« Après que, pendant les journées du 9 et du 10 août, les vedettes ennemies ont continué à battre les routes environnantes, puis, ont peu à peu disparu, plusieurs chariots chargés de victuailles viennent, le 11, se faire prendre aux portes de la ville. Les conducteurs allemands sont interrogés : ils déclarent qu'ils croyaient Bitche au pouvoir de leurs compatriotes.

« On questionne les soldats qui, au nombre d'une vingtaine, escortaient le convoi : ils partageaient la même opinion. Soldats et conducteurs sont gardés prisonniers. Prisonniers également deux journalistes de Berlin qui se présentèrent, le 12,

---

(1) Von Tiedeman, *Der Festungskrieg*, cité dans *Bitche*, p. 10, note 1, *in fine*. — « On reconnaît aussitôt et on améliore autant que possible les mauvaises communications latérales dont on était réduit à faire usage pour tourner Bitche, que sa situation rend presque inattaquable. La XIIe division (de Hoffmann) qui s'était premièrement établie au bivouac, à la Main-du-Prince (Herzogshand), pousse, par une marche de nuit, jusqu'à Haspelscheidt, traverse, le lendemain, au prix de grandes difficultés, le plateau de Hanwiller, et, le 9, après ce détour considérable, elle atteint les environs de Schorbach et de Lengelsheim. » (*La Guerre franco-allemande*, 1re partie, p. 378.) — *Section historique*, IX, p. 94.

s'imaginant entrer dans une cité conquise, et un capitaine bavarois, arrêté sur la route par un paysan (1). »

BOMBARDEMENT ET PRISE DE LICHTENBERG

Le II⁰ corps bavarois, laissant quelques forces cachées sous bois, avec mission d'observer la place de Bitche, l'avait donc contournée, du côté méridional, par les chemins de forêt du Hohenkopf, et était arrivé, le 9, à Lemberg. Le I⁰ᵣ corps bavarois avait atteint Bärenthal et Monterhausen, le 8, et bivouaqué, le 9, à Enchenberg, après avoir passé par Lemberg où il s'était heurté au II⁰ bavarois, rencontre ayant occasionné un désordre, un retard considérables (2).

Quant à la division wurtembergeoise « elle s'était avancée, le 8, jusqu'à l'entrée des défilés, aux environs d'Ingwiller (3) ». Peu friand de se risquer dans ces défilés, le général d'Obernitz, son chef, avait commencé par lancer en avant quelques cavaliers du côté de Menchoffen et de Rothbach. Le groupe, galopant dans cette direction, avait poussé jusqu'à Lichtenberg (4).

« Lichtenberg se trouve au nord-ouest de l'Al-

---

(1) A. Dalsème, p. 26. — Marcel Poullin, p. 234.
(2) *La Guerre franco-allemande*, 1ʳᵉ partie. p. 378. — Le II⁰ corps bavarois éprouva de grandes difficultés dans sa marche, quand, par suite de l'obligation d'éviter le feu de la place de Bitche, il dut s'engager, au sud, sur des chemins forestiers peu praticables. Ce corps d'armée arrive ainsi à Lemberg, qui avait été fixé au I⁰ᵣ corps bavarois pour son stationnement du 9 août. Le I⁰ᵣ corps bavarois dut pousser, ce jour-là, jusqu'à Enchenberg, non sans un certain désordre et des fatigues considérables causées par l'arrivée du II⁰ corps bavarois à Lemberg. » (Général Bonnal. *Fræschwiller*, p. 477.) — *Section historique*, IX, p. 94.
(3) *La Guerre franco-allemande*, 1ʳᵉ partie, p. 378.
(4) *Ibid.*

sace, dans une région que nombre d'Alsaciens eux-mêmes ignorent, qui n'a que de mauvaises routes, presque pas d'habitants et est couverte de landes incultes et de maigres forêts; aussi l'a-t-on surnommée la *Sibérie*. Assurément, c'est un pays triste, et, de ses paysages monotones, dont le silence n'est troublé que par le sifflement de grands oiseaux de proie, se dégage une impression plutôt pénible. Pourtant la Sibérie alsacienne a de belles eaux claires, et, de-ci de-là, quelques gorges d'une sauvagerie qui n'est pas sans grandeur.

« Barrant l'une d'elles se dresse Lichtenberg, un donjon qui, au Moyen âge, fut le repaire de hardis brigands, les barons allemands de Hanau. Ce débris, à qui Vauban laissa par erreur le titre de « forteresse du roi », dut, à l'incurie des Bureaux, de rester étiqueté *place de guerre*. A ce titre, en 1870, il fut assailli, se défendit avec une garnison improvisée, fut mitraillé, brûlé, et alors seulement tomba entre les mains des Allemands, qui qualifièrent sa résistance d'*héroïque folie* (1). »

En effet, cette « forteresse », cette « place de guerre » ressemblait plutôt aux ruines d'un château du Moyen âge qu'à un fort. Ce manoir gothique, avec ses lourds bâtiments de ferme, flanqué de contreforts en pierres pour soutenir ses antiques murailles, était dominé par un gros donjon à tours d'angle, assez semblable au donjon de Vincennes. Ce vénérable débris des siècles passés s'élevait au sommet d'un monticule comme le Mont-Valérien. Est-il besoin d'ajouter que cette « place de guerre » ne possédait ni armement, ni munitions, ni garnison. La compagnie de ligne qui l'occupait et les 6 artilleurs que l'on y avait envoyés, le 20 juillet, étaient

---

(1) Masson-Forestier; *Forêt noire et Alsace*, Notes de vacances; Paris, Hachette, 1903; p. 284.

partis, le 1ᵉʳ août, pour rejoindre le corps du duc de Magenta. Le sous-lieutenant Archer, commandant de la « place », demeurait, seul, avec le garde-magasin et le concierge.

Mais, le 6, dans la soirée, « commencèrent à arriver les fuyards, dans le plus lamentable état, exténués,— la chaleur avait été cruelle,— mourant de soif et de faim, ils suppliaient qu'on leur donnât un peu d'eau, un morceau de pain. Bientôt ils furent des centaines, puis des milliers, et le pauvre hameau n'eut plus rien...

« Alors les soldats envahirent le château, dont Archer, n'osa leur refuser l'entrée — il était tout seul! — et ils pillèrent.

« Un cavalier arrive nu tête, farouche, une belle figure mâle. Il n'a plus de tunique, pas même de sabre, sa chemise est en sang, noire de poudre. On le regarde et voici qu'en silence quelques vieux saluent ; c'est le général Ducrot!

« Il se laisse descendre de cheval, ne parle à personne, ne veut ni manger, ni boire, va se jeter sur une botte de paille et s'endort, anéanti.

« ..... Et maintenant des turcos, affreux, comme fous, gesticulant. Un d'eux, qui a le nez coupé et le front ouvert d'un coup de sabre, un œil crevé, demande un couteau pour s'ôter une balle qu'il a dans le ventre (1). »

Et les cavaliers ennemis rôdent autour de Lichtenberg. A 2 heures du matin, dans une nuit de jais, le général Ducrot est réveillé par Archer. Pour ne pas être pris, il s'enfuit avec quelques officiers, sans donner un ordre, marchant comme dans un rêve d'horreur. Le village est abandonné par ses habitants; les soldats se sont réfugiés au château et

---

(1) *Ibid.*, pp. 291 et 292.

lui forment une garnison : 5 cuirassiers, 9 zouaves, 6 turcos, 1 artificier, le chef de musique du 17ᵉ de ligne, quelques chasseurs, une centaine d'hommes, en tout (1). Mais l'ennemi ne fait pas mine d'attaquer les épaves de Frœschwiller.

Le 9, le général d'Obernitz donne enfin l'ordre d'investir le vieux manoir : 2 bataillons de chasseurs, quelques cavaliers, 2 batteries de 4 et un détachement de pionniers sont chargés de ce soin, sous les ordres du général de Hügel. Les deux batteries se mettent en position, à 800 pas, de chaque côté du grand chemin faisant communiquer Lichtenberg à la route de Sarreguemines à Haguenau. Une mitrailleuse, prise à Frœschwiller, est mise en action, mais, tout de suite, il faut y renoncer car les Wurtembergeois, n'en connaissant pas le mécanisme, la mettent hors de service. En revanche, le canon tonne sans relâche contre la minuscule forteresse qui répond de son mieux au moyen d'une seule petite pièce, chargée avec des grenades à cheville de bois.

A 10 heures et demie, M. de Hügel croit le moment venu d'enlever la bicoque : 2 compagnies se précipitent contre le village et contre les palissades ; mais notre feu d'infanterie est supérieur à celui de notre pauvre artillerie : les Allemands qui s'approchent du château sont atteints par nos balles et, prudemment, leurs chefs décident que, seul, le canon aura raison de la résistance du fortin.

Aussi, à midi, s'installe une batterie de 6, envoyée par le général d'Obernitz. Le bombardement fait rage ; les vieilles murailles résistent

---

(1) *Ibid.*, p. 293. — *Section historique*, IX.p. 133. — Dans cette centaine d'hommes, il n'est pas question des blessés. (*Ibid.*). — Le récit officiel prussien affirme que les Wurtembergeois ont capturé 3 officiers et 213 hommes. (*La Guerre franco-allemande*, 1ʳᵉ partie, pp. 381 et 382.)

aux projectiles de l'artillerie, mais les flammes jaillissent des bâtiments ; néanmoins, le donjon demeure menaçant. En dépit de la rafale de feu, plusieurs braves, postés sur les murs, ne cessent de tirer ; les Wurtemburgeois n'osent s'approcher.

Sommés de se rendre, les défenseurs refusent. « La garnison ne laisse voir aucune idée de reddition ; elle accueille même un parlementaire à coups de fusil (1). » Alors, comme il ne faut songer ni à escalader des murailles hautes de 20 mètres ni à ouvrir une brèche dans des escarpes presque entièrement taillées dans le rocher même (2), sur l'ordre du général d'Obernitz, les Wurtembergeois procèdent au blocus de Lichtenberg ; ils s'installent dans les positions les plus favorables. C'est en exécutant cette opération que le colonel de Steiger s'affaisse, frappé à mort. L'investissement est bientôt complet, le restant des troupes se met en marche pour rejoindre la division (3).

Mais, afin de gagner Rothboch, il lui faut passer dans le champ de tir de l'unique pièce à grenades et, de plus, sous le feu des hommes déterminés qui garnissent toujours les murailles et le donjon. Ce passage ne s'achève point « sans pertes (4) ». Oui, tout entiers à l'action, les défenseurs ne paraissent pas se préoccuper de combattre l'incendie. Bientôt, les flammes s'élèvent à une grande hauteur, ce que voyant, le lieutenant-colonel de Marchthaler fait rebrousser chemin à la batterie de 6, déjà en marche, et recommence à couvrir d'obus le foyer de l'incendie jusqu'au moment où le bâtiment

---

(1) Général Palat, 1ʳᵉ partie, t. VI, p. 30.
(2) Le général de Sévelinges aux membres du Conseil d'enquête sur les capitulations ; cité par la *Section historique*, IX, p. 133, note 2.
(3) *La Guerre franco-allemande*, 1ʳᵉ partie, pp. 378 à 381. — Masson-Forestier, pp. 294 et 295.
(4) *La Guerre franco-allemande*, 1ʳᵉ **partie, p. 381.**

principal s'écroule (1). « Le tir de l'artillerie allemande devient plus précipité. Maintenant, comme l'a dit un de leurs généraux, le fort n'apparaît plus que comme ««la flamme d'un immense bol de punch.»». On n'y voit plus un seul être vivant, sauf Archer, qui, au sommet du donjon, encourage son monde. Il est secondé par un officier de cavalerie qui, blessé à la jambe, s'est fait monter, du village, au dernier moment, et, tout en soignant les blessés, leur donnant à boire, blague ces imbéciles d'Allemands qui brûlent leur poudre contre un tas de pierres défendues par un simple *archer*.

« Mais l'unique canon, qui tirait encore par intermittence, est démonté (à défaut d'artilleurs, c'est l'artificier et quelques cavaliers qui le servaient) et les cartouches manquent pour les fusils (2). »

L'incendie bat son plein, une belle gerbe d'étincelles crépite dans l'air, les défenseurs de Lichtenberg ne savent plus où se garer des flammes : il n'y a plus qu'à se rendre. A 8 heures du soir, le sous-lieutenant Archer fait hisser le drapeau blanc (3). Sans longs pourparlers, il est entendu avec l'ennemi que, le lendemain, la place lui sera remise. Si nous en croyons l'ouvrage du Grand Etat-major prussien, les Wurtembergeois auraient perdu 2 officiers et 36 hommes tués ou blessés (4).

(1) *Ibid.* — Les murailles du donjon ne furent pas renversées par les obus wurtembergeois. Voir, dans Masson-Forestier, p. 295, la photographie de Lichtenberg, après le bombardement et l'incendie de 1870. — C'est donc, également, une erreur qu'a commise le général Palat quand il a écrit : La batterie de 6 « canonne le principal bâtiment (le donjon) jusqu'à *complet écroulement* ». (T. VI, p. 30.) — D'après la même photographie, tous les gros murs des bâtiments annexes sont restés debout. — Marcel Poullin, p. 205.
(2) Masson-Forestier, pp. 295 et 296.
(3) *La Guerre franco-allemande*, 1re partie, p. 381.
(4) *Ibid.*, p. 382.

Ce serait de bien faibles pertes qui ne justifieraient point la prudence excessive montrée par les attaquants lors de leurs reconnaissances autour de Lichtenberg. La garnison aurait eu 21 tués et 42 blessés (1), chiffres bien peu élevés eu égard à la violence du feu d'artillerie qu'elle eut à supporter.

Dans son récit, le Grand Etat-major prussien énumère, complaisamment, les trophées conquis dans Lichtenberg : 47 bouches à feu, 260 chassepots et les munitions correspondantes (2) ; il n'y manque que le drapeau tricolore planté au haut du donjon et le drapeau blanc hissé pour la reddition. Le rédacteur officiel prussien aurait pu faire remarquer que ces « bouches à feu » dataient de Louis XIII (3) ; qu'elles étaient enclouées (4) ; que les « munitions correspondantes » se composaient de 14000 livres de poudre de guerre, en tonneaux (5), qu'on n'avait pu faire disparaître ; que les cartouches avaient été mises hors d'usage et toutes les armes brisées (6). On le voit, les Wurtembergeois récoltèrent, là, trophées préhistoriques qui ne font guère honneur au musée de Stuttgard où les « bouches à feu » ont été déposées. « Lichtenberg était la première forteresse française qui tombait au pouvoir des Allemands (7). »

Après la guerre, le sous-lieutenant Archer reçut, du Conseil d'enquête sur les capitulations, le témoignage d'avoir accompli son devoir jusqu'au bout. C'est un des rares officiers qui ont obtenu cet honneur. Le Conseil émit l'avis que ce sous-lieute-

---

(1) *Section historique*, IX, p. 134, note 1, *in fine*.
(2) *La Guerre franco-allemande*, 1re partie, p. 382.
(3) Masson-Forestier, p. 286.
(4) *Section historique*, IX, p. 134.
(5) *Journal officiel*, n° du 5 mai 1872.
(6) *Section historique*, IX, p. 134. — Marcel Poullin, p. 204.
(7) *Ibid.*, p. 205.

nant avait fait tout ce qu'il était possible de faire pour la défense de la place ; qu'avant la reddition il avait détruit l'artillerie, les munitions, enfin tout ce dont l'ennemi aurait pu profiter soit pour se ravitailler, soit contre d'autres forteresses... que, par suite, le sous-lieutenant Archer avait fait ce que le devoir exigeait (1). Quelle comparaison entre la simple et patriotique conduite de ces sous-lieutenants et celle de certains maréchaux de France (2) !

Le général Palat a justifié notre triste remarque lorsqu'il a écrit, vingt-huit ans après nous, en signalant la destruction du matériel de Lichtenberg par le sous-lieutenant Archer : « Exemple que nos commandants de place suivront trop rarement (pendant la guerre de 1870), malgré les prescriptions formelles du règlement (3). »

ÉVACUATION DE LA PETITE-PIERRE,
PREMIER BOMBARDEMENT DE PHALSBOURG

« Le V⁰ corps, placé à l'aile gauche des Wurtembergeois, s'était présenté, le 9, devant les défilés des Vosges, à Weiterswiller. Un détachement gagna Eckartswiller et, de là, le fortin « A la gauche des Wurtembergeois, le V⁰ corps a atteint le pied des Vosges, à Weiterswiller, poussant un détachement jusqu'à Eckartswiller, dans les montagnes. Une reconnaissance, montrant

---

(1) *Journal officiel*, n⁰ du 5 mai 1872. — Marcel Poullin, p. 205.
(2) Pour le bombardement et la reddition de Lichtenberg, voir Alfred Duquet, *Fræschwiller, Châlons, Sedan*, pp. 145 à 148. — Général Bonnal, *Fræschwiller*, p. 477. — *Section historique*, IX, pp. 94, 95, 132, 133 et 134. — Général Palat, 1ʳᵉ partie, t. VI, pp. 29 à 31.
(3) *Ibid.*, p. 31.

de la Petite-Pierre qu'il trouva évacué.

« En effet cette place, peu importante, mais assez bien armée, était commandée par le capitaine Mouton, du 96ᵉ de ligne, qui fit monter les canons en batterie. Lorsque le général de Failly passa sous les remparts, le capitaine lui demanda des renforts que le général eut le tort de lui refuser. Le 8, le capitaine fut transporté, malade, à l'hôpital de Phalsbourg et le sergent-major Bœltz resta, seul, chargé du commandement.

« Le 9 août, quand les coureurs ennemis se pré-

que le fort de la Petite-Pierre, sur la route à suivre, a été abandonné par sa garnison, un bataillon (1ᵉʳ du 37ᵉ) va s'y établir et ramasse encore 23 traînards...

« Le 8 août, le capitaine du 96ᵉ, qui le commandait, étant tombé malade, doit être dirigé sur l'hôpital de Phalsbourg, et le commandement échoit au sergent-major Bœltz. Après avoir inutilement demandé des secours au général de Failly (1),

ce sous-officier, jugeant la défense impossible, fait

---

(1) Sur ce point, le général Palat s'écarte de notre récit, mais, alors, il erre puisque le capitaine Mouton n'est tombé malade que le 8, n'a quitté la Petite-Pierre que ce jour-là (Général Palat, t. VI, p. 31 ; *Journal officiel*, nº du 11 mai 1872), puisque le général de Failly est parti de la Petite-Pierre le 8, de « grand matin » (de 2 heures du matin à 6 heures 30 minutes ; *Section historique*, IX, p. 67, note 1), par conséquent, avant la remise du commandement au sergent-major Bœltz. Ce n'est donc pas ce dernier, comme l'écrit le général Palat, c'est le capitaine Mouton, comme nous l'avons rapporté, qui, le 7, quand le général de Failly est arrivé à la Petite-Pierre, a réclamé des renforts pour défendre la **place et se les a vu refuser.**

sentèrent devant la place, le sergent-major refusa de se rendre, fit enterrer ses cartouches, noyer ses poudres, évacua la ville à la tête de sa petite garnison, parvint à se soustraire à la poursuite des Allemands et gagna Phalsbourg (1). Encore un sergent-major qui donne l'exemple à nos officiers supérieurs ! Le détachement prussien recueillit, dans la forteresse, 23 traînards et 6 pièces de canon (2). » (Écrit en 1879.)

enterrer les cartouches, noyer les poudres et jeter les 8 pièces dans la citerne. Le matin du 9, au moment où surviennent les coureurs ennemis, il sort avec sa petite garnison par une poterne et gagne Phalsbourg. Lui aussi a fait preuve d'initiative et de décision, alors que tant de nos généraux en manquaient entièrement (3). » (Écrit en 1907.)

Le 8, au soir, les troupes de la III⁰ armée occupaient les positions suivantes : La cavalerie badoise, ne trouvant personne pour lui barrer le chemin, a poussé jusqu'à Vendenheim, à une douzaine de kilomètres de Strasbourg ; l'infanterie badoise a gagné Brumath. La IV⁰ division de cavalerie se tient tranquille à Bouxwiller. La division wurtembergeoise gagne Weittersweiller. Le XI⁰ corps a dépassé Gundershoffen. Le V⁰ corps est à Ingwiller. Le I⁰ʳ corps bavarois campe à Barenthal et à Monterhausen. Le II⁰ corps bavarois franchit les Vosges, se dirigeant vers Egelshardt. Une division du VI⁰ corps a rejoint la III⁰ armée

(1) *Journal officiel*, n⁰ du 11 mai 1872.
(2) Alfred Duquet, *Frœschwiller, Châlons, Sedan*, pp. 148 et 149.
(3) Général Palat, 1ʳᵉ partie, t. VI, p. 31.

aux environs de Sturzelbronn ; l'autre division de ce corps n'a pas dépassé Soultz (1).

Le 9, la cavalerie badoise a marché, à pas de tortue, jusqu'à Hœnhenn. L'infanterie de la division ne s'est pas éloignée de Brumath. Le XIe corps a atteint les environs de Hottmatt et de Dossenheim. La IVe division de cavalerie n'ose dépasser l'infanterie et est en arrière du Ve corps, à Weiterswiller. Les Wurtembergeois se groupent aux alentours de Lichtenberg. Le Ier corps bavarois campe dans la montagne, au sud de Bitche. Le IIe corps bavarois gagne Lemberg. Le VIe corps a rempli le village de Scharbach. Ce jour-là, toutes les forces allemandes, IIIe, IIe et Ire armées, sont liées étroitement, formant une longue ligne de Sarrelouis à Saverne (2).

Voici comment nos ennemis expliquent leurs mouvements des 8 et 9 août :

« Dans ces journées, la IIIe armée avait marché dans la direction de l'ouest, en élargissant son front ; maintenant, elle va appuyer au sud-ouest, en se resserrant vers la gauche. Cela tient à ce que, sur la foi d'indications inexactes, précédemment fournies sur la direction de la retraite du maréchal de Mac-Mahon (on voit que nos adversaires n'étaient pas toujours très bien renseignés), le Grand Quartier général avait envoyé l'ordre à la IIe armée de porter son aile gauche sur Rohrbach, pour barrer le chemin au Maréchal. Il en résultait que, dès le 8, la route, qui va de ce point à Lorentzen, était occupée par le IVe corps, de sorte que les Bavarois avaient dû abandonner la direction de Rohrbach, qui leur avait été primitivement indiquée, pour

---

(1) Capitaine Léonce Patry, 8 août. — *La Guerre franco-allemande*, 1re partie, pp. 376 et 377.

(2) Capitaine Léonce Patry, 9 août. — *La Guerre franco-allemande*, 1re partie, pp. 382 et 383.

prendre plus au sud, par Diemeringen. La XIIᵉ division passait seule par Rohrbach (1). »

Le 10 août, le Prince royal, établi à **Merzwiller**, recevait, à 3 heures du matin, le télégramme suivant du Grand Quartier général :

« La Iʳᵉ et la IIᵉ armée commencent, le 10, leur mouvement sur la Moselle. L'aile droite de la IIIᵉ armée prendra la direction de Sarrebourg-Dieuze ; la cavalerie au loin, en avant (2). »

Dans l'après-midi, M. de Moltke adressait aux trois commandants d'armée les instructions complémentaires ci-après transcrites, datées de Sarrebruck, 9 août, 8 heures du soir :

« Les renseignements recueillis font supposer que l'ennemi s'est retiré derrière la Moselle ou la Seille. Les trois armées prendront cette direction. Les routes suivantes leur sont respectivement affectées, savoir : IIIᵉ armée, les routes Sarre-Union, Dieuze et au sud ; IIᵉ armée, les routes Saint-Avold, Nomény et au sud ; Iʳᵉ armée, les routes Sarrelouis, Boulay, Les Étangs et au sud.

« Afin de couvrir ce mouvement, la cavalerie devra être lancée au loin et soutenue par des avant-gardes à grande distance, de manière à laisser aux armées le temps de se concentrer en cas de besoin.

« Sa Majesté prescrira les modifications qu'il y aura lieu d'apporter aux directions ci-dessus, par suite de la position ou des mouvements de l'ennemi.

« La journée du 10 août peut être mise à profit

---

1) *Ibid.*, p. 382.
2) *Ibid.*

par la Ire et la IIe armée pour laisser reposer les troupes ou pour les amener sur les routes qui leur sont affectées. L'aile gauche, ne pouvant atteindre la Sarre avant le 12, les corps de l'aile droite n'auront à accomplir que des marches relativement courtes (1). »

En exécution de ces ordres, le 10, les Wurtembergeois campaient à Adamwiller et le Ve corps à Weyer. Le même jour, des détachements de cavalerie du IVe corps, venus du nord, battaient la campagne jusqu'à Fenestrange et Sarrebourg (2).

Le général de Bose avait été si grièvement blessé à Frœschwiller que le général de Gersdorff le remplaçait dans le commandement du XIe corps. Le 9, ce dernier général avait amené ses troupes près de Hattmatt et de Dossenheim. Ce corps devait se diriger vers Sarrebourg et investir Phalsbourg.

Mais, par suite d'une inattention des officiers d'état-major, l'ordre de marche portait : *einschiessen, bombarder*, au lieu de : *einschliessen*, bloquer (3). Ce fut la cause d'une tentative injustifiable au point de vue militaire.

Le 10 août, les deux divisions du XIe corps s'approchent de la place qui comptait une garnison de 1252 hommes (4), dirigée par un officier d'une autre école que celle de Bazaine, le commandant Taillant. « Sommé de se rendre par le général de Gersdorff, cet officier refuse résolument ; menacé

---

(1) *Ibid.*, p. 383.
(2) *Ibid.*
(3) *Ibid.*, p. 384.
(4) *Journal officiel*, n° du 8 mai 1872. — *La Guerre franco-allemande*, 1re partie, p. 384, note ***. — Général Palat, 1re partie, t. VI, p. 41, note 3.

d'être bombardé, il se borne à répondre : ««J'accepte le bombardement (1).»»

Immédiatement, le général Haussmann fait établir quatre batteries à 2 800 pas, au sud-est des ouvrages, puis six autres, à 4 600 pas, à l'est. Dès que l'obscurité de la nuit commence à envelopper la ville et les bivouacs des assiégeants, les 60 pièces prussiennes entament le bombardement. Le ciel noir est sillonné par les longues traînées de feu jaillissant des obus; les projectiles éclatent avec fracas contre les murailles de la forteresse ou dans les rues de la ville : militaires et civils restent imperturbables. Mais les ténèbres deviennent bientôt tellement épaisses, à cause d'une pluie diluvienne qui se met à tomber, que le feu cesse brusquement des deux côtés. Les Français s'étaient servis de 10 pièces seulement et n'avaient pas fait éprouver grand dommage à l'ennemi; celui-ci, en trois quarts d'heure, avait jeté un millier d'obus sur la place (2) et détruit la ville (3).

Dans la même soirée, le général de Gersdorff, voyant qu'il ne vaincrait pas la résistance inflexible du brave commandant Taillant, remettait ses deux divisions en marche et elles occupaient les villages de Metting et de Mittelbronn. Quelques fractions du VI° corps étaient chargées du blocus de Phalsbourg (4). L'attitude des habitants de Phalsbourg avait été à la hauteur de la froide intrépidité du commandant de la place (5).

---

(1) *La Guerre franco-allemande*, 1re partie, p. 384. — *Les Capitulations*, par le général Thoumas; Paris, Berger-Levrault, 1886; p. 168.
(2) *La Guerre franco-allemande*, 1re partie, p. 384.
(3) Général Bonnal, *Frœschwiller*, p. 478.
(4) *La Guerre franco-allemande*, 1re partie, p. 385.
(5) *Les Capitulations*, par le général Thoumas, p. 46.

L'INVASION

Le 10, au soir, l'ennemi occupait les emplacements suivants : les Badois avaient toujours leur cavalerie à Hoenheim et leur infanterie à Brumath; la IVᵉ division de cavalerie se décidait à prendre les devants et précédait le XIᵉ corps qui se tenait non loin de Phalsbourg ; le Vᵉ corps était au village de Wescheim, à l'ouest de la Petite-Pierre ; les Wurtembourgeois et les deux corps bavarois ont dépassé Lichtemberg (1).

C'est dans cette journée du 10 août, déclare le général Bonnal, que « l'état-major de la IIIᵉ armée acquit la certitude que le maréchal de Mac-Mahon avait fait sa retraite par Saverne et Sarrebourg (2) » et non par Bitche.

Il résulte de l'ouvrage du Grand Etat-major prussien que ce n'est pas le 11, comme l'écrit la *Section historique* (3), mais le 10, comme l'affirme le général Bonnal, que le Prince royal connut la véritable ligne de retraite du duc de Magenta. Et, de fait, le récit officiel prussien contient ce passage : « Dans la soirée du 10, le XIᵉ corps, poursuivant son mouvement par les deux routes qui lui étaient affectées, occupait Mittelbronn et Metting (4). »

Le Grand Etat-major prussien ajoute cette phrase décisive : « Il était désormais hors de doute que la retraite des Français s'était effectuée, de Wœrth (de Frœschwiller) et de Bitche sur Sarrebourg. Le Prince royal, dont le quartier général s'était établi à Pétersbach, *depuis le 10*, avait reçu

---

(1) Capitaine Léonce Patry, 10 août.
(2) Général Bonnal, *Frœschwiller*, p. 478.
(3) *Section historique*, 1ʳᵉ partie, IX, p. 194.
(4) *La Guerre franco-allemande*, 4ʳᵉ partie, p. 385.

du IVᵉ corps, à Sarre-Union, l'avis que ce dernier *demeurerait, le 11,* aux environs de ce point. Dans ces conditions, il devenait nécessaire d'atteindre la Sarre avec un front plus resserré encore; toutefois, afin de se donner la faculté de s'étendre de nouveau, lors de la continuation du mouvement au delà de cette rivière, l'ordre était envoyé (le 10) à la IVᵉ division de cavalerie, de déboucher préalablement en avant de Sarrebourg, pour aller reconnaître, *pendant les jours suivants*, les environs de Lunéville et de Nancy, tandis que le XIᵉ corps défilerait par Sarrebourg (1). »

C'est donc à tort que la *Section historique* donne la date du 11 comme celle où le Prince a enfin connu la direction prise par Mac-Mahon (2). C'est le 10, que les Prussiens ont découvert la vérité; c'est le 10, qu'ils ont pris de nouvelles dispositions, et, dès le 11, au matin, la IVᵉ division partait pour Heming, croisement de plusieurs routes importantes (3), du canal et du chemin de fer (4). Derrière sa cavalerie, la IIIᵉ armée s'étend de Pistorff à Sarrebourg (5).

Donc, le 11, les Badois entouraient Strasbourg. Quant au restant de la IIIᵉ armée, il était de plus en plus éloigné des héros de Wissembourg et de

---

(1) *Ibid.*
(2) Page 194. — A la page 152 de notre *Fræschwiller, Châlons, Sedan*, nous avons bien écrit : « Le 11, la IVᵉ division de cavalerie reçoit l'ordre de se porter rapidement vers Lunéville. » Mais de ce que cette division a reçu l'ordre le 11, il ne suit pas que le Prince royal n'a pas connu la véritable retraite des Français le 10. Il a fallu que l'état-major de la IIIᵉ armée envisageât la situation qui lui était faite par cette nouvelle, qu'il y réfléchît, qu'il dictât les ordres de marche et les expédiât. Or, la IVᵉ division de cavalerie s'étant mise en marche le 11, au matin, il est plausible que la nuit et une partie de la soirée du 10 ont été remplies par ces occupations importantes et délicates.
(3) *La Guerre franco-allemande*, 1ʳᵉ partie, p. 385.
(4) Alfred Duquet, *Fræschwiller, Châlons, Sedan,* p. 152.
(5) *Ibid.*

Frœschwiller. En effet, la IV⁰ division de cavalerie avait à peine dépassé le village de Lorquin et tous les corps d'armée s'étendaient entre Sarre-Union et Sarrebourg, tandis que les Français avaient déjà gagné Bayon et Charmes (1).

Durant cette journée du 10, quelques officiers français énergiques avaient pris l'initiative de faire sauter plusieurs ouvrages afin de retarder la marche de l'adversaire. Ainsi, le pont de Dianne-Capelle avait sauté et l'écho d'autres explosions, qui s'étaient fait entendre, avait indiqué aux Allemands que l'exemple avait été imité. Il est vrai que les pionniers du général de Gersdorff s'étaient mis instantanément à l'œuvre et avaient pu, le lendemain, achever la construction d'un pont de bateaux, à 200 pas au sud du pont détruit de Dianne-Capelle (2) ; mais un jour n'en avait pas moins été perdu et si le fait s'était produit partout où il aurait dû se produire, le génie ne serait pas arrivé, faute de personnel suffisant, à rétablir les communications, surtout celles interrompues par l'écroulement des tunnels. Or, nous ne cesserons de le répéter : si, en affaires, le temps c'est de l'argent, à la guerre, c'est presque toujours la victoire.

Il serait oiseux de suivre, pas à pas, les marches de la III⁰ armée : il suffit d'en mentionner les incidents et d'en fixer chaque jour les positions. Le 12, au soir, cette armée occupe, avec quatre corps et la division Wurtembergeoise, la ligne, d'une longueur de 15 kilomètres, comprise entre Fenestrange et Sarrebourg. Les avant-gardes galopent sur la rive gauche de la Sarre, le Prince royal reste à Petersbach (3).

(1) Capitaine Léonce Patry, 11 août.
(2) *La Guerre franco-allemande*, 1ʳᵉ partie, p. 385.
(3) *Ibid*. — Capitaine Léonce Patry, 12 août. — Nous ne donnerons plus la position des Badois, puisqu'ils demeurent chargés

C'est ce jour-là, 12 août, qu'un escadron de hussards ennemis apparut devant Lunéville. Qu'auraient dû faire les autorités? Se battre? Non, les habitants n'avaient ni armes ni munitions. Se rendre, alors? Oui, mais, d'une façon digne, en citoyens frappés par les malheurs de la patrie, non en fades suppliants du vainqueur. Le maire de Lunéville, M. Parmentier, chevalier de la Légion d'honneur, ne comprit pas son devoir : il s'avança, tremblant, à la rencontre des envahisseurs et « remit au capitaine prussien de Poncet les clefs d'or de cette ville et une dépêche, adressée au Prince royal, par laquelle il s'engageait à faire droit à toutes les demandes des troupes allemandes et sollicitait, en échange, protection pour la cité et ses habitants (1) ». Il est difficile de pousser plus loin la démoralisation patriotique; le maire de Lunéville montrait, à M. Rameau, maire de Versailles, le chemin des défaillances coupables, que celui-ci devait, si lamentablement suivre, durant tout le temps de l'occupation de la ville de Louis-le-Grand par les Prussiens (2).

Reprenant sa course, la division du prince Albrecht arrive en vue de Moyenvic. Un parlementaire est envoyé au commandant de la petite place de Marsal, construite à une lieue de là, le sommant de capi-

---

du siège de Strasbourg, et nous nous contenterons, un peu plus bas, de rendre compte de leur installation autour de la chère cité d'Alsace.

(1) *La Guerre franco-allemande*, 1re partie, p. 386. — Alfred Duquet, *Fræschwiller, Châlons, Sedan*, pp. 152 et 153. — *Ibid.*, p. 158. — « Qu'auraient pu faire toutes les grandes villes ouvertes, non pas même pour arrêter, mais seulement pour ralentir le mouvement d'armées considérables et victorieuses? Se soumettre à la loi du vainqueur, mais avec dignité et sans implorer la protection des princes allemands. » (*Les Transformations de l'armée française*, par le général Thoumas; Paris, Berger-Levrault, 1887; t. I, pp. 358 et 359.)

(2) *Paris, Chevilly et Bagneux*, par Alfred Duquet, pp. 139 à 160.

14.

tuler sur l'heure. On lui répond à coups de fusil et il déguerpit au plus vite (1).

Mais les troupes du VI° corps d'armée étaient, enfin, en état de fournir un utile concours au prince royal de Prusse. Le général de Tümpling avait, le 11, amené ses colonnes au pied des Vosges, à Bouxwiller et à Ingviller. Il avait l'ordre d'investir Phalsbourg contre lequel le XI° corps s'était si malencontreusement heurté (2). La tentative du général de Tümpling, exécutée le 14, ne fut pas plus heureuse. Dix batteries avaient, dès le matin, ouvert le feu. La place répondait avec ses mauvaises pièces. Jusqu'à 5 heures du soir, le feu de l'ennemi ne cessa point; des incendies furent allumés dans la ville, mais les 1 800 projectiles envoyés ne produisirent aucun effet sur la résolution de la garnison de se défendre jusqu'à la dernière extrémité : un essai d'assaut fut repoussé sans difficulté.

« Le commandant Taillant persistait à rejeter la capitulation et l'on était forcé de reconnaître que l'on ne pourrait venir à bout de la place avec des pièces de campagne. Afin de réparer, dans une certaine mesure, le temps perdu dans cette inutile tentative (3) », le général de Tümpling repartait, le soir même du 14, par la route de Sarrebourg, laissant 2 bataillons et 1 escadron en observation devant l'inabordable forteresse (4).

Le 12, la III° armée était donc déployée sur la Sarre; de là, elle devait se diriger vers la Moselle; la liaison était complète entre toutes les forces allemandes.

Le 13, le Prince royal fait continuer le mouvement. Ce jour-là, la X° brigade de cavalerie et

---

(1) *La Guerre franco-allemande*, 1re partie, p. 386.
(2) Voir, *suprà*, pp. 156 et 157.
(3) *La Guerre franco-allemande*, 1re partie, p. 389.
(4) *Ibid.*

2 compagnies du 95ᵉ se présentent devant la petite place de Marsal, la sommant d'ouvrir ses portes. Les pourparlers n'aboutissent pas, car le commandant réclame la faculté, pour la garnison, de rejoindre l'armée française. Singulière demande : il eût été plus simple, en ce cas, de ne pas la laisser dans la place. Naturellement, l'ennemi n'entend pas de cette oreille, 87 projectiles sont jetés dans Marsal qui ne peut répondre que par un seul coup de canon ! Aussi les Allemands tentent-ils de brusquer l'assaut. Mais, si les assiégés n'ont pas d'artillerie, ils possèdent quelques fusils dont ils savent se servir, et, quand les assaillants arrivent aux glacis, ils y sont accueillis par une fusillade qui arrête bien vite leur élan. Tout ce monde se sauve à l'envi laissant à 4 escadrons le soin d'observer provisoirement la place qui, définitivement, refuse de se rendre (1).

Sur ces entrefaites les Prussiens apprennent que Nancy est évacué ! Alors, pendant que la IIᵉ division de cavalerie galope vers le sud jusqu'à Baccarat, le IVᵉ court jusqu'à Moncel avec une avant-garde à Champenoux. Le IVᵉ corps, de la IIᵉ armée, gagne Château-Salins ; quant aux XIᵉ, Vᵉ corps prussiens, au Iᵉʳ bavarois, aux Wurtembergeois, ils s'étendent de Dieuze à Blâmont, laissant le IIᵉ bavarois et le VIᵉ corps un peu en arrière, au nord et à l'est. Le Prince royal établit son quartier général à Sarrebourg (2).

(1) *La Guerre franco-allemande*, 1ʳᵉ partie, pp. 389 et 390. — Marsal n'avait que 35 hommes de garnison plus 270 soldats éclopés, malingres ou recrues. Ne s'y trouvaient qu'un officier du génie et deux gardes dont un malade. L'artillerie était représentée par un garde ; il n'y avait ni un canonnier ni un sapeur. Lieutenant-colonel Prévost, p. 59.) — Marcel Poullin, pp. 367 et 368.

(2) *La Guerre franco-allemande*, 1ʳᵉ partie, pp. 390 et 392. — Capitaine Léonce Patry, 13 août.

Donc, le 14, sachant qu'il n'y a plus un seul soldat français à Nancy, la IV⁰ division de cavalerie y entre bravement. Elle y avait été précédée par quelques uhlans qui, en présence de l'aplatissement des autorités, s'étaient pavanés, outrageusement, dans les rues de cette grande ville.

Fallait-il que les habitants résistassent aux Prussiens? Contre une division de cavalerie, non ; contre quatre uhlans, oui. Mais que peuvent faire des citoyens privés d'armes par le Gouvernement dont l'agent les démoralise pour ainsi dire à plaisir? En effet, voici comment M. Podevin, préfet de la Meurthe, exhortait les Lorrains à défendre leurs foyers :

« La panique se calme à Dieuze ; on rappelle les fuyards ; des renseignements disent que l'ennemi se conduit bien et n'enlève personne. »

Cette triste dépêche inspirait sur-le-champ à M. Edmond Texier un mouvement d'indignation railleuse :

« Que dites-vous de cet ennemi qui se conduit bien, au dire de M. Podevin? S'il se conduit si bien que cela, il n'y a plus qu'à le laisser faire et profiter de sa présence pour lui vendre à un bon prix le vin, le blé, l'avoine et toutes les denrées dont il peut avoir besoin pour lui et ses chevaux. Ah! l'ennemi se conduit bien, ah! il n'enlève personne. Mais c'est un brave homme cet ennemi, et nous aurions bien tort de prendre un fusil pour le chasser du territoire. Profitons de ce qu'il veut bien se donner la peine de venir chez nous pour réaliser un petit bénéfice, et vive notre ami l'ennemi (1). »

A Nancy, les cavaliers prussiens apprennent que

---

(1) Journal *Le Siècle*, n° du 14 août 1870. — Alfred Duquet, *Froeschwiller, Châlons, Sedan*, p. 159. — M. Podevin fut destitué, quelques jours après sa misérable dépêche. (Général Palat, 1ʳᵉ partie, t. VI, p. 81, note 3, *in fine*.)

la plus grande partie des forces françaises est autour de Metz et que le gouvernement impérial cherche à reconstituer une nouvelle armée au camp de Châlons. Les reconnaissances informent les chefs ennemis que les ponts de Frouard et de Pont-Saint-Vincent ne sont pas détruits. Les trois armées allemandes ne cessent d'être parfaitement reliées (1), de Metz à Baccarat (2).

Le soir du 14 août, le IIe corps bavarois se trouve à Moyenvic ; les Wurtembergeois sont un peu en avant, à Champenoux ; le Ve corps remplit Einville ; le XIe occupe Lunéville : le Ier corps bavarois est en arrière, à Maizières ; le VIe corps, coupé en deux tronçons, se tient également en arrière, à Dieuze et à Sarrebourg. La IIe division de cavalerie n'a pas quitté Baccarat (3).

Pendant que nos pauvres soldats manquaient de tout, les Prussiens découvraient, à Lunéville, de gros approvisionnements. Aussi, « après avoir abondamment pourvu toutes les troupes de passage, on employa ce qui restait à la formation d'un magasin principal (4) ». Si l'état-major du Prince royal apprend à Lunéville, comme à Nancy, que le duc de Magenta tente de se refaire au camp de Châlons, en revanche, il est toujours aussi mal instruit des mouvements de nos troupes, puisqu'il ne cesse pas de croire que le général de Failly « s'est dirigé vers le sud pour prendre position dans les défilés des Vosges (5) ». Nouvelle preuve que les Prussiens regardaient les Vosges comme une bonne

---

(1) Correctement, il faudrait *liées*, et non *reliées*; mais ce dernier mot rend mieux la pensée que le premier.
(2) *La Guerre franco-allemande*, 1re partie, p. 392. — Capitaine Léonce Patry, 14 août.
(3) *La Guerre franco-allemande*, 1re partie, p. 392. — Capitaine Léonce Patry, 14 août.
(4) *La Guerre franco-allemande*, 1re partie, p. 392.
(5) *Ibid.*

position militaire ; seulement, il fallait savoir s'en servir.

Lorsque le II⁰ corps bavarois se porta de Dieuze à Moyenvic, il rencontra, sur son passage, la place de Marsal que la cavalerie prussienne investissait, comme nous l'avons déjà raconté. Le capitaine Leroy, commandant de la garnison, perdit la tête à la vue des nombreux bataillons bavarois qui se répandaient autour de sa petite troupe et se rendit avant qu'il eût été fait brèche au rempart et que l'assaut eût été donné. De plus, ce capitaine ne mit pas hors de service ses bouches à feu, ne détruisit pas ses munitions de guerre qui, après la capitulation, servirent à l'ennemi pour faire le siège de plusieurs places françaises (1). Les Bavarois s'emparèrent de 60 pièces de canon, de 3 000 fusils, d'approvisionnements importants en munitions et en matériel. « Cette capitulation fut considérée comme prématurée (2). »

La seule circonstance atténuante que puisse invoquer le capitaine Leroy, c'est qu'il n'y avait pas un seul artilleur dans la place, c'est que le Gouvernement n'avait fourni aucun moyen pour la défense. Mais quelle responsabilité cette circonstance fait-elle peser sur l'Administration de la Guerre et sur le maréchal de Mac-Mahon, qui fuit à tire-d'aile, de Frœschwiller à Châlons, sans

---

(1) « Le colonel de Hippel était chargé de reprendre le bombardement de Toul, à l'aide de 25 pièces de place françaises trouvées à Marsal. » (*La Guerre franco-allemande*, 1ʳᵉ partie, p. 918.)

(2) Lieutenant-colonel Prévost, p. 60. — « La lutte était possible pendant quelques jours, la place possédant dans son enceinte des abris solides pour un millier d'hommes, à peu près. » (*Ibid.*)
— Avec raison, le conseil d'enquête sur les capitulations, tout en reconnaissant l'insuffisance des moyens de défense de Marsal, a blâmé son commandant de s'être rendu avant qu'il eût été fait brèche dans les remparts et, surtout, de n'avoir pas mis hors de service ses nombreuses bouches à feu qui ont servi aux Allemands pour faire le siège de plusieurs places françaises. — **Marcel Poullin**, pp. 368 et 369. — **Général Ambert**, t. I, p. 492.

créer des obstacles à la marche de l'ennemi, sans se préoccuper de l'armement et de la composition des garnisons des forteresses qui peuvent retenir les Allemands et les condamner à des sièges fatigants, longs et difficiles! Nous ne cesserons de répéter : Quelle imprévoyance (1)!

Le 15 août, la IVe division de cavalerie reste sybaritement à Nancy ; le Ve corps passe la Meurthe à Saint-Nicolas et à Rozières. Le XIe corps gagne la rive droite de la Moselle, à Bayon, jette deux ponts de bateaux, qui remplacent le pont détruit, et, par suite du temps perdu, ne parvient pas à dépasser cette petite ville : il se contente de pousser une avant-garde vers Haroué. Derrière cette première ligne, les deux corps bavarois, la division wurtembergeoise et la XIIe division bivouaquent ou campent à Einville, Moncel, Sommervilliers et Arracourt. La IIe division de cavalerie, placée sous les ordres du Prince royal, est partie de Wissembourg le 11 août ; elle arrive le 15 à Saint-Georges. Ayant quitté son point de rassemblement le 7 août, elle a fait 264 kilomètres en neuf jours. Il est vrai qu'elle n'a pas vu l'ombre d'un soldat français durant sa chevauchée. Le quartier général du Prince royal est à Lunéville (2).

Le 16 août, la IIIe armée allemande occupe les positions suivantes : le IIe corps bavarois est à Nancy ; le Ve corps pousse jusqu'à Richardménil et la Basse-Flavigny ; le XIe corps, les Wurtembergeois, et la XIIe division du VIe corps sont à Bayon, à Dombasle et à Moncel ; le Ier corps bavarois

---

(1) *Journal officiel*, n° du 5 mai 1872. — *La Guerre franco-allemande*, 1re partie, pp. 392 et 393.
(2) *Ibid.*, p. 393. — D'après le capitaine Léonce Patry, la IIe division de cavalerie est restée à Baccarat les 12, 13 et 14 août. Voir les cartes de ces journées.) Nous répétons que les emplacements de troupes, à la fin de chaque journée, ne peuvent être toujours donnés exactement.

occupe Einville ; le reste du VI° corps s'approche de Blâmont ; la II° division de cavalerie galope vers Baccarat, dans l'intention de couvrir la gauche de l'armée, car les Allemands pensent que le général de Failly se jette du côté des Vosges méridionales. La IV° division de cavalerie arrive à la route de Toul à Colombey. La cavalerie du II° corps bavarois atteint le bourg de Gondreville, à une petite lieue de Toul, et est témoin d'un engagement entre le IV° corps de la II° armée et les troupes françaises.

TENTATIVE CONTRE TOUL

Nous savons que, dans leur marche vers l'ouest, après les batailles du 6 août, les III° et II° armées s'étaient côtoyées à plusieurs reprises. C'est ainsi que, le 16 août, le IV° corps, commandé par le général Alvensleben Ier, s'était rencontré avec le II° corps bavarois et, sans s'être concertés, les Allemands avaient essayé d'enlever Toul par une attaque brusquée.

Cette place ne possédait qu'une garnison de fortune : lignards, mobiles, gardes nationaux, cavaliers de dépôt, en tout 2 500 hommes dont 200 exercés. La plupart de ces jeunes gens étaient armés de fusils à piston ; l'officier du génie, chargé d'organiser la résistance, était arrivé la veille de l'apparition des Allemands (1).

Quelques escadrons de la Garde royale avaient, peu de temps auparavant, tâté la place. Ils avaient rapporté au général d'Alvensleben Ier que l'armement était des plus défectueux, que la garnison était composée de mobiles inexpérimentés. Comme

---

1) Alfred Mézières, pp. 303 et 304.

Toul commandait une ligne ferrée des plus utiles aux communications de l'armée allemande, le commandant du IV⁰ corps tente de s'emparer de la ville par un coup d'audace (1).

Donc, le matin du 16, des cavaliers avaient pu explorer le faubourg de Saint-Mansuy, dont les habitants, bavards, ont donné des renseignements sur la place et sa garnison qui, d'après eux, ne se défendrait guère.

Voulant juger de la valeur de ces informations, le général de Zychlinski, commandant la XIV⁰ brigade de la VII⁰ division, s'approchait lui-même des remparts. A cet instant, il recevait l'ordre de son général de risquer l'assaut. Immédiatement, à 11 heures, les troupes présentes prennent les armes, deux batteries lourdes et une batterie légère, établies sur le Mont Saint-Michel, entament le bombardement, après le refus catégorique opposé par le commandant Huck, ancien chef d'escadron de cuirassiers, de remettre la place aux Allemands (2). Peine inutile : bien que les assaillis ne répondent qu'avec 6 pièces de canon, les grands arbres de l'enceinte et des ouvrages intérieurs cachent si bien artilleurs et fantassins que le tir des Prussiens ne peut être réglé.

Furieux, en vrai Prussien, le général d'Alvensleben I⁰ʳ, qui vient d'arriver sur les lieux, donne l'ordre de tirer sur les femmes, les enfants, les vieillards, de bombarder la ville, afin que la vue de ce massacre fît tomber les armes des mains des défenseurs.

En même temps, l'assaut est essayé. Le général de Zychlinski, à 1 heure moins le quart, entoure la place d'un ruban de tirailleurs pour fermer toute

---
(1) Amédée Le Faure, t. I, p. 267. — Alfred Mézières, p. 305. — Major Scheibert, pp. 213 et 214.
(2) Amédée Le Faure, t. I, p. 267.

issue ; puis il s'emploie à construire un passage sur le fossé lui permettant d'aborder la porte septentrionale.

Précédés par les pionniers, les bataillons ennemis s'approchent des murailles. Sous le feu des Français, les pionniers arrivent jusqu'au canal longeant, au nord, la base des glacis. A première vue, les officiers prussiens reconnaissent l'impossibilité de risquer l'assaut contre des murs en parfait état. Les pionniers se jettent dans une prairie, à 400 mètres plus à l'est, suivis par de l'infanterie. Tout ce monde descend dans le fossé et engage le feu avec les défenseurs postés sur le rempart.

A 1 heure, le commandant de la place, ayant persisté dans son refus de capituler (1), 2 bataillons se portent contre le front septentrional de Toul. La fusillade commence, très vive, surtout en face de la demi-lune qui couvre la porte principale. Constatant que la garnison ne songe pas, avec raison, à faire une sortie, le bataillon de soutien de l'artillerie entre en action ; mal en prend à son commandant, le major de Schwemler : il tombe mortellement blessé.

Un autre bataillon ennemi, profitant de l'abri d'une tranchée, des murs de jardins et de maisons, se dirige, par la voie ferrée, vers la gare. Sous les yeux du commandant de la division, général Schwazhoff, les hommes traversent, en courant, la partie découverte, sillonnée par les balles françaises, et parviennent à se loger dans la gare. Mais au prix de quels sacrifices ! Chefs et soldats sont tombés les uns après les autres durant ce sanglant trajet. Le colonel de Krosigk envoie des renforts à cette troupe décimée ; ils la rejoignent en perdant également beaucoup de monde.

(1) *Ibid.*

A ce moment, la brigade de uhlans bavarois a établi sa batterie aux environs de Dommartin et canonne la ville de ce côté (1).

Toul est ainsi complètement investi, « mais le feu des tirailleurs déployés sur les glacis, pas plus que celui de l'artillerie en batterie sur les hauteurs, n'avait amené aucun résultat ; les incendies, allumés par les obus sur plusieurs points, avaient toujours été rapidement éteints (2) ». Le gracieux geste du général d'Alvensleben Ier et celui des Bavarois n'ont pas produit l'effet désiré. Ces gens ne veulent pourtant pas se retirer sur un échec : il leur faut surmonter les obstacles des fossés et des remparts.

A 2 heures, 3 pièces s'installent dans le faubourg Saint-Mansuy, et les obus de tomber sur la porte et le pont-levis. Vains efforts ! On abandonne l'entreprise. Honteux et pas content, le général d'Alvensleben Ier prescrit de cesser le combat. Seulement, comment faire rentrer les troupes aventurées le long des remparts ? A 4 heures passées, cependant, la retraite commence ; elle se poursuit, très lentement, par petits groupes, non sans des pertes nombreuses.

Mais comment les assaillants du sud-ouest de la place vont-ils opérer leur retraite ? Ceux-ci n'avaient pas été avertis de la décision d'Alvensleben, car les assiégés se tiraient si bien de leur tâche que personne, parmi les Prussiens, ne se souciait de passer sous leur feu et que ceux qui risquaient l'aventure tombaient avant d'arriver au but. Aussi, à 7 heures du soir, les ennemis du nord-ouest tirail-

---

(1) Les cavaliers bavarois, ayant remarqué (*sic*), vers midi, que Toul était attaqué sur la rive septentrionale de la Moselle, ouvrent le feu, à 1 200 pas, du côté méridional, afin d'attirer l'attention de la garnison. (*La Guerre franco-allemande*, 1re partie, p. 394.)
(2) *Ibid.*, pp. 621 et 622.

lent toujours, sans succès, du reste. Alors, ils s'aperçoivent qu'ils sont seuls à jouer la sanglante partie ; le commandant expédie un homme aux renseignements. Mais la nuit tombe rapidement et, avec elle, le feu des assiégés. Des forces, envoyées pour recueillir les oubliés, les tirent de ce mauvais pas. Un peu plus tard, tous les combattants allemands ont regagné bivouacs et cantonnements du matin (1).

Les Bavarois, ayant constaté que le feu avait cessé dans la direction du nord, se retirent sur Gondreville, sans avoir, plus heureux que les Prussiens, éprouvé la moindre perte (2).

Quel que soit le désir du prince Frédéric-Charles de voir Toul aux mains de ses soldats, devant le courage des mobiles et des habitants, ordre est donné au général d'Alvensleben de continuer, le lendemain, son chemin vers l'ouest.

D'après M. Alfred Mézières, cette tentative aurait coûté aux Allemands de 6 à 700 hommes hors de combat (3).

D'après les Prussiens, dans cette opération malheureuse, ils auraient perdu 50 tués dont 6 officiers et 141 blessés, dont 11 officiers, plus 9 disparus. C'étaient pertes considérables en regard de celles des défenseurs qui ne comptaient que 8 tués et 16 blessés (4).

Nouvel exemple de la force de résistance d'une place, d'un fortin, d'une bicoque, même d'une ville ouverte, ou d'un village, quand les occupants ont la ferme volonté de se battre.

Trop souvent, lorsque l'ennemi se présente, sous

---

(1) *La Guerre franco-allemande*, 1re partie, pp. 617 à 624.
(2) *Ibid.*, p. 394.
(3) Alfred Mézières, p. 307.
(4) *La Guerre franco-allemande*, 1re partie, Supplément XXII, p. 180 *.

prétexte d'infériorité de nombre, d'armement, invoquant l'*humanité*, M. Ernest Lavisse, académicien, homme de *lettres*, et ses imitateurs de 1870, ne manquent pas de prêcher la soumission immédiate et « traitent de fou » le garde d'artillerie Henriot, de Laon (1). Heureusement, il y avait, il y aurait encore, en France, des caractères mieux trempés que celui de ces gens-là, auprès desquels l'enseigne de vaisseau Bisson n'aurait pas trouvé grâce, pas plus que les marins du *Vengeur* et Rostopchine.

Les Allemands étaient si sûrs de prendre Toul par un coup de main que, « le lendemain du combat, le 17 août, à 7 heures du matin, on vit arriver, à la porte Moselle, un cavalier ennemi qui tenait un cheval en main ; on le laissa s'approcher, le pont-levis s'abaissa pour le faire entrer et se referma sur lui. C'était l'ordonnance d'un officier qui arrivait de Nancy ; son maître lui avait donné rendez-vous à Toul ; il croyait la ville prise, y entrait en vainqueur, et, à son grand étonnement, s'y trouva prisonnier (2) ».

Toul avait bien mérité de la France.

« En résistant avec plus d'énergie que les Prussiens ne l'avaient pensé, la petite forteresse nous rendait le service de retarder la marche des troupes allemandes vers l'intérieur de la France. Le canon de ses remparts, qui battait en même temps la route de Paris et la ligne du chemin de fer, obligeait l'ennemi à de longs détours par des chemins difficiles. Tant que Toul résistait, une des clefs de la maison, pour employer l'expression de M. de Bismarck, restait entre nos mains. Sans la libre disposition de la voie ferrée, l'armée d'invasion ne

---

(1) *Paris, Le Quatre-Septembre et Châtillon*, par Alfred Duquet, pp. 107 à 113.
(2) Alfred Mézières, pp. 307 et 308.

pouvait recevoir rapidement ni vivres, ni munitions. On comprend alors combien il importait aux généraux allemands de supprimer cet obstacle (1). »

CONTRE STRASBOURG

Pendant que la IIIe armée pénétrait ainsi en France, la division badoise, sous les ordres du lieutenant-général de Beyer, se répandait autour de Strasbourg et se préparait à le bloquer.

Dès la matinée du 7, au lendemain de la triste journée de Frœschwiller, les Badois, voisins des Alsaciens, avec lesquels ils étaient en rapports continuels, avaient été chargés d'assiéger Strasbourg, s'ils ne pouvaient l'enlever par un coup de main. A cet effet, la brigade de cavalerie du général de Laroche Starkenfels — probablement encore un des Français protestants chassés par l'édit de Nantes — avait, comme nous l'avons déjà vu, rapidement galopé vers Haguenau. On avait prévenu le général badois que la porte de Wissembourg était ouverte et il espérait entrer dans la ville comme dans un moulin. C'était vrai ! Pas de garde, pas de préparation à la résistance : les cavaliers du grand-duc s'enfournèrent dans les rues de la ville où ils essuyèrent le feu de quelques braves soldats qui, des fenêtres de la caserne, leur tuèrent et blessèrent quatre hommes. Ce fut tout. « Haguenau, surpris, tomba aux mains de l'ennemi qui y fit une centaine de prisonniers (2). »

(1) *Ibid.*, p. 308. — Lieutenant-colonel Prévost, p. 69.
(2) *La Guerre en Alsace, Strasbourg*, par A. Schneegans, adjoint au maire de l'administration républicaine de Strasbourg, député du Bas-Rhin; Paris, Dentu; p. 65.

Le soir même, la cavalerie, suivie de l'infanterie, se remettait en route. Le 8, à 6 heures du soir, les dragons badois, qui avaient pris les devants, apparaissaient aux yeux des malheureux Strasbourgeois. La prise de Haguenau avait mis ces Allemands en appétit : il serait superbe de faire prendre la citadelle alsacienne par des régiments de cavalerie comme Pichegru avait capturé la flotte hollandaise du Texel, en 1795, au moyen de ses hussards galopant sur la glace ! Mais, à Strasbourg, ce n'était pas comme à Haguenau : la porte était fermée, il fallut employer la menace. Sommé, par un jeune officier du général badois, de se rendre pour éviter le bombardement, le colonel Ducasse, qui se trouvait près de là, répondit, de son propre mouvement : « Votre proposition n'est pas sérieuse; Strasbourg ne se rend pas ; venez le prendre (1). » Et les cavaliers, honteux et confus, droit à leur infanterie s'en retournèrent, sans autre tentative. Les épaves de Frœschwiller formaient une garnison suffisante pour défier tout coup de force (2).

Le maréchal de Mac-Mahon ne s'était pas plus inquiété de cette grande ville et de sa citadelle que des 5e et 7e corps; il n'avait adressé aucune instruction au général Uhrich, commandant la place, ni avant ni après Frœschwiller; il ne s'était même pas préoccupé de garnir la vieille cité alsacienne de troupes en nombre suffisant pour la mettre à l'abri

---

(1) *Ibid.*, pp. 65 et 66. — « La garnison avait rejeté, péremptoirement, toute proposition de capitulation. » (*La Guerre franco-allemande*, 1re partie, p. 387.) — « On dut renoncer à s'emparer, par un coup de main, de cette importante place d'armes. » (*Ibid.*)

(2) **Les Allemands brûlaient de s'emparer de Strasbourg, alors** « il était urgent d'empêcher, le plus rapidement possible, tous moyens de ravitaillement et de communication entre la ville que l'on voulait assiéger et l'extérieur ». (*Etude historique et tactique de la cavalerie allemande pendant la guerre de* 1870-1871, par Jules de Chabot, major au 3e chasseurs ; Paris, Berger-Levrault, 1887; 1re partie, p. 42.)

d'un coup de main; si une partie des débandés de Frœschwiller n'était pas rentrée à Strasbourg, instinctivement, le général Uhrich n'aurait pu se défendre, faute de soldats, alors que cette tâche lui était déjà rendue difficile, faute de matériel convenable (1).

Voici comment M. Emile Delmas raconte l'arrivée à Strasbourg des échappés de Frœschwiller qui devaient former la garnison de la ville :

« Nous cherchons à sortir par la porte de Pierre, la seule que les ordres de la place permettent d'ouvrir d'heure en heure. La sentinelle nous empêche d'avancer; le commandant de place, vieux soldat grisonnant, fait fiévreusement les cent pas en tordant sa moustache ; la porte est fermée, et cependant nous entendons derrière ses bois massifs un bourdonnement confus ; tout à coup elle s'ouvre ; un flot humain se précipite. La grande bataille est perdue ; ce sont les vaincus de Frœschwiller. Quel spectacle effrayant ! Pêle-mêle, le regard sombre, chasseurs, fantassins, zouaves, dragons, turcos se pressent et se heurtent sous l'étroite voûte; ils portent sur leur visage comme un reflet de sinistre épouvante. Nul ne les interroge; tout le monde a compris. Ils passent en silence, le regard fixé vers la terre, et si, par aventure, l'un d'eux lève les yeux sur la foule, il les baisse de nouveau précipitamment vers le sol : brisés de fatigue, car ils ont marché toute la nuit, ils ont jeté sacs, casques, fusils, cuirasses. Quelques-uns témoignent par un bandage ensanglanté de leur présence dans la mêlée; d'autres, épuisés, sont étendus sur des chars et dorment d'un sommeil pesant. Des turcos sont accroupis sur des chevaux qui n'avaient plus de maîtres ; à côté d'eux, des paysans effarés, perdus

---

(1) Alfred Duquet, *Frœschwiller, Châlons, Sedan,* pp. 153 et 154.

dans ce lugubre cortège, rentrent sur des chars leurs meubles et leurs fourrages ; un dragon passe fièrement portant haut sa tête couverte de sang figé ; des fantassins sont montés en croupe derrière des cavaliers qu'ils serrent convulsivement pour ne pas tomber ; ils n'ont plus leurs armes ; au milieu d'eux, pas un seul officier ; on dirait d'un troupeau sans maître ; il semble qu'un effrayant cataclysme les ait tous frappés de terreur. C'est un mélange sordide d'uniformes souillés de boue, aux couleurs flétries par la pluie ou par la poudre. Le désastre doit être immense ; à voir passer ces épaves humaines, une indicible angoisse envahit nos cœurs atterrés. Ils défilent ainsi pendant une heure qui dure un siècle et nous entrevoyons pour la première fois le spectacle hideux de la déroute.

« Le défilé eut une fin cependant. *Ces deux mille hommes que nous venons de voir passer devaient former le noyau de la garnison* ; car, le samedi 6 août, il ne restait plus dans Strasbourg mille hommes de l'armée régulière pour défendre la ville ; les pièces braquées sur les remparts n'avaient pas de servants, le maréchal de Mac-Mahon avait tout emmené, comme en un jour de désespoir, pour livrer la bataille décisive où devait se jouer la destinée de Strasbourg (1). »

Ainsi le Maréchal ne songe plus à la grande citadelle alsacienne qu'il a dégarnie la veille de la défaite et qu'il abandonne, le lendemain, à la discrétion des événements ! Quelle lamentable histoire que celle que nous écrivons en ce moment ! Pauvre Alsace ? Pauvre pays de France (2) !

« Strasbourg n'était pas armé, les glacis n'étaient

(1) Emile Delmas, *De Frœschwiller à Paris*; Paris, Alphons Lemerre, 1871; pp. 28 à 30.
(2) Alfred Duquet, *Frœschwiller*, Châlons, Sedan, pp. 155 et 156.

pas rasés; les arbres de toutes parts interceptaient la vue; les constructions restaient debout dans les zones militaires; le côté sud, qui tire sa seule défense de l'Ill et du Rhin, n'était pas inondé. La ville ne possédait pas de général d'artillerie, et, chose inouïe! elle n'avait pour toute garnison qu'un régiment de ligne, rentré par hasard, quelques pontonniers, une centaine de marins, et 4 bataillons de la Garde mobile, qui n'étaient encore ni uniformés, ni armés, ni casernés, ni exercés. Quand les portes de la ville furent fermées, le soir de Frœschwiller, telle était la force dont disposait le général Uhrich.

« Pendant la nuit et durant les jours qui suivirent, les débris de l'aile droite de Mac-Mahon, réfugiés en ville, furent réorganisés à la hâte. On créa des cadres; on y versa, tant bien que mal, ces fugitifs; on forma quelques bataillons, qui ne formaient aucune cohésion, qui ne connaissaient pas leurs officiers et qui devaient se souvenir d'avoir été vaincus. Il se trouva ainsi à Strasbourg des artilleurs débandés des 3e, 9e, 16e et 20e régiments; des soldats du 9e et du 3e régiments du train; des hommes du 10e et du 13e bataillons de chasseurs, du 13e, du 87e, du 96e de ligne; un bataillon de zouaves et de turcos de divers régiments; 5 bataillons d'un régiment de marche d'infanterie; une centaine de gendarmes; trois sections d'infirmiers et d'ouvriers d'administration; environ 400 douaniers, soldats solides, qui s'étaient repliés sur la ville après la bataille et qui avaient été formés en compagnie d'élite; enfin quelques petits dépôts et un escadron de marche de cavalerie, conglomérat douteux de tous les hussards, lanciers, cuirassiers et chasseurs qui étaient revenus de la défaite (1). »

(1) A. Schneegans, pp. 60 et 61.

Le tableau que le prince Bibesco fait de Strasbourg n'est pas plus rassurant; bien que les couleurs en soient moins sombres, le ton reste encore désolant; c'est une ville condamnée d'avance :

« Si, à Strasbourg, place de premier ordre, sentinelle avancée de la France sur le Rhin, les fortifications sont en bon état, si l'armement de sûreté est en place sur les remparts, d'un autre côté l'armement de défense est encore dans les arsenaux; le logement des poudres est mal assuré; 60 000 kilogrammes se trouvent réunis dans des bâtiments de la citadelle non voûtés à l'épreuve de la bombe, à 2500 mètres seulement de Kehl! et 12 000 kilogrammes de l'approvisionnement de la place sont emmagasinés à Neuf-Brissach. C'est à peine s'il existe des abris voûtés pour la garnison, et il en manque absolument pour les vivres. Cette pénurie de toutes choses essentielles s'étend aux approvisionnements de bois de blindage ; ils sont presque nuls. Reste une question capitale qui crée un péril imminent : les environs immédiats de la ville étant couverts d'arbres et de constructions, il va falloir, pour abattre les uns et les autres, beaucoup de temps et beaucoup de bras. Ce temps, l'ennemi nous ne le donnera-t-il? Et les bras, où les prendre (4)? »

Quoi qu'il en fût, la brigade badoise de cavalerie, soutenue par 6 compagnies d'infanterie et 9 batteries, commençait à cerner la place, coupait les lignes télégraphiques et détruisait le chemin de fer de Strasbourg à Lyon. En outre, ces forces occupaient la position de Wendenheim, où elles se retranchaient fortement, position d'un grand intérêt pour les communications de nos ennemis. Dans la soirée du 10 août, ordre formel était donné, à la division

(4) Prince Bibesco, pp. 29 et 30.

badoise, par le roi de Prusse, d'empêcher tout ravitaillement de la place, en attendant le blocus complet, pour lequel des renforts étaient en route (1).

Et le préfet envoyait à Paris des dépêches comme celle-ci :

« Préfet du Bas-Rhin à Impératrice régente.

« Strasbourg, 9 août 1870, 11 h. 15 soir.

« La situation de l'Alsace empire à chaque heure. Les protestants donnent la main aux Prussiens. La défense de Strasbourg m'est impossible avec quelques centaines d'hommes. J'ai fait le sacrifice de ma vie. Je supplie Votre Majesté de nous envoyer des renforts qui rétabliraient la confiance et détruiraient les menées prussiennes (2). » Voilà le dénuement où se trouvait la capitale alsacienne !

Mais laissons maintenant la ville perdue, laissons notre antique et brave Strasbourg se débattre sous les bombes badoises et s'écrouler en partie à la lueur des incendies allumés par les Allemands humanitaires (3); détournons le regard de ce triste et poignant spectacle : l'armée de Mac-Mahon a quitté l'Alsace. Le Maréchal n'a pas su sauver la province dans une bataille en rase campagne, il ne conservera pas la capitale à la France par des instructions intelligentes et énergiques envoyées à ses lieutenants. Nous paierons cher la gloire de Malakoff et de Magenta (4) !

1) *La Guerre franco-allemande*, 1re partie, p. 387.
2) *Papiers et Correspondance de la Famille impériale*, t. 1, p. 463. — *Ibid.*, p. 464, pièce 5.
(3) « Cette Allemagne hypocrite, qui appelle Strasbourg sa ville sœur et qui, pour s'emparer de notre affection, la viole, cette Allemagne ne peut être pour nous que ce qu'elle a voulu être : une ennemie. » (A. Schneegans, p. 99.)
(4) Alfred Duquet. *Frœschwiller, Châlons, Sedan*, p. 156.

ARMÉE DE CHALONS

CONSEILS DE GUERRE DES 17 ET 21 AOUT

Les débris du 1ᵉʳ corps étaient donc arrivés au camp de Châlons depuis le 14 août, et, le 17, le Maréchal y tenait dans sa main les survivants de Frœschwiller, auxquels il adressait cette proclamation :

« Soldats,

« Dans la journée du 6 août, la fortune a trompé votre courage, mais vous n'avez perdu vos positions qu'après une résistance héroïque qui n'a pas duré moins de neuf heures. Vous étiez 35 000 combattants contre 140 000 et vous avez été accablés par le nombre. Dans ces conditions, une défaite est glorieuse et l'histoire dira qu'à la bataille de Frœschwiller les Français ont déployé la plus grande valeur.

« Vous avez éprouvé des pertes sensibles, mais celles de l'ennemi sont plus considérables encore. Si vous n'avez pas été suivis, cherchez-en la cause dans le mal que vous lui avez fait. L'Empereur est content de vous et le pays tout entier vous est reconnaissant d'avoir si dignement soutenu l'honneur du drapeau.

« Nous venons d'être soumis à de rudes épreuves

qu'il faut oublier. Le 1er corps va se reconstituer et, Dieu aidant, nous reprendrons bientôt une éclatante revanche.

« Le maréchal commandant le 1er corps d'armée,

« Mac-Mahon (1). »

Le camp renfermait déjà les 18 bataillons de la garde mobile de la Seine et une grande partie du 12e corps d'armée, qui venait d'être placé sous les ordres du général Trochu et qui devait être complété au moyen de ces 18 bataillons de mobiles.

Le 20 août, par suite de l'arrivée des 7e et 5e corps (2), Mac-Mahon savait qu'il allait avoir sous ses ordres environ 120 000 hommes, divisés en quatre corps, sans compter la cavalerie de réserve.

C'étaient :

1° Le 1er corps, général Ducrot, comptant 52 bataillons d'infanterie, 4 bataillons de chasseurs, 24 escadrons, 96 canons, 24 mitrailleuses ;

2° Le 5e corps, général de Failly, comptant : 30 bataillons d'infanterie, 2 bataillons de chasseurs, 46 escadrons, 72 canons, 18 mitrailleuses ;

3° Le 7e corps, général Douay, comptant : 36 bataillons d'infanterie, 2 bataillons de chasseurs, 12 escadrons, 72 canons, 18 mitrailleuses ;

4° Le 12e corps, général Lebrun, comptant : 39 bataillons d'infanterie, 1 de chasseurs, 24 escadrons, 150 canons, 18 mitrailleuses ;

5° La réserve de cavalerie comptant : 36 escadrons, 12 canons, 6 mitrailleuses ;

---

(1) Journal *Le Temps*, n° du 18 août 1870.
(2) L'état-major et la division Guyot de Lespart arrivèrent au camp le 20, la division Goze et une des brigades du général de L'Abadie le 21. (Général de Failly, p. 28.)

6° 1 bataillon de grenadiers de la Garde, 1 escadron de Guides qui suivaient l'Empereur (1).

« On organise une armée au camp de Châlons. A qui en donne-t-on le commandement? Au vaincu de Wissembourg et de Wœrth; et quand cette armée sombrera dans l'épouvantable catastrophe de Sedan, la France entière, consternée, ne pensera pas, un seul instant, qu'on aurait pu faire un choix plus judicieux (2). — « Nous ne nous frapperons jamais assez la poitrine; nous ne ressentirons jamais assez de colère contre les «« grandes incapacités méconnues »» entre les mains de qui nous avions aveuglément remis nos destinées (3). »

Qu'allait faire le Maréchal de ces 117 000 combattants? On ne pouvait songer à les laisser attendre l'ennemi sur ce « tapis de billard » qu'est la Champagne, qui n'a aucune défense (4). Fallait-il les porter au secours de Bazaine ou les ramener vers la capitale, qu'ils auraient défendue, renforcés par le corps en formation du général Vinoy? Nous allons raconter les déplorables tergiversations qui

---

(1) Voilà la pièce justificative n° 1. — La *Section historique* donne le chiffre de 130 000 hommes au 21 août. (IIIe série, I, p. 4.) — « Les relations allemandes attribuent à l'armée de Châlons un effectif de 150 000 hommes au début et de 120 000 à Sedan. Les auteurs français ont toujours contesté ces chiffres et soutenu qu'il n'y avait eu que 120 000 hommes au commencement et 100 000 à Sedan. Nous commençons à croire que ce sont eux qui ont raison. » (Karl Bleibtreu, *La Légende de Moltke*, p. 200.)

(2) *L'Armée sans chef*; Paris, Champion, 1891, p. 245. — Dans une lettre, que le général baron Rebillot, survivant de Malakoff, de Magenta et de Metz, nous adressait en mai 1911, on lit : « Irréprochable sur la bravoure, l'honneur et le dévouement, le maréchal de Mac-Mahon était un incapable... Une inexplicable fortune, masquant son impéritie, le hissa au sommet où, débridée, son inintelligence nous fut mortellement funeste. »

(3) *M. de Moltke*, par Charles Malo; Paris, Berger-Levrault, 1891; p. 38.

(4) Charles de Mazade, t. I, p. 174. — « L'armée ne pouvait rester plus longtemps dans une plaine ouverte. » (Théodore Duret, t. I, p. 263.)

ont entraîné la catastrophe de Sedan et nous y trouverons la réponse à ces deux questions.

Quand le général Schmitz, nommé chef d'état-major du 12e corps, parvint au camp de Châlons, le 15 août, il trouva dans un assez triste état les troupes qui s'y rassemblaient. Chaque train y jetait des débris des corps battus à Frœschwiller ; les arrivages des hommes n'étaient point en proportion des ressources amassées et le général Berthaut, qui commandait les mobiles de la Seine, croyait la *situation intolérable.* De son côté, le général Schmitz télégraphiait au ministre de la Guerre que le camp était menacé, qu'il contenait des éléments de désordre effrayants, *que la situation n'était* pas tenable (1).

« Ce camp n'était plus pour l'instant, selon le mot d'un chef militaire, qu'une sorte de plage où l'on venait échouer, où se confondaient au hasard des troupes venant de tous côtés : soldats de Frœschwiller et de Wissembourg, plus délabrés, plus défaits que s'ils avaient supporté six mois de guerre, isolés et débandés, courant par milliers, se livrant au désordre et à la licence, gardes mobiles parisiens, au nombre de 18 000 hommes, agitant le camp de leur remuante indiscipline (2). »

Le 16, l'Empereur, abandonnant l'armée de Metz, venait, lui aussi, s'échouer à Châlons.

Napoléon III était parti, le 14, en allure de fuite, le canon grondant au lointain rougi par les lueurs d'incendie. « Dans la calèche Daumont, à la gauche de l'Empereur, malade, vieilli, angoissé, est assis

---

(1) *Procès Trochu, Vitu, Villemessant,* déposition du général Schmitz. — Il n'y a rien d'étonnant qu'il y ait eu alors beaucoup de confusion ; mais l'ordre se rétablit dans les jours suivants et la discipline serait devenue ce qu'elle doit toujours être si le Maréchal avait montré la moindre vigueur.

(2) **Charles de Mazade,** t. I, p. 173.

un enfant, le *petit Prince*, revêtu de l'uniforme de sous-lieutenant aux grenadiers de la Garde, raidi sous sa fatigue, retenant ses larmes, dans le grand effarement de choses qu'il ne comprend pas. Il n'avait rêvé que d'entrées triomphales, sur son cheval favori, aux côtés de ce père qu'il adorait, d'un Napoléon dont le nom semblait synonyme de victoire... et voilà que tous ses rêves s'effondraient sous la réalité des défaites successives, des humiliations de chaque jour, dans l'anxiété d'une incessante galopade vers l'inconnu (1). »

Pauvre petit ! Que n'a-t-il été, ce jour-là, rejoint par les uhlans ! Peut-être, l'escorte, les généraux, l'Empereur se seraient-ils défendus. Peut-être le souverain et son fils seraient-ils tombés, courageusement, sous le sabre des ennemis de la France au lieu de mourir, l'un, piteusement, à Chislehurst, ou de succomber, l'autre, en soldat, c'est vrai, quelques années plus tard, au service des Anglais, sous les coups d'un sauvage africain !

A Verdun, l'Empereur et sa suite avaient été forcés de monter en wagons de 3ᵉ classe pour gagner Châlons : il n'y en avait pas d'autres (2). Rien n'avait été préparé : on court chercher le dîner dans les restaurants de Mourmelon ; Napoléon III est gai ; il mange avec un appétit aiguisé par un si long voyage (3).

Le général Trochu le rejoint, le soir même. « Il lui prend les mains avec effusion et lui exprime, «« dans les termes les plus chaleureux, les senti-

---

(1) *Les Etapes douloureuses*, par le baron Albert Verly ; Préface par Etienne Char es ; Paris, Daragon, 1908 ; p. 38.
(2) Général Faverot de Kerbech, p. 41. — Les officiers et les gardes montèrent dans les wagons à bestiaux. *L'Escadron des Cent-gardes*, par Albert Verly ; Paris, Paul Ollendorff, 1894 ; p. 180.)
(3) Général Palat, 1ʳᵉ partie, t. VI, pp. 97 et 98.

ments d'un attachement profond, d'un dévouement très expansif (1). »»

Le lendemain, un grand conseil de guerre, composé du souverain, du prince Napoléon, du maréchal de Mac-Mahon, des généraux Trochu, Berthaut et Schmitz, fut convoqué.

Il eut lieu, le matin, avant 8 heures ; l'Empereur s'était établi devant son quartier général, en plein air, et commença d'interroger les généraux qui se tenaient autour de lui. Le maréchal de Mac-Mahon ne survint que plus tard (2).

L'Empereur prend donc le premier la parole en demandant au général Berthaut son avis sur la garde mobile parisienne et sur le camp de Châlons.

LE GÉNÉRAL BERTHAUT.

Je répondrai à Votre Majesté que le camp de Châlons est un camp d'études, de manœuvres, mais qu'il ne peut être considéré comme une position défensive ; qu'il n'est pourvu d'aucune fortification, qu'il risque d'être enveloppé de tous côtés, qu'enfin c'est une position très dangereuse.

Quant à la Garde mobile, bien qu'elle soit composée de jeunes gens qui, en grande majorité, sont résolus à faire leur devoir, elle n'est pas encore assez instruite pour aller au feu, en rase campagne, contre un ennemi bien organisé. D'ailleurs, elle n'est pas équipée complètement, il n'y a que 3 bataillons d'armés, les 10e, 11e et 12e, nous attendons les fusils pour les autres.

(1) *Ibid.*, p. 97.
(2) *L'Empire et la Défense de Paris devant le jury de la Seine, compte rendu sténographique des débats*; Paris, Hetzel, 1872; déposition du maréchal de Mac-Mahon, p. 113.

Maintenant, si l'on veut occuper, en arrière du camp de Châlons, les positions entre Epernay, Vertus et Nogent-sur-Seine, positions qui peuvent devenir très belles en étant fortifiées, je réponds de la Garde mobile. On peut encore l'envoyer en garnison dans les places fortes du nord, où elle complétera son instruction et deviendra capable, plus tard, de tenir en rase campagne (1).

L'EMPEREUR.

C'est vrai, général, vous avez raison, ces troupes ne serviront à rien ici ; mais, puisque vous en répondez alors qu'elles seront placées dans des positions défensives, il vaut mieux les renvoyer à Paris ; ces enfants protégeront leurs foyers, leurs familles ; il est juste qu'ils défendent Paris, il faut qu'ils aillent à Paris (2).

LE GÉNÉRAL BERTHAUT.

Je ne suis point partisan du retour à Paris et je maintiens ma proposition de les verser dans les places du nord (3).

LE GÉNÉRAL TROCHU.

Cette mesure serait effroyable et très mal prise assurément par les mobiles. Le bruit en a déjà couru et a été tumultueusement accueilli par eux (4).

L'EMPEREUR.

Eh bien, général ?

LE GÉNÉRAL TROCHU.

Je partage les intentions de Votre Majesté et je

---

(1) *Ibid.*, déposition du général Berthaut, p. 133.
(2) *Ibid.*, pp. 141 et 133, combinaison des dépositions des généraux Schmitz et Berthaut.
(3) *L'Empire et la Défense de Paris*, p. 249, plaidoirie Allou.
(4) *Ibid.*

suis persuadé qu'en sachant prendre ces jeunes gens, le retour à Paris ne présentera aucun inconvénient; j'ai en eux la plus entière confiance (1).

LE GÉNÉRAL BERTHAUT.

Soit, mais alors au moins choisissons ; envoyons les bons à Paris et les mauvais dans les places du nord (2).

L'EMPEREUR.

N'y a-t-il pas plus de péril à faire un pareil triage qu'à décider simplement le renvoi de tous à Paris (3)? Le choix qui sera fait donnera lieu à de fâcheuses interprétations et soulèvera des mécontentements profonds (4).

LE GÉNÉRAL TROCHU.

C'est vrai (5).

L'EMPEREUR.

Si nous faisons revenir à Paris les bataillons de certains quartiers et si nous envoyons ceux de Belleville et de Montmartre dans les places du nord, à Lille ou à Valenciennes, on dira que nous avons

---

(1) *Ibid.*
(2) *Ibid.*
(3) Cette partie de la conversation de l'Empereur paraît en contradiction avec la déposition du maréchal de Mac-Mahon dans la même affaire. Voici les raisons qui nous ont décidé cependant à l'adopter. D'abord, c'est la version des généraux Trochu, Berthaut et Schmitz présents au commencement du conseil de guerre et qui, par conséquent, doivent savoir ce qui s'y est dit mieux que le maréchal de Mac-Mahon qui n'y était pas. De plus, le Maréchal n'est pas très affirmatif : « *Mes souvenirs peuvent me tromper*, dit-il, mais *je crois bien* que l'Empereur était opposé au retour des mobiles à Paris. » (Déposition du Maréchal sur une question de M⁰ Lachaud, au cours de la déposition du général Berthaut.) Il est probable que c'est le lendemain seulement, après les observations qui lui auront été adressées de Paris, que l'Empereur aura fait part au Maréchal de ses inquiétudes au sujet de la rentrée des mobiles dans la capitale.
(4) *L'Empire et la Défense de Paris*, p. 249, plaidoirie Allou.
(5) *Ibid.*

voulu faire un choix blessant pour les faubourgs en ne renvoyant à Paris que des bataillons d'aristocrates (1).

LE GÉNÉRAL TROCHU.

C'est certain (2).

LE GÉNÉRAL BERTHAUT.

N'en parlons donc plus. Je suis sûr d'eux ; je les maintiendrai par le courage, la fermeté, le patriotisme (3).

Le maréchal de Mac-Mahon prend alors place au conseil et le général Berthaut sort pour donner des ordres (4).

LE PRINCE NAPOLÉON.

Je demanderai à l'Empereur la permission d'attirer son attention sur la situation de Paris. Pour calmer l'effervescence qui y règne en ce moment, il faut se servir d'hommes placés dans le courant de l'opinion (5).

LE GÉNÉRAL SCHMITZ.

Je crois, sire, qu'il faut dire toute la vérité à Votre Majesté. Nous sommes dans une situation déplorable ; il y a, à Metz, une armée dont nous ne

---

(1) *Ibid.*
(2) *Ibid.*
(3) *Ibid.*
(4) *Ibid.*, pp. 113 et 141, dépositions du maréchal de Mac-Mahon et du général Schmitz. — Ces deux dépositions semblent se contredire. En effet, le Maréchal dit avoir vu le général Berthaut, en entrant au conseil, alors que le prince Napoléon proposait de nommer le général Trochu gouverneur de Paris. De son côté, le général Schmitz dit que ce ne fut qu'après la sortie du général Berthaut que le prince Napoléon prit la parole. Nous pensons que le Maréchal s'est trompé : il a dû entrer quand on finissait de parler de la garde mobile parisienne ; c'est là qu'il a vu le général Berthaut ; ce dernier est sorti pendant quelque temps et, après ce départ, le prince Napoléon a réclamé la nomination du général Trochu.
(5) *L'Empire et la Défense de Paris*, p. 141, déposition du général Schmitz.

connaissons pas le sort, mais qui pourra toujours opérer sa retraite par le nord.

Quant à l'armée qui est ici, elle est composée du corps du maréchal de Mac-Mahon, formé de troupes diverses ; du corps du général de Failly, qui est très atteint dans son moral tout en n'ayant pas combattu ; du 12ᵉ corps, qui n'a de solide que sa division d'infanterie de marine ; du corps du général Douay, qui est à Belfort et qui devra faire, pour rejoindre, un mouvement de flanc dangereux. Après cet examen, je crois devoir assurer à Votre Majesté qu'aujourd'hui le salut, selon moi, est dans Paris que je viens de traverser. On prétend que vous n'avez pas employé le général Trochu parce qu'on lui attribuait des sentiments d'opposition ; eh bien, Sire, il vous faut rentrer à Paris dont le général Trochu serait nommé gouverneur. La situation que vous vous faites ne peut durer ; vous n'êtes pas sur votre trône (1).

L'EMPEREUR

Oui, j'ai l'air d'avoir abdiqué (2).

LE PRINCE NAPOLÉON, *se redressant vivement*.

Ce que je crains surtout, c'est une révolution à Paris ou un mouvement très prononcé. Il faut prendre des résolutions énergiques. Le général Trochu, par ses antécédents, par sa manière d'être, est le seul homme qui soit en état d'arrêter un mouvement révolutionnaire (3). C'est l'heure des grandes décisions, et non l'instant des défaillances. Sire, placez le maréchal de Mac-Mahon à la tête de l'armée de Châlons ; revenez à Paris, nommez le

---

(1) *Ibid.*, p. 142, déposition du général Schmitz.
(2) *Ibid.*
(3) *Ibid.*, p. 113, déposition du maréchal de Mac-Mahon.

général Trochu gouverneur de la capitale; nous prendrons toutes les dispositions nécessaires à la défense et si, par malheur, nous tombons, nous tomberons au moins comme des hommes (1).

(*Napoléon III fait signe au duc de Magenta, et tous deux rentrent dans le pavillon impérial. Le souverain demande confidentiellement au Maréchal ce qu'il pense du général Trochu. Mac-Mahon lui répond qu'il connaît le général depuis longtemps, que c'est un homme de cœur, un homme d'honneur, et qu'il peut avoir confiance en lui. C'est là, ajoute-t-il, ma conviction intime (2). Puis l'Empereur et le Maréchal reviennent auprès des généraux.*)

L'EMPEREUR, *au général Trochu.*

Général, accepteriez-vous le poste de gouverneur de Paris?

LE GÉNÉRAL TROCHU

Sire, dans la situation pleine de périls où est le pays, une révolution le précipiterait à l'abîme. Tout ce qui pourra être fait pour l'éviter, je le ferai. Vous me demandez d'aller à Paris, de vous y annoncer, de prendre le commandement en chef, je ferai tout cela, mais il est bien entendu que l'armée du maréchal de Mac-Mahon va devenir l'armée de secours de Paris, car nous allons à un siège (3).

L'EMPEREUR

Général, c'est convenu. (*Au maréchal de Mac-Mahon.*) Maréchal, avez-vous quelques objections à présenter (4)?

---

(1) *Ibid.*, p. 142, déposition du général Schmitz.
(2) *Ibid.*, pp. 113 et 114, déposition du maréchal de Mac-Mahon.
(3) *Journal officiel*, n° du 14 juin 1871, discours du général Trochu.
(4) *Ibid.*

MAC-MAHON

Aucune (1).

L'EMPEREUR

J'ai donc trois décrets à signer : un pour nommer le maréchal de Mac-Mahon commandant en chef, un pour nommer le général Trochu gouverneur de Paris, et le dernier pour faire rentrer la garde mobile à Paris (2).

LE GÉNÉNAL BERTHAUT

Je ferai remarquer à Votre Majesté qu'il suffit, pour faire rentrer la garde mobile à Paris, de m'en donner l'ordre (3).

L'EMPEREUR

C'est juste (4).

— Durant tout le conseil, Napoléon III, courtois et bienveillant, selon son habitude, était demeuré pensif, muet le plus souvent, mais calme, écoutant, ne proposant rien, acceptant tout, se laissant, pour ainsi dire, aller au courant de la fatalité qui l'emportait, depuis quinze jours, vers l'abîme où les trônes s'engloutissent (5).

(1) *Ibid.*
(2) *L'Empire et la Défense de Paris*, pp. 133 et 134, déposition du général Berthaut.
(3) *Ibid.*, p. 134.
(4) *Ibid.*, p. 142, déposition du général Schmitz. — Pour le compte rendu de ce conseil de guerre, nous avons reproduit les passages de notre *Frœschwiller, Châlons, Sedan*, où nous l'avions reconstitué d'après les documents officiels (pp. 194 à 201).
(5) Général Trochu, *Œuvres posthumes*, pp. 127 et 129. — D'après le colonel Grouard, Napoléon III n'aurait pas été aussi muet et inerte au commencement de la discussion ; croyant Bazaine libre de se porter vers l'ouest, il aurait préféré qu'on allât au-devant de lui, car il était persuadé qu'il avait tenu ses promesses et qu'il avait quitté Metz. Au contraire, le général Trochu exigeait le retour immédiat à Paris de l'armée de Châlons. En raison de ce que l'on connaissait de la situation, l'Empereur avait raison et Trochu tort. « Le 17 août, on n'avait encore perdu

Cette conférence, levée à 11 heures et demie, avait donc abouti à la convention dont voici les termes :

« Le général Trochu, nommé gouverneur de Paris et commandant en chef, partira immédiatement pour la capitale ; il y précédera l'Empereur de quelques heures. Le maréchal de Mac-Mahon se dirigera avec son armée sur Paris (1).

Au cours du conseil, à 9 heures 40 du matin, l'Empereur avait télégraphié au comte de Palikao :

« Je vous envoie, par le commandant Duperré, le résultat d'un conseil de guerre qui vous mettra au courant des mesures que j'ai arrêtées (2). »

Le jour même, le général Trochu recevait la lettre suivante :

« Camp de Châlons, 17 août 1870.

« Mon cher général,

« Je vous nomme gouverneur de Paris et commandant en chef de toutes les forces chargées de pourvoir à la défense de la capitale. Dès mon arrivée à Paris, vous recevrez notification du décret qui vous investit de ces fonctions ; mais, d'ici là,

---

aucune grande bataille, et la réunion de nos deux armées allait donner une force de près de 300 000 hommes pour défendre le pays contre l'invasion. Dans ces conditions, commencer par abandonner sans combat tout le terrain depuis la frontière jusqu'à Paris n'était nullement nécessaire. Pourquoi céder à l'ennemi les richesses d'un pays qu'on pouvait encore lui disputer. » (*L'armée de Châlons, son mouvement vers Metz* [1870], par A. G... [colonel Grouard], ancien élève de l'Ecole Polytechnique ; Paris, Baudoin et Cⁱᵉ. 1885 ; p. 11.) Mais l'Empereur ne persista pas dans son idée quand il sut que Bazaine était encore à Metz le 18 et se rallia, au moins en pensée, au projet de retour à Paris.

(1) *Journal officiel*, n° du 14 juin 1871, discours du général Trochu.

(2) *Papiers et correspondance de la Famille impériale*, t. I, pp. 433 et 434.

prenez, sans délai, toutes les dispositions nécessaires pour accomplir cette mission.

« Recevez, mon cher général, l'assurance de mes sentiments d'amitié.

« Napoléon (1). »

Les paroles échangées, les résolutions prises dans le conseil de guerre du 17 août appellent quelques réflexions.

D'abord, le général Berthaut, commandant de la Garde mobile parisienne, ne s'était pas fait la moindre illusion sur la valeur de ses soldats, surtout au cas où ils seraient ramenés à Paris. Il avait fort nettement reconnu le danger de faire rentrer dans la capitale les bataillons des faubourgs, mais n'avait pu répondre à l'objection de l'Empereur faisant remarquer « le péril d'un pareil triage ». Aussi, quand le général Trochu, toujours flatteur des masses populaires, déclare avoir « la plus entière confiance » dans les mobiles parisiens, le général Berthaut ne lutte plus : « N'en parlons plus; je les maintiendrai par le courage, la fermeté, le patriotisme. »

C'était une première faute de ne pas éloigner la Garde mobile parisienne de la capitale; là encore, l'Empereur et le général Trochu avaient fait preuve de non-sens militaire (2).

---

(1) *Ibid.*
(2) « Les bataillons de la Garde mobile parisienne étaient un des éléments constitutifs du 12ᵉ corps d'armée, à Châlons. Chacun sait la bravoure des enfants de Paris devant l'ennemi et personne n'ignore les dangers que leur présence à Paris devait faire naître; de telle sorte que, au lieu de 18 bataillons qui, dans un cas donné, pouvaient opérer des prodiges et décider le sort d'une bataille, le général Trochu ramenait à sa suite une phalange de révolutionnaires appelés à compliquer encore notre situation... C'était autant de moins contre l'ennemi, autant de plus contre l'ordre. Depuis, l'expérience en a été durement faite sous les yeux du général Trochu lui-même. » (Lettre du comte de Palikao au

« Les bataillons de la Garde mobile, rassemblés au camp de Châlons, firent preuve d'insubordination et tentèrent de se révolter; dans leurs rangs, retentissait déjà le cri de : ««Vive la République (1)! »»

Ensuite, c'est le prince Napoléon qui prend la parole et émet plusieurs propositions qui ne font guère honneur à sa perspicacité. Il amorce, par une phrase sur les hommes « placés dans le courant de l'opinion », la nomination de M. Trochu comme gouverneur de Paris.

Puis, c'est le trop fameux général Schmitz, le bras droit paralysé de Trochu pendant le siège, qui lance la proposition tant attendue par l'ambitieux et vaniteux personnage : « Il vous faut rentrer à Paris, dont le général Trochu serait nommé gouverneur. »

Et le prince Napoléon d'appuyer, avec la délicatesse d'un hippopotame : « Le général Trochu, par ses antécédents, par ses manières d'être, est le seul homme qui soit en état d'arrêter un mouvement révolutionnaire. »

C'est complet comme aveuglement, car le général Trochu aurait trahi le cousin comme il allait trahir le souverain, la femme du souverain.

Mais, après avoir ainsi fait preuve de son peu de connaissance des hommes, le prince Napoléon

président de la commission d'enquête, citée par lui dans son livre : *Un ministère de la Guerre de vingt-quatre jours*, p. 16.) — *Ibid.*, p. 18.

(1) Général de Woyde, t. I, p. 196. — « Il entendit un sergent parler du mauvais esprit des 18 bataillons de la Garde mobile de la Seine qu'on venait de renvoyer à Paris; le 6ᵉ bataillon, surtout, avait failli tuer ses chefs. » (*La Débâcle*, par Émile Zola, p. 51.) — *Bazeilles-Sedan*, par le général Lebrun. Paris, Dentu. 1884; pp. 1 et 2. — Capitaine Brackenbury, pp. 148 et 149. — Charles de Mazade, t. I, p. 173. — Léon Barracand, p. 68. — Baron Ernouf, p. 37. — Paul Déroulède, 1870, *Feuilles de route*, pp. 69 et 70. — *La Troisième Invasion*, par Eugène Véron; Paris, Librairie d'art, 1876; p. 175.

révèle son ignorance des aptitudes exigées chez un général en chef. N'ayant pas compris la nullité de Mac-Mahon à Magenta, à Solférino, à Wissembourg, à Frœschwiller, lors de la retraite qui suivit cette douloureuse défaite, ne voilà-t-il pas qu'il demande à l'Empereur de « placer le maréchal de Mac-Mahon à la tête de l'armée de Châlons » !

Heureusement, le prince finit sa harangue par une phrase simple, à laquelle on ne saurait adresser qu'un reproche, celui de n'avoir pas été suivie de la mort des neveux du grand Empereur dans les batailles qui allaient se livrer : « Prenons toutes les dispositions nécessaires à la défense et si, par malheur, nous tombons, nous tomberons, au moins, comme des hommes. » Hélas! ils n'ont pas su tomber, car, lorsque l'on ne veut pas, quand même, survivre au désastre, on en trouve le moyen, témoin Raoult, à Frœschwiller !

Enfin, pour achever ces réflexions, notons que le duc de Magenta fit sa partie dans le chœur des *laudateurs* de M. Trochu : à l'Empereur, qui a de la méfiance et qui l'interroge confidentiellement sur l'auteur de l'*Armée française en* 1867, le Maréchal répond : « Je connais le général depuis longtemps, c'est un homme de cœur, un homme d'honneur, on peut avoir confiance en lui ! » On le verra à l'ouvrage, le 4 septembre !

Mais le faux bonhomme à plumes blanches a hâte de prendre possession de son poste ; le 18, de grand matin, il gagnait Paris et se rendait immédiatement auprès de l'Impératrice qu'il trouvait pleine de fermeté, pleine de courage, mais exaltée et défiante.

— Général, lui dit-elle dès qu'elle l'aperçut, les ennemis seuls de l'Empereur ont pu lui conseiller ce retour à Paris. Il ne rentrerait pas vivant aux Tuileries.

— Madame, répondit-il, je suis donc des ennemis de l'Empereur ? J'ai contribué, avec le prince Napoléon, avec le maréchal de Mac-Mahon, avec tous les généraux qui formaient hier la conférence de Châlons, à faire considérer le retour de l'Empereur comme un acte de virilité gouvernementale qui pourrait écarter une révolution. J'ai accepté le mandat, plein de périls pour moi-même, et assurément imprévu, eu égard à mes antécédents, d'annoncer ici l'Empereur à la population parisienne. L'armée du maréchal de Mac-Mahon vient à Paris; il va s'y former un gouvernement de défense pour sauver le pays de la crise effroyable où il est.

— Non, général, l'Empereur ne viendra pas à Paris, il restera à Châlons.

— Mais alors, Madame, la convention en vertu de laquelle j'arrive ici n'a plus cours. L'Empereur m'envoyait pour le défendre et il ne me suit pas ?

— Vous défendrez cette ville, vous remplirez votre mission sans l'Empereur.

— Eh bien, je défendrai Paris sans l'Empereur et je vous apporte la proclamation par laquelle j'annonce aux habitants que je suis nommé Gouverneur et commandant en chef pour le siège ; la voici :

« Devant les périls qui menacent le pays, l'Empereur m'a nommé Gouverneur de la capitale en état de siège... »

— Général, s'écria l'Impératrice, il ne faut pas que le nom de l'Empereur figure dans une proclamation à l'heure présente.

— Mais, Madame, je représente l'Empereur ; j'ai dit que je venais le défendre, je ne puis pas parler à la population de Paris sans mettre l'Empereur devant moi et dire que c'est par son ordre que je me dispose à défendre la capitale.

— Non, général, il y a, croyez-moi, des inconvénients, vu l'état des esprits à Paris, à laisser subsister cette indication (1).

L'entretien se termina là et l'Impératrice obtint ainsi la radiation du nom de l'Empereur.

La résolution et la fermeté de l'Impératrice s'expliquent aisément. D'abord, elle avait l'appréhension de la félonie du bavard personnage et ne lui avait pas caché la piètre estime où elle le tenait (2). Ensuite, le commandant Duperré, de la Marine, avait remis, dès la veille, au ministre de la Guerre, la lettre contenant les résolutions prises à Châlons. Ce fut un coup terrible pour le général de Palikao, qui disposait tout, à cette époque, en prévision d'une marche rapide vers Metz. Aussi, ce même jour 17, à 10 heures 27 du soir, télégraphiait-il à l'Empereur :

« L'Impératrice me communique la lettre par laquelle Votre Majesté annonce qu'elle veut ramener l'armée de Châlons sur Paris. Je la supplie de renoncer à cette idée qui paraîtrait l'abandon de l'armée de Metz qui ne peut faire, en ce moment, sa jonction à Verdun. L'armée de Châlons sera avant trois jours de 85 000 hommes, sans compter le corps de Douay, qui rejoindra dans trois jours, et qui est de 18 000 hommes. Ne peut-on pas faire une puissante diversion sur les corps prussiens déjà épuisés par plusieurs combats ? L'Impératrice partage mon opinion (3). »

Voilà le secret de la conversation de l'Impératrice et du général Trochu : le comte de Palikao lui avait fait adopter ses idées d'autant plus facilement que la Régente comprenait que la présence de l'Em-

---

(1) *Journal officiel*, n° du 14 juin 1871, discours du général Trochu.
(2) *Papiers et Correspondance de la Famille impériale*, t. I. p. 426.
(3) *Ibid.*

pereur à Paris serait une cause de désordre, de faiblesse, en même temps que la fin de son influence qu'elle entendait employer à sauver la France et la dynastie.

« L'Impératrice mettait, dans ces tristes affaires, un sentiment à la fois féminin et chevaleresque. Qu'elle eût des inquiétudes pour la sûreté personnelle de l'Empereur, s'il revenait, cela n'est point douteux ; elle disait qu'il «« ne rentrerait pas vivant aux Tuileries »», — car on en était là ! L'anxiété de la femme perçait dans ces mots. Il y avait aussi chez la Régente un instinct de fierté qui se révoltait. Elle ne pouvait se résigner à voir le souverain rentrer aux Tuileries nuitamment, en se cachant comme un vaincu et un fugitif. Un retour lui semblait un attentat «« à l'honneur de l'Empereur »», à sa «« gloire »». On avait encore l'illusion de la gloire ! La chevalerie de l'Impératrice fixait l'Empereur au camp et l'envoyait se relever à la première bataille qui se livrerait.

« Le ministre de la Guerre, vieux et vaillant soldat dépaysé dans les affaires publiques, homme d'imagination et d'expédients encore plus qu'organisateur, avait, lui aussi, sa pensée ou, si l'on veut, sa fascination. Il n'avait pas eu de peine à voir que l'éparpillement de nos forces avait contribué à nos désastres, et il voulait, comme il le dit assez naïvement, «« changer les rôles, opposer aux masses prussiennes, des masses françaises »». Il avait été de plus frappé de ce fait que notre armée, d'habitude si hardie, s'était vue dès le premier moment réduite à une défensive décousue, déconcertée, et il voulait lui rendre la confiance en la ramenant tambour battant à l'ennemi. Le général de Palikao improvisait de nouveaux corps, il s'enivrait un peu des plans de campagne qu'il imaginait, et c'est ainsi que, par des raisons militaires qui n'excluaient pas la préoccupation dynastique, qui la voilaient ou la palliaient tout au plus, le ministre de la Guerre se trouvait d'accord avec la Régente pour s'opposer à toute pensée de retraite sur Paris (1). »

Quant à l'Empereur, il se rendait également aux raisons développées par le comte de Palikao : il abandonnait ses préférences stratégiques, le retour de l'armée à Paris, car, le 18, à 9 heures 4 minutes du matin, il répondait au ministre de la Guerre : « Je me rends à votre opinion (2). »

En conséquence, le 19, le général de Palikao indique, de nouveau, *comme objectif au duc de Magenta de rejoindre Bazaine* (3), et le Maréchal télégraphie au ministre de la Guerre, le même jour :

« Veuillez dire au conseil des ministres qu'il peut compter sur moi *et que je ferai tout pour rejoindre Bazaine* (4). »

Mais au lieu de se mettre en mesure d'exécuter les ordres du ministre dès que le 7ᵉ corps aura rallié le camp, au lieu de se rapprocher de Verdun, *alors qu'il supposait que Bazaine était en marche sur cette ville* (5), alors que, dans la soirée du 19, *il croyait que l'armée de Metz pourrait arriver d'un moment à l'autre sur la Meuse* (6), au lieu donc *de faire tout pour rejoindre Bazaine*, le maréchal de Mac-Mahon pense déjà à gagner Reims, à s'éloigner

---

(1) Charles de Mazade, t. I, pp. 178 et 179.
(2) *Papiers et Correspondance de la Famille impériale*, t. I, p. 426.
(3) *Enq. parlem. Déf. nationale*, déposition du maréchal de Mac-Mahon, p. 30. — « Un ordre du ministre de la Guerre, arrivé au camp le 19, prescrivait formellement cette jonction... » (*La Guerre franco-allemande*, 1ʳᵉ partie, pp. 906 et 907.)
(4) *Papiers et Correspondance de la Famille impériale*, t. I, p. 427.
(5) *Enq. parlem. Déf. nationale*, p. 30, déposition du maréchal de Mac-Mahon.
(6) *Ibid.*

de Bazaine qu'il a pour objectif (1). Et cependant les dépêches du commandant en chef de l'armée n'entravent pas sa liberté, car, en réponse au télégramme qu'il a adressé à Bazaine pour l'instruire des résolutions du conseil de guerre du 17, il a reçu de son supérieur la note suivante :

« Je suis trop éloigné du centre de vos opérations pour vous indiquer les mouvements à exécuter. *Je vous laisse libre d'agir comme vous l'entendrez* (2). »

Le duc de Magenta assure avoir rendu compte au ministre de la Guerre de son intention de marcher vers Reims et il ajoute que le ministre l'approuva. Il y a certainement là une erreur du Maréchal. Le général de Palikao n'a jamais eu la pensée d'un mouvement en arrière, et, ce qui le prouve, c'est que tous les ordres de marche, envoyés de Paris au camp, indiquent le départ de *Mourmelon* sur Suippes, Somme-sur-Py. Bethenville, où les trois corps devaient être rendus le 21, au soir (3). A partir du 17, le général de Palikao, que nous mettons bien au-dessus de M. de Moltke, comme homme de guerre, n'a pas varié et a toujours demandé la marche la plus rapide vers Metz.

Au contraire, le rédacteur de la *Section historique* prétend que le Maréchal a informé le ministre de la Guerre de son intention de marcher sur Reims et que ce dernier lui répondit « qu'il partageait entièrement son avis au sujet de ce mouvement (4) ». Cela nous étonne beaucoup : nous serions curieux de lire cette dépêche. La *Section*

---

(1) *Ibid.* — Mac-Mahon n'a jamais réellement voulu rejoindre Bazaine. (Colonel Grouard, p. 2.)
(2) *Ibid.*
(3) Général de Palikao, p. 104. — Voir également la carte de la direction de l'armée de Châlons vers Metz, indiquée par le ministre de la Guerre dans le conseil des ministres, carte annexée audit ouvrage.
(4) *Section historique*, IIIᵉ série, I, p. 59.

historique reproduit bien un télégramme du Maréchal annonçant au ministre qu'il se portera, le 21, sur Reims (1), mais nous n'avons pu découvrir, dans les *Documents annexes*, la réponse du comte de Palikao. Peut-être avons-nous mal cherché.

Cependant, il résulte d'une dépêche adressée par le ministre de la Guerre à Mac-Mahon, le 20 août, en réponse de celle que ce dernier lui avait envoyée afin de le prévenir de sa résolution de ne pas partir pour Reims avant d'être renseigné sur la direction prise par Bazaine, il résulte donc, de cette dépêche, que le comte de Palikao ne *protesta* point contre ce retard (2). Mais, de ce que l'on ne *proteste* pas contre quelque chose, il ne suit pas qu'on l'approuve : il n'était point dans le tempérament du général de Palikao de s'insurger contre le fait accompli ; il se contentait de s'efforcer d'en conjurer les funestes conséquences.

Nous avons encore, de ce jour 19 août, une dépêche adressée au général en chef par le commandant de l'armée de Châlons :

« Si, comme je le crois, vous êtes forcé de battre en retraite très prochainement, je ne sais, à la distance où je suis de vous, comment vous venir en aide sans découvrir Paris. Si vous en jugez autrement, faites-le-moi savoir (3). »

Nous avons donné, quelques lignes plus haut, la réponse de Bazaine à ce télégramme.

Mais peu importait. Le Maréchal n'a plus de but déterminé ; il veut et ne veut pas adopter le plan du ministre de la Guerre ; il change d'idées à chaque instant, va d'un extrême à l'autre, du noir au blanc, vers Metz et sur Paris, avec une incroyable absence

---

(1) *Ibid*, IIIe série, I, Documents annexes, p. 62.
(2) *Ibid.*, p 91.
(3) *Enq. parlem. Déf. nationale*, déposition du maréchal de Mac-Mahon, p. 30.

de logique ; il écrit, le matin, qu'il *fera tout pour rejoindre Bazaine*, et, le soir, il télégraphie à ce dernier, *qu'il ne sait comment lui venir en aide sans découvrir Paris*. La période des hésitations, des tâtonnements, des volte-face est commencée, elle ne se terminera plus qu'à Sedan, au milieu de l'effondrement de l'armée française.

« J'étais, je l'avoue, assez indécis, a déposé le duc de Magenta lors de l'*Enquête parlementaire*. Abandonner le maréchal Bazaine, que je croyais pouvoir arriver d'un moment à l'autre sur la Meuse, me causait un véritable déchirement, mais d'un autre côté, il me semblait urgent de couvrir Paris et de conserver à la France la seule armée qu'elle eût encore de disponible (1). »

« Comment arriver à concilier ces deux conditions contradictoires ? D'une part, le maréchal de Mac-Mahon ne se méprenait pas sur la valeur de l'armée de Châlons, et, entrevoyant assez nettement qu'elle n'était pas très apte à entreprendre une campagne sérieuse, il inclinait à la ramener sous Paris. Mais, d'autre part, s'il prenait ce parti et que l'armée de Metz vint à essuyer un désastre, l'opinion publique et la postérité peut-être ne l'en rendraient-elles pas responsable ?

« Tout contribuait à rendre ses perplexités, ses angoisses même plus vives, aussi bien l'influence morale de la défaite de Frœschwiller que le sentiment unanime des troupes et les instances du Gouvernement qui demandaient qu'on n'abandonnât pas le maréchal Bazaine (2). ««Il faut s'être trouvé

---

(1) *Ibid.*
(2) Colonel Stoffel, *La Dépêche du* 20 *août*, p. 15. — « Je ne comprends pas notre inaction ; comme je le disais hier au maréchal de Mac-Mahon, notre premier devoir serait de nous porter en avant pour attirer sur nous une partie des forces ennemies et soulager d'autant ces braves camarades. » (*Vie militaire du général Ducrot*, t. II, p. 387, Lettre à Mme Ducrot du 21 août 1870.)

dans l'entourage du Maréchal et de l'Empereur pour comprendre l'anxiété qui y régna dans ces longues journées (1). »»

« Sans doute, le mouvement projeté sur Reims était une solution moyenne qui permettait ultérieurement de prendre l'un ou l'autre parti, mais le maréchal de Mac-Mahon ne pouvait se dissimuler qu'il n'était possible d'en différer l'adoption que de quelques jours à peine (2). »

Cependant, Mac-Mahon ne fait rien pour ramener la discipline dans les rangs de ses soldats ; il ne lance pas sa cavalerie à la découverte et le ministre est obligé de lui télégraphier :

« Guerre à Mac-Mahon, camp de Châlons, 19 août 1870.

« J'apprends de source certaine que les corps ne se gardent pas, il n'y a pas de reconnaissance sérieusement organisée jusqu'ici. Je fais exception pour la division de cavalerie du général Fénelon qui vous a fourni des renseignements utiles. J'ai su que le corps de Failly, à Chaumont et à Blesme (sic). n'était ni éclairé ni gardé ; cette absence de vigilance permet à des partis isolés et sans importance de couper les chemins de fer. Cette opération a été exécutée déjà avec hardiesse et bonheur dans plusieurs endroits par quelques cavaliers qu'il eût été facile de chasser à coups de fusil, si l'on s'était gardé. Veuillez donner des ordres pour que l'on redouble de vigilance en ce moment (3). »

---

(1) *La Dépêche du 20 août* 1870, par le colonel Stoffel ; Paris. Lachaud et Burdin. 1874 ; p. 16.

(2) *Section historique*, III° série. I, pp. 65 et 66. — « Mac-Mahon n'osait prendre un parti. » (Arthur Chuquet, p. 82.) — Mac-Mahon se décida. mais à contre-cœur. » (Rüstow, t. I. p. 305.) — « Ni l'Empereur ni le Maréchal ne semblaient compter sur le succès. » (Colonel Fabre, p. 113.)

(3) *Papiers et Correspondance de la Famille impériale*, t. I, p. 427.

Le 20, le maréchal de Mac-Mahon adresse au ministre de la Guerre le télégramme suivant qui montre bien sa résolution de ne pas aller au secours de Bazaine, malgré les recommandations du ministre :

« Châlons, 8 h. 45 matin.

« Les renseignements parvenus semblent indiquer que les armées ennemies sont placées de manière à intercepter à Bazaine les routes de Briey, de Verdun et de Saint-Mihiel. Ne sachant pas la direction qu'il peut prendre, *bien que je sois dès demain prêt à marcher*, je pense que je resterai en position jusqu'à connaissance de la direction prise par Bazaine, soit au nord, soit au sud (1). »

Le ministre lui répondait immédiatement :

« Paris, 20 août, 3 heures 40 soir. — J'ai reçu votre dépêche de 8 heures 45 ; le seul renseignement que je puisse vous donner est le suivant : le 18 au soir, Bazaine occupait comme position la ligne de Amanvilliers à Sussy (2). »

Malheureusement, le 21, le Maréchal, mettant à exécution sa funeste idée de retour à Paris, faisait rétrograder les 1ᵉʳ, 5ᵉ et 12ᵉ corps de Mour-

---

(1) *Enq. parlem. Déf. nationale*, déposition du maréchal de Mac-Mahon, p. 30. — Palikao pense, à l'inverse, que cette dépêche indiquait, de la part du Maréchal, l'intention de se porter d'abord vers Bazaine, contrairement au plan proposé à Châlons par le général Trochu, puisqu'il demandait des renseignements sur la direction du général en chef. (Général de Palikao, p. 114.) — Le prince de Hohenlohe a émis la même opinion que nous : « Il me semble que Mac-Mahon n'a jamais eu sérieusement l'intention d'exécuter ce plan et de tendre la main à Bazaine. » (*Lettres sur la Stratégie*. t. II, p. 32.)

(2) *Papiers et Correspondance de la Famille impériale*, t. I, p. 44.

melon sur Reims (1). C'était deux jours perdus (2) !

Le colonel Stoffel avait été pour beaucoup dans cette détermination. En effet, le 20 août, il reçut, vers midi, du maire d'une localité située à 44 kilomètres du camp, l'avis qu'un détachement ennemi avait exigé des vivres et du fourrage pour une avant-garde qui devait arriver le soir. Sans vérifier l'exactitude du fait, sans prendre de renseignements, le colonel courut auprès du Maréchal pour lui signaler ce danger imaginaire et l'effraya bien inutilement (3).

Le duc de Magenta lui répondit avec emportement :

« Vous m'avez déjà dit que ces bougres-là sont audacieux ; un parti de cavalerie pourrait, après une marche de nuit, être ici après-demain, il faut que nous partions demain (4). »

---

(1) « Le 21 août, Mac-Mahon s'établit à Reims ; il pouvait, de là, reculer sur Paris par la vallée de l'Oise ou monter par le nord à la rencontre de Bazaine. En réalité, il rétrogradait et ne pensait qu'à se replier sur la capitale. » (Arthur Chuquet, p. 82.) — « Mac-Mahon s'arrête à ce compromis, gagner Reims, plus sûr, et qui n'éloigne trop ni de Paris ni de Bazaine. » (Paul et Victor Margueritte, p. 54.) — *Mémoires du maréchal de Moltke. La Guerre de* 1870, pp. 85 et 86.

(2) *Bazeilles, Sedan*, par le général Lebrun, p. 11.

(3) Dans cette soirée du 20, les armées allemandes qui s'avançaient vers l'ouest étaient encore bien éloignées ; l'armée de la Meuse (prince de Saxe) atteignait seulement la ligne Fléville-Jeandelyze-Hannonville, et la IIIᵉ armée arrivait sur l'Ornain : elles étaient respectivement à 113 et 98 kilomètres de Châlons ; il n'y avait donc aucune urgence à accomplir cette évacuation du camp avec une précipitation qui devait entraîner des pertes considérables de matériel. (*Opérations des armées allemandes depuis le début de la guerre jusqu'à la catastrophe de Sedan et à la capitulation de Strasbourg*, par le colonel A. Borbstaedt ; traduit de l'allemand par E. Costa de Serda, capitaine au corps d'Etat-major ; Paris, Dumaine, 1872 ; pp. 569 et 570.)

(4) *La Dépêche du 20 août*, par le colonel Stoffel, pp. 19 et 20. — En vérité, si le maréchal de Mac-Mahon trouvait les cavaliers prussiens « audacieux », alors que, dans sa retraite désordonnée, ils ne l'avaient ni attaqué, ni inquiété, ni même rejoint, il se faisait une singulière idée de l'audace.

Ce récit du colonel Stoffel est peu à l'avantage des deux interlocuteurs. Comment! l'armée de Châlons fuyait devant un parti de cavalerie! Quelques uhlans auraient pu caracoler au milieu de 120 000 soldats français comme au milieu d'une ville ouverte! Ah! nous sommes tenté d'appliquer au colonel Stoffel ce qu'il adresse si sévèrement aux autres et de nous écrier après lui : « L'élévation de caractère est chose rare et les défaillances sont communes par le temps qui court (1). »

Quoi qu'il en soit, l'armée se mit en marche pour Reims et l'évacuation du camp fut tellement imprévue qu'aucune disposition n'avait été prise afin de diriger sur Paris les énormes approvisionnements de vivres, de fourrages, d'effets de toute nature qui y avaient été accumulés. La division de cavalerie, désignée pour former l'arrière-garde, était chargée de les détruire et d'incendier les bâtiments du camp. On ne se donna même pas le temps d'attendre les troupes qui n'étaient pas encore arrivées : la division Goze, une brigade du 5ᵉ corps et le 7ᵉ corps tout entier (2).

En ces heures désastreuses, il faut savoir gré aux soldats d'avoir conservé un reste de discipline. La liberté la plus grande leur était laissée. Les mauvais sujets quittaient leurs corps, allaient marauder, désertaient : personne ne s'en préoccupait. Le Maréchal passait, silencieux, devant ses soldats,

---

(1) *Ibid.*, p. 114.
(2) Colonel Borbstaedt, p. 569. — « L'armée commençait son mouvement de Châlons sur Reims aux lueurs de l'incendie allumé pour détruire les baraques du camp, le châlet de l'Empereur, les approvisionnements de fourrage qu'on n'avait pas le loisir d'évacuer. » (Théodore Duret, t. I, p. 298.) — « De nombreux approvisionnements, qui auraient été si utiles à Paris, des fourrages, des amas de chaussures furent brûlés sans hésitation. » (Général Derrécagaix, p. 258.) — Amédée Le Faure, t. I, p. 235. — *Les Braves Gens*, par Paul et Victor Margueritte ; Paris, Plon et Nourrit; p. 30.

qui, depuis Fræschwiller, ne le saluaient même pas et lui parlaient souvent de la façon la plus grossière (1). Et cependant rien n'était tenté pour rétablir la discipline : il n'y eut pas un seul homme de fusillé pour crime militaire depuis le commencement de la guerre jusqu'à Sedan !

Le duc de Magenta n'était rentré à son quartier général, établi à Courcelles, près de celui de l'Empereur, que sur les 7 heures. En arrivant, on lui apprit que Napoléon III l'avait fait demander depuis plusieurs heures, aussi s'empressa-t-il de se rendre au Quartier impérial. Il y trouva l'Empereur, M. Rouher, et, paraît-il, le général Faure (2).

Comme pour le conseil de guerre du 17, à Châlons, nous allons essayer de rapporter la discussion qui s'éleva dans celui du 21, à Courcelles.

L'EMPEREUR.

La question est de savoir s'il faut aller vers l'est au secours de Bazaine ou revenir sur Paris (3) !

LE MARÉCHAL.

Je suis partisan du retour à Paris.

M. ROUHER.

Alors vous abandonnez l'armée de Metz ! Il est pourtant bien grave de ne pouvoir délivrer cette armée. Le Prince royal se hâte vers Paris, mais il ne peut y arriver que dans huit jours ; il vous serait peut-être facile de faire votre jonction avec Bazaine et de revenir contre le Prince royal. Alors vous

---

(1) *De Fræschwiller à Sedan*, p. 40. — « On ne saluait plus le Maréchal. » (*Les Braves Gens*, par Paul et Victor Margueritte, p. 27.) Ainsi, les soldats avaient senti la nullité du duc de Magenta et les gouvernants lui confiaient la dernière armée de la France !

(2) *Enq. parlem. Déf. nationale*, déposition du maréchal de Mac-Mahon, p. 30.

(3) *Ibid.*, déposition de M. Rouher, p. 239.

protégeriez Paris dans des conditions de victoire et sauvegarderiez tous nos intérêts (1).

Tandis que si vous vous repliez immédiatement du côté de la capitale, cet abandon de Bazaine sera des plus fâcheux ; il aura à Paris les plus graves inconvénients, et, en définitive, le Conseil des ministres et l'Impératrice sont d'avis que vous vous portiez au secours de l'armée de Metz (2), ainsi du reste que le comte de Palikao vous l'a déjà fait savoir (3).

LE MARÉCHAL

Je ne me crois pas en état de risquer de me trouver au milieu des armées prussiennes. D'après les renseignements qui me sont parvenus hier soir, je dois supposer que le maréchal Bazaine est entouré par une armée de 200 000 hommes. En avant de Metz, dans la direction de Verdun, se trouve l'armée du prince de Saxe, estimée à 80 000 hommes. Enfin, le prince royal de Prusse est près de Vitry-le-Français à la tête de 150 000 hommes. En me portant vers l'est, je puis me trouver dans une position très périlleuse et éprouver un désastre *que je veux éviter.*

De plus, l'armée de Metz pouvant être battue, il est de la plus haute importance de conserver à la France l'armée de Châlons, qui, bien que composée en partie de régiments de marche (4), a néanmoins assez d'anciens cadres pour servir à réorganiser une force de 250 000 à 300 000 combattants.

Voilà les considérations qui me décident à me

---

(1) *Ibid.*
(2) *Enq. parlem. Déf. nationale*, déposition du maréchal de Mac-Mahon, p. 30.
(3) Voir, *suprà*, p. 200, la dépêche du 19, envoyée par le comte de Palikao à Mac-Mahon.
(4) **Le Maréchal exagérait le nombre des régiments de marche.**

diriger sur Paris, dès après-demain, 23 ; ce que je ferai à moins que je ne reçoive, dans l'intervalle, de nouvelles instructions du maréchal Bazaine (1).

M. ROUHER

Je ne puis admettre l'abandon de l'armée de Metz.

LE MARÉCHAL

Mais c'est impossible d'aller secourir Bazaine : il n'a pas de munitions, pas de vivres, il sera obligé de capituler et nous arriverons trop tard (2).

M. ROUHER

Qui vous a donné ces renseignements sur le manque de munitions et de vivres de Bazaine (3) ?

LE MARÉCHAL

(*Se retournant vers le général Faure.*)

Voyons, général, qu'en pensez-vous (4) ?

LE GÉNÉRAL FAURE

Maréchal, c'est impossible, vous n'avez qu'une marche à suivre ; c'est de revenir à Paris (5).

M. ROUHER

J'ai cru devoir présenter quelques observations, mais il ne peut me convenir de discuter une question pareille, où je n'ai aucune compétence, aucune notion stratégique. Vous dites que c'est impossible : je m'incline. Vous avez raison (6).

---

(1) *Enq. parlem. Déf. nationale*, déposition du maréchal de Mac-Mahon, p. 30,
(2) *Ibid.*, déposition de M. Rouher, p. 239.
(3) *Ibid.*
(4) *Ibid.*
(5) *Ibid.*
(6) *Ibid.*

L'EMPEREUR

Alors, qu'est-ce qu'il faut faire (1) ?

M. ROUHER

Si l'on ne peut aller au secours de Bazaine, il faut nommer le maréchal Mac-Mahon généralissime, lui donner le commandement de toutes les troupes du camp de Châlons et de toutes celles qui sont dans Paris et revenir avec votre armée sous la capitale, car Votre Majesté ne doit pas retourner isolée, mais escortée de ses soldats. Si la pensée de l'Empereur est de nommer le maréchal Mac-Mahon généralissime, il faut qu'il entre immédiatement en fonctions et prépare toutes les mesures qui doivent assurer la plus complète défense de Paris. Si Sa Majesté y consent, je la prie de me dicter par 1°, 2°, 3°, etc., tout ce qu'il y a à faire dans ce but (2).

L'EMPEREUR

J'y consens certainement (3).

LE MARÉCHAL

Je remercie Votre Majesté de cette nouvelle preuve de confiance; j'accepte les fonctions de généralissime qu'elle veut bien me confier et suis prêt à en prendre la responsabilité (4).

« Napoléon III, en remettant le commandement au maréchal de Mac-Mahon, avait pris l'engagement de rester étranger à la direction des opéra-

---

(1) *Ibid.*
(2) *Ibid.*
(3) *Ibid.*
(4) *Ibid.* — De même que pour le conseil de guerre du 17 août, nous avons copié le compte rendu que nous avons rédigé de celui du 21 août, dans notre *Frœschwiller, Châlons, Sedan*, pp. 213 à 217, d'après les documents officiels.

tions militaires ; conformant sa conduite à ses déclarations, il s'était tenu en dehors de la discussion entre M. Rouher et le Maréchal, laissant ce dernier maître de la décision à prendre (1). » — « L'Empereur, passif entre les deux influences (celle de Palikao et celle de Mac-Mahon) jugeait militairement comme le Maréchal, politiquement comme le comte de Palikao (2). »

Remarquons, enfin, que ce conseil du 21 août « prouve que l'on ne marchait pas franchement et hardiment au secours de Bazaine, et que, malgré les ordres formels de Palikao, ceux qui dirigeaient l'armée de Châlons conservaient des arrière-pensées (3) ».

Cela exposé revenons, au conseil. Après l'acceptation du commandement en chef par le maréchal de Mac-Mahon, M. Rouher rédigea différentes pièces :

D'abord la nomination du Maréchal, ainsi conçue :

« Le maréchal de Mac-Mahon, duc de Magenta, est nommé général en chef de toutes les forces militaires composant l'armée de Châlons, et de toutes celles qui sont ou seront réunies sous les murs de Paris ou dans la capitale (4). »

Puis vint une note, en dix-huit paragraphes, où l'Empereur indiquait les mesures à prendre en prévision du siège de Paris (5).

Ce fut ensuite une lettre de Napoléon III au Maréchal (6).

---

(1) Théodore Duret, t. I, p. 265.
(2) *Précis de la Guerre franco-allemande*, par le colonel Fabre ; Paris, Plon, 1875 ; p. 111.
(3) Général Ambert, t. I, p. 286.
(4) Voir la pièce justificative, n° II.
(5) *Enq. parlem. Déf. nationale*, déposition de M. Rouher, p. 239.
(6) Voir la pièce justificative, n° III.

Ce furent enfin deux projets de proclamation du maréchal de Mac-Mahon, l'un écrit de la main du duc de Magenta, l'autre de celle de Rouher (1).

Il fut convenu qu'on enverrait ces pièces le lendemain matin, à Paris, pour que le Gouvernement confirmât les instructions qu'il y avait à donner (2).

M. Rouher partit dans la nuit même et se rendit au conseil des ministres auquel il apprit tout ce qui s'était passé. Le général de Palikao exprima une grande contrariété de la détermination prise par le maréchal de Mac-Mahon. Son opinion était qu'il fallait marcher vers Metz et, à l'appui de son dire, il exposa un plan de campagne très détaillé. Presque unanimement le Conseil partagea ses convictions (3), et l'on rédigea, séance tenante, la dépêche qui suit :

« *Le ministre de la Guerre à l'Empereur, à Reims.*

« Paris, 22 août, 1 h. 5 m. du soir.

Le sentiment unanime (4) du conseil, en présence des nouvelles du maréchal Bazaine, est plus énergique que jamais. Les résolutions prises hier soir devraient être abandonnées. Ni décret, ni lettre, ni proclamation ne devraient être publiés. Un aide de camp du ministre de la Guerre part pour Reims avec toutes les instructions nécessaires.

« Ne pas secourir Bazaine aurait à Paris les plus déplorables conséquences. En présence de ce dé-

---

(1) Voir les pièces justificatives, n⁰ˢ IV et V.
(2) *Enq. parlem. Déf. nationale*, déposition de M. Rouher, pp. 239 et 240. — Voir, aussi, la dépêche adressée par l'Impératrice à l'Empereur pour le dissuader de revenir à Paris, pièce justificative, n° VI.
(3) *Enq. parlem. Déf. nationale*, déposition de M. Rouher. p. 240.
(4) **Presque unanime.**

sastre, il faudrait craindre que la capitale ne se défendît pas.

« Votre dépêche à l'Impératrice nous donne la conviction que notre opinion est partagée.

« Paris sera à même de se défendre contre l'armée du prince royal de Prusse. Les travaux sont poussés très promptement, une armée nouvelle se forme à Paris. Nous attendons une réponse par le télégraphe (1). »

Cette dépêche n'était pas encore sur le fil que le général de Palikao recevait ce télégramme de Mac-Mahon :

« Courcelles, 22 août 1870, 11 h. 30 matin.

« Le maréchal Bazaine a écrit du 19 qu'il comptait toujours opérer son mouvement de retraite par Montmédy. Par suite, je vais prendre des dispositions (2). »

Le duc de Magenta n'avait pas persisté dans sa résolution de retour à Paris en raison d'une dépêche que l'Empereur venait de recevoir de Bazaine, dépêche dans laquelle le traître annonçait « qu'il comptait toujours se retirer par les places du nord (3) ». Voici cette dépêche :

« *Le maréchal Bazaine à Sa Majesté l'Empereur au camp de Châlons.*

« Ban-Saint-Martin, le 19 août 1870.

« L'armée s'est battue hier toute la journée sur les positions de Saint-Privat et de Rozerieulles et

---

(1) *Papiers et Correspondance de la Famille impériale*, t. I, p. 47.
(2) *Ibid.*, p. 49.
(3) *Bazeilles, Sedan*, par le général Lebrun, p. 39. — « Les avis du maréchal Bazaine tendaient aussi à lui faire prendre un mauvais parti. » (Général Derrécagaix, p. 263.)

les a conservées. Les 4ᵉ et 6ᵉ corps seulement ont fait, vers 9 heures du soir, un changement de front, l'aile droite en arrière, pour parer à un mouvement tournant par la droite que les masses ennemies tentaient d'opérer à l'aide de l'obscurité. Ce matin, j'ai fait descendre de leurs positions les 2ᵉ et 3ᵉ corps, et l'armée est de nouveau groupée sur la rive gauche de la Moselle, de Longueville au Sansonnet, formant une ligne courbe passant par le haut du Ban-Saint-Martin, derrière les forts de Saint-Quentin et de Plappeville. Les troupes sont fatiguées de ces combats incessants, qui ne leur permettent pas les soins matériels et il est indispensable de les laisser reposer deux ou trois jours. Le roi de Prusse était ce matin avec M. de Moltke à Rezonville, et tout indique que l'armée prussienne va tâter la place de Metz. Je compte toujours prendre la direction du nord et me rabattre ensuite par Montmédy sur la route de Sainte-Menehould à Châlons, si elle n'est pas fortement occupée. Dans ce cas, je continuerai sur Sedan et même Mézières pour gagner Châlons. Il y a dans la place de Metz 700 prisonniers qui deviendraient un embarras pour la place en cas de siège ; je vais proposer un échange à général de Moltke pour pareil nombre d'officiers et de soldats français. (Donner à Mac-Mahon) (1). »

En même temps qu'il télégraphiait à Paris, le Maréchal écrivait à Bazaine :

« Reçu votre dépêche du 19. Suis à Reims ; me porte dans la direction de Montmédy. Serai après-demain sur l'Aisne, d'où j'agirai selon les circonstances pour vous venir en aide (2)... »

(1) *Papiers et Correspondance de la Famille impériale*, t. I, pp. 16 et 17.
(2) *Ibid.*, t. I, p. 49.

Il est donc clair que la dépêche du ministre de la Guerre, en date du 22, 1 *heure 5 minutes du soir*, qui conseillait la marche sur Montmédy, n'a pu en aucune manière influencer une dernière fois Mac-Mahon, puisqu'elle lui est parvenue après qu'il avait pris la résolution de rejoindre Bazaine à Montmédy, résolution qu'il avait annoncée à M. de Palikao et à Bazaine par les deux télégrammes qu'on vient de lire, dont le premier est également du 22, 11 *heures 30 minutes du matin* (1).

Quant à l'Empereur, jamais il n'a pesé sur Mac-Mahon pour le faire aller sur Metz, puisqu'il désapprouvait cette marche et voulait ramener l'armée sous les murs de la capitale (2).

« Plusieurs généraux, parmi lesquels le général Ducrot, exprimèrent la satisfaction qu'ils éprouvaient de voir qu'on n'abandonnait pas le maréchal Bazaine (3). »

Nous faisons encore remarquer que, dès 1879, dans notre première édition de *Frœschwiller, Châlons, Sedan*, nous signalions, — ce que la *Section historique* a relevé à son tour près de trente ans après nous, — que le duc de Magenta « avait pris

---

(1) « Au moment même où le Maréchal télégraphiait au comte de Palikao sa dépêche du 22 annonçant son intention de marcher sur Metz, le Conseil des ministres venait de lui expédier une dépêche pour le presser de se porter vers Bazaine ; les deux télégrammes durent se croiser ; c'était donc de son propre mouvement que le commandant en chef de l'armée de Châlons avait repris sa marche vers Metz. Le Conseil des ministres a pu faire connaître son avis et son désir au Maréchal, mais il connaissait trop bien la limite de ses pouvoirs et l'étendue de ceux d'un chef d'armée pour lui donner des ordres que le caractère ferme et résolu (!) du maréchal de Mac-Mahon n'aurait pas manqué de décliner s'ils eussent été contraires à son initiative personnelle. » (Général de Palikao, p. 116.) — Capitaine Brackenbury, p. 157.

(2) « Le retour à Paris répondait à sa propre pensée. » (Charles de Mazade, t. I. p. 188 et 189.) — Jules Simon, *Origine et chute du Second Empire*, p. 286.

(3) *Section historique*, III⁰ série, I, p. 84. — Voir, aussi, *Ibid.*, p. 66, note 1.

la résolution de rejoindre Bazaine à Montmédy (1) » et non à Metz.

Le Maréchal croyait que le commandant en chef de l'armée du Rhin avait quitté la capitale de la Lorraine, comme le félon le lui avait télégraphié. « Ce fut cette persuasion, *et cette persuasion seule*, qui me fit prendre cette résolution », a-t-il écrit dans ses *Souvenirs inédits*. « Il a voulu affirmer ainsi, sans doute, qu'aucune influence extérieure (sauf celle de Bazaine) n'est intervenue. Mais il a entendu, aussi, affirmer sa conviction du mouvement imminent (peut-être même commencé) du maréchal Bazaine vers l'ouest (2). »

Le général Brackenbury a lumineusement justifié la décision du duc de Magenta :

« Quelle était sa position ? La voici, tout simplement :

« S'il continue sa marche sur Paris, il abandonne Bazaine, qui sera accablé près de la frontière par toutes les armées allemandes réunies. L'anéantissement de l'armée de Bazaine devenait certain, car, si Mac-Mahon se retirait sur Paris pendant que Bazaine se frayait un passage jusqu'à Montmédy, il en résulterait inévitablement que le Prince royal abandonnerait la poursuite de Mac-Mahon et se rejetterait vers le nord, pour couper Bazaine des Ardennes, et se réunirait aux autres forces allemandes pour écraser avec elles l'armée de Metz dans une position qui ne lui laissait d'autre ligne de retraite que le territoire des neutres. En deux mots : la retraite de Mac-Mahon sur Paris, c'était l'anéantissement de l'armée de Bazaine se dirigeant par Montmédy sur Châlons.

« D'un autre côté, en quittant Reims de suite et

---

(1) Alfred Duquet, *Frœschwiller, Châlons, Sedan*, p. 220.
(2) *Section historique*, III° série, I. p. 85. — Général de Woyde, t. II, p. 199. — Colonel Grouard, p. 29.

en marchant pour occuper les défilés de l'Argonne, Mac-Mahon déblayait pour Bazaine la route par laquelle il avait exprimé le désir de marcher sur Sainte-Menehould ; il couvrait la ligne de retraite par les Ardennes, et, opérant sa jonction avec Bazaine sur la Meuse, eût pu opposer là aux Allemands les forces réunies de la France.....

« Peut-on dire sans injustice qu'étant ainsi placé, Mac-Mahon eut tort de prendre la décision de marcher à la rencontre de Bazaine? N'était-ce pas, au contraire, la seule voie honorable et loyale à laquelle il pût se résoudre? Si Bazaine était sorti de Metz, comme il avait promis devoir le faire, et s'il avait été écrasé, abandonné sur la Meuse, Mac-Mahon eût été avec justice rendu responsable de sa perte (1). »

C'est avec raison que le général Brackenbury affirme que jamais le duc de Magenta n'a eu l'idée *d'aller à Metz*, que son seul but a été de *rencontrer Bazaine* et qu'il a même *limité son mouvement à la rivière Aisne* (2). « Ce furent les dépêches de Bazaine et sa promesse de marcher sur Montmédy qui, seules, déterminèrent Mac-Mahon à se porter vers la Meuse. Et si l'on eût pu dire avec justice que Mac-Mahon, ne se portant pas vers Bazaine sortant de Metz, eût été son bourreau, avec combien plus de raison peut-on dire que Bazaine a été celui de l'armée de Mac-Mahon..... s'il n'a pas fait ce

---

(1) Capitaine Brackenbury, pp. 155 et 156.
(2) *Ibid.*, p. 157. — « L'idée dominante, même dans le public militaire, au sujet des opérations de l'armée de Châlons, *est que cette armée a quitté Reims dans l'intention de marcher sur Metz*. Or, dès sa seconde marche, on la voit s'arrêter plusieurs fois sur l'Aisne et dans l'Argonne, faisant au plus 10 kilomètres par jour, quelquefois restant sur place ; tandis qu'il est manifeste que, pour réussir dans la tâche présumée de l'armée, la première condition à remplir était de marcher vite, aussi vite que le permettaient les forces des hommes. Eh bien ! *à priori*, on peut dire qu'une **pareille contradiction entre la conception et l'exécution n'est pas possible.** » (Colonel Grouard, p. 2.) — *Ibid.*, p. 29.

qui dépendait de lui pour tenir son engagement (1). »

Au reste, si, vraiment, Mac-Mahon, après avoir pris sa résolution de marcher vers Bazaine, a dit au général Forgeot : « J'aurais mieux aimé me voir couper le bras droit que d'être forcé de signer un ordre pareil, qui est la perte de notre dernière armée (2) », il a commis une faute grave, car jamais un général, nous ne nous lasserons pas de le répéter, ne doit se charger de l'exécution d'un plan qu'il regarde comme inexécutable ; en ce cas, il doit passer la main à un camarade ayant la foi.

C'est donc librement que le duc de Magenta s'est porté vers Bazaine, non vers Metz. Il avait d'abord résolu de se porter sur Paris, et, de fait, entre les deux résolutions : aller au nord ou sur Paris, la première était plus difficile à exécuter que la seconde puisque, en cette dernière hypothèse, les Allemands étaient hors d'état de nous inquiéter. Mais la peur de la révolution dans la capitale, au cas où l'on adopterait le premier parti, avait décidé le comte de Palikao à le déconseiller. On saisit, maintenant, que c'est seulement sur l'ordre boiteux de Bazaine que le duc de Magenta abandonna la retraite sur Paris pour essayer la marche vers Montmédy : Bazaine, non Palikao, lui dicta sa conduite. En somme, « c'est le maréchal de Mac-Mahon qui, lui-même, a pris l'initiative de cette marche et qui, par conséquent, doit en être responsable (3) ».

Maintenant que les responsabilités sont bien établies par une discussion que nous n'avons pas

---

(1) *Ibid.*
(2) *Histoire de l'armée de Châlons*, p. 73.
(3) Colonel Grouard, p. 29. — « C'est complètement de son gré que le Maréchal a dirigé son armée de Reims sur l'Aisne et sur l'Argonne. » (*Ibid.*)

voulu écourter, achevons, en quelques lignes, l'exposé de cette journée historique.

Dès que le télégramme du comte de Palikao, par lequel il annonçait que le Conseil de régence réclamait la marche vers Bazaine, parvint à Courcelles, Napoléon III confirma les nouvelles intentions du Maréchal en télégraphiant à Paris :

« *L'Empereur au ministre de la Guerre.*

« Courcelles, le 22 août, 4 heures.

« Reçu votre dépêche. Nous partons demain pour Montmédy. Pour tromper l'ennemi, faire mettre dans le journal que nous partons avec 150 000 hommes pour Saint-Dizier. J'accepte Wimpffen à la place de Failly.....; supprimerez les décrets que vous a portés Rouher... (1) »

Par la perversité de Bazaine, par la mollesse et l'incapacité de Mac-Mahon, la France est condamnée à mort.

CONSIDÉRATIONS SUR LA MARCHE VERS METZ
PAR VERDUN ET SUR LA MARCHE VERS MONTMÉDY

Nous allons aborder ici une discussion aussi grave qu'aride, qui va réclamer l'attention la plus sérieuse. Nous tâcherons de l'abréger autant que possible, mais, cependant, il faudra que cette discussion soit serrée de près, à peine de perdre toute autorité.

(1) *Papiers et Correspondance de la Famille impériale*, t. I, p. 48.

I

D'abord, nous déclarons que si, d'un côté, nous considérons le mouvement projeté de Châlons sur Metz, par Verdun, comme exécutable, d'un autre côté, la nouvelle marche de Reims sur Montmédy nous semble beaucoup plus aventureuse.

Le premier mouvement, conçu par un véritable homme de guerre (1), était habile, net, pratique, s'il avait été bien conduit; il devait amener des résultats foudroyants, broyer les armées allemandes de Metz et de Verdun entre les 230 000 hommes de Mac-Mahon et de Bazaine. En effet, de deux choses l'une : ou le prince de Saxe se serait trouvé, seul, en présence des 120 000 soldats de l'armée de Châlons..... et alors ses 70 000 hommes étaient culbutés; ou Frédéric-Charles abandonnait Metz pour voler à son secours..... et alors l'armée de Bazaine s'ébranlait à sa suite, le poussait contre Mac-Mahon, l'écrasait certainement, car on ne peut mettre en doute que les 110 000 héros de Rezonville et de Saint-Privat, subitement renforcés de 120 000 combattants (2), n'auraient pas défait les 200 000 Allemands de Frédéric-Charles et du prince de Saxe (3).

---

(1) « Le général de Montauban (comte de Palikao), qui fut chargé de diriger l'expédition de Chine, se montra excellent organisateur... Cette petite et merveilleuse expédition fut un modèle de préparation comme d'exécution. » (Général Thoumas, *Les Transformations de l'armée française*, t. II, pp. 534 et 535.) — *Ibid.*, t. II, p. 55.

(2) Borbstaedt et Rustow portent le chiffre des soldats de l'armée de Châlons à 140 000 hommes. — Loin d'exagérer le nombre des combattants, nous le diminuons plutôt, car le général de Palikao affirme que les armées de Metz et de Châlons réunies auraient compté 250 000 soldats. (Comte de Palikao, p. 117.)

(3) Alfred Duquet, *Fræschwiller, Châlons, Sedan*, pp. 221 et 222. — « Le plan du général de Palikao — le plan de Dumouriez en sens inverse — était génial. Mac-Mahon se rendant à Metz par Verdun traverserait rapidement l'Argonne et écraserait le prince

« Si l'armée prussienne, devant Metz, tentait de venir appuyer celle du prince de Saxe, elle attirait, derrière elle, l'armée de Bazaine, qui dans les journées des 14, 16 et 18 août, avait soutenu, seule, les efforts des armées réunies des Prussiens et des Saxons, et avait maintenu ses positions. La position de ces deux armées allemandes entre deux armées françaises devenait alors très critique, et un échec subi par les premières, sans ligne de retraite assurée, changeait totalement la face des choses.

« Si, au contraire, l'armée du prince Frédéric-Charles continuait à observer l'armée de Metz, l'armée saxonne essuyait très probablement une défaite qui la rejetait sur celle de Metz, et celle-ci était obligée de se retirer; la jonction était faite (1). »

« A coup sûr, la jonction était fort désirable : l'idée de la faire, en débloquant Metz, n'était pas irréalisable; à nos yeux, même, ce devait être le but final de toutes les opérations de l'armée de Châlons... Les deux armées françaises auraient eu raison du prince Frédéric-Charles (et du prince royal de Saxe)... Nous pensons donc que l'idée première du comte de Palikao était juste (2). » Mais le colonel Grouard ne l'aurait pas exécutée comme l'a

---

royal de Saxe que le prince royal de Prusse ne pourrait joindre qu'après trois jours de marches forcées; sans doute, Frédéric-Charles lèverait le siège de Metz pour dégager Albert de Saxe, mais Bazaine suivrait, bon gré, mal gré, Frédéric-Charles; les deux armées françaises se réuniraient, et puisque celle de Metz aurait désormais le nombre et celle de Châlons l'énergie, elles battraient le Prince Rouge et obligeraient le prince royal de Prusse à se retirer. » (Arthur Chuquet, p. 81.) — Général de Woyde, t II, p. 203.

(1) Général de Palikao, p. 109. — La jonction des deux armées de Châlons et de Metz « devait avoir pour résultat de donner de meilleurs cadres à la première et le nombre à la seconde ». (*Enq. parlem. Déf. nationale*, déposition du comte de Palikao, p. 171.) — Général Ambert, t. I, pp. 292 et 293. — *Ibid.*, p. 294.

(2) Colonel Grouard, pp. 24 et 25.

demandé le ministre de la Guerre (1). C'est une opinion.

Partant de Mourmelon le 21, l'armée de Châlons pouvait très bien, en suivant les étapes que lui indiquait M. de Palikao, arriver à Verdun le 24 et le 25. Elle aurait pris trois chemins différents. L'aile droite, composée des 1er et 12e corps, serait parvenue le 21 à Suippes, le 22 à Sainte-Menehould, le 23 à Clermont-en-Argonne et le 24 à Verdun (74 kilomètres en quatre jours). Le centre, formé du 7e corps, aurait couché le 21 à Somme-sur-Py, le 22 à Ville-sur-Tourbe, le 23 à Sainte-Menehould, le 24 à Clermont, le 25 à Verdun (84 kilomètres en cinq jours). L'aile gauche, composée du 5e corps, aurait gagné Bétheniville le 21, Vouziers le 22, Grandpré le 23, Varennes le 24 et Verdun le 25 (104 kilomètres en cinq jours) (2). C'est alors que les deux armées se seraient heurtées, et nous avons déjà expliqué quelles auraient été pour nous les certitudes de succès.

« Ces marches ne présentaient aucun danger, car, au moment du débouché dans la plaine, le 24, l'armée du prince royal de Saxe était encore au delà de la Meuse et, le 25, elle se retirait, fort malmenée, après avoir attaqué, avec 10 000 hommes, Verdun, qui s'était défendu avec sa garde nationale sédentaire (3). »

(1) *Ibid.*, p. 25.
(2) Général de Palikao, p. 104. — Voir également la carte annexée à cet ouvrage.
(3) « Le prince royal de Prusse, trompé par une dépêche télégraphique concertée avec le maréchal de Mac-Mahon, avait continué de marcher jusqu'à Vitry-le-François, où il était encore, le 26, au matin, c'est-à-dire à vingt-cinq lieues de Verdun. Quelque diligence que pût faire ce prince, il lui était impossible de se trouver, le 27, et même le 28, de l'autre côté de la Meuse, à hauteur de Verdun. Il y avait trois grandes journées de marche, si l'on ajoute aux 96 kilomètres qui séparent ces deux villes à vol d'oiseau les difficultés du terrain à travers ou en contournant les monts de la Meuse. La bataille, qui était inévitable le 26, au plus

Aussi bien, la IIIe armée allemande, qui a si efficacement contribué au désastre de Sedan, n'aurait pu accourir à temps pour dégager le prince de Saxe de l'étreinte de Mac-Mahon. Nous allons le prouver en citant nos adversaires, ceux qui ont le plus d'intérêt à présenter la marche vers Bazaine comme irréalisable.

Le colonel Borbstaedt, dans la planche VI, annexée à son ouvrage, *Opérations des armées allemandes*, nous montre les troupes du Prince royal se dirigeant rapidement de l'est à l'ouest jusqu'au 25 août; mais, ce jour-là, averties de la marche de Mac-Mahon, toutes ses divisions s'arrêtent brusquement et prennent immédiatement la direction sud-nord (1). Il est donc évident que la IIIe armée, qui se trouvait, le 25, au soir, à Chavanges, près d'Arcis-sur-Aube, à Saint-Dizier, à Heiltz-l'Evêque, près de Vitry-le-Français, aux environs de Sermaize, à Charmont et à Nettancourt, c'est-à-dire à 110 et 50 kilomètres à vol d'oiseau de Verdun (2), n'aurait pu venir à temps au secours du prince de Saxe. On comprend que de là dépendait le salut de la France.

Nos ennemis eux-mêmes reconnaissent indirectement le danger qu'ils ont couru. Voici d'abord l'opinion de M. de Moltke :

« Ce plan (le projet de débloquer Metz) était har-

---

tard, ne pouvait donc avoir lieu qu'entre l'armée de 120 000 hommes du maréchal de Mac-Mahon, en supposant qu'il eût perdu 15 000 hommes pendant la marche et l'armée du prince de Saxe, dont le chiffre maximum était de 70 000 hommes ; l'action devait se passer entre Verdun et Etain, dans la direction de Briey. » (Comte de Palikao, pp. 108 et 109.)

(1) Pas immédiatement. Le 25, M. de Moltke n'était pas encore sûr de la marche de Mac-Mahon vers Montmédy; aussi décidait-il « que, pour le moment, il suffirait d'appuyer un peu plus au nord-ouest, vers Reims. » (*La Guerre franco-allemande*, 1re partie, p. 931.)

(2) *Colonel Borbstaedt*, atlas, planche VI.

diment conçu, mais imparfaitement préparé, exécuté avec indécision, il avait échoué devant la promptitude des dispositions de l'état-major allemand, devant les qualités de marche, parfois surprenantes, des troupes (1). »

« Cette opération (la marche de Mourmelon vers le nord) dit le colonel Bordstaedt, ne pouvait offrir quelque espoir de succès qu'autant qu'elle serait dirigée avec une infatigable énergie et une grande rapidité à travers l'Argonne sur Verdun, pour attaquer l'armée de la Meuse *avec des forces supérieures* et la refouler avant que la III° armée, *encore trop éloignée*, fût en mesure d'accourir à son aide (2). »

Ce passage est l'aveu formel que le prince de Saxe eût été écrasé par des *forces supérieures* et que le Prince royal était *encore trop éloigné* pour venir à son secours.

« Bien que les Français eussent assurément perdu un temps fort précieux dans leur mouvement sur Reims et Rethel, dès le 25 août au soir ils ne s'en trouvaient, pas moins, au nombre de 150 000 hommes, presque dans le flanc droit de l'armée allemande disposée face à l'ouest, tandis que celle-ci les supposait toujours entre elle et Paris. Quelques jours encore, et l'armée de Châlons allait se trouver en mesure de pénétrer du nord dans l'Argonne, de rejeter les unes sur les autres les

---

(1) *La Guerre franco-allemande,* 1re partie, p. 1079. — « Ce plan était hardi et grandiose. » (*Ibid.*, p. 1228.) — Malgré les causes de non-réussite, « l'entreprise était susceptible d'un succès partiel, au moins au début, car les Français avaient alors pour eux le précieux avantage de surprendre leurs antagonistes... toutes les considérations militaires conduisant à penser que l'armée de Châlons était destinée à couvrir la capitale ». (*Ibid.*, p. 1229.) — *Les Braves Gens*, par Paul et Victor Margueritte, p. 29.

(2) Colonel Borbstaedt, p. 571. — « Conception hardie, le salut, peut-être ! » (*Histoire de la guerre de* 1870-1871, par Paul et Victor Margueritte, p. 53.)

troupes du prince royal de Saxe et de les battre successivement (1). »

Mais, soutiendra-t-on peut-être, si le prince Frédéric-Charles avait lâché sa proie afin d'appuyer l'armée de la Meuse, qui dit que Bazaine l'aurait suivi, qui dit qu'il ne serait pas resté prudemment à l'abri des forts de Metz ? A cette question, que nous posions à M. de Palikao, le général fit la réponse suivante :

« Il n'y aurait pas eu de pouvoir humain capable d'empêcher toute l'armée de Metz, généraux, officiers et soldats, de se précipiter où l'artillerie aurait grondé. Du reste, je ne puis admettre que le maréchal Bazaine n'aurait pas, lui-même, ordonné de marcher au canon. »

Le général aurait pu ajouter que la trahison d'un maréchal de France ne se présume pas.

Il est donc établi, d'une façon mathématique, peut-on dire, que le mouvement de Châlons sur Verdun était, non seulement possible, mais le seul à tenter, en raison de l'attitude anti-française des chefs de l'Opposition à Paris, en raison de la révolution dont l'Empire était menacé si Napoléon III revenait dans sa capitale.

La seule objection sérieuse que l'on ait à présenter contre cette marche est l'état d'esprit des soldats et des généraux de l'armée de Châlons.

« Peut-être, l'armée de Châlons manquait-elle de la vigueur et du nerf qu'exigeait une pareille opération (2). »

Avec des régiments n'ayant pas été atteints par la défaite, avec des généraux ayant confiance en eux, cette opération n'eût été qu'un jeu d'enfants :

---

(1) *La Guerre franco-allemande*, 1ʳᵉ partie, pp. 1229 et 1230.
(2) Arthur Chuquet, p. 84. — « Il faudrait une armée solide. » (*Histoire de la guerre de* 1870-1871, par Paul et Victor Margueritte, p. 53.) — Amédée Le Faure, t. I, p. 243.

il n'en allait plus de même quand il s'agissait de la conduire à bonne fin au moyen d'éléments déprimés par Wissembourg, par Frœschwiller, par une retraite démoralisante. Les vainqueurs accomplissent ce que les vaincus n'osent risquer : la retraite des *Dix-mille* ne se renouvelle point, chaque siècle (1).

« D'une manière générale, abstraction faite des défectuosités communes à l'armée du Rhin et à l'armée de Châlons, celle-ci manquait de cohésion, d'homogénéité, d'organisation, et même, pour certains de ses éléments, de l'instruction militaire la plus élémentaire. Les cadres étaient incomplets ; le matériel et les équipages au-dessous des besoins.

« Les corps d'armée d'Alsace, qui venaient d'exécuter par un temps pluvieux une longue et pénible retraite, n'avaient pas eu le repos nécessaire pour entreprendre de nouvelles opérations. Leur moral et leur discipline avaient reçu de graves atteintes ; les conséquences s'en firent sentir dès les premières marches par des actes de maraude et de pillage. De nombreuses voitures de réquisition mal attelées, à peine encadrées, alourdissaient et souvent encombraient les colonnes (2). »

Au point de vue stratégique, le comte de Palikao a victorieusement justifié son projet de marche vers l'armée de Metz qui, pourtant, nous le répétons, n'avait pas besoin d'être délivrée puisque, par ses seuls efforts, — elle l'a prouvé quelques jours plus tard, les 16 et 18 août, — elle avait la liberté de battre l'ennemi.

---

(1) *Ibid.*, t. I, p. 235. — « Il fallait une armée solide, un chef prompt. » (*Les Braves Gens*, par Paul et Victor Margueritte, p. 29.) — Eugène Véron, p. 179.
(2) *Section historique*, IIIe série, I, p. 20. — Général de Woyde, t. II, p. 266.

Il est intéressant d'exposer la thèse soutenue par le comte de Palikao :

Quelle était l'opération à exécuter? Nous copions littéralement le général : « Cette opération, adoptée par l'unanimité des membres du Conseil, était établie en vue de la jonction des armées de Châlons et de Metz, afin, d'abord, de dégager celle-ci des étreintes des armées prussiennes et, ensuite, de réunir sur un même point une force considérable qui permît de reprendre, dans les opérations de la guerre, une offensive en rapport avec le caractère du soldat français, découragé par des retraites successives (1). »

Ce projet avait été inspiré au président du Conseil par les enseignements de la campagne de 1792. Le duc de Brunswick venait de lancer son fameux manifeste dans lequel la façon de faire la guerre, telle que les Prussiens la pratiquèrent en 1870, était déjà exposée : « Toutes les autorités constituées, tous les citoyens français, sans distinction, qui combattront les alliés seront punis de mort comme rebelles, et toutes les villes et villages seront frappés d'exécution militaire et de pillage, en cas de résistance ou de désordre. »

Le danger était grand pour la France. Les forces des alliés pouvaient être évaluées à 500 000 hommes auxquels la France n'était en mesure d'opposer que 95 000 soldats. Dumouriez se trouvait à Sedan, avec une des trois armées dont disposait l'Assemblée nationale. Une combinaison audacieuse jaillit en son esprit et il expédie au Pouvoir exécutif — car, en ce temps-là, déjà, il fallait obtenir des incompétents l'autorisation de battre l'ennemi — un message où l'on lisait : « Les défilés de l'Argonne sont les Thermopyles de la France ; si j'y puis être

---

(1) Général de Palikao, p. 97.

avant les Prussiens, tout est sauvé. » On sait comment Dumouriez mit son beau projet à exécution : il donna le change à Clerfayt en paraissant se porter contre lui, sur Stenay, puis courut, à marches forcées, vers le Chesne, où il arrêta les alliés juste le temps nécessaire pour remporter la victoire de Valmy. Son plan était néanmoins hasardeux puisque, dans sa marche vers l'Argonne, il était exposé à voir les Autrichiens partir de Stenay, et, par une marche de huit lieues, le devancer au Chesne et lui couper la retraite. Il conjura le danger par une marche rapide et l'absence de toute irrésolution. Le général de Palikao avait compris l'opération en sens inverse, c'est-à-dire par une marche de la Marne à la Meuse, et il faut reconnaître que la combinaison de Palikao présentait moins d'aléas que celle de Dumouriez.

Puis le comte de Palikao fournit plusieurs exemples de marches encore plus audacieuses que celle tant blâmée par les adversaires de l'Empire.

Avant Sadowa, la II⁰ armée prussienne (prince Frédéric-Charles et Steinmetz) avait débouché des défilés de la Silésie devant l'armée autrichienne, maîtresse de Kœnigsgraetz et Josephstadt, s'appuyant sur l'Elbe. En 1866, tout était contraire aux Prussiens; en 1870, tout nous favorisait puisque les passages de la Meuse, à Verdun et à Charny, étaient en notre pouvoir.

De fait, les marches de flanc, quand elles sont prestement conduites, ont fait gagner nombre de batailles. En 1757, en exécutant pareille manœuvre, le grand Frédéric remporta la victoire de Lissa. En 1760, le même prince, levant son camp de Langhen-Reichenbach, traversait la place d'Audenheim, battait les Autrichiens et s'emparait de Torgau. Le lieutenant le plus habile du même Frédéric II, Sedlitz, porta son armée du flanc gauche sur le flanc droit des Russes, à Zorndorff, et rompit leur ligne avec sa cavalerie.

En 1712, alors que l'étoile de Louis XIV pâlissait, alors que le succès ne semblait plus couronner ses conceptions militaires, le prince Eugène, généralissime des armées de la coalition, s'avançait, victorieux, sur la route de Paris ouverte. Seule, une armée française, celle du maréchal de Villars, se trouvait en présence de l'ennemi, mais elle était démoralisée par les défaites successives qui s'étaient abattues sur ses généraux; il fallait un coup imprévu pour sauver le royaume.

Avec le coup d'œil du génie, ce grand général envisagea une manœuvre aussi hardie que décisive. Il enleva Denain et les lignes de Marchiennes, par une marche de flanc, presque sous les yeux du prince Eugène. Cette marche de flanc, tant admirée après réussite, sauva la France (1). La prise de Denain enleva aux coalisés leur principal magasin, les contraignant ainsi à lever le siège des villes voisines, dont les garnisons, libérées, vinrent renforcer l'armée du maréchal de Villars.

Sans étaler sous les yeux du lecteur les détails des marches et contre-marches de Napoléon Ier, lors de sa superbe campagne de 1814, il suffit de rappeler sa plus audacieuse marche de flanc, celle qui se rapproche beaucoup du plan imaginé, en août 1870, par le comte de Palikao.

En 1870, l'éparpillement des corps français au début des opérations avait été une des causes de nos revers; il y avait intérêt à changer de système et à former une masse de 300 000 soldats d'élite avec lesquels les Allemands auraient eu à compter. A cet effet, il fallait manœuvrer, c'est-à-dire réunir

---

(1) « L'audace, ce sentiment inné qui se développe sous l'empire des circonstances et produit les grandes actions. » (Général Bonnal, *Frœschwiller*, p. 481.)

les deux armées de Metz et de Châlons, cette dernière rejoignant la première par des marches rapides et bien conduites.

Pourtant, nous avons le devoir de faire remarquer de nouveau que ce plan péchait par le manque d'enthousiasme des troupes chargées de l'exécuter, par leur dépression physique et morale : les soldats de Dumouriez brûlaient de « mourir pour la patrie »; ceux de Mac-Mahon, après leurs piteuses étapes de Frœschwiller à Châlons, étaient mûrs pour la fuite. On l'a bien vu à Sedan, lorsque, le matin, avant l'attaque et dès les premiers coups de canon, nombre de soldats, d'officiers, de généraux, jetant leurs armes, ont abandonné le champ de bataille et passé en Belgique (1).

Il nous faut pareillement déclarer que si nous approuvons, sans autres réserves, la conception du comte de Palikao, d'un autre côté, nous ne disons pas que la concentration autour de Paris des corps en nouvelle formation et des débris de Frœschwiller soit une absurdité stratégique. Loin de là, cette concentration eût été excellente et n'eût pas manqué d'embarrasser M. de Moltke.

M. Jules Favre écrit, dans son plaidoyer *pro domo* : « Le seul plan qui parût raisonnable, en présence d'un ennemi dont on connaissait la hardiesse, consistait, en couvrant Metz, à faire replier nos armées sur la ligne d'opération la plus favorable à la défense de Paris. On pouvait ainsi disposer de près de 200 000 hommes, les établir sur un terrain de bataille excellent et leur ménager une retraite sûre qui avait l'inestimable avantage de fournir à la capitale une armée de secours. Mais,

---

(1) Alfred Duquet, *La Victoire à Sedan*. Témoignage préliminaire par Jules Claretie, de l'Académie française; Paris, Albin Michel; pp. 251 à 288.

en adoptant ce parti, il fallait ou abandonner l'Empereur ou le ramener à Paris, dont on redoutait les ressentiments (1). »

On le voit, M. Jules Favre avoue que Paris eût mal reçu Napoléon III, qu'une révolution était à craindre pour la dynastie. Voilà pourquoi ce plan qui, nous le répétons, était bon, n'a pu être adopté par des hommes dont le dévouement à leur souverain était profond et qui considéraient l'avènement au pouvoir des politiciens antimilitaristes, en un pareil instant, comme l'effondrement de la défense nationale, ce qui est effectivement arrivé, malgré l'abnégation, la bravoure des monarchistes, des conservateurs enrôlés sous les drapeaux de la nouvelle république, fille d'un coup de force et de l'invasion.

Si l'Impératrice, si les ministres avaient cru que le retour de l'Empereur et des armées à Paris se

(1) Jules Favre, *Gouvernement de la Défense nationale du 30 juin au 31 octobre* 1870, p. 38. — « L'Empereur ne pouvait pas rentrer dans Paris, battu, sans gloire, à la remorque d'une armée en débris. L'émeute, la fureur populaire, les pavés et les barricades se soulèveraient sous ses pas. » (Léon Barracand. p. 71.) — Théodore Duret, t. 1, p. 278. — *Bazeilles-Sedan*, par le général Lebrun, p. 57. — Général Derrécagaix, p. 261. — « On se sentait près d'une révolution. » (Jules Simon, *Origine et chute du second Empire*, p. 243.) — « Les républicains, qui n'étaient que républicains sans mélange de socialisme, et il y en avait de tels à ce moment-là dans tous les rangs de la société, se trouvaient côte à côte dans les grandes occasions, comme celle du 9 août, avec les socialistes et les communistes. Ce n'était pas une entente, c'était une rencontre. On combattait momentanément sous le même drapeau, toute rancune tenante, d'ailleurs. C'est un grand signe de l'imminence d'une révolution quand on voit des ennemis mortels oublier momentanément leurs griefs pour tomber ensemble sur le Gouvernement. Il y avait même, le 9 août et les jours suivants, au milieu de la foule, un grand nombre d'orléanistes, comme il y en eut le 4 septembre parmi les envahisseurs de l'Assemblée. Rien ne rapproche autant les hommes qu'une haine commune. Jusqu'à la chute de l'Empire, ce ne fut ni un homme, ni une réunion d'hommes qui commanda, ce fut la haine. » (*Ibid.*, pp. 250 et 151.) — *Ibid.*, pp. 241, 247, 248 et 249.

fût passé sans insultes, sans émeutes, sans révolution, que le chef de l'État n'eût pas été plus malmené que François-Joseph le fut en rentrant à Vienne après Solférino, nul doute que ce plan — qui n'était pas « le seul », quoi. qu'en pense M. Jules Favre — eût été adopté par le comte de Palikao. Mais il aurait été fou d'espérer une telle sagesse, une telle abnégation de la part des révolutionnaires parisiens et des députés de la Gauche : ce sont donc eux qui sont responsables du rejet de ce plan, ce sont donc eux qui, dans la limite de leur malfaisance, ont conduit l'armée de Châlons à Sedan.

Ici, quelques preuves que les républicains n'attendaient que le moment favorable pour faire une révolution en présence de l'ennemi. Ce que l'on redoutait le plus, à Paris, c'étaient les tentatives insurrectionnelles. Dans une proclamation du Conseil des ministres, en date du 8 août, on lit :

« S'agiter à Paris, ce serait combattre contre l'armée française et affaiblir, au moment décisif, la force morale qui lui est nécessaire pour vaincre. Nos ennemis y comptent.

« Voici ce qu'on a saisi sur un espion prussien amené au Quartier général : «« Courage ! Paris se soulève. L'armée française sera prise entre deux feux. »»

« ..... Que tous les bons citoyens s'unissent pour empêcher les rassemblements et les manifestations ! »

Et la proclamation se termine par cette phrase cinglante à l'adresse des farceurs qui réclament des fusils non contre les Allemands, mais contre la police et la troupe :

« Ceux qui sont pressés d'avoir des armes n'ont

qu'à se présenter aux bureaux d'engagement. On les enverra tout de suite à la frontière (1). »

Inutile d'ajouter que les amis de MM. Jules Favre et Jules Simon n'ont pas goûté le conseil.

« La situation intérieure de la France faisait éprouver en ce moment des craintes à son gouvernement ; elle était précaire et exerçait son influence sur la liberté des résolutions à prendre au point de vue purement militaire. Les esprits étaient surexcités.

« Sans posséder l'intelligence nécessaire à cet effet, à Paris, les députés, du haut de la tribune, et les critiques sans vocation, dans les journaux, s'arrogeaient le droit de porter un jugement sur la situation militaire qui se présentait à ce moment ; ils recommandaient d'adopter les mesures qu'ils jugeraient propres à sauver le pays et poussaient à leur exécution. Les adhérents des différents partis antidynastiques déployaient une activité fiévreuse. Des chefs de partis ambitieux, connus ou inconnus, faisaient déjà, en imagination, le partage de l'héritage du Second Empire, qui chancelait, tandis que, derrière eux, étaient aux aguets des masses de personnalités présomptueuses qui aspiraient avidement à s'emparer du pouvoir et à jouir des bénéfices qu'il procure. En un mot : de même que, depuis l'année sanglante de 1793, on aspirait toujours à un état de choses nouveau, de même, à cette époque, l'esprit de discorde et de trahison planait également, encore une fois, sur la France, au moment de la crise et du danger commun (2). »

A la séance du 9 août, M. Emile Ollivier s'écriait : « Les Prussiens considèrent le désordre à Paris comme leur valant une armée (3). »

(1) *Journal officiel*, n° du 9 août 1870.
(2) Général de Woyde, t. II, p. 195. — *Ibid.*, p. 203.
(3) *Journal officiel*, n° du 10 août 1870.

M. Trochu, lui-même, reconnaît le danger que les révolutionnaires font courir à la défense, puisqu'on lit dans sa fameuse proclamation aux habitants de Paris : « Je leur demande de faire justice, par leurs propres mains, de ces hommes qui ne sont d'aucun parti et qui n'aperçoivent, dans les malheurs publics, que l'occasion de satisfaire des appétits détestables (1). »

On sentait tellement bien les convoitises criminelles des socialistes que Jules Favre éprouvait le besoin de paraître condamner ces sans-patrie, clients de la Gauche républicaine : « Celui qui guetterait la défaite pour asseoir, sur les ruines nationales, les bases de ses espérances, celui-là serait un citoyen qui devrait être trois fois maudit (2). »

Du reste, la preuve que le péril n'était pas imaginaire et que les « ardents », dont parlait M. Trochu dans sa proclamation, n'étaient pas un mythe « à plaisir inventé », c'est que, le 14 août, les « purs » des quartiers rouges attaquèrent la caserne

(1) Voir, *suprà*, p. 47. — « Le Corps législatif reprit sa session, protégé par un fort déploiement de sergents de ville, de gardes nationaux, de troupes à pied et à cheval, commandées en personne par le maréchal Baraguey d'Hilliers. *Il ne fallait rien moins qu'un pareil déploiement pour contenir la foule menaçante qui cherchait à envahir le Palais-Bourbon pour brusquer un dénouement et renverser l'Empire.* » (Théodore Duret. t. I, p. 242.) — « Pour les républicains, la première mesure à prendre était la mise à l'écart du Gouvernement impérial ; aussi, les plus exaltés parmi eux étaient-ils rassemblés sur la place de la Concorde, cherchant à *employer la force.* » (*Ibid.*, t. I, p. 247.) — Il ne faut pas oublier qu'il n'y avait à ce moment, dans Paris, que 20 000 hommes de troupes nouvellement appelés, ne connaissant pas leurs officiers, qui étaient rares, et que, en revanche on avait distribué 100 000 fusils à la garde nationale ! (*Enq. parlem. Déf. nationale*, déposition de M. Jérôme David, p. 151.) — Voir, *suprà*, p. 39, les raisons qui avaient fait appeler à Paris les pompiers de province. — « L'Impératrice voit la révolution dans les rues. » (Paul et Victor Margueritte. p. 53.) — Léon Barracand, p. 71. — « Le spectre rouge de la révolution se dressait ; la Régente sentait se soulever sous ses pieds les pavés de Paris. » (*Le Désastre*, par Paul et Victor Margueritte ; Paris, Plon 1897 ; p. 142.)

(2) *Journal officiel*, n° du 25 août 1870.

des pompiers de la Villette. Bien armés, ces étranges Français tuèrent et blessèrent de nombreux pompiers et agents de police accourus au secours de leurs camarades. Une petite fille périt dans la bagarre. Enfin, les gardes municipaux, qu'on avait appelés en toute hâte, chargèrent les émeutiers, dissipèrent les rassemblements et opérèrent d'importantes arrestations (1).

Et il n'y a pas à dire que cette criminelle tentative avait été préparée par la police : elle avait, alors, d'autres chats à fouetter; c'étaient bien les socialistes qui l'avaient risquée, sans quoi M. Jules Favre n'aurait pas manqué de signaler l'odieux de la machination policière ; or, il se contenta de flétrir le coup manqué, tout en essayant de soustraire ses électeurs à l'arrêt d'un conseil de guerre : « Il faut que les auteurs de l'attentat de la Villette soient *jugés*..... Il faut qu'on sache à quelle cause a été due cette agression sauvage et criminelle (2). »

Par conséquent la crainte des démagogues n'était pas une crainte chimérique, ils étaient prêts à renverser l'Empire, même en temps d'invasion, dès qu'ils en auraient le pouvoir : ils l'ont prouvé le 4 septembre. Par conséquent, le comte de Palikao n'avait pas tort de dire, le 24 août, au Palais-Bourbon : « C'est contre l'ennemi extérieur et contre l'ennemi intérieur que nous dirigeons tous nos efforts(3). » Par conséquent, on ne saurait s'étonner qu'en raison des résolutions de la démagogie il ait tenté de conjurer le péril en obtenant un succès sur

---

(1) *Ibid.*, n° du 15 août 1870.
(2) *Ibid.*, n° du 18 août 1870. — « D'où sortaient ces hommes qui, en présence de l'étranger, donnaient ainsi le signal de la guerre civile ?..... Nous retrouverons ces mêmes hommes le 31 octobre; nous les reverrons mêlés à tous les sanglants événements de la Commune. » (Amédée Le Faure, t. I, p. 149.)
(3) *Journal officiel*, n° du 25 août 1870.

les troupes prussiennes par la jonction des armées de Metz et de Châlons avant l'arrivée du Prince royal. Encore une fois, ce sont les agissements de l'Opposition, ce sont les violences des socialistes qui ont été la véritable cause de la marche de l'armée de Mac-Mahon vers Sedan.

Quant à l'Empereur, son attitude aux conseils de guerre des 17 et 21 août, ses déclarations au duc de Magenta, durant la marche de Châlons à Sedan, sa lettre à sir John Burgoyne, ancien chef d'état-major général de l'armée anglaise en Crimée, démontrent qu'il n'approuva jamais le mouvement vers le nord. Il s'y résigna en raison de la certitude où il était que les révolutionnaires répandraient le sang dans Paris s'il y revenait. Voici un passage significatif de cette lettre, en date du 29 octobre 1870 : « Revenu à Châlons, j'ai voulu conduire à Paris la dernière armée qui nous restait; mais, là encore, *des considérations politiques nous ont forcés à faire la marche la plus imprudente et la moins stratégique* (1). »

Nous savons que, en arrivant à Châlons, quand il croyait Bazaine en marche vers l'ouest, l'Empereur était d'avis de marcher à sa rencontre (2); nous savons également que, avec un autre commandant en chef, cette marche était possible et des plus « stratégiques ». Aussi bien, « il n'y aurait pas d'art de la guerre, a dit Gouvion Saint-Cyr, si une armée, parce qu'elle est inférieure en nombre, devait toujours céder le terrain sans offrir de résistance nulle part (3) ». — « C'était déjà bien assez d'avoir reculé jusqu'au camp de Châlons, sans avoir essayé de profiter de tous les moyens de défense

---

(1) *Enq. parlem. Déf. nationale*, rapport de M. Saint-Marc Girardin, p. 140, note 1.
(2) Colonel Grouard, pp. 11 et 12.
(3) *Ibid.*, p. 11.

qu'on aurait pu trouver sur la Moselle et sur la Meuse. Aller encore plus loin sans y avoir été forcé par une défaite (nouvelle) était un parti à la fois honteux en lui-même et désastreux par ses résultats matériels et moraux (1). »

Nous n'ignorons pas que le comte de Palikao prétend que c'eût été une faute de « ramener l'armée de Châlons dans Paris ».

« Depuis quand, à la guerre, a-t-on jamais cherché à renfermer dans les villes assiégées des armées qui doivent, au contraire, tenir la campagne le plus longtemps possible et chercher à dégager les armées renfermées? N'est-ce pas le rôle que les armées extérieures ont joué pendant tout le siège de Paris et pendant celui de Belfort? L'armée de Châlons, forcée de se réfugier dans Paris, y apportait 135 000 bouches de plus à nourrir, sans utilité, puisque la garnison de Paris était plus que suffisante pour défendre la capitale et même pour percer les lignes prussiennes, si l'on eût adopté et suivi un plan d'ensemble bien combiné (2). »

Oui, la garnison de Paris, telle qu'elle a existé, eût été « plus que suffisante » non « pour percer les lignes prussiennes », ce qui ne l'eût avancée à rien, mais pour faire lever le siège aux Allemands, qui n'auraient pu résister à des attaques quotidiennes, menées avec énergie, sur tous les points de la ligne de contrevallation, tantôt avec 500 hommes, tantôt avec 20 000, tantôt avec 10 000, tantôt avec 80 000. Etant donné l'immense développement de cette ligne, il y aurait toujours eu un point faible où les assiégeants eussent été surpris et écrasés ; de plus,

---

(1) *Ibid.* — N'oublions pas, cependant, qu'il eût été impossible aux Allemands de bloquer Paris si l'armée de Châlons s'y était retirée. (Voir, *infrà*, p. 228.)
(2) Général de Palikao, p. 118.

ces alertes perpétuelles auraient mis sur les dents les soldats les plus résistants.

Seulement, le comte de Palikao oublie que l'armée de Paris, au commencement du siège, ne se composait guère que de deux régiments de ligne, provenant de l'ancienne armée active. Si l'armée de Châlons était venue à Paris, apportant son puissant concours aux centaines de milliers d'hommes improvisés soldats, les Allemands n'auraient même pas pu tenter l'aventure du blocus de la grande capitale. « Une bataille défensive le long de la Seine, en amont de Paris, la gauche appuyée à cette grande ville, serait livrée dans des conditions exceptionnellement favorables, puisque, quoi qu'il arrivât, notre retraite s'effectuerait au besoin sur Paris ou vers la Loire.

« On pourrait aussi, au lieu de marcher directement sur la capitale, tenter un mouvement rétrograde vers les places du nord (non!) ou sur le centre de la France, en laissant Paris à lui-même. Comment les Allemands entreprendraient-ils un grand siège, sous la menace constante d'une armée de secours toute prête à couper leurs communications, à les affamer, à risquer contre eux une attaque concertée avec les défenseurs? La retraite sur la Loire rendrait cette opération des plus délicates, sinon impossible (1). »

De fait, comment les Allemands auraient-ils pu entamer le siège de Paris alors que des forces considérables, auxquelles seraient venues s'adjoindre les troupes de nouvelle formation, auraient tenu la campagne au sud de Paris? Car il n'aurait pas fallu faire entrer dans Paris toute l'armée de Châlons; une partie seulement eût été nécessaire pour servir de noyau à la Garde mobile et à la Garde natio-

---

(1) Général Palat, 1re partie, t. VI, p. VII.

nale mobilisée ; le reste eût servi à la composition d'une armée de province. Aussi, quand on a vu ce qu'a pu accomplir l'armée de la Loire, formée dans les mauvaises conditions que l'on sait, qu'auraient fait des recrues encadrées dans les vieux soldats de l'armée impériale, redevenus confiants en se trouvant délivrés de l'étreinte qui les étouffait depuis leur défaite du 6 août ?

« La France est assez vaste pour offrir de nombreuses lignes d'opération, et le Gouvernement est toujours sûr, en cas d'invasion, de conserver, s'il le veut, un asile et sa liberté d'action. Du jour où la Moselle était franchie, Metz et Strasbourg investis, Paris couvert seulement par une armée faiblement organisée, la première mesure à prendre était de transporter le Gouvernement au delà de la Loire, de faire sortir de la capitale toutes les bouches inutiles et d'en confier le commandement à un général résolu, capable surtout de réprimer les passions populaires, ou de les employer au profit de la résistance. Ceci fait, Paris n'avait plus besoin d'être protégé par une armée. Cette place de guerre, avec les jeunes soldats qu'on avait le temps d'y rassembler, devait se suffire à elle-même ; elle devenait un boulevard de défense, un point stratégique de premier ordre, qui arrêterait assez longtemps les progrès de l'ennemi, pour permettre au reste du pays de s'organiser et de former des soldats (1). »

Enfin, notre impartialité nous défend de passer sous silence les avantages militaires perdus en marchant vers le nord au lieu de se porter vers Paris ou vers le midi. En effet, dans ses *Ordres de marche*, M. de Moltke prescrit « de s'arranger toujours de manière à pousser les Français vers le nord ».

(1) Général Derrécagaix. pp. 251 et 252.

C'est qu'il redoutait la retraite de la totalité ou de partie des troupes, battues à Frœschwiller, sur le centre de la France où les Allemands auraient grand'peine à les atteindre et d'où elles auraient été en mesure de continuer la lutte en recevant des renforts, des approvisionnements provenant des nombreux départements non envahis. C'était la guerre interminable. Au contraire, en poussant l'armée vaincue du côté du nord, on l'acculait à la mer et à la frontière neutre de la Belgique, on la capturait presque sûrement, ce qui est arrivé à Sedan. Comme nous l'avons expliqué, seule, une marche rapide vers Bazaine aurait conjuré la catastrophe, mais M. de Moltke avait des raisons pour ne pas redouter une pareille marche de la part de généraux qui venaient de fournir les preuves éclatantes de leur nullité militaire.

Quoi qu'il en soit, en raison de l'état des esprits à Paris, des menées de l'Opposition républicaine, la combinaison de M. de Palikao devenait, par malheur, la meilleure à adopter. Pourquoi avoir chargé l'incapable Mac-Mahon de l'exécuter (1) ?

II

Quant à la marche de Reims sur Montmédy, nous la regardons comme plus imprudente, quoique admissible cependant, à la condition de déployer une grande activité. C'est l'opinion du général de Wimpffen, de Rüstow, de Borbstaedt et de plusieurs autres militaires.

(1) « Le commandant de l'armée de Châlons était au-dessous de sa tâche, comme il l'avait prouvé en Alsace et au cours de la retraite précipitée qui nous avait conduits des Vosges sur la Marne. » (Général Palat, 1re partie, t. VI, pp. V et VI.)

Commençons par exposer la thèse soutenue par le comte de Palikao.

« Quelques écrivains militaires, après avoir blâmé l'opération après coup, parce qu'elle n'a pas réussi, ont poussé la critique jusqu'à nier les heureuses conséquences que devait procurer le plan de jonction des armées de Châlons et de Metz.

« J'avoue qu'à cette négation de l'évidence, toutes mes idées militaires se trouvent confondues.

« Comment peut-on douter de ce que devait produire la réunion de deux armées d'un chiffre total d'au moins 250 000 hommes, composées de soldats exercés, conduits par de bons officiers, quand l'armée de la Loire, sous les ordres du général d'Aurelle, a remporté, à Coulmiers, un véritable succès contre les Allemands, et quand l'armée du nord, sous les ordres du général Faidherbe a lutté pendant quelque temps avec avantage contre des forces bien supérieures et pourvues de tout ce qui leur était nécessaire ; quand, à Wissembourg, enfin, une seule division française a tenu tête à toute une armée allemande et lui a fait éprouver des pertes énormes ?...

« Si les armées de Châlons et de Metz avaient été réunies le 27 ou le 28 août, elles auraient certainement combattu avantageusement les armées de Frédéric-Charles et de Steinmetz, contre lesquelles la seule armée du maréchal Bazaine avait lutté, non sans succès, les 14, 16 et 18 août.

« Quelque rapide qu'eût été la marche du prince royal de Prusse, il n'aurait pu arriver devant les 250 000 hommes réunis de Mac-Mahon et de Bazaine qu'après trois jours de marches forcées, puisque, le 26, il était encore à Vitry-le-Français où seulement il apprit la marche de l'armée de Châlons ; il n'aurait pu paraître sur le champ de bataille que **le 29 et avec une armée épuisée de fatigue.**

« La réunion des deux armées françaises donnait à celle de Metz la confiance dans le nombre et à celle de Châlons l'énergie qui devait résulter de l'émulation qui se serait établie entre elles : à mon avis, les résultats obtenus de cette jonction eussent été incalculables.

« Le soldat français, dont le caractère militaire se développe surtout dans la guerre offensive, aurait repris son ardeur habituelle et sa confiance en ses chefs ; Metz était débloquée et le prince royal de Prusse était obligé de battre en retraite avec son armée fatiguée par les marches forcées qu'elle venait d'opérer (1). »

Voici maintenant l'opinion du colonel Frédéric Robert, chef d'état-major du général Abel Douay :

« Une entreprise aussi téméraire n'avait pour elle qu'un élément de succès : une rapidité foudroyante dans la marche. Il fallait profiter du désarroi dans lequel allait se trouver le Prince royal, auquel la retraite de notre armée de Châlons sur Reims ferait supposer un mouvement de concentration sur Paris et qui, pendant quelques jours peut-être, au milieu des vastes plaines de la Champagne, pouvait perdre la trace de nos opérations.

« Pas une minute n'était à perdre : le plan de la marche mûrement étudié et arrêté d'une façon immuable, devait avoir pour base l'effort maxi-

---

(1) Général de Palikao, pp. 117 à 129. — « Le 22, au soir, Mac-Mahon répondait à Bazaine qu'il partait pour Montmédy et serait sur l'Aisne le surlendemain pour agir suivant les circonstances. Mieux valait dès la veille ou l'avant-veille se porter directement, comme le voulait Palikao, de Châlons sur Verdun. Mais, avec un peu de diligence, Mac-Mahon avait le temps de pousser droit au prince de Saxe et de l'accabler. Qu'il brûle les étapes ; que, sans perdre une minute ni regarder en arrière, il fasse six lieues par jour, et le 27 il est au delà de la Meuse ; il a deux jours d'avance sur le prince royal de Prusse ; il bat Albert de Saxe et se joint à Bazaine. » (Arthur Chuquet, pp. 83 et 84.)

mum que l'armée pouvait produire chaque jour, et rien ne devait, sous quelque prétexte que ce fût, en modifier le programme. Si l'ennemi se présentait, il fallait l'attaquer immédiatement, car marcher côte à côte avec lui, c'était lui permettre une concentration progressive en diminuant de plus en plus nos chances de succès (1) ».

Près de quarante ans plus tard, la *Section historique* reconnaissait la possibilité de l'opération, même malgré les retards des premiers jours quand elle écrivait : « Si, après un arrêt prolongé dans l'Argonne, il restait encore à l'armée de Châlons quelques chances de prévenir les Allemands sur la route de Metz, ce n'était qu'à la condition *de marcher très vite* (2). »

Une autre condition de succès était de garder le secret. « On ne l'a pas gardé. Comment se fait-il qu'un journal de Paris, *Le Temps*, ait eu connaissance du mouvement? Ceci montre que les journaux doivent se taire : la stratégie repose sur le secret (3) ».

Nous faisons remarquer, de nouveau, après le général de Palikao, que la marche proposée par lui n'était pas plus « téméraire » que celles brillamment exécutées par Frédéric II, Villars et Dumouriez. Oui, elle n'avait « qu'un élément de succès », mais peu importe si c'était le bon. Il n'y avait « pas une minute à perdre ». Évidemment, à la guerre, on ne se promène pas, on ne flâne pas : la rapidité

---

(1) *La Campagne de 1870 jusqu'au 1er septembre*, p. 82.
(2) IIIe série, II, p. 2. — La première condition de succès était « de marcher aussi vite que le permettaient les forces des hommes ». (Colonel Grouard, p. 2.)
(3) *Eléments de la guerre. Première partie, marches, stationnement, sûreté*, par le colonel L. Maillard (plus tard nommé général), professeur de Tactique générale à l'École supérieure de guerre; Paris, Baudoin, 1891; p. 318. — **Si les ministres s'étaient tus, la presse n'aurait pas annoncé le mouvement.**

est toujours la mère de la victoire. « Le plan de la marche devait être mûrement étudié. » Sans doute, il ne fallait s'aventurer au hasard : ce plan devait être « arrêté d'une façon immuable ». En effet, la girouette n'a jamais été l'emblème du grand capitaine.

Un écrivain, fort au courant des questions de stratégie, s'exprime ainsi, reprenant en partie les observations du colonel Robert :

« Notre seule chance de succès était dans la netteté de conception du plan de campagne, dans la rapidité de l'exécution et dans la décision de l'attaque. Mais le maréchal de Mac-Mahon n'avait pas la foi et tout s'en ressentit.

« La résolution une fois prise de marcher sur Metz, il fallait, sans perdre une minute, la poursuivre, sans tourner la tête en arrière et sans écouter des regrets tardifs et désormais inutiles. Il fallait aller droit sur le prince de Saxe, sans chercher à éviter un combat nécessaire, par ces oscillations sans nombre qui ont ralenti notre marche et donné le temps au Prince royal de nous atteindre.

« Si, d'avance, on n'était pas fermement résolu à livrer bataille au prince de Saxe et à l'écraser, sur notre passage, à tout prix, cette marche par le nord, où nous nous avancions sur une langue de terre étroite, bordée d'un côté par la frontière belge et de l'autre par les colonnes ennemies, entraînait d'avance la perte certaine de l'armée, réduite à la fuite en pays neutre ou à une lutte inégale, dès que l'armée de la Meuse et l'armée du prince royal de Prusse viendraient à faire leur jonction.

« Si, au contraire, on admettait nettement la nécessité d'un combat, notre plan de campagne était tout tracé et, *maintenant encore, où nous avons pu juger de près toutes les difficultés de cette entreprise, on peut affirmer qu'elle était loin d'être irréalisable* pour un homme vraiment résolu (1). »

Enfin, on ne doit pas perdre de vue que, bien conduites, bien en mains, les forces dont disposait Mac-Mahon étaient respectables. Assurément, le 20 août, les belligérants sont dans la proportion de 1 à 2, à peu près — comme à tous les moments de la campagne — sans doute nos défaites ont encore aggravé la situation à nous faite par notre infériorité numérique, mais il s'agissait justement, par la rapidité de notre marche, de changer cette infériorité numérique en supériorité remontant ainsi le moral de nos soldats (2).

A ce sujet, le prince de Hohenlohe, comparant les forces de Mac-Mahon, d'une part, et celles du Prince royal et de l'armée de la Meuse, d'autre part, écrit : « En ajoutant le corps de Vinoy aux troupes de Châlons, nous voyons que Mac-Mahon disposait d'une armée comptant à peine 25 à 30 000 hommes de moins que la IIIe armée allemande et que l'armée du prince royal de Saxe. La supériorité de celles-ci résidait principalement dans la cavalerie et dans l'artillerie, car elles avaient deux fois plus de cavalerie et 200 pièces de plus : on ne peut pas dire que c'était une infériorité écrasante (3) », surtout dans un pays comme l'Argonne, où cavaliers et artilleurs ont leur action bornée, gênée, annulée par la nature du terrain, si bien que,

---

(1) *Histoire de l'armée de Châlons*, par un volontaire de l'armée du Rhin; Paris, Ghio, 1881; p. 85.

(2) « Le 20 août, après la formation de l'armée de Châlons, les Français mettent en ligne 320 000 hommes, tant sous Metz que sur la Meuse. Les seize corps allemands qui leur sont opposés, disposent de plus de 500 000 hommes. La proportion de 1 à 2 se retrouve là, indéniable, et à toutes les périodes. » (Capitaine Gilbert, p. 80.)

(3) Prince de Hohenlohe, *Lettres sur la Stratégie*, t. II, p. 10.

ainsi que nous le verrons plus bas, **Mac-Mahon** aurait pu battre ses deux adversaires le 29 à Nouart, et le 30 à Beaumont, s'il avait eu la moindre notion de la grande guerre.

Mais ne nous égarons pas. Revenons à la marche vers Montmédy. M. de Mac-Mahon a reconnu que le 23, même le 24, il était encore libre de rejoindre Bazaine. Sans attacher plus d'importance qu'il convient aux déclarations d'un si piètre général, nous avons le devoir de les relater.

En 1883, chez le duc d'Aumale, à Chantilly, Paul Déroulède a entendu la réponse faite par le duc de Magenta, en présence du prince, d'Alphonse de Neuville, d'Edouard Detaille et du colonel Broye, à une question qui lui était posée par le comte de Reiset :

«« Est-il vrai, qu'entre le 23 et le 24 août, tout pouvait encore être sauvé si le maréchal Bazaine s'était résolument porté à votre rencontre en faisant une trouée du côté de Verdun? »»

«« Oui, répondit le Maréchal, tout pouvait être encore sauvé si Bazaine m'eût réellement tendu la main comme il en avait pris l'engagement. Il m'avait fait dire non seulement qu'il viendrait à mon secours, mais qu'il y venait, que son mouvement de mise en route était déjà commencé et qu'il avait Verdun pour objectif. Si précise que fût l'assurance, ma confiance en Bazaine était loin d'être sans réserve. L'ancien commandant en chef de l'expédition du Mexique avait eu, dans sa vie militaire, plus d'un précédent permettant de suspecter la solidité de ses promesses et la loyauté de sa camaraderie. Je n'en continuai pas moins à avancer jusqu'à Montmédy et, tout en ralentissant ma marche, j'expédiai le colonel Broye avec mission de s'assurer par ses yeux de ce qui en était. Broye poussa à fond sa reconnaissance et, quarante-huit heures après, il me revenait tout ému d'inquiétude et d'indignation. Aucune armée de secours n'était en marche du côté de Verdun, aucune attaque n'était préparée pour faire une trouée, aucun des engagements pris n'était tenu et ne semblait même pouvoir l'être. Bien loin de chercher à rompre le cercle encore mal formé de l'armée prussienne, Bazaine prenait visiblement toutes ses dispositions pour rester à Metz, pour y rentrer, pour n'en plus sortir. Bazaine m'attirait dans un traquenard! »»

« Nous écoutions, anxieux et surpris. Il y eut un silence. Le Maréchal resta plongé un instant dans les réflexions que venait de lui inspirer ce retour vers un passé déjà lointain et, d'une voix grave, il ajouta : ««C'est ce jour-là que Bazaine a commencé à trahir (1). »»

Après cet intermède, continuons la discussion.

L'armée de Châlons avait-elle le temps, avant d'être rejointe par celle du Prince royal, d'arriver sur le terrain où elle aurait abordé les troupes du prince de Saxe ?

Il faut répondre Oui, sans hésiter, dit le général de Wimpffen. Si on avait fait appel au dévouement de nos soldats, nul doute qu'ils eussent supporté plusieurs étapes de sept à huit lieues. La distance de Reims à la Meuse était donc facilement franchissable en quatre jours, en n'exigeant même qu'un parcours moyen de six lieues.

L'armée de Châlons, partant de Courcelles le 23, pouvait être au delà de Sedan le 26 ou le 27 ; or, son arrière-garde, le 5ᵉ corps, malgré les marches forcées accomplies par le Prince royal, n'a été in-

(1) Paul Déroulède, 1870-1871, *Nouvelles Feuilles de route*; de la forteresse de Breslau aux Allées de Tourny; Paris, Félix Juven ; **pp.** 45 à 48.

quiétée que le 29 et sérieusement attaquée que le 30, à Beaumont.

De Reims à Mézières, il y a vingt lieues, une grande et belle route et une voie ferrée. De Reims à Sedan par Vouziers, le Chesne et Mouzon, il y a vingt-cinq lieues. Enfin, de Reims à Dun-sur-la-Meuse, point indiqué à Mac-Mahon par Palikao, pour effectuer le passage de la rivière et tourner l'armée du Roi, on compte également vingt-cinq lieues, en passant par Vouziers, Grandpré, etc.

Devant les difficultés que présente la marche de plusieurs corps, si l'on voulait ne faire, en moyenne, que des étapes de 20 kilomètres, on dépassait encore facilement les points, signalés sur la Meuse, le 27 ou le 28 au plus tard.

Le ministre de la Guerre avait donc calculé juste et il avait raison d'affirmer que l'armée de Châlons pouvait conserver au moins quarante-huit heures d'avance sur celle du Prince royal; qu'elle pouvait franchir la Meuse et couper les ponts, puis se jeter sur l'armée du prince de Saxe. Celle-ci battue, les troupes de Frédéric-Charles, assiégeant Bazaine, étaient forcées de se replier pour éviter de se retrouver dans une position aussi fausse que le fut la nôtre à Sedan (1).

Les autres écrivains militaires ne sont pas moins affirmatifs. Voici, notamment, l'opinion de Rüstow :

« Après que Mac-Mahon se fut décidé à marcher au secours de Bazaine, il devait chercher, avant tout, que le Prince royal n'en fût point informé. Pour cela, il pouvait former un rideau autour du camp de Châlons avec une partie de sa cavalerie; il devait ensuite faire marcher le plus rapidement possible la masse de ses troupes, pour avoir la probabilité de ne combattre; de concert avec Bazaine,

---

(1) **Général de Wimpffen**, pp. 148 et 149.

que la Ire et la IIe armée allemande, sans avoir affaire en même temps à la IIIe et à la IVe armée (1). Dans ces circonstances, il fallait exiger des troupes des marches forcées. Mais cela n'eut pas lieu et l'on ne fit que des marches *très ordinaires*.

« D'après la direction de la marche de Rethel au Chêne-Populeux, on pouvait croire que Mac-Mahon voulait marcher sur Montmédy par Stenay. Du camp de Châlons à Montmédy, par Rethel et Stenay, il y a 100 kilomètres. En faisant 20 kilomètres par jour, ce n'était pas une trop longue marche (2). Les têtes de colonnes de Mac-Mahon pouvaient, dans ce cas, arriver à Montmédy le 25 août et les dernières troupes le 26. Il pouvait ensuite opérer sa jonction avec Bazaine avant le 29 ou le 30 au plus tard, en avant de Metz, et livrer bataille au prince Frédéric-Charles, qui n'aurait plus eu de forces égales à opposer aux deux armées françaises. Mais, au lieu d'une semblable opération, l'avant-garde de Mac-Mahon ne parvient à Mouzon que le 28. Or, les dispositions prises par les Allemands le 19 août facilitaient singulièrement le mouvement de l'armée de Châlons (3). Mac-Mahon avait donc le bonheur inestimable de posséder une avance de quatre jours (4).

Il est utile, aussi, de faire observer que diffé-

---

(1) En effet, une partie de l'armée du prince de Saxe était au moins aussi éloignée de la Meuse que Mac-Mahon lui-même.

(2) Rüstow fait partir les troupes du camp de Châlons, tandis que le général de Wimpffen, tout à l'heure, les faisait partir de Reims. Mais cela importe peu, attendu que le jour de la mise en marche est le même, et que le but à atteindre est presque à la même distance des deux points de départ.

(3) Rüstow, t. I, pp. 306 et 307.

(4) *Ibid.*, p. 312. — « La IIIe armée allemande pouvait être quelque temps hors de cause et si l'armée de Reims marchait plus vite ou aussi vite qu'elle, elle aurait le temps de frapper un grand coup sur les armées de Metz et de la Meuse, à peu près égales en nombre aux deux armées françaises réunies, avant que

rentes précautions étaient à prendre pour assurer la réussite de l'opération.

Il fallait ne pas évacuer complètement le camp de Châlons, afin de prolonger l'erreur de l'ennemi. Quelques bataillons des mobiles de Paris et du corps Vinoy auraient suffi pour éloigner les éclaireurs allemands qui, en tout cas, n'auraient pu que constater l'occupation du camp (1).

Il fallait également garder le secret : tout était là ! Même le 25 août, l'ignorance prolongée des Allemands augmentait, pour chaque jour écoulé, de deux jours de marche entiers la distance qui séparait les deux adversaires (2). Ce jour-là, « malgré la grande perte de temps qui avait eu lieu précédemment, les circonstances se présentaient, pourtant encore, pour les Français, dans des conditions si favorables que, s'ils avaient réussi à garder le secret encore environ pendant deux jours, la IIIᵉ armée allemande se serait trouvée dans l'impossibilité de joindre l'armée de Châlons; d'autre part, si les troupes de la IVᵉ armée s'étaient opposées, seules, à la marche de cette armée, elles risquaient d'être

---

le Prince royal eût le temps d'intervenir. » (Colonel Fabre, p. 118.- — « Le résultat montra que si l'armée de Mac-Mahon avait seulement marché avec une vitesse moyenne, le Prince royal, même en se dirigeant vers le nord, n'aurait pas réussi à atteindre les Français, au moins jusqu'à ce qu'ils eussent franchi la Meuse. » (*La Campagne de* 1870 ; traduit du *Times*, par Roger Allon ; Paris, Garnier frères, 1871 ; p. 84.) — *Ibid.*, p. 96. — *De Fræschwiller à Sedan*, p. 61. — *Ibid.*, p. 63. — « Avec 220 ou 230 000 hommes, nous battions facilement tout ce qui chercherait à nous couper de Paris. » (*Ibid.*, p. 65). — Charles de Mazade, t. I, p. 197. — « Tout tenait à la célérité. » (*Ibid.*, p. 198). — Jules Claretie, t. 1, p. 200. — Karl Bleibtreu, p. 91.

(1) Général de Woyde, t. II, p. 268.

(2) *Ibid.*, p. 269. — « On n'avait pas marché mais louvoyé, perdant ainsi les quatre jours d'avance que l'on avait sur le prince de Prusse. » (L. Dussieux, t. I, p. 149.) — « Partant du camp de Châlons le 21, l'armée de Mac-Mahon pouvait être à Montmédy le 26. » (*Bazeille-Sedan*, par le général Lebrun, pp. 141 et 142.)

battues isolément, ainsi que l'admet, d'ailleurs, l'ouvrage du Grand Etat-major prussien (1) ».

Il est bien entendu que le succès de l'opération ne consistait pas à joindre Bazaine, sans combattre, — comme le désirait Mac-Mahon, — et, une fois réunis, à attendre l'ennemi, car les quatre armées allemandes se seraient concentrées et auraient écrasé les deux maréchaux français. Non, le but à atteindre était de battre séparément l'armée de la Meuse et de s'en prendre ensuite aux Prussiens investissant Metz avant l'arrivée du prince royal de Prusse. De cette façon, la victoire était certaine. Hélas ! c'était stratégie inconnue des Mac-Mahon, des Bazaine, des Le Bœuf : ils ne se doutaient pas que la bataille, seule, a de l'importance, à la guerre.

La combinaison du comte de Palikao était donc habilement trouvée. Malheureusement, de tous nos généraux, le maréchal de Mac-Mahon était le moins propre à exécuter ce hardi mouvement. D'abord, il ne le croyait pas réalisable ; ensuite, il faisait preuve, depuis Frœschwiller, d'une faiblesse, d'une indécision désespérantes (2) ; enfin, il n'avait plus, sur les commandants de corps, l'autorité nécessaire à la réussite de cette hardie combinaison stratégique. Or, Montécuculli a dit, avec grande raison : « La valeur d'une armée suit le mérite du général (3) ».

(1) Général de Woyde. t. II, pp. 269 et 270. — Nous verrons bientôt que Mac-Mahon pouvait battre les Allemands à Nouart, le 29, et même le 30, à Beaumont.
(2) « La confiance du Maréchal avait été fortement ébranlée par la défaite de Wœrth ; il devait en résulter, sous prétexte de prudence, bien des hésitations et, surtout, des défaillances de caractère que l'armée devait chèrement payer. » (Colonel Grouard, p. 19.)
(3) *Mémoires*. — « Quel affolement à la suite des premières batailles ! Personne ne comprenait goutte à la tactique. » (*L'Education de l'Infanterie française*, par H. de Flètres ; Paris, à la Direction du *Spectateur militaire*, 1887 ; p. 578.) — « Il faudrait

Nous ne saurions trop le répéter : le maréchal de Mac-Mahon n'avait rien du général en chef ; ses fautes lourdes à Magenta, à Wissembourg, à Frœschwiller, sa déplorable attitude lors de la retraite vers Châlons démontraient sa phénoménale incapacité : il devait faire échouer tout plan dont l'exécution lui serait confiée.

C'est, pourtant, d'une pareille non-valeur que, avec une ignorance, qui nous fait rougir de notre *Section historique*, ou un parti pris de voiler la vérité, qui nous indigne, le rédacteur officiel de la marche sur Sedan a eu l'aplomb singulier d'écrire : « Le maréchal de Mac-Mahon, brillant divisionnaire à Malakoff, — *il n'y pas été brillant mais brave ; ce n'est pas la même chose* (1), — heureux chef de corps à Magenta, — *sans l'héroïsme de la Garde impériale, il aurait, ce jour-là, par sa faute, fait broyer l'armée française* (2), — avait donné, à Frœschwiller, l'exemple d'une rare énergie, — *d'une rare nullité militaire* (3), — mais sa confiance

---

un chef résolu. » (*Histoire de la guerre de 1870-1871*, par Paul et Victor Margueritte. p. 53.) — « Après Frœschwiller, les lettres de Mac-Mahon marquaient un trouble extrême, et, depuis qu'il commandait l'armée de Châlons, il hésitait et tâtonnait. » (Arthur Chuquet, p. 82.)

(1) *La Prise de Malakoff*, par Alfred Duquet ; *La Revue politique et littéraire*, n° du 30 octobre 1880. — C'est à la prise de Malakoff, « où il n'avait pourtant pas eu à faire preuve de talent, que le général de Mac-Mahon a dû d'être appelé le héros de Malakoff. Le public, bénévole, se persuada que la conquête de cet ouvrage était exclusivement son œuvre ». (Lettre à nous adressée par le général baron Rebillot, en mai 1911.)

(2) *La Légende de Magenta*, par D. (Alfred Duquet), *La Revue politique et littéraire*, n° du 10 novembre 1877. — « Lorsque le 2ᵉ corps, reprenant enfin sa marche vers Magenta, en fit l'attaque, à 8 heures du soir, Mac-Mahon n'eut qu'à enfoncer une porte plus qu'à moitié ouverte. Sur quoi donc appuyer sérieusement la légende de sauvetage ? » (Lettre, à nous adressée par le général Rebillot, précitée.)

(3) « Le maréchal de Mac-Mahon est entièrement responsable des désastres de l'armée qu'il a commandée de Wissembourg à Sedan... C'était d'ailleurs un incapable. » (Même lettre.)

dans le succès final y avait été fortement ébranlée (1). »

Ah ! qu'en termes galants ces choses-là sont mises !

LA DÉPÊCHE DU 20 AOUT

Nous savons que, le 22 août, était arrivée, à Courcelles, une dépêche de Bazaine, en date du 19 août, dans laquelle il rendait compte de la bataille de Saint-Privat et exprimait l'intention de se retirer par Montmédy (2).

Or, le même jour, dans l'après-midi, arrivaient à Courcelles trois autres dépêches dont voici la teneur :

I. — *Le maréchal Bazaine à l'Empereur.*

« Ban-Saint-Martin, 20 août 1870.

« Mes troupes occupent toujours les mêmes positions. L'ennemi paraît établir des batteries qui doivent lui servir à appuyer son investissement : il reçoit constamment des renforts. Le général Marguenat a été tué le 16. Nous avons dans la ville de Metz au delà de 16 000 blessés (3). »

II. — *Maréchal Bazaine pour ministre Guerre, Paris.*

(Sans date.)

« Nous sommes sous Metz, nous ravitaillant en vivres et en munitions. L'ennemi grossit toujours

---

(1) *Section historique*, IIIe série. I, p. 17.
(2) Voir, *suprà*, p. 215.
(3) *Papiers et Correspondance de la Famille impériale*, t. I, p. 48.

et paraît commencer à nous investir. J'écris à l'Empereur, qui vous donnera communication de ma dépêche. J'ai reçu la dépêche de Mac-Mahon, auquel j'ai répondu ce que je crois pouvoir faire dans plusieurs jours (1). »

III. — *Maréchal Bazaine au maréchal de Mac-Mahon.*

« Metz, 20 août.

« J'ai dû prendre position près de Metz pour donner du repos aux soldats et les ravitailler en vivres et en munitions. L'ennemi grossit toujours autour de moi et je suivrai très probablement, pour vous rejoindre, la ligne des places du nord et vous préviendrai de ma marche, *si toutefois je puis l'entreprendre sans compromettre l'armée* (2). »

Ces dépêches avaient été portées de Metz à Thionville par Mme veuve Imbert, et des duplicata avaient été confiés à un agent de police nommé Flahaut. Cet agent les remit, le 21, au colonel Turnier, commandant de Thionville. Le colonel chargea M. Guyard, commissaire de police cantonal à Longwy, de les porter dans cette dernière place, où le colonel Massaroli les reçut le 22 août (3).

C'est alors que des agents de la police de sûreté de Paris, les sieurs Miès et Rabasse, chargés par M. Stoffel de rapporter des renseignements sur l'armée de Metz, télégraphièrent les trois dépêches aux adresses suivantes : la première, à l'Empereur ; la deuxième, au ministre de la Guerre ; la troisième,

---

(1) *Ibid.*, pp. 48 et 49.
(2) *Procès Bazaine*, Compte rendu sténographique *in extenso* du *Moniteur universel*; Bibliothèque nationale, L. 5 h 897; p. 23. — *La Dépêche du 20 août*, par le colonel Stoffel, p. 27.
(3) *Procès Bazaine*, p. 27.

au colonel Stoffel pour le maréchal de Mac-Mahon. Il paraît même que Rabasse avait ordonné de les adresser toutes trois à M. Stoffel, mais qu'il n'y eut que la troisième qui lui fut envoyée (1).

Les deux premiers télégrammes parvinrent à destination. Le troisième ne fut pas communiqué à Mac-Mahon. En effet, interrogé et par le général Séré de Rivière et par le président du tribunal civil de Versailles, lors de l'instruction du procès Bazaine, le Maréchal répond :

« Je ne me rappelle point avoir reçu ce télégramme, *et il me semble impossible qu'il m'ait échappé, puisqu'il m'aurait permis d'arrêter le mouvement vers l'est* si les circonstances m'avaient paru l'exiger (2). »

Les colonels d'Abzac et Broye, aides de camp particuliers du Maréchal, n'ont pas eu, non plus, connaissance de cette dépêche (3).

Tout le monde connaît le colonel Stoffel. C'est l'ancien attaché militaire de France à Berlin, celui qui rédigea si intelligemment et avec tant de prévoyance les avertissements sur le danger que nous faisait courir la formidable organisation de l'armée prussienne, avertissements qui sont certainement le réquisitoire le plus terrible qu'on puisse prononcer contre l'Empire. Le colonel Stoffel était devenu — en dépit de ce qu'il aurait dû éprouver pour un gouvernement « de vertige et d'erreur » — l'un de ses chauds partisans ; il soutenait fiévreusement le régime qui, non content de ne tenir aucun compte de ses patriotiques prophéties, avait préci-

---

(1) *Ibid.*, pp. 382 et 383.
(2) *Ibid.*, pp. 27 et 377. — « Le colonel Stoffel, affidé de l'Impératrice, reçut ce télégramme et le garda sans le communiquer au Maréchal. » (Arthur Chuquet, p. 83.) — « Le colonel Stoffel garda la dépêche dans sa poche. » (*Histoire de la guerre de 1870-1871*, par Paul et Victor Margueritte, p. 54.)
(3) *Procès Bazaine*, p. 27.

pité la catastrophe en déclarant si follement la guerre (1).

L'Impératrice s'empressa de l'attacher à l'état-major de Mac-Mahon, et, comme il n'y avait guère d'emploi à lui donner, on le chargea d'une fonction hybride, indéfinissable, étrange, *on le chargea d'un service spécial et personnel qui consistait à recueillir des renseignements sur la force et les mouvements de l'ennemi ; il n'avait aucun rapport avec l'Etat-major général, il ne dirigeait ni section ni bureau de renseignements, il n'était qu'un officier isolé, il n'avait sous ses ordres aucun employé, aucun officier, si ce n'est M. Paul de Waru, lieutenant de cavalerie* (2).

M. Stoffel a-t-il reçu la dépêche? Nous le croyons, partageant en cela l'avis des généraux Séré de Rivière et Pourcet, du maréchal de Mac-Mahon, des colonels d'Abzac et Broye et de tout le conseil de guerre (3). En a-t-il parlé au Maréchal et à ses aides de camp? Assurément. Il a dû en dire un mot; il a dû leur dire, par exemple : « Je viens de recevoir une dépêche sans importance de deux agents que j'ai envoyés à Metz ; ce télégramme n'est que la confirmation de celui du 19. » Et, ni le Maréchal, ni ses officiers n'auront insisté et réclamé l'original. Ils auront oublié un incident qui ne les avait pas frappés ; c'est ce qui explique la réponse du colonel d'Abzac aux agents, à Rethel, et l'obscurité de ses souvenirs dans sa déposition lors du procès Bazaine (4) ; c'est ce qui explique comment

---

(1) Ecrit, par nous, en 1879. — L'Empire, aujourd'hui, en présence de l'anarchie politique et de la pourriture sociale qui règnent en France, semble un gouvernement de sagesse et d'honnêteté.
(2) *La Dépêche du 20 août*, par le colonel Stoffel, p. 9.
(3) « Si le coup qui m'était porté par M. Pourcet, commissaire du gouvernement, avec l'approbation du conseil de guerre... » (*Ibid.*, p. 63.)
(4) *Procès Bazaine*, pp. 386 et 387.

Mac-Mahon a pu télégraphier, le 27, au ministre de la Guerre:

« *Depuis le 19, je n'ai aucune nouvelle de Bazaine* (1). »

Mais pourquoi M. Stoffel a-t-il intercepté le télégramme, ou, pour mieux dire, pourquoi n'en a-t-il parlé que vaguement au commandant en chef?

Nous ne voyons que deux explications plausibles. D'abord, il a peut-être cru réellement que la nouvelle n'avait pas d'importance, qu'elle était la répétition du rapport du 19, et alors il n'aura pas voulu importuner inutilement le Maréchal (2).

En admettant cette hypothèse, le colonel a commis une faute bien grave. En effet, il n'était pas juge de l'intérêt de la dépêche; elle était adressée à Mac-Mahon qui, seul, avait qualité pour la juger et qui, probablement, n'aurait pas été de l'opinion de M. Stoffel, puisqu'il a déclaré que la connaissance de cette dépêche *lui aurait permis d'arrêter le mouvement vers l'est* (3).

Si le colonel repousse cette interprétation, il faut accepter la seconde explication qui rend l'acte plus grave encore. Ce serait en exécution des ordres de l'Impératrice, lui prescrivant d'intercepter toutes nouvelles pouvant contrarier la marche vers Metz, que M. Stoffel aurait informé le duc de Magenta que le télégramme n'avait aucune importance, tout en se gardant bien de le lui montrer, comme c'était son devoir.

Cette seconde hypothèse étant admise, nous ne

---

(1) *La Dépêche du 20 août* par le colonel Stoffel, p. 102. — *Papiers et Correspondance de la Famille impériale*, t. I, p. 429.

(2) « La dépêche du 20 août ne présentait aucun intérêt, ni par les renseignements qu'elle donnait et qui se trouvaient déjà fournis par des dépêches antérieures, ni par la phrase qui la termine. » (*La Dépêche du 20 août*, par le colonel Stoffel, p. 76.) — C'est une erreur, mais enfin, M. Stoffel a pu commettre cette erreur.

(3) *Procès Bazaine*, p. 377.

pourrions que répéter avec le rapporteur de l'affaire Bazaine : « Le colonel Stoffel a commis là un acte inouï (1). » Mais nous nous en tenons à la première explication.

Quoi qu'il en soit, dans les deux cas, M. Stoffel est grandement blâmable, et nous devons ajouter que l'embarras qu'il a apporté dans ses réponses, au Procès, les contradictions sans nombre où il est tombé, son irritation, sa violence de coupable pris au piège autorisent cependant toutes les suppositions et le frappent à jamais d'un ostracisme mérité (2).

Quand nous disons que l'on ne peut avoir aucune confiance dans les allégations du colonel Stoffel, nous allons le prouver immédiatement. Il affirme énergiquement un fait et le nie non moins énergiquement quelques jours après, ainsi qu'on va s'en convaincre par le rapprochement que nous allons faire.

DÉPOSITION DU COLONEL STOFFEL DANS LE PROCÈS BAZAINE, EN 1873.	AFFIRMATIONS DU COLONEL STOFFEL DANS SA BROCHURE : « *La Dépêche du 20 août* », EN 1784.
M. le Président. — Vous n'avez donc eu connaissance d'aucune dépêche qui aurait pu parvenir par l'intermédiaire des agents ?	
M. Stoffel. — D'aucune dépêche pouvant arriver à Reims ? Non.	Cette dépêche (celle de Bazaine à Mac-Mahon), que m'adressaient les inspecteurs de police,
M. le Président. — Il	

---

(1) *Ibid.*, p. 28.
(2) Écrit, par nous, en 1879.

n'a pas été à votre connaissance qu'aucune dépêche télégraphique fût arrivée à Reims, expédiée par les agents ?

M. Stoffel. — Je n'en ai aucune connaissance.

M. le Président. — Ainsi, vous attestez que vous n'avez pas eu connaissance par le télégraphe d'aucune dépêche à vous adressée par les deux agents Miès et Rabasse, autre que celle dans laquelle ils vous annonçaient qu'ils ne pouvaient pas réussir ? Ce serait la seule dépêche à vous adressée par eux dont vous auriez eu connaissance par la voie du télégraphe ? Voilà ce que vous attestez et déclarez ?

M. Stoffel. — Oui, monsieur le Président.

(*Procès Bazaine*, pp. 389 et 390.)

arriva à Reims directement, c'est-à-dire sans passer par Paris, à 6 h. 50 du soir. Elle fut expédiée de Reims à Courcelles et portée au château qu'occupaient le maréchal de Mac-Mahon et les deux états-majors... L'heure du dîner approchait : je me rendis à la demeure du Maréchal, où les officiers de l'état-major particulier prenaient leur repas en commun, sans me douter qu'il venait d'y arriver, à mon adresse, une dépêche des inspecteurs de police.

(*La Dépêche du 20 août*, par le colonel Stoffel, pp. 31 et 32.)

M. le Président. — Le 22 août, à Courcelles-lès-Reims, vers 10 heures et demie du soir, ou plus tard dans la nuit, avez-vous reçu une dépêche à vous adressée de Longwy par les agents Rabasse et

J'étais à peine entré que des officiers présents m'en donnèrent la nouvelle, en ajoutant que la dépêche *en contenait une du maréchal Bazaine au maréchal de Mac-Mahon.* Je demandai aussitôt (il

Miès, dépêche où le message de ces agents était en clair *et dans laquelle était enchâssée une dépêche chiffrée de M. le maréchal Bazaine à M. le maréchal de Mac-Mahon*?

M. Stoffel. — Non.

M. le Président. — Vous attestez ne pas l'avoir reçue ?

M. Stoffel. — Je l'atteste.

M. le Président. — Vous n'en avez pas eu connaissance, ni ce jour-là, ni après ; *vous n'avez vu aucune dépêche* arrivée par la même voie, ce même jour, le 22 ?

M. Stoffel. — *Je n'en ai eu aucune connaissance.*

(*Procès Bazaine*, p. 401.)

M. Stoffel. — En ce qui concerne la dépêche envoyée de Reims le 22 qui, autant que je me le rappelle, avait pour suscription : « M. le maréchal de Mac-Mahon aux agents télégraphiques de l'état-major, etc. », il m'est impossible aujourd'hui de dire si elle est m'est impossible de me rappeler aujourd'hui à quel officier ou à quels officiers je m'adressai) si la dépêche avait été *déchiffrée* et communiquée au Maréchal.

(*La Dépêche du* 20 *août*, par le colonel Stoffel, p. 22.)

Il me fut répondu affirmativement et *je trouvai, en effet, sur ma table de travail, une traduction complète de la dépêche.*

(*Ibid.*)

J'avais, en ce qui me concerne, à répondre aux inspecteurs de police Miès et Rabasse, qui me demandaient, à la fin de leur dépêche, s'ils devaient rentrer à l'armée. Je n'hésitai pas à leur donner l'ordre de rejoindre le Quartier général ; car il était évident pour de moi ou non. Je crois qu'elle n'est pas de moi, et ce qui me le fait penser, ce sont les détails suivants : d'abord, je signais toutes mes dépêches ; ensuite, comme cette dépêche était adressée au colonel Massaroli, commandant de place à Longwy, j'eusse télégraphié directement au colonel ; *je n'aurais pas télégraphié au nom du Maréchal.*

Maintenant, un autre détail me donne à penser que cette dépêche n'est pas de moi, *c'est que je ne comprends pas comment j'aurais trouvé cette expression* : « *agents télégraphiques de l'état-major* » pour désigner les deux agents Miès et Rabasse que j'avais fait venir, qui dépendaient de moi et que, dans aucun cas, je crois, je n'eusse appelés ainsi. Enfin, une raison qui peut paraître minime (chacun de nous a sa façon d'écrire habituelle), la dépêche porte : « *Bétheniville-sur-la-Suippe* » ; j'aurais dit : « **Bétheniville-sur-Suip-**

moi qu'ils ne réussiraient plus à arriver jusqu'au maréchal Bazaine. Leur dépêche m'ayant fait connaître qu'ils se trouvaient à Longwy, j'adressais le soir même, au colonel Massaroli, le télégramme suivant, *que j'écrivais au nom du maréchal de Mac-Mahon*, ce à quoi j'étais autorisé une fois pour toutes :

« Le maréchal de Mac-Mahon au commandant de place de Longwy.

« Prière de dire *aux deux inspecteurs télégraphiques de l'état-major*, de rejoindre le quartier général, qui sera demain à *Bétheniville-sur-la-Suippe.* »

Je donnai ce télégramme à un planton de l'état-major, en lui prescrivant de le porter au bureau télégraphique de Reims. Expédié de Reims à 9 h. 30 du soir, il fut remis dans la nuit au colonel Massaroli, qui le fit communiquer aux

pe. » Ces différentes considérations me font croire que la dépêche n'est pas pas de moi.
(*Procès Bazaine*, p. 388.)

nommés Miès et Rabasse.
(*La Dépêche du 20 août*, par le colonel Stoffel, pp. 33 et 34.).

La première déposition de M. Stoffel devant le général rapporteur, ses dépositions devant le conseil de guerre, sa brochure sont en contradiction constante. C'est une suite déplorable d'affirmations, de dénégations, de réponses embarrassées et d'injures. Après la lecture de ces pièces, M. Stoffel est jugé... et condamné (1).

Le récit de la *Section historique* ne contient pas un mot de blâme à l'adresse du colonel Stoffel. L'incident est rapporté sans commentaires.

Abandonnons ces pénibles détails et, puisque nous avons expliqué ce que le Maréchal aurait dû faire, rapportons ce qu'il a fait ; mais, auparavant, suivons les marches des armées allemandes depuis le 17 jusqu'au 25 août, jour où Mac-Mahon campera à Rethel, jour où le Grand Etat-major prussien se doutera de nos projets de jonction aux environs de Metz.

(1) Alfred Duquet, *Fræschwiller, Châlons, Sedan*, pp. 230 à 239. — « M. Alfred Duquet a montré les contradictions du colonel Stoffel de la façon la plus irréfutable dans son *Fræschwiller, Châlons, Sedan*. » (Général Palat, 1re partie, t. VI, p. 184, note 2.)

MOUVEMENTS D'AVEUGLES
ET DE BOITEUX

MARCHE DES ARMÉES ALLEMANDES DU 17 AU 25 AOUT

VAINE ATTAQUE DE VERDUN

Nous ne voyons pas l'intérêt qu'il y aurait à entrer dans tous les détails de ces marches en avant, de ces retraites des armées allemande et française. Elles ne présentent guère de particularités à retenir : il n'y a que l'idée stratégique des unes et des autres à noter ; nous n'y manquerons pas, mais, pour les mouvements sans importance, nous les négligerons.

III⁰ Armée.

Le 17 août, à l'aile droite, le II⁰ corps bavarois, commandé par le général de Hartmann, reste à Nancy, où le Prince royal a transporté son quartier général. Le I⁰ʳ corps bavarois, sous les ordres du baron de Tann, se porte à Saint-Nicolas-du-Port, traversant la Meurthe. Le V⁰ corps, général de Kirchbach, et la division wurtembergeoise, général d'Obernitz, passent au sud de Pont-Saint-Vincent ; le IX⁰ corps, général de Bose, blessé à Frœschwiller, est à Vézelise ; le VI⁰ corps, général de

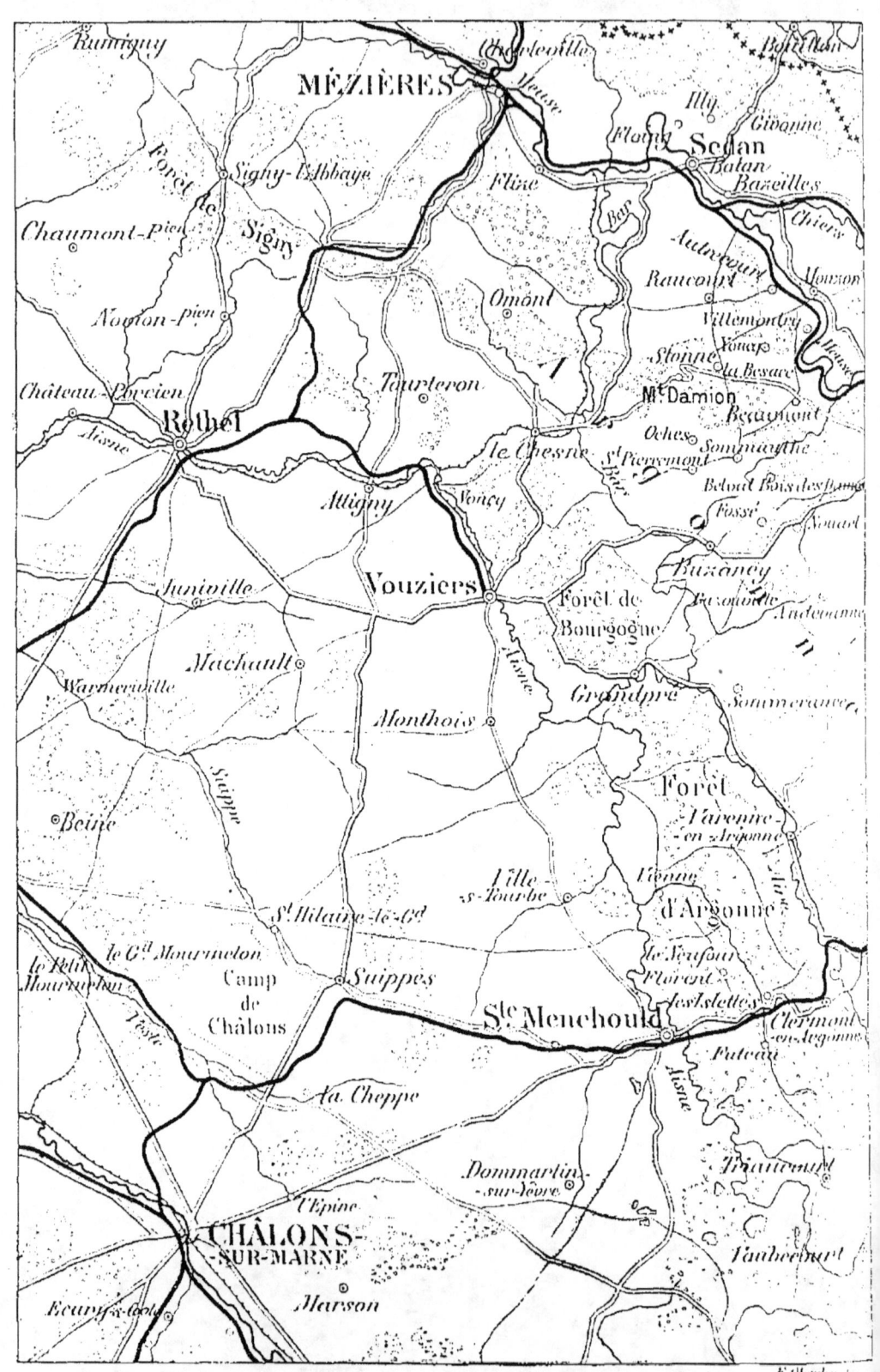

DE CHALONS A SEDAN

Tümpling, réunit, à Lunéville, ses deux divisions jusque-là séparées (1).

Le 18, le II⁰ corps bavarois s'avance à une demi-lieue de Toul, dépasse Blenod-lès-Toul et parvient à une lieue de Vaucouleurs. Le I⁰ʳ corps bavarois bivouaque à Pont-Saint-Vincent. Le V⁰ corps et la division wurtembergeoise gagnent Blenod-lès-Toul ; le XI⁰ corps est à Colombey, le VI⁰ à Bayon et la II⁰ division de cavalerie à Gripport, sur la Moselle, avec mission de couvrir la grande voie ferrée sur les derrières et sur la gauche de l'armée, car le bruit courait alors que le général de Failly s'était jeté dans le sud des Vosges et qu'il y avait rallié les débris du 5⁰ et du 1⁰ʳ corps (2).

Le 19, la III⁰ armée occupe la ligne Lay-Saint-Remy, Vaucouleurs, Pagny-la-Blanche-Côte, Vézelise, Vaudemont ; sa droite et son centre ayant ainsi gagné la Meuse (3).

C'est ce jour-là, 19, que la marche sur Châlons fut décidée par M. de Moltke. Jusque-là, il n'osait lancer la III⁰ armée dans l'intérieur de la France, les 200 000 hommes de Bazaine l'inquiétaient. Mais le succès de Saint-Privat l'enhardit : il risqua l'aventure : le Prince royal reçut l'ordre de se diriger vers Châlons. Le prince de Hohenlohe fait admirablement ressortir les dangers d'une pareille marche et justifie, du même coup, le plan de Palikao qui eût certainement réussi au cas où Bazaine aurait fait son devoir, où Mac-Mahon ne se serait pas montré le dernier des généraux. Lisons le prince de Hohenlohe :

---

(1) Capitaine Patry, 17 août. — Colonel Borbstaedt, pp. 472 et 473 ; atlas, planche IV.

(2) Colonel Borbstaedt, pp. 472 et 473 ; atlas, planche IV. — Capitaine Patry, 18 août.

(3) *La Guerre franco-allemande*, 1ʳᵉ partie, p. 900. — Colonel Borbstaedt ; atlas, planche VI. — Capitaine Patry, 19 août.

« A ce moment-là (le 19 et jours suivants), avant le succès, les hommes intelligents de l'armée étaient loin d'avoir tous la même idée. Il y a même des personnes, passant encore aujourd'hui pour des autorités, qui n'auraient pas conseillé, le 19 août, la marche sur Châlons. Cette marche exécutée à l'intérieur de la France, pays étendu et riche en ressources de tout genre, en laissant sur ses derrières une forteresse renfermant 200 000 hommes, et à proximité de laquelle passaient toutes les lignes de communication, tout cela leur semblait tellement risqué, qu'ils n'osaient s'y arrêter. L'un des hommes les plus considérables de notre armée me disait le 19 août :

«« Nous allons voir apparaître des pratiques que nous croyions depuis longtemps oubliées. Nous ferons des lignes de circonvallation autour de Metz et des lignes de contrevallation le long de la Meuse contre l'ennemi. C'est la vieille chanson, sur un air nouveau. »»

« Il ne songeait pas le moins du monde que l'on pût pénétrer dans l'intérieur de la France, tant que Metz se trouverait avec ses 200 000 hommes sur nos derrières.

« Il faut évidemment reconnaître que ces dangers existaient. Suppose que Bazaine ait tenté, le 26 août, de faire une trouée vers le sud, sur la rive droite de la Moselle. Nous savons maintenant qu'il ne renonça à son projet de faire une trouée, le 26, que parce que l'on avait oublié de faire construire des ponts. Suppose que cette faute n'ait pas été commise et que Bazaine se soit dirigé vers le sud, du côté d'Epinal, au lieu du nord-ouest. Il pouvait faire sa trouée. Les armées allemandes l'auraient bien poursuivi furieusement, mais une partie de ses troupes pouvait atteindre la voie ferrée à Epinal et l'utiliser autant que l'ennemi le leur aurait permis. Pendant cette opération, les communications de la III⁰ armée et de l'armée de la Meuse avec la mère-patrie auraient été coupées diagonalement. Beaucoup de nos transports seraient tombés entre les mains de l'ennemi, d'autres n'auraient du moins pas pu rejoindre. Aurions-nous pu déployer autant de force à Sedan, si nous n'avions pas eu assez de munitions? Je puis te dire que la dernière des colonnes de munitions du corps d'armée de la Garde ne nous arriva que la veille de la bataille de Sedan ; elle avait été se ravitailler à Saarlouis. Notre commandement avait parfaitement conscience des dangers auxquels il s'exposait en marchant sur Châlons. Je puis te citer une lettre que j'ai reçue de ces parages-là, *nomina sunt odiosa*, et qui me dépeignait tous les dangers audevant desquels nous allions ; elle faisait bien ressortir que c'était une grave résolution, que de se mettre dans une situation aussi critique (1). »

Il était bon de faire ainsi connaître l'opinion de nos ennemis sortant de la plume d'un de leurs meilleurs généraux.

Jusqu'au 23 août, le Prince royal s'avance à petites journées : en effet, à cette dernière date, son armée s'étend de Ligny à Stainville, de Stainville à Montiers-sur-Saulx et de Montiers à Cirfontaines ; le VI⁰ corps est en arrière, à Gondrecourt (2).

Le 24, la III⁰ armée marche rapidement et atteint Bar-le-Duc, Robert-Espagne, Saint-Dizier et Vassy (3).

Le 25, le I⁰ʳ corps bavarois est à Bar-le-Duc ; le

---

(1) Prince de Hohenlohe, *Lettres sur la Stratégie*, t. II, pp. 19 et 20.
(2) Colonel Borbstaedt, atlas, planche VI. — Capitaine Patry, 23 août.
(3) **Colonel Borbstaedt**, atlas, planche VI. — Capitaine Patry, 24 août.

II⁰ corps bavarois campe à Chaumont; le V⁰ corps est au delà de Sermaise, le XI⁰ à Thiéblemont; le VI⁰ se prépare à traverser la Blaise, à Vassy: la II⁰ division de cavalerie s'est aventurée jusqu'à Chavanges. L'avant-garde du Prince, composée de la brigade de cavalerie wurtembergeoise, arrive à Saint-Martin, près de Châlons (1).

Le prince Fritz, rapprochant de plus en plus sa droite de l'armée de la Meuse, avait donc continué, le 25, son changement de front progressif vers le nord-ouest (2).

Ce jour-là, 24, « quand le Grand Quartier général se transportait de Commercy à Bar-le-Duc, il s'arrêtait, chemin faisant, à Ligny, pour y conférer avec l'état-major général de la III⁰ armée sur la situation actuelle de la campagne. C'est en cette circonstance que le quartier-maître général de Podbielski émettait, le premier, l'avis qu'une tentative des Français pour se porter, de Reims, au secours de Bazaine, si elle était difficilement admissible en raison des objections qu'elle soulevait au point de vue militaire, pouvait cependant s'expliquer par des considérations politiques; le général regardait donc comme opportun de resserrer l'armée allemande vers sa droite, dans la continuation de la marche offensive. Cependant, *tous les renseignements que l'on possédait alors paraissaient contredire cette hypothèse, en indiquant, au contraire, que l'intention de l'ennemi était de couvrir la capitale*, soit directement, soit en prenant position latéralement à peu près vers Reims; on concluait, comme au parti le plus sage, *de poursuivre le mouvement selon la direction générale adoptée jusqu'alors et de l'accélérer le plus possible* (3) ».

(1) *La Guerre franco-allemande*, 1ʳᵉ partie, p. 928.
(2) *Ibid.*
(3) *Ibid.*, p. 925.

Le soir de ce jour, le prince Albrecht avait envoyé à M. de Moltke un journal de Paris annonçant que Mac-Mahon se trouvait à Reims avec 150.000 hommes (1).

Durant cette journée, des escadrons de la VI⁰ division se conduisirent en vrais sauvages.

Déjà, le 21, un peloton de la IV⁰ division de cavalerie s'était présenté devant la petite place de Vitry-le-Français. Les habitants avaient déclaré que nos troupes avaient quitté la ville et se dirigeaient vers le camp de Châlons. Amadoués par ce renseignement, les dragons prussiens avaient voulu entrer, mais « des hommes, à demi-vêtus d'uniformes, faisaient feu sur eux dans le faubourg et les contraignaient à se retirer (2) ».

Or, le 25, un bataillon des mobiles de la Marne, qui formait la plus grosse partie de la garnison de Vitry, évacuait cette ville, et son chef, le capitaine Hamel, avait la singulière idée de le diriger du côté de Sainte-Menehould, afin d'y monter en wagons pour Paris. Avant d'indiquer cet itinéraire, le capitaine eût dû se renseigner sur la position de l'ennemi. En effet, les mobiles vont se jeter contre un régiment de cuirassiers et un régiment de uhlans, aux environs de Sivry. Le combat s'engage entre des jeunes gens, incorporés de la veille, ne sachant pas tirer un coup de fusil, et deux régiments aguerris. La plupart des mobiles fuient naïvement à toutes jambes : en un temps de galop, ils sont rejoints, sabrés ou faits prisonniers par les cavaliers prussiens. Une quarantaine d'autres se défendent derrière une meule de paille et une haie, tuent le chef des uhlans, major de Friesen, et deux soldats, en blessent trois, mais quatre de leurs officiers et dix-

(1) *Ibid.*
(2) *Ibid.*, p. 902.

huit hommes étant tombés blessés par les sabres de leurs adversaires, le bataillon rend les armes (1).

Immédiatement, les mauvais traitements pleuvent sur les malheureux prisonniers. Les Prussiens, furieux de la réception qui leur a été faite, à Vitry, quelques jours auparavant, feignent de les prendre pour des francs-tireurs et s'apprêtent à les fusiller, sans autre forme de procès.

Heureusement, survient le duc Guillaume de Mecklembourg, commandant la division de cavalerie : il empêche le massacre, non, il ne fait que le retarder, car, à peine est-il parti que l'odieuse tuerie commence. Les mobiles sortaient du village de Passavant, sous la garde des hussards du 16º régiment, quand un prisonnier se détache du groupe afin d'aller boire à un ruisseau. Un cavalier, croyant qu'il veut s'échapper, tire sur lui. Ce coup de feu jette la plus grande confusion dans le convoi ; plusieurs mobiles, effrayés, se mettent à courir de tous côtés. Les cavaliers prussiens, devenus fous de rage, se précipitent sur ces pauvres enfants et, avec l'aide des dragons de la Garde royale, cantonnés à Passavant, les sabrent cruellement et les fusillent à coups de carabines. C'est une honteuse boucherie qui ne cesse qu'à l'arrivée des officiers des régiments massacreurs. On comptait 32 victimes tuées sur place, 92 étaient atrocement mutilées (2).

---

(1) *Ibid.*, pp. 927 et 928. — Amédée Le Faure, t. I, p. 267. — Général Palat, 1ʳᵉ partie, t. VI, p. 229.

(2) *Les victimes de la Basse et de Passavant* ; Châlons. — A. Le Faure, t. I, pp. 267 et 268. — Général Palat, t. VI, pp. 229 et 230. — Le général Palat rapporte que le premier coup de feu a été tiré et qu'un cavalier de l'escorte roula à terre (p. 230). Cela ferait croire qu'un mobile aurait commencé, comme le lapin. Seulement, de quelle manière un prisonnier aurait-il pu épauler, viser et tirer ? Et avec quel fusil ? Ils avaient été, naturellement, désarmés. Non, le récit du narrateur de la brochure : *Les victimes de Passavant*, est plus simple, plus vraisemblable : ce sont ceux qui avaient des carabines qui s'en sont servis et

Voici comment le récit du Grand Etat-major prussien relate ce massacre :

« Les prisonniers, mis aussitôt en route, sous la surveillance d'une escorte, cherchaient à s'enfuir, à Passavant; cette tentative échouait complètement, grâce au concours de fractions de la Garde qui se trouvaient dans le voisinage; mais un grand nombre de gardes mobiles y furent tués ou blessés (1). »

Comme il est probable que quelques centaines de gardes mobiles, désarmés, n'ayant pas la moindre notion de la guerre, aient essayé de fuir quand trois régiments de cavalerie ennemie les entouraient! Cette version n'est pas soutenable et n'a été inventée que pour dissimuler l'odieux de la conduite des Prussiens.

Avant de quitter la IIIe armée, constatons qu'elle comprenait, à cette époque, 147 bataillons; 128 escadrons et 90 batteries, soit : 112 000 hommes d'infanterie, 15 000 de cavalerie et 522 pièces de canon (2).

Ire et IIe armée.

La IIe armée, soutenue par la Ire, bloquait Metz depuis le 16 et venait de livrer les gigantesques

---

non ceux qui n'en possédaient pas. — L'*Historique* du 1er dragons de la Garde déclare que la carabine d'un cavalier prussien s'est, accidentellement, déchargée. (Cité par le général Palat, 1re partie, t. VI, p. 230, note 1, d'après la *Revue historique*, IV, 1905, p. 439.) Cette dernière version est acceptable, mais nous croyons celle du coup de carabine tiré sur le prétendu fuyard plus vraisemblable.

(1) *La Guerre franco-allemande*, 1re partie, p. 928. — Les Prussiens ont reconnu avoir « dépassé de beaucoup les limites de l'humanité ». Voir leurs aveux : *Section historique*, IIIe série, I, p. 128, note 3.

(2) Colonel Borhstaedt, p. 549. — Voir, dans notre *Fræschwiller*, la pièce justificative n° II, pp. 343 à 345.

batailles de Rezonville et de Saint-Privat où la bravoure des Français n'avait eu d'égale que l'indignité de leur général en chef. Rassuré par la mollesse de Bazaine, M. de Moltke se hasarde à détacher de la IIe armée trois corps et deux divisions de cavalerie afin de créer une IVe armée, dite de la Meuse, destinée à opérer entre Châlons et Paris, conjointement avec le Prince royal, dont elle formera l'aile droite.

L'armée de la Meuse, née le 19 août, se compose de la Garde royale, de la division de cavalerie de la Garde royale, du IVe corps, commandé par le général d'Alvensleben, du XIIe corps, saxon, de la division de cavalerie saxonne, des Ve et VIe divisions de cavalerie de réserve. Le prince royal de Saxe est commandant en chef de cette armée, avec le général de Schloteim comme chef d'état-major (1).

Il reste donc devant Metz les Ier, VIIe, VIIIe, IIe, IIIe, IXe et X^e corps, la Ire et la IIIe division de cavalerie, auxquelles troupes il faut ajouter la IIIe division de réserve (2).

Armée de la Meuse.

L'armée de la Meuse, qui compte 82 bataillons, 120 escadrons et quarante-huit batteries, soit : 66 400 hommes d'infanterie, 15 000 cavaliers et 288 pièces (3), commence son mouvement vers l'ouest dans la soirée du 19 août, la Garde et le XIIe corps flanqués à droite et à gauche de la Ve et de la VIe division de cavalerie. Le même jour, le IVe corps a gagné Commercy, où il franchit la Meuse.

---

(1) Voir la pièce justificative, n° VII.
(2) Colonel Borbstaedt, p. 548.
(3) *Ibid.*, p. 549. — Voir, aussi, la pièce justificative n° VII.

Déjà, depuis le 18, quatre régiments de cavalerie battent le pays, vers le fleuve, et observent Verdun.

Jusqu'au 24 août, l'armée marche assez doucement : à cette date, elle atteint Jouy, Verdun, Dieue ; le IVe corps est à Bar-le-Duc. C'est ce jour-là que les Allemands exécutent une reconnaissance devant la place de Verdun. Cette ville se trouve à cheval sur leur ligne d'opérations, aussi vont-ils chercher à s'en emparer par un coup de main, et c'est le XIIe corps qui est chargé de cette mission (1).

Le matin du 24 août, les hauteurs de l'est se couronnent tout à coup d'infanterie, de cavalerie et d'artillerie ; d'autres colonnes débouchent, en même temps, des ravins profonds qui sont creusés de ce côté. « Les Allemands tentent une de ces surprises qu'ils ont déjà essayées, à Toul, afin d'obtenir, par un coup d'audace, la prompte reddition de la place (2). »

Le commandant fait immédiatement tirer les deux coups de canon d'alarme qui doivent apprendre à la ville l'arrivée des Allemands.

L'enceinte, dans les trois quarts de son pourtour, est environnée d'eau, soit par la Meuse, soit par des canaux, soit par le Pré-l'Évêque que l'on peut inonder à volonté. Le front Saint-Victor, trop élevé pour y amener des canaux, est miné à 40 mètres dans la campagne ; la citadelle, qui domine la ville, est défendue par des ouvrages importants. Les remparts sont garnis de 317 pièces parmi lesquelles on ne compte que 46 canons rayés. La garnison se compose de 2 000 mobiles, d'un millier d'hommes appartenant au dépôt des

---

(1) « Verdun est situé dans une plaine, dominé de tous côtés par des hauteurs d'où l'artillerie moderne peut foudroyer la ville. » (Alfred Mézières, p. 322.)

(2) *Ibid.*, p. 323.

57ᵉ et 80ᵉ de ligne, de 200 jeunes cavaliers et engagés volontaires, de 20 soldats du génie, de 55 gendarmes de l'arrondissement et de 50 hommes commandés par un capitaine et un lieutenant du 4ᵉ d'artillerie qui a été envoyé de Vincennes avec ses canons. Il faut ajouter à ces combattants 1 400 gardes nationaux sédentaires (1).

Malheureusement, par suite de l'incurie de l'administration militaire, on n'a pas pensé à dégager le terrain situé à l'est, en avant du faubourg Pavé. Jusqu'au pied même des glacis, ce terrain est couvert de vergers, de murs, de vignes, qui offriront de nombreux abris à l'assaillant (2).

A peine le signal d'alarme a-t-il ébranlé les maisons de Verdun que chacun se précipite à son poste de combat. Point de cris, point de tumulte, rien que le bruit de la générale dans les rues, des clairons et des trompettes dans les casernes. Chaque citoyen prend ses armes et court aux remparts pendant que les femmes et les enfants s'entassent sous les voûtes des églises et des caves. Le maire et les membres du conseil municipal s'établissent en permanence à l'hôtel de ville et attendent les événements.

Cependant les rues sont devenues désertes et silencieuses ; un calme formidable et imposant règne sur toute la ville ; les soldats et les bourgeois épaulent leurs fusils, s'apprêtent à faire feu ; les Allemands exécutent leurs manœuvres pour prendre position en face des défenseurs de Verdun.

Tout à coup, comme l'horloge de l'hôtel de ville

---

(1) *Journal du blocus et du bombardement de Verdun*, par l'abbé Gabriel; Verdun, 1872; pp. 39 et 40. — La garnison était insuffisante. Voir Alfred Mézières, pp. 322 et 323.
(2) *La Guerre franco-allemande*, 1ʳᵉ partie, p. 921 — Colonel Borbstaedt, p. 554.

sonne 10 heures, une fusillade stridente s'élève du faubourg Pavé et de la Galavaude, couvrant les fortifications de balles. Les tirailleurs ennemis, cachés derrière les arbres et les buissons, abrités par les palissades ou les murs des jardins, tirant des fenêtres et des portes des maisons les plus rapprochées, essayent d'abattre les canonniers et les hommes qui paraissent au-dessus des glacis.

Quelques minutes se sont à peine écoulées que le roulement du canon accompagne le bruit aigu de la mousqueterie : 24 pièces sont venues se poster à 2000 mètres de la place, dans les terrains légèrement ondulés qui s'étendent au pied de la côte, à droite de la route d'Etain ; 32 autres pièces se sont établies au-dessus du Four-à-Chaux, sur les hauteurs qui dominent Haudainville, à 1500 mètres et au niveau du front Saint-Victor. Ces batteries sont protégées par de nombreux corps de cavalerie et d'infanterie qui s'abritent tant bien que mal de notre fusillade.

Il y a déjà une demi-heure que les obus allemands sifflent lugubrement dans l'air, tombant avec fracas sur la partie de la ville située à droite de la Meuse, et l'artillerie française ne répond pas aux batteries ennemies. Les gardes nationaux et les soldats, à genoux derrière le parapet, la tête abritée par des sacs à terre, tirent seuls et atteignent les assiégeants qui se hasardent à se montrer. Mais pourquoi ce long silence de nos artilleurs ? Hélas ! c'est toujours notre admirable organisation qui en est cause. Au moment de l'attaque, les magasins à projectiles, qui se trouvent sous chaque bastion, étaient fermés et il faut en aller chercher les clefs qu'on ne trouve qu'à grand'peine (1).

(1) L'abbé Gabriel, p. 42.

Enfin nos canons se font entendre et nos bombes s'abattent au milieu des masses ennemies où elles doivent causer un grand ravage, car, au travers de la fumée, on y voit des mouvements d'oscillation. A Charmois, un caisson, rempli de munitions, saute avec un bruit terrible qui couvre, pendant une seconde, les détonations des deux artilleries. Les bastions Saint-Paul, Porte-Chaussée, derrière les Minimes, et Saint-Victor, lancent leurs obus contre les assaillants et parfois leurs projectiles, passant par-dessus les hauteurs, vont déchirer les réserves saxonnes, alignées dans le fond de Belrupt et de Haudainville.

Le général Marmier, qui a été bloqué à Verdun en allant rejoindre ses troupes de l'armée du Rhin, le commandant de Nettancourt, de la mobile, parcourent à cheval les endroits dangereux. C'est surtout au bastion n° 15 et le long de la courtine qui passe au-dessus de la porte Saint-Victor que le péril est grand. Les obus enfilent cette courtine, éclatent dans les grands arbres qu'ils cassent en tuant et blessant les gardes nationaux que nulles traverses n'abritent.

L'intérieur de la ville présente un spectacle saisissant. Tous les magasins sont fermés. Du côté des rues Mazel, Saint-Pierre et Chevert, où les projectiles saxons n'arrivent que rarement, on rencontre encore quelques personnes anxieuses et attardées qui rejoignent leur demeure en courant, mais dans le quartier Saint-Victor et sur toute la rive droite de la Meuse, outre les hommes qui vont à leur devoir, on n'entend que les bombes crevant les toitures, perçant les murailles des maisons et broyant poutres et pierres.

Vers 11 heures et demie, un cavalier ennemi, porteur d'un drapeau blanc, débouche au tournant de la rue d'Étain, à 100 mètres des remparts : une balle perdue le tue raide. C'est le trompette d'un parlementaire que les Saxons nous envoient et qu'on n'a pu entendre sonner au milieu des bruits de la bataille, ni apercevoir dans la rue d'Etain par laquelle il est venu. L'officier parlementaire paraît, à son tour, et semble hésiter à avancer, mais le feu cesse de notre côté dès que l'on distingue le drapeau blanc du trompette tué. Le pont est abaissé, le commandant du poste de la porte Chaussée sort accompagné de quelques soldats, bande les yeux au parlementaire et l'introduit dans la ville.

Le Saxon arrive à l'hôtel de la subdivision et somme le général Guérin de rendre la place :

« Dites au prince Georges de Saxe, répond le général, que je ne lui rendrai qu'à la dernière extrémité la ville dont la défense m'a été confiée. Allez, Monsieur. »

« — Je m'attendais à cette réponse, » reprend l'officier saxon en souriant.

On lui bande de nouveau les yeux et il se retire (1). Cinq minutes après, le feu recommence avec plus de furie. Heureusement, cela ne dure pas longtemps; vers midi, nos artilleurs remarquent un mouvement parmi les troupes ennemies, et, bientôt, on peut contempler leurs colonnes en retraite qui regagnent les hauteurs desquelles elles étaient descendues, les ravins d'où elles étaient sorties. Leurs batteries les suivent de près, essayant de contenir l'artillerie de la place qui les poursuit de ses projectiles, mais le dernier coup de canon

---

(1) « Le commandant de la place déclinait, de la manière la plus formelle, toute proposition de capitulation. » (*La Guerre franco-allemande*, 1re partie, p. 922.) — « Malgré la faiblesse de la garnison, le commandant lutta énergiquement. » (Amédée Le Faure, t. I, p. 268.) — « Le 24, le XIIe corps essaya de prendre Verdun par un coup de main; après un bombardement de plusieurs heures, la place refusa de se rendre. » (Major de Chabot, 1re partie, p. 113.)

ne se fait entendre que lorsque le dernier escadron a disparu derrière les bois de la route d'Etain.

Le commandant du XIIe corps, convaincu de l'inutilité qu'il y aurait à prolonger un bombardement avec des pièces de campagne, en raison de l'attitude énergique de la garnison, avait ordonné d'abandonner l'attaque et de franchir la Meuse en amont et en aval de la place pour continuer la marche en avant (1).

Le colonel Borbstaedt avoue que les Saxons ont jeté sur la ville 626 obus ordinaires et 20 obus incendiaires (2).

Les Français avaient 5 gardes nationaux, 1 soldat et 1 mobile tués et 12 blessés. Quant à la perte des Saxons, sans oser la porter à 400 hommes hors de combat, comme l'affirmèrent les vainqueurs, on peut cependant dire, avec un chroniqueur allemand, qu'ils ont été *très abîmés* par notre feu (3).

D'après M. de Moltke, les troupes saxonnes auraient perdu, *pendant le bombardement*, 1 officier, 19 hommes et 5 chevaux (4). Nous n'avons aucun moyen de contrôler cette affirmation, qui nous paraît suspecte.

Cette résistance glorieuse produisit à Paris la plus vive impression ; c'est au milieu de l'émotion générale que le ministre de la Guerre apprit au

---

(1) « Le bon état des ouvrages et l'attitude du commandant ne laissant plus espérer une solution favorable, on se décidait, comme à Toul, à abandonner cette tentative d'enlever en passant une place forte à l'abri d'un coup de main et à reprendre la marche vers l'ouest. » (*La Guerre franco-allemande*, 1re partie, p. 922.) — Colonel Borbstaedt, p. 556. — Major de Chabot, 1re partie, p. 113 — Colonel Grouard, p. 33.

(2) Colonel Borbstaedt, p. 556. — *Histoire de la guerre de 1870-1871*, par A. Girard, professeur d'histoire au lycée d'Agen, et F. Dumas, maître de conférences à la Faculté des lettres de Toulouse ; Paris, Librairie Larousse, p. 56.

(3) *La guerre des peuples en France, Histoire de la guerre franco-allemande 1870-1871*, par Charles Abani.

(4) *La Guerre franco-allemande*, 1re partie, p. 922.

Corps législatif l'échec des Saxons, et des acclamations unanimes saluèrent le courage de la garde nationale et de la garnison de Verdun (1).

Quelques jours après, le 28, une centaine de gardes nationaux et soldats s'emparaient de 85 chevaux et de 50 voitures de pain, riz, farine, avoine, quartiers de bœuf et de mouton et faisaient, en outre, 50 prisonniers (2).

Laissons les braves habitants de Verdun et reprenons le procès-verbal des mouvements de l'armée de la Meuse qui, le 24 au soir, lançait ses coureurs jusqu'à l'Argonne, sans oser toutefois les y aventurer. Mais, auparavant, un mot touchant la topographie de ces légendaires collines, si glorieusement utilisées par Dumouriez et si déplorablement négligées par le maréchal de Mac-Mahon.

L'Argonne, qui coupait, à l'ouest, la ligne d'opérations du prince de Saxe, constitue un obstacle aux libres évolutions de masses considérables, plutôt par ses grandes forêts et ses vallées profondément encaissées que par de véritables montagnes. L'Argonne proprement dite s'étend entre l'Aire et l'Aisne; elle est traversée, de Clermont à Sainte-Menehould, par le chemin de fer de Verdun à Châlons et par la grande route qui court dans la même direction. En disposant convenablement quelques régiments le long de ces montagnes, de ces forêts et de ces rivières, le Maréchal pourrait, sinon arrêter, du moins retarder le flot envahisseur, et permettre à son armée d'effectuer en paix une

(1) *Journal officiel*, n° du 28 août 1870. — « La population civile, associée au péril de l'armée, avait éprouvé des pertes cruelles. » (Alfred Mézières, p. 324.) — *Les Capitulations*, par le général Thoumas, p. 46.

(2) L'abbé Gabriel, p. 59. — C'est dans cet ouvrage que nous avons puisé la majeure partie de notre récit de la belle résistance du 24 août, récit confirmé par la narration officielle prussienne.

partie de sa marche vers le nord-est. Il laisse les Allemands s'emparer de toutes les positions (1).

Le 25, la V⁰ division de cavalerie galope tranquillement à travers les défilés et gagne Sainte-Menehould sans rencontrer de résistance; la division de cavalerie saxonne s'arrête à Clermont; à l'aile gauche, la VI⁰ division de cavalerie pousse jusqu'à Révigny-aux-Vaches.

« Ainsi couverte par ce rideau de cavaliers, développé 22 kilomètres en avant, et qui surveille le pays dans toutes les directions, l'infanterie peut marcher presque comme en pleine paix sans recourir à un service spécial d'avant-postes et prendre des cantonnements qui lui épargnent les fatigues du bivouac (2). »

Les Allemands commencent à mieux se servir de leur innombrable cavalerie.

En somme, le 25 au soir, la XXIII⁰ division est à Jouy, la II⁰ division de cavalerie se prépare à franchir le défilé des Islettes, la V⁰ division de cavalerie est à Sainte-Menehould, comme nous l'avons déjà dit; la XXIV⁰ division est à Lempire, la Garde à Triaucourt, le IV⁰ corps à Laheycourt (3).

---

(1) *La Guerre franco-allemande*, 1ʳᵉ partie, p. 931. — « Le service de reconnaissance sur une grande étendue, à droite de l'armée (allemande), était entravé par l'obstacle que constitue la forêt de l'Argonne que la cavalerie avait peine à franchir sans le concours de l'infanterie... Des corps de francs-tireurs organisaient de petites entreprises qui gênaient fort les Allemands. » (*Mémoires du maréchal de Moltke*, p. 89.) — « L'Argonne est un vrai pays de défense où, avec de bons soldats et des officiers instruits, on aurait pu arrêter toutes les armées de l'Allemagne. » (Eugène Véron, p. 189.)

(2) Colonel Borbstaedt, p. 557.

(3) *Ibid.*, atlas, planche VI. — Capitaine Patry, 25 août.

EMPLOI DE LA CAVALERIE PAR LES FRANÇAIS

Nous remarquions, à l'instant, le meilleur emploi que les chefs ennemis commençaient à faire de leurs escadrons. De notre côté, les généraux disposent les leurs de telle sorte qu'ils sont une cause d'embarras pour l'infanterie et l'artillerie, loin d'en être le soutien. En principe, M. de Mac-Mahon les couvre toujours par des fantassins, témoins les journées qui ont précédé Wissembourg, Frœschwiller, Beaumont, Sedan.

Oui, l'on ne saurait imaginer l'aberration du haut commandement français dans l'emploi de la cavalerie, non seulement en 1870, mais aussi durant la campagne d'Italie, qui aurait pourtant dû servir de leçon, d'avertissement à des généraux prenant la peine de voir, d'observer, de s'instruire des nécessités de la guerre.

Lors de la marche de l'armée française de Magenta à Solférino, la cavalerie fut presque toujours encadrée par l'infanterie comme un précieux joyau : l'État-major avait peur qu'elle fût détériorée (1)! Par hasard, quand on n'a pas pu faire autrement, notamment le 16 juin, « notre cavalerie tend à prendre les devants, en revanche, la cavalerie piémontaise se cache derrière son infanterie (2) ». De même, le 21, « les divisions Partouneaux et Desvaux sont un peu en avant du 4ᵉ corps (3) » ; mais ce sont des accidents fort rares

---

(1) « Le 13, les 1ᵉʳ, 2ᵉ et 3ᵉ corps français ont passé l'Adda et campent à Treviglio, Calvenzano et Mozzanica. *Comme toujours, la division de cavalerie est soigneusement gardée par l'infanterie du 3ᵉ corps, qui éclaire la marche.* » (Alfred Duquet, *La guerre d'Italie*, 1859; Paris, G. Charpentier, 1882; p. 127.)
(2) *Ibid.*, p. 130.
(3) *Ibid.*, pp. 130 et 131.

durant cette marche antistratégique, sans règles, sans prévisions, sans combinaisons, livrée aux hasards du chemin. La plupart du temps, ce sont les détachements de fantassins qui éclairent les colonnes, qui renseignent l'Etat-major : la cavalerie se réserve pour les charges! On comprend quelle jolie besogne d'éclaireurs doit faire notre pauvre infanterie.

En 1870, ce sera pire!

A Wissembourg, on se rappelle avec quelle clairvoyance la brigade de cavalerie de Septeuil exécuta sa reconnaissance du 4 août, au matin : elle ne trouva pas trace des masses ennemies qui allaient fondre, quelques moments plus tard, sur la division Abel Douay (1)!

A Frœschwiller, pas un cavalier n'avait éclairé, ne gardait les régiments du duc de Magenta, rassemblés non loin de Wœrth (2)! Comme l'avant-veille, les premiers obus ennemis tombant sur le bourg provoquèrent la plus grande surprise chez les Français (3). « Nos grand'gardes et reconnaissances n'avaient découvert rien d'anormal : la présence du Ve corps, à quelques mètres de Wœrth, avaient passé inaperçue pour elles (4)!

A Forbach, Napoléon III ne s'est pas fait renseigner par ses escadrons sur la position, les mouvements de l'ennemi. Les hauteurs de Spicheren sont une bonne position militaire, mais le général Frossard, commandant le 2e corps, se trouvait à une vingtaine de kilomètres du 3e corps, à une trentaine du 4e, à huit ou neuf lieues de la Garde impériale. Il était donc en flèche ; le maréchal Bazaine, seul, était en mesure de lui prêter main-

---

(1) *Frœschwiller*, par Alfred Duquet, p. 122.
(2) *Ibid.*, pp. 224 et 225.
(3) *Ibid.*, p. 239.
(4) *Ibid.*

forte. On n'ignore pas qu'il s'en garda bien (1).

Quant à la marche sur Sedan, c'est le comble de l'absurdité au point de vue du service de la cavalerie pour faciliter la rapidité des mouvements en avant d'une armée. En effet, les Français devaient se porter de Châlons vers le nord-est, sans perdre une minute ; ils se dirigèrent bientôt vers le nord, en raison des hésitations, des tergiversations, des lenteurs du Maréchal. Mais, soit que l'armée de Châlons eût le nord-est ou le nord comme objectif, dans les deux cas, sa marche ne pouvait être inquiétée que sur son flanc droit, du côté de l'est. Du côté de l'ouest, elle n'avait à redouter aucune incursion, aucune escarmouche, aucune attaque, puisque les Allemands ne s'y trouvaient pas. Eh bien, chose extraordinaire, incompréhensible : au cours de ces marches lamentables, procession funèbre de soldats découragés conduits par des chefs ne sachant où ils allaient, pas un régiment, pas un peloton des treize brigades de cavalerie, dont disposait le duc de Magenta, ne galopa sur le flanc droit de l'armée, du côté du Levant. Protégés par l'infanterie, tous ces cavaliers se tinrent sur le flanc gauche, qui ne pouvait être inquiété. Pas un peloton ne fut chargé de courir en tête de nos bataillons afin d'éclairer la route (2) ! Pourtant « quand l'une des ailes est couverte par un obstacle, tel qu'un cours d'eau par exemple (ou par l'impossibilité pour l'ennemi d'attaquer cette aile, ce qui était le cas de notre flanc gauche dans la marche sur Metz), on porte toutes les divisions de cavalerie sur l'aile opposée (3) ».

(1) *Metz, Les Grandes Batailles*, par Alfred Duquet, p. 11.
(2) Alfred Duquet, *Frœschwiller, Châlons, Sedan*, pp. 261 et 262. — Charles de Mazade, t. I, p. 199. — Général Derrécagaix, p. 264.
(3) *Principes de stratégie. Etude de la conduite des armées*, par le général Berthaut ; Paris, Dumaine, 1881 ; p. 356.

« Dans la marche de l'armée de Châlons vers Metz, on voit un maréchal de France ne pas couvrir son flanc droit, du côté où arrivait l'armée allemande, par un seul cavalier, et placer les deux divisions de cavalerie dont il disposait du côté opposé à l'ennemi. Qu'on vienne maintenant nous dire que, si les généraux français ne sont pas des savants, ils savent se tirer d'affaire devant l'ennemi par des inspirations heureuses ! Avec des généraux ignorants, la catastrophe est inévitable tôt ou tard (1). » — « Dans sa marche sur Tourteron, Mac-Mahon trouva moyen d'employer la réserve de cavalerie sur sa gauche. Sur sa droite, c'est-à-dire là où cette réserve aurait dû se trouver, il se fit couvrir par l'infanterie de Douay. Cette dernière se laissa troubler par quelques escadrons prussiens et l'on perdit, à la suite de cela, une journée entière. Peut-être faut-il attribuer à ce fait l'origine première de l'insuccès de l'opération (2).

Aussi, vers la fin de ce lugubre voyage, de cette marche à la mort, les fantassins étaient arrêtés par des alertes continuelles : quand ils arrivaient à une route, débouchant de l'est, ils apercevaient, le plus souvent, des pelotons de uhlans ou de dragons allemands ; il fallait se mettre en bataille, se rendre compte de la force de la reconnaissance ennemie, la repousser à coups de fusil — ce qui n'était pas difficile — mais on n'en avait pas moins perdu deux ou trois heures alors qu'il aurait fallu doubler les étapes (3).

(1) Un colonel de l'Etat-major autrichien. Cité par le général Pierron, *Méthodes de guerre*, t. I (1re partie), p. 19. — Amédée Le Faure, t. I, p. 273. — *La Débâcle*, par Émile Zola, p. 99. — *Les Braves Gens*, par Paul et Victor Margueritte, p. 38. — Général Brackenbury, p. 170. — *Mémoires du maréchal de Moltke*, p. 92.
(2) Karl Bleibtreu, pp. 90 et 91.
(3) Sans avant-garde, « le moindre obstacle fera sentir son action jusqu'au dernier élément de la colonne... Un simple coup

Pareilles alertes, pareils retards n'auraient pas été à déplorer si notre nombreuse cavalerie avait rempli sa mission, fait son devoir et repoussé loin du gros de l'armée les petits détachements de uhlans lancés en avant des masses d'infanterie du Prince royal afin d'alourdir nos mouvements et de permettre à la III⁰ armée de nous gagner de vitesse et de nous couper de Metz et de Paris (1).

Nous le demandons à tout homme de bon sens, à tout militaire impartial : était-il possible de plus mal diriger un mouvement en avant? Est-ce que le premier bourgeois, le premier ouvrier venus auraient commis semblable faute, imaginé pareille ineptie guerrière? Est-ce qu'un chef de partisans, stratège ou tacticien improvisé, n'aurait pas mieux conduit ces braves gens qu'un maréchal de France, semblable à Mac-Mahon et à ses pairs de 1870,

de feu déterminera un temps d'arrêt ». (Général Maillard, p. 256.) — Arthur Chuquet considère comme une chose heureuse l'absence des reconnaissances de cavalerie par l'armée de Sedan : « On s'est plaint de l'inertie de ses escadrons ; elle lui fut utile ; en se bornant à couvrir l'infanterie (c'est une erreur, ils ne la couvrait pas puisqu'ils galopaient sur le flanc gauche), sans exécuter de reconnaissances et de pointes, ils ne purent rencontrer l'adversaire, qui ne savait plus où étaient les Français. » (Arthur Chuquet, p. 85.) Sans doute, aux premiers jours de la marche, il était préférable de ne pas s'approcher de l'ennemi, l'observation d'Arthur Chuquet est très juste; mais, quand il sut où nous étions, où nous allions, c'est alors que nos cavaliers auraient dû empêcher les pelotons, les escadrons allemands de nous suivre des yeux, de nous harceler.
(1) « Menacée et harcelée sans cesse par notre cavalerie, obligée, à tout moment, de faire halte et de la repousser, l'infanterie de Mac-Mahon mit un temps infini à parcourir un chemin fort court, ce qui ne l'en fatigua pas moins horriblement. » (Prince de Hohenlohe, *Lettres sur la Cavalerie*, p. 46.) — « Quoi d'étonnant qu'une infanterie ainsi harassée ait négligé le service de sûreté et nous ait permis de surprendre et d'alarmer le bivouac ?... Tous les militaires savent combien ces alertes démoralisent une troupe, combien il se perd alors de vivres, d'ustensiles de cuisine, de bagages, combien par conséquent il en résulte de privations, de souffrances et de fatigues en plus de celles que le soldat a à endurer en tout temps. » (*Ibid.*, pp. 46 et 47.)

ou que ces généraux rendus inaptes, par les escarmouches de l'Algérie, à la direction des armées en campagne?

Et notre cavalerie eût admirablement joué son rôle, si les grands chefs lui avaient donné des ordres précis. Nos ennemis le reconnaissent loyalement :

« La cavalerie française se trouvait toujours derrière le front des corps, mais ce n'était pas de sa faute. Car ses charges de Vionville et la chevauchée de la mort à Sedan montrent son abnégation. Nous pouvons déduire, de là, qu'elle se serait acquittée du service d'exploration avec le même dévouement, si on le lui avait demandé. Nos cavaliers allemands n'ont donc pas le droit de lancer un coup d'œil dédaigneux aux cuirassiers de la Garde française, parce que ceux-ci ont dû abattre leurs magnifiques chevaux et se rendre, après avoir exécuté des attaques remarquables contre notre infanterie et avoir perdu la moitié de leur effectif (1). »

Le prince de Hohenlohe a dit encore :

« Dans la première période de la guerre, jusqu'à la catastrophe de Sedan, les généraux français ont constamment ménagé leur cavalerie et l'ont retenue pour pouvoir s'en servir comme d'une réserve de combat. Jamais le fait ne s'est présenté qu'une division de cavalerie française ait été envoyée en avant à une grande distance pour faire le service de reconnaissance, et tout le monde conviendra que forcément les choses eussent tourné autrement si les Français avaient fait de leur cavalerie un usage aussi judicieux que les Allemands de la leur (2). »

Mais ne déplorons pas davantage le fait accompli,

---

(1) Prince de Hohenlohe, *Lettres sur la Stratégie*, t. I, p. 402.
(2) Prince de Hohenlohe, *Lettres sur la Cavalerie*, p. 81.

irréparable, voyons comment le faux vainqueur de Magenta, le maréchal de Mac-Mahon s'acquitta de la redoutable mission que sa présomption lui avait fait accepter.

MARCHE DE MAC-MAHON VERS LE NORD

Ainsi que nous l'avons expliqué plus haut, l'entreprise qui consistait à secourir Bazaine devait être conduite avec une rapidité foudroyante (1).

« Il fallait profiter du désarroi dans lequel allait se trouver le Prince royal, auquel la retraite de notre armée du camp de Châlons sur Reims ferait supposer un mouvement de concentration sur Paris et qui, pendant quelques jours peut-être, au milieu des vastes plaines de la Champagne, pourrait perdre notre trace. Pas une minute n'était à négliger ; le plan de la marche, mûrement étudié et arrêté d'une façon immuable, devait avoir pour base l'effort maximum que l'armée pouvait produire chaque jour et rien ne devait, sous quelque prétexte que ce fût, en modifier le programme. Si l'ennemi se présentait, il fallait l'attaquer immédiatement, car marcher côte à côte avec lui, c'était lui permettre

---

(1) « Il fallait une infatigable énergie et une grande activité pour marcher sur Verdun. » (Général Ambert, t. I, p. 294.) — « Ce hardi dessein ne fut exécuté qu'avec mollesse, presque à contre-cœur. » (Arthur Chuquet, p. 84.) — « La marche sur Metz, pour réussir, devait se faire, d'abord, dans le plus grand secret, ensuite, et surtout, avec promptitude. » (A. Girard et F. Dumas, p. 35.) — « Marcher vite, plus vite que l'ennemi, c'était le problème à résoudre. » (Colonel Fabre, p. 118.) — « Cette périlleuse entreprise requérait surtout, pour réussir, une grande célérité. » (*La Campagne de* 1870 ; traduit du *Times*, p. 90.) — *Ibid.*, 102. — « Des marches forcées et une résolution inébranlable pouvaient, seules, laisser quelques chances à la réalisation du plan. » (Général Derrécagaix, p. 264.)

une concentration progressive et diminuer nos chances de succès (1). »

Hélas! le commandant en chef de l'armée de Châlons en jugea autrement; nous allons le voir à l'œuvre.

Le 23, au matin, les Français s'ébranlent en quatre colonnes, sans compter les divisions de cavalerie Margueritte et Bonnemains. Contrairement à ses habitudes, le Maréchal a envoyé en avant le général Margueritte et celui-ci occupe Monthois pour surveiller les passages de l'Argonne; la division Bonnemains court jusqu'à Auberive afin de couvrir le flanc droit. Pendant ce temps, le 7ᵉ corps (Douay), formant l'aile droite, arrive à Saint-Martin et à Dontrien; le 1ᵉʳ corps (Ducrot) gagne Saint-Hilaire-le-Petit et Béthéniville; le 5ᵉ corps (de Failly) atteint Selles et Pont-Faverger; enfin le 12ᵉ corps (Lebrun), formant l'aile gauche, pousse jusqu'à Saint-Masme et Heutrégiville (2).

Cette première étape, qui amena, à la sortie de Reims, une grande confusion, en raison du nombre des troupes et de matériel qui en débouchait par une seule issue, commença vers 10 heures du matin. On fit 30 à 32 kilomètres. Il avait beaucoup plu la veille et le jour même. Les régiments durent s'engager dans des chemins de traverse mal entretenus et défoncés par les eaux, en sorte qu'ils ne par-

---

(1) *La Campagne de 1870 jusqu'au 1ᵉʳ septembre*, p. 82. — « Par quelle invraisemblable accumulation de fautes graves et de circonstances malheureuses l'armée de Châlons est amenée à ralentir outre mesure sa marche, à hésiter entre plusieurs solutions et, finalement, à se laisser acculer à une petite place sans valeur aucune! » (Général Palat, 1ʳᵉ partie, t. VI, p. 241.) — « Les nombreuses causes de faiblesse de l'armée n'ont fait que s'accroître par les fautes du commandement. » (*Ibid.*, p. 309.) — *Histoire de l'armée de Châlons*, p. 114. — Prince Bibesco, p. 80.

(2) *La Campagne de 1870 jusqu'au 1ᵉʳ septembre*, p. 83. — Colonel Borbstaedt, p. 573. — *La Guerre franco-allemande*, carte du 23 août.

vinrent qu'assez tard sur les emplacements qui leur avaient été assignés (1). « Personne n'avait songé à régler et à espacer le mouvement... Au bout de quelques heures ce n'était plus qu'un effroyable pêle-mêle ; tous les cinquante mètres, il fallait s'arrêter jusqu'à ce que chacun retrouvât devant soi l'espace nécessaire pour faire un pas (2). »

Il paraît également que l'Intendance fit preuve d'une telle lenteur, en ce qui concerne les subsistances, que le Maréchal fut obligé, le lendemain, de se rapprocher d'une voie ferrée, d'appuyer plus au nord, vers Rethel, perdant de nouveau une journée pour son véritable mouvement vers le nord-est (3).

L'Intendance fut-elle coupable de négligence ? Nous ne le pensons pas, et nous nous permettrons de faire remarquer que souvent elle n'a pu faire faire les distributions, non par mauvaise volonté, par incurie, par incapacité, mais simplement parce que les généraux en chef, ignorant la veille ce qu'ils exécuteraient le lendemain, changeant même le lendemain leurs dispositions de la veille, les malheureux intendants ne savaient où donner de la tête et dirigeaient les vivres aux endroits convenus, où pas un homme ne se montrait, tandis qu'ils ne

---

(1) *La Campagne de 1870 jusqu'au 1er septembre*, pp. 83 et 84. — Général de Woyde, t. II, p. 200. — Théodore Duret, t. I, p. 298. — Eugène Véron, p. 183.

(2) *Ibid.* — Colonel Grouard, p. 29.

(3) Colonel Borbstaedt, p. 573. — « Le départ précipité de l'armée dans une direction opposée à celle que l'on croyait suivre, la veille, n'avait pas permis de préparer les subsistances de l'armée. » (Colonel Grouard, p. 30.) — « Cette objection de l'approvisionnement qui a paralysé tous nos mouvements et *excusé tous les contre-ordres* tombera d'elle-même quand on saura que, dans toute la campagne, *on n'a pas reçu trois distributions complètes et régulières*, et il serait cruel de croire que c'est pour un si mince résultat obtenu qu'on a pu se résoudre à compromettre le succès d'une entreprise aussi décisive. » (*Histoire de l'armée de Châlons*, p. 89.)

pouvaient effectuer les distributions dans les lieux où l'armée était rassemblée, par cette bonne raison qu'on ne les avait jamais avertis qu'elle dût passer par là. Il faut qu'un général en chef connaisse ce qu'il veut; or, durant cette pitoyable guerre, l'Empereur, le maréchal Le Bœuf, le maréchal de Mac-Mahon marchèrent toujours au hasard. Comment exiger alors de l'Intendance qu'elle suive, minute par minute, des fantaisies instantanées? Est-ce que les soldats de Chanzy ont jamais manqué de vivres lors de la fort belle retraite d'Orléans sur le Mans? Non, parce que l'Intendance exécutait des ordres qui n'étaient pas contremandés (1).

Voici, du reste, ce que pensait de la question un général peu suspect de partialité en faveur de l'Intendance :

« La subsistance de l'armée de Mac-Mahon dans sa retraite sur Châlons, puis dans sa marche vers la Meuse, fut assurée comme seulement elle pouvait l'être, par des distributions opérées dans les gares où l'Intendance faisait affluer les vivres. Le temps perdu aux abords de ces gares a peut-être exercé une fâcheuse influence sur le résultat d'une tentative dont la seule chance de succès reposait sur la rapidité du mouvement; mais l'Intendance n'y est pour rien. La vraie cause de cette lenteur, c'est que toute l'armée, depuis le général en chef jusqu'au soldat, tournait avec regret le dos à Paris, qu'elle comprenait instinctivement que sa véritable mission était de couvrir la capitale et qu'une manœuvre aussi hardie ne pouvait réussir, confiée à

---

(1) Alfred Duquet, *Frœschwiller, Châlons, Sedan*, pp. 258 et 259. — « Pendant la campagne entière, ce fut le désespoir des misérables intendants, contre lesquels tous les soldats criaient, et dont la faute n'était, souvent, que d'être exacts à des rendez-vous donnés où les troupes n'arrivaient pas. » (*La Débâcle*, par Emile Zola, p. 87.) — *Ibid.*, pp. 127 et 136. — *Bazeilles-Sedan*, par le général Lebrun, pp. 43 et 44. — *Ibid.*, p. 48.

un général qui la désapprouvait. «« L'exécution »», a dit M. Thiers, «« rachète tout ; elle fait quelquefois échouer les meilleures combinaisons et réussir les plus mauvaises (1). »»

A notre avis, en voilà certainement assez sur la question de l'Intendance ; il nous reste à mentionner, au passif de ce premier jour de route, le pillage de la gare de Reims, qui eut lieu dans la soirée du 23, après le départ de l'armée. A 6 heures du soir, une bande de traînards, au nombre de 400 mauvais sujets, pillèrent plusieurs trains de vivres et de bagages placés sur les voies de garage. Les tonneaux de vin, les barils de salaisons, les sacs d'avoine, les caisses de biscuit, de café, de sucre, de cartouches, de poudre, tout fut défoncé, précipité à terre et vendu à la populace qui s'était amassée derrière les pillards. Ces honnêtes gens vendaient un pain de sucre cinq sous, un seau de vin huit sous, une paire de draps, une tunique d'officier (car on avait aussi forcé des cantines de bagages) vingt ou trente sous. Le marché dura trois heures ! Enfin un détachement de troupes arriva qui balaya la gare et fit une cinquantaine d'arrestations ; malheureusement, la scène avait trop duré (2). Pas un de ces hommes fut fusillé ; nous ne croyons même pas qu'ils furent punis. Telle était la discipline que le Maréchal maintenait dans l'armée (3).

Ce soir-là, le duc de Magenta convoqua ses chefs

(1) Général Thoumas, *Les Transformations de l'armée française*, t II, p. 56. — *Ibid.*, p. 55. — « L'Intendant général devrait être, comme le chef d'état-major général, dans un autre ordre d'idées, l'homme de confiance du général en chef, qui ne ferait pas ses plans sans s'inquiéter de la question des vivres. » (*Ibid.*, pp. 59 et 60.)
(2) *Journal des Débats*, n° du 27 août 1870.
(3) L'armée de Châlons « donnait des preuves d'indiscipline et même de rébellion ». (*La Campagne de* 1870 ; traduit du *Times*, p. 92.)

de corps, à 7 heures, et leur donna ses instructions pour la marche du lendemain. Le 24, les Français couronneront les collines dominant la rive gauche de l'Aisne, entre Vouziers et Rethel. Effectivement, le soir, le 7ᵉ corps est à Contreuve, le 1ᵉʳ à Juniville, le 5ᵉ et le 12ᵉ près de Rethel (1).

Cette seconde marche avait été de 28 kilomètres ; elle s'était opérée dans d'excellentes conditions de régularité et de vitesse. Le terrain était favorable et les troupes marchaient en dehors des routes, en colonnes par peloton, l'artillerie au centre. On avait donc, en deux jours, franchi 60 kilomètres, ce qui était très bien marcher; aussi nos braves soldats, se rendant compte du résultat obtenu, se laissèrent-ils aller à l'espérance: un rayon de joie traversa tout à coup les ténèbres qui les enveloppaient depuis le désastre de Frœschwiller. Si l'on continuait ainsi, encore quatre jours et l'on apparaissait devant Metz (2) !

Néanmoins, cette inclinaison vers Rethel « était déjà un indice que l'on n'avait nullement l'intention d'aller à Metz, autrement ce mouvement eût été une faute que la question des vivres n'eût pas suffi à excuser (3) ».

« Si l'on continuait de ce train, et toujours droit devant soi, nul doute que l'on ne culbutât la IIᵉ armée allemande, pour donner la main à Bazaine, avant que la IIIᵉ, celle du prince royal de Prusse, qu'on disait à Vitry-le-Français, eût trouvé le temps de remonter sur Verdun (4). »

Malheureusement, l'inclinaison vers Rethel éloignait l'armée du but à atteindre. Elle fut nécessitée

---

(1) *La Guerre franco-allemande*, 1ʳᵉ partie, carte du 24 août. — Général de Failly, p. 36.
(2) *La Campagne de 1870 jusqu'au 1ᵉʳ septembre*, p. 84.
(3) Colonel Grouard, p. 30.
(4) *La Débâcle*, par Emile Zola, p. 86.

par l'obligation de se rapprocher du chemin de fer de Reims à Mézières qui faciliterait le ravitaillement de l'armée (1), qui « n'avaient pas du tout de vivres (2) ». C'était « une journée perdue (3) ».

Oui, les fautes recommençaient déjà. Nous avons signalé le bon emploi que le Maréchal avait fait de sa cavalerie dans la journée du 23. Le général Margueritte était bien loin, en avant ; le général de Bonnemains éclairait et couvrait la droite de l'armée, c'était parfait et trop en opposition avec les coutumes de M. de Mac-Mahon pour durer longtemps. En effet, le 24, le général Margueritte ne bouge pas de Monthois et la division Bonnemains passe de droite à gauche, c'est-à-dire va protéger le flanc gauche, qui n'est pas et ne peut être menacé, et découvre le flanc droit, qui sera certainement le premier exposé aux attaques du Prince royal et du prince de Saxe. Les corps sont, en outre, très éloignés les uns des autres et l'armée n'a plus la cohésion désirable (4).

---

(1) *Bazeilles-Sedan*, par le général Lebrun, pp. 46 et 47. — *Mémoires du maréchal de Moltke*, p. 87. — Major Scheibert, p. 214.

(2) *Mémoires du maréchal de Moltke*, p. 87. — Colonel Grouard, p. 30.

(3) Eugène Véron, p. 187. — C'était une faute impardonnable de perdre ainsi tout un jour, d'autant mieux que les 5e et 12e corps étaient dans des conditions d'approvisionnement meilleures que les deux autres et que, se trouvant plus éloignés de l'objectif à atteindre, il était important qu'eux surtout ne perdissent pas le moindre temps. » (*La Campagne de 1870 jusqu'au 1er septembre*, p. 85.) — « Pour trouver de quoi manger, on incline vers Rethel. » (Général Derrécagaix, p. 264.) — « Le 25, les 5e et 12e corps perdirent un jour, à Rethel. » (*Ibid.*, p. 265.)

(4) *La Campagne de 1870 jusqu'au 1er septembre*, p. 85. — « Sans qu'on pût en deviner le motif, le Maréchal faisait passer toute la division Bonnemains sur le flanc gauche de l'armée, c'est-à-dire du côté opposé à l'ennemi, et découvrait ainsi son aile droite qui n'était plus protégée que par la division Margueritte. » (*Ibid.*, pp. 84 et 85.) — Voir aussi la planche n° VI de l'ouvrage de Borbstaedt. — « La division de Bonnemains est rappelée sur le flanc gauche de l'armée quand sa mission utile était sur la droite. » (Général Derrécagaix, p. 264.)

Le colonel Grouard veut expliquer cette étrange disposition de la cavalerie et soutient que jamais Mac-Mahon n'a pensé se rendre à Metz, mais seulement à aller au-devant de Bazaine, en marche vers Montmédy (1). Même en cette hypothèse, le duc de Magenta n'aurait pas dû placer sa cavalerie sur sa gauche.

Le 25, le Maréchal retient les 5e et 12e corps à Rethel, sous prétexte de faire des distributions aux troupes, ainsi que nous venons de l'expliquer ; le 1er corps gagne Attigny et le 7e Vouziers (2).

Dans la journée du 25, l'armée pivote sur son aile gauche et le 7e corps fait à peine 8 kilomètres. Ce n'est pas tout ; le Maréchal entasse les erreurs les unes sur les autres : non seulement il conserve à Rethel la division Bonnemains à côté des 12e et 5e corps, mais il donne l'ordre au général Margueritte de quitter sa position de Monthois et d'occuper le Chesne ! On comprend l'immense stupéfaction du général Douay quand il apprend cette nouvelle, à son arrivée à Vouziers. Sa droite et ses derrières sont complètement découverts : nos escadrons ont évacué les défilés de Grand-Pré et de la Croix-aux-Bois ! Il ne reste plus de cavalerie sur le flanc droit de notre armée, le seul menacé ; elle était passée tout entière à l'aile gauche qui, encore une fois, ne pouvait être inquiétée par personne (3).

---

(1) Colonel Grouard, pp. 31 et 32.
(2) *La Guerre franco-allemande*, 1re partie, carte du 25 août. — Capitaine Patry, 25 août.
(3) Alfred Duquet, *Fræschwiller, Châlons, Sedan*, p. 263. — « Depuis le début du mouvement de l'armée de Châlons, la division Bonnemains a été maintenue, en seconde ligne, à notre gauche, bien qu'elle y soit non seulement inutile, mais nuisible puisqu'elle encombre les routes sans profit. » (Général Palat, 1re partie, t. VI, p. 446.) — « La division Margueritte ayant été retirée de la droite, il en résultait que le flanc droit du 7e corps, sur lequel se trouvaient précisément les importants défilés de l'Argonne, était découvert et ne pouvait être surveillé que par la cavalerie attachée à ce corps d'armée et composée d'une seule

Le général Douay se hâte de diriger le 4ᵉ hussards vers Grand-Pré avec ordre de faire tout pour avoir des nouvelles de l'ennemi. C'est bien, à la condition de lui prescrire de se retirer devant des forces supérieures, s'il en rencontre. Malheureusement, cette recommandation est oubliée et nous apprendrons bientôt le funeste résultat de cette négligence.

Aussi bien, l'hésitation dont le commandant en chef faisait preuve dans ses déterminations, les marches et contremarches qui en résultaient n'étaient pas de nature à ressusciter chez les soldats la confiance en leurs chefs (1); c'est ainsi que, peu à peu, et par des fautes de plus en plus graves, le duc de Magenta compromettait l'existence de son armée (2); et cependant, grâce à une dépêche télégraphique qu'on avait fait tomber à dessein entre les mains du Prince royal, dépêche enjoignant à Mac-Mahon de se retirer sur Paris par Reims et

---

brigade. D'autre part, la division Bonnemains restait momentanément disponible à l'aile gauche. » (Colonel Borbstaedt, p. 574.) — « La cavalerie qui, bien employée, donne à toutes les autres troupes confiance, sécurité et repos, *marchait à la queue des colonnes*, ou bien *couvrait les opérations du côté de nos places fortes du nord et de la Belgique*, alors que l'ennemi s'approchait par le sud et par l'est. » (*La Campagne de 1870 jusqu'au 1ᵉʳ septembre*, p. 86.) — « Avec une cavalerie aussi nombreuse que celle qu'il avait, il était permis au Maréchal de pousser au loin, dans toutes les directions, des divisions isolées pour cacher à l'ennemi les mouvements de son armée, et pour se procurer en même temps des renseignements exacts sur les opérations des troupes allemandes. Cependant il n'en fit rien ; seules, les deux divisions de réserve de cavalerie furent, d'abord, envoyées dans ce but ; quant aux autres divisions, elles continuaient, comme par le passé, à demeurer à la disposition de leurs commandants de corps, de telle sorte que, sur aucun point du théâtre des opérations, on ne sut tirer parti de la cavalerie française. » (Colonel Borbstaedt. p. 572.)

(1) *Ibid.*, p. 574.

(2) *La Campagne de 1870 jusqu'au 1ᵉʳ septembre*, p. 85. — « Il n'entre pas dans le cadre de ce récit (*Opérations du 13ᵉ corps*) d'expliquer les causes de la marche indécise du Maréchal non plus que le retard, si terriblement fatal, qui en fut le résultat *et qui semblait pouvoir être évité si l'on eût suivi une route plus directe.* » (*Siège de Paris*, par le général Vinoy; Paris, Plon, 1872; p. 19.)

Soissons, le commandant de la III⁰ armée était encore à Vitry-le-Français, le 25, au soir, c'est-à-dire à vingt-cinq lieues de Verdun (1), et ce n'est que le lendemain que toutes les forces allemandes changèrent de direction et filèrent vers le nord (2).

La fortune de la guerre offrait à Mac-Mahon une superbe occasion de réparer ses fautes de Wissembourg et de Frœschwiller; elle n'aurait jamais pensé que le Maréchal la repousserait... Il paraît qu'il ne la vit point, et la fortune, dépitée, ne voulut plus sourire à un aveugle.

(1) Général de Palikao, pp. 103 et 108.
(2) Ce ne fut même, comme nous le verrons bientôt, que le lendemain, 26, au soir, que les Allemands commencèrent à dessiner leur mouvement vers le nord. (*La Guerre franco-allemande*, 1ʳᵉ partie, pp. 936 à 947.) — « La nombreuse cavalerie des deux armées allemandes, six divisions, n'a pas été utilisée comme elle pouvait l'être, erreur beaucoup plus imputable au commandant qu'à la cavalerie même. » (Général Palat, 1ʳᵉ partie, t. VI, p. 240.) Pourtant, nous faisons remarquer la prudence des cavaliers allemands qui tournaient bride dès qu'un coup de fusil était tiré sur eux par un soldat ou un paysan. Cette prudence n'est guère compatible avec un service d'exploration ou de poursuite tel que le concevait les Murat, les Lassalle, les Curelly. Du reste, au sujet de cette « timidité », voir le même général Palat, à la page 317 de son t. VI.

MARCHE, JOUR PAR JOUR,
DES
DEUX ARMÉES FRANÇAISE ET ALLEMANDE
DU 26 AU 30 AOUT

JOURNÉE DU 26 AOUT

Le 25, l'armée française avait pivoté sur sa gauche; le 26, elle pivote sur sa droite. Le 7ᵉ corps reste à Vouziers, le 1ᵉʳ traverse l'Aisne à Voncq, le 5ᵉ est à Neuville, le 12ᵉ à Tourteron, le général de Bonnemains à Attigny, au beau milieu de l'armée qu'il devrait éclairer, le général Margueritte à Tannay et aux Petites-Armoises, à une lieue au delà du Chesne, sur les routes de Sedan et de Buzancy (1).

Ce même jour, 26, le général Douay — « qui, depuis la veille, depuis le moment où il avait vu la division Margueritte remonter vers le Chesne, était dans une anxiété grandissante, sachant qu'il n'était plus couvert, que pas un homme ne gardait les défilés de l'Argonne (2) » — Douay, donc, devait également traverser l'Aisne et franchir le

---

(1) *La Campagne de 1870 jusqu'au 1ᵉʳ septembre*, p. 86.
(2) *La Débâcle*, par Emile Zola, p. 102.

pont de Vouziers, qui forme un étroit défilé. Mais, pendant le changement de bivouac, le général fut informé que le 4ᵉ hussards, qu'il avait détaché à Grand-Pré, allait être enlevé par de nombreux escadrons ennemis. Il prescrivit alors au général Dumont de porter dans cette direction une de ses brigades (Bordas) et deux batteries d'artillerie. Ces troupes partent à 10 heures du matin ; vers 3 heures, le général est averti qu'elles sont serrées de près par les Allemands, qui déploient leurs colonnes d'infanterie, et qu'une retraite sera difficile. Il fait bientôt prendre à ses bataillons une position de combat un peu en avant de Longwé, la gauche appuyée au village de Chestres, la droite au hameau de Falaise. L'artillerie de réserve est en partie sur la ligne de bataille; des épaulements et des abris sont construits pendant la nuit. *La cavalerie est en arrière.* Toutes les troupes passent la nuit devant les feux, sans dresser les tentes, et ce n'est qu'à 2 heures du matin que le 4ᵉ hussards regagne la position, revenant de Grand-Pré, suivi peu après de la brigade Bordas (1).

C'était bien, au point de vue défensif, mais c'était un jour de perdu, et perdu inutilement puisque, en réalité, on n'avait, devant soi, que « quelques reconnaissances allemandes (2) ».

Du reste, s'il y avait eu de nombreux ennemis à contenir, pourquoi le colonel du 4ᵉ hussards ne se serait-il pas retiré à mesure que les forces de l'ennemi augmentaient? Pourquoi envoyer une brigade à son secours? Il valait mieux sacrifier un régiment qu'un corps d'armée, sacrifier quelques

---

(1) *La Campagne de 1870 jusqu'au 1ᵉʳ septembre*, pp. 86 et 87. — D'après le prince Bibesco, le 4ᵉ hussards serait rentré au camp, non à 2 heures du matin, mais à 4 heures du soir. Ce serait la brigade Bordas qui serait revenue à 3 heures du matin.
(2) Colonel Borbstaedt, p. 581.

escadrons que de perdre un jour ; en effet, de Failly n'eût pas été battu à Beaumont si Douay ne s'était pas trouvé tant en arrière. Nous reconnaissons que les dispositions prises pour la bataille étaient excellentes, sauf la cavalerie en dernière ligne, puisque le combat n'était pas engagé, mais il ne s'agissait pas de se battre, il s'agissait de brûler les étapes ; aussi, les Allemands, après nous avoir bernés avec leurs semblants d'attaques, disparaissaient-ils tout à coup : ils nous avaient fait gâcher un jour, leur but était atteint.

C'est ce qu'explique très bien Borbstaedt :

« Sur la foi d'un renseignement erroné, provenant de Grand-Pré et annonçant l'approche de forces allemandes considérables, le général Douay, craignant une attaque, établissait son corps d'armée dans une position de combat couverte par des tranchées-abris. Pendant la plus grande partie de la journée, et sous une pluie battante, le 7ᵉ corps restait ainsi l'arme au pied, prêt à s'engager, jusqu'au moment où l'on découvrait enfin qu'il n'y avait à Grand-Pré que quelques reconnaissances de cavalerie allemande. Le général Douay avait mandé au Quartier général, à Tourteron, le danger dont il se croyait menacé, et le maréchal de Mac-Mahon avait prescrit, pour le lendemain, au 1ᵉʳ corps, d'aller appuyer le 7ᵉ, et au 5ᵉ de marcher sur Buzancy pour en déloger l'ennemi qui devait s'y trouver (1). »

On sent qu'elles sont les conséquences déplorables de la crédulité du général Douay et du duc de Magenta.

Cependant, pour être juste, il nous faut rapporter les explications que donne de ce mouvement le prince Bibesco, officier supérieur attaché au 7ᵉ corps.

(1) *Ibid.*

« Comme le Maréchal, dit-il, avait décidé l'occupation de Grand-Pré et de Buzancy, le général Bordas, commandant la 1re brigade de la 3e division, reçut l'ordre de se rendre à Grand-Pré, de s'y établir avec le 52e de ligne et d'envoyer le 72e prendre position à Buzancy (1). Aussitôt arrivé à Grand-Pré, le colonel Lavigerie, du 4e hussards, qui avait précédé le général Bordas, lança ses reconnaissances dans plusieurs directions.

« Deux d'entre elles rencontrèrent la cavalerie prussienne à Apremont et au delà de Marcq, le long de la rive gauche de l'Aire. On disait cette cavalerie suivie de colonnes d'infanterie et d'artillerie. Une troisième reconnaissance fut poussée vers Senuc. A l'entrée de ce village, les hussards se trouvèrent face à face avec l'ennemi (2).

« Force fut à notre reconnaissance de battre en retraite et aux différents postes d'observation de se replier en hâte du côté de Grand-Pré; mais, en y arrivant à notre suite, les Prussiens aperçurent la brigade Bordas qui débouchait par la route de Vouziers et se replièrent à leur tour, croyant sans doute, en voyant les 6 pièces du général, à la présence de tout le corps d'armée.

« Quant au général, il se garda d'inquiéter la colonne ennemie et il se porta sur Grand-Pré (3). Quelques instants auparavant, il avait fait savoir au général Douay qu'on disait les villages avoisinant Grand-Pré occupés par des troupes de cava-

---

(1) Ce ne serait donc pas pour dégager le 4e hussards que la brigade Bordas aurait été détachée du 7e corps, mais pour obéir aux instructions du Maréchal.
(2) Ce n'étaient que quelques cavaliers.
(3) « Sur ces entrefaites, et tout en battant en retraite, le général Bordas était avisé qu'en réalité il n'y avait devant Grand-Pré que des partis de cavalerie allemande; il faisait aussitôt volte-face et réoccupait le bourg sans coup férir. A ce moment, y arrivait également une patrouille du 11e régiment de hussards prussiens. Croyant le bourg déjà occupé par les leurs, les

lerie et d'infanterie prussiennes (1). En voyant les Allemands à Senuc, le général Bordas se crut coupé de Vouziers et, dans son premier mouvement d'anxiété, il eut la pensée de rallier, à Buzancy, le second régiment de sa brigade. C'est pourquoi il écrivit au général Douay :

«« J'ai devant moi des forces supérieures ; je suis forcé de me retirer sur Buzancy. »»

« Il fallait à tout prix empêcher un pareil mouvement ; non seulement il laissait la route de Vouziers ouverte, mais, en outre, il isolait la brigade du corps d'armée et pouvait la perdre. Faire partir immédiatement pour Grand-Pré 2 escadrons de lanciers qui devront rapporter des nouvelles du général Bordas et du 4ᵉ hussards, envoyer en même temps, par deux voies différentes, au colonel du 72ᵉ, à Buzancy, l'ordre de rallier Vouziers par la Croix-aux-Bois, enfin, prévenir le Maréchal de ce qui se passe, telles sont les dispositions qui sont prises.

« L'orage montait, dit toujours le prince Bibesco, nous le sentions venir, et, nous trouvant en première ligne, il fallait nous mettre en état de lui tenir tête assez longtemps pour permettre au reste de l'armée de venir nous appuyer.

« En cas d'attaque, notre grand convoi de vivres, la colonne de bagages et le parc du génie ne devant être qu'un gros embarras, on leur fit prendre la direction de Terron. Dès lors, toute l'attention du commandant en chef se tourna vers le camp.

hussards y pénètrent donc lorsque, tout à coup, ils sont assaillis de tous côtés par une vive fusillade ; la plus grande partie est prise et quelques cavaliers seulement parviennent à regagner Varennes... Mais en partant de Grand-Pré, le général Bordas y laissait les hussards prussiens prisonniers, de sorte que ceux-ci réussissaient à rejoindre leur troupe. » (*La Guerre franco-allemande*, 1ʳᵉ partie, pp. 941 et 942.)

(1) C'était une hallucination. Il n'y avait, nous le répétons, que des partis de cavalerie : le général Bordas avait perdu la tête.

« Au dire des paysans, les Prussiens se concentraient à Sainte-Menehould, au nombre de 60 000 environ, et ils auraient poussé des éclaireurs jusqu'à Monthois et Liry. Le 4ᵉ hussards, qui rentra de Grand-Pré vers 4 heures du soir, vint confirmer une partie de ces renseignements. L'approche de l'ennemi, aussi bien que la distance à laquelle le 7ᵉ corps se trouvait du reste de l'armée, nous commandait de prendre avant la nuit des positions de combat, de façon à recevoir l'assaillant, soit qu'il vînt du côté de Sainte-Menehould, soit du côté de Grand-Pré, soit des deux côtés à la fois (1).

« Il était près de 7 heures du soir quand un cavalier, envoyé par le général Bordas, accourut annoncer que le général était resté à Grand-Pré, ne jugeant pas pouvoir revenir en arrière. Il croyait toujours la route de Vouziers coupée par l'ennemi. Elle ne l'était pas, mais le commandant du 7ᵉ corps, craignant d'y voir les Prussiens d'un moment à l'autre, envoya le général Dumont avec la brigade qui lui restait sous la main pour rejoindre et ramener la colonne Bordas.

« Pendant que ces ordres s'exécutaient, la nuit était venue. Chacun était à son poste ; notre général et son état-major au milieu de ses troupes, attendant impatiemment, dans un champ tout près de la route, autour d'un feu de bivouac, le retour du général Dumont. Les émotions et les travaux de la journée avaient quelque peu brisé le général et sa suite ; cependant ils passèrent la nuit l'oreille au guet, courant vers le chemin au moindre bruit, le pas d'un homme ou le sabot d'un cheval.

« Enfin, entre 1 heure et 2 heures du matin, un

---

(1) On voit que, sur la foi de renseignements apeurés, le général Douay, lui-même, croyait à une bataille.

billet du général Dumont les tira d'inquiétude. Le général avait rejoint la brigade Bordas et rentrait avec toute sa division.

« A 3 heures du matin, il arrivait à Vouziers, ramenant quelques uhlans, faits prisonniers la veille, et rapportant des renseignements conformes en tous points à ceux qui étaient parvenus jusqu'alors au quartier général du 7ᵉ corps (1). »

Tel est le récit du prince Bibesco, ou, pour mieux dire, du général Douay, qui y a plaidé les circonstances atténuantes, récit qui modifie l'appréciation que nous avons émise plus haut, si l'on accepte, sans contestation, les raisons du commandant du 7ᵉ corps.

Ou le Maréchal avait ordonné l'occupation de Grand-Pré et de Buzancy par de l'infanterie, et alors la conduite du général Douay est moins critiquable ; ou le duc de Magenta s'était contenté de demander de faire surveiller les défilés par de la cavalerie, et alors le commandant du 7ᵉ corps a eu tort de lancer la brigade Bordas pour dégager le 4ᵉ hussards, qui devait être très réservé et se replier au galop devant des forces supérieures.

Ajoutons, toutefois, que le général Douay n'est pas irréprochable, car il a pris peur bien inutilement, a télégraphié ses craintes au Maréchal, lequel s'est inquiété à son tour et a donné des ordres pour soutenir le 7ᵉ corps. Ces ordres ont eu pour résultat d'amener une grande confusion et un grand retard dans la marche de l'armée.

En effet, le général Douay avait envoyé au Maréchal le billet suivant :

« Le général Bordas me fait savoir de Grand-Pré qu'il est en présence de forces très supérieures ; en conséquence, il va se replier vers Buzancy, où il

(1) Prince Bibesco, pp. 53 à 58.

a le second régiment de sa brigade. Je me porte à Longwé pour soutenir ce mouvement. »

Mac-Mahon aurait dû accepter ce renseignement avec réserve. Pas du tout : il s'enflammait également et prenait la résolution de porter toute l'armée en avant afin d'appuyer le 7° corps (1).

Ainsi, la brigade Bordas s'était précipitée au secours du 4° hussards, la division Dumont au secours de sa brigade Bordas, le 7° corps au secours de sa division Dumont, toute l'armée française au secours de son 7° corps et, vérification faite, il se trouvait que cette alarme désastreuse avait été causée par..... un escadron de cavalerie ennemie (2) !!!

DÉPART DU PRINCE IMPÉRIAL

L'Empereur, torturé par les douleurs morales et physiques, suivait le duc de Magenta comme un accessoire encombrant. Sa maison militaire, sa maison civile étaient vues d'un très mauvais œil : on rendait tout ce monde responsable des défaites subies, sans chercher les véritables coupables : Le Bœuf, Mac-Mahon, Ducrot, Frossard, Bazaine.

Le Prince impérial, pauvre enfant emmené pour assister à l'enivrant spectacle de la victoire, assistait, au contraire, au drame navrant de la déroute et ses yeux, effarés et tristes, regardaient, avec un

---

(1) *La Journée de Sedan*, par le général Ducrot ; Paris, Dentu, 1871 ; p. 88.
(2) Alfred Duquet, *Frœschwiller, Châlons, Sedan*, p. 274. — *La Débâcle*, par Emile Zola, p. 109. — Capitaine Brackenbury, p. 172. — Colonel Borbstaedt, p. 583. — Voir la confirmation de la cause de cette ridicule alerte dans *La Guerre franco-allemande*, 1ʳᵉ partie, pp. 940 à 942. — *Les Transformations de l'armée française*, par le général Thoumas, pp. 403 et 404.

naïf désespoir, le commencement de l'agonie de l'armée, de son père, de la dynastie.

Ce jour-là, 26, l'Empereur, à la prière de Mac-Mahon (1), comprit que son fils n'était pas à sa place dans cette armée risquant l'aventure d'une marche décidée à regret, conduite à contre-cœur, en tout cas périlleuse ; aussi, « le lieutenant Watrin, commandant un peloton de 30 Cent-Gardes, reçut, de l'Empereur et du colonel Verly, la mission de conduire le Prince dans le nord (2) ». En la voiture étaient montés, avec l'héritier du trône s'effondrant, le capitaine de vaisseau Duperré, les commandants Clary et Lamey, ses officiers d'ordonnance (3).

On partit rapidement pour Tourteron. Le lendemain, 27, le Prince impérial arrivait à Mézières dans l'après-midi. Mais, au lieu de revenir à Paris, la crainte d'une révolution où le fils du souverain pourrait courir des dangers, fit continuer le voyage vers le nord. Le 28, au petit pas, le jeune Prince gagnait Sedan sous un orage épouvantable : c'est aux éclats du tonnerre, aux lugubres lueurs des éclairs que le malheureux entra dans la ville où, quatre jours plus tard, devait s'effondrer la fortune de l'Empire et de la France, car, hélas ! nous sommes loin d'être relevés du coup de foudre du 1er septembre 1870 et ne prenons guère le chemin de la revanche.

A la nuit, une alerte se produisit : on parlait de l'arrivée des cavaliers allemands ; la reconnaissance des environs, faite par les Cent-Gardes ne rencontra pas un ennemi. Ne se sentant plus en sûreté, le commandant Clary ne voulut pas demeurer à Sedan. Le soir même, à 11 heures, il fit réveiller le Prince

---

(1) Général Derrécagaix. p. 267.
(2) *Les Étapes douloureuses*, par le baron Albert Verly, p. 44.
(3) *L'Escadron des Cent-Gardes*, par Albert Verly, p. 200.

et son escorte; tout ce monde reprit la route de Mézières, atteignit Charleville où la triste compagnie monta en wagons pour Avesnes? A 2 heures du matin, le train s'ébranla lentement; il marchait à allure de tortue, à cause de l'encombrement de la voie; on ne débarqua dans la gare d'Avesnes qu'à 9 heures du matin!

Le Prince fut reçu chez M. Hannoye, président du tribunal civil; il y resta les 30, 31 août et 1ᵉʳ septembre, sans nouvelles de l'Empereur. Le 2, arrive une dépêche de Paris ordonnant le départ immédiat pour Landrecies, où le fils de Napoléon III descendit chez le maire, M. Marie Soufflet.

Le 2, le 3, c'est le doute, l'angoisse, l'attente du désastre; ce sont les bruits contradictoires, les rumeurs pessimistes; enfin, le 4 septembre, sur un ordre formel de l'Impératrice, on attelle et l'on part pour Maubeuge. Mais, là, on connaissait la capitulation de Sedan; déjà, les républicains insultaient bravement le régime tombé, menaçaient à grands cris ses partisans.

Le moment était critique; la populace pouvait se jeter sur le petit Prince. Le lieutenant Watrin le fit entrer chez Mᵐᵉ Marchand, veuve d'un ancien député bonapartiste, et plaça ses hommes, en position de combat, autour de la maison et dans les appartements. Les hurlements de la foule s'élevaient de plus en plus; un massacre était imminent car les Cent-Gardes se seraient fait tuer jusqu'au dernier pour défendre le Prince et, d'un autre côté, les républicains voyaient croître leur audace à mesure qu'ils se sentaient plus forts (1).

Le commandant Clary se décida alors à passer en Belgique; « en conséquence, deux agents de

---

(1) *Les Etapes douloureuses*, par le baron Albert Verly, pp. 44 à 47.

police, que M. Hirvoix avait joints à l'escorte, sortirent en ville et revinrent bientôt avec des effets civils qu'on fit revêtir au Prince. Dans la cour de Mᵐᵉ Marchand, on attela un break très simple, où prirent place Son Altesse et le capitaine de vaisseau Duperré. Au moment du départ, le Prince remercia Mᵐᵉ Marchand. Sans tarder, la voiture, traversant les jardins, sortit par une porte de derrière et gagna la frontière belge. Le même jour, les trois membres de la Famille impériale disparaissaient dans la même tourmente : Napoléon III en Allemagne, l'Impératrice Eugénie en Angleterre, et le Prince impérial en Belgique (1) ».

Le lendemain, le lieutenant Watrin, dont l'attitude résolue avait imposé à la populace de Maubeuge, put prendre un train et arriver à Paris avec ses 30 Cent-Gardes et leurs chevaux (2).

Tels furent les derniers jours, en France, de l'enfant qu'elle avait acclamé, que le plus brillant avenir semblait attendre et qui devait succomber, bientôt, dans les rangs anglais, sous la balle d'un sauvage africain ! Tant il est vrai que peuples, rois et empereurs, républiques et monarchies ne doivent pas, pour vivre, cesser, un instant, de veiller au salut du pays, de se garder des flatteurs de tous genres et placer toujours leur intérêt particulier au-dessous de l'intérêt général. La patrie avant tout !

(1) *Ibid.*, p. 47.
(2) *Ibid.*, p. 48.

CONVERSION DES ALLEMANDS VERS LE NORD

Revenons au 26 août et exposons les mouvements que l'armée de la Meuse et la IIIᵉ armée exécuteront dans cette journée. Elles s'étaient ébranlées dans la direction du nord, M. de Moltke ayant appris, ainsi que nous l'expliquerons plus loin, la marche des Français du côté de Montmédy.

Le roi de Prusse avait établi son quartier général à Bar-le-Duc et ordonné que la cavalerie disponible courût tout autour de l'Argonne pour rapporter des renseignements. C'était un des détachements de cette cavalerie qui s'était heurté au 4ᵉ hussards, à Grand-Pré.

La division d'infanterie saxonne Nehrhoff de Holdenberg (XXIVᵉ) couchait à Montfaucon, après une étape de 43 kilomètres; l'autre division saxonne, prince Georges de Saxe (XXIIIᵉ) bivouaquait à Varennes et à Charpentry; la Garde royale occupait Dombasle, le corps d'Alvensleben (IVᵉ) Fleury (1).

Quant à la IIIᵉ armée, qui se trouvait beaucoup plus éloignée de l'Argonne, elle n'avait pas non plus perdu son temps. La IIᵉ division de cavalerie campait à Aulnay, le long de l'Aube; le VIᵉ corps arrivait à Thiéblemont; le Iᵉʳ corps bavarois gagnait Erize-la-Petite; le IIᵉ remplaçait la Garde à Triaucourt pendant que le Vᵉ corps et la division wurtembergeoise restaient à Heiltz-le-Maurupt et à Heiltz-l'Evêque. Des escadrons éclairaient le pays jusqu'au Frêne, mais c'était la IVᵉ division de cavalerie qui exécutait la reconnaissance la plus audacieuse. Elle partait de Châlons et de Mourmelon et poussait

---

(1) *La Guerre franco-allemande*, 1ʳᵉ partie, pp. 242 et 243. — Colonel Borbstaedt, p. 584.

droit sur Reims et sur Vouziers (1). Deux escadrons de dragons, arrivés en vue de Reims, avaient trouvé la ville occupée par des soldats français (2).

« Quarante hommes du 10ᵉ régiment de uhlans avaient été envoyés de Châlons à Epernay, pour y saisir les caisses de l'Etat et les dépêches. Après avoir occupé les issues de la ville, les uhlans se formaient sur la place du marché, quand ils sont brusquement assaillis par des habitants et des gardes mobiles armés. Le lieutenant en 1ᵉʳ de Wiese, qui commandait le détachement, est frappé de deux balles ; il réussit cependant à se dégager avec la majeure partie de sa troupe, et, le jour même, il rentrait à Châlons (3). » Un officier, un sous-officier et quatre uhlans étaient faits prisonniers par les braves habitants d'Epernay (4).

Il est réconfortant de rencontrer ces résistances de citoyens virils. A côté de la honteuse conduite de certaines personnalités que nous avons eu le devoir de flétrir (5), il est bon de signaler la révolte des cœurs patriotes qui n'admettent pas de transaction avec l'ennemi, qui le reçoivent à coups de fusil, comme les héroïques habitants de Bazeilles, de Châteaudun, ou leur opposent une résistance passive, comme celle de M. Hautefeuille, à Epinay-sur-Orge (6).

---

(1) *La Guerre franco-allemande*, 1ʳᵉ partie, pp. 942 et 943 et carte du 26 août.
(2) *Ibid.*, p. 943. — Au contraire, le colonel Borbstaedt déclare que les cavaliers allemands n'avaient rencontré aucune troupe française à Reims et avaient ainsi acquis la certitude que leurs adversaires défilaient au-dessous de Vouziers (p. 585).
(3) *La Guerre franco-allemande*, 1ʳᵉ partie, p. 943.
(4) *Ibid.*, note **. — « Cette pointe » n'avait pas réussi. (Major de Chabot, 1ʳᵉ partie, p. 120.)
(5) Voir : *Paris, Le Quatre-Septembre et Châtillon*, par Alfred Duquet, pp. 109 à 113 ; Alfred Duquet, *Frœschwiller, Châlons, Sedan*, pp. 153, 158, 159 ; *Paris, Chevilly et Bagneux*, par Alfred Duquet, pp. 116 à 123, 135, 136, 139 à 160, 317 à 322.
(6) *Ibid.*, pp. 146 et 147.

Nous tenons d'autant plus à glorifier cette attitude hostile des habitants contre l'envahisseur que, dans la prochaine guerre, notre salut dépendra de ces révoltes de la population civile, qui, même au cas où nos armées seraient tout d'abord vaincues, rendraient impossible la victoire définitive des Allemands. Un grand peuple qui ne veut ni mourir, ni servir, est invincible.

Cela dit, une bonne fois, étudions, sans retard, les causes du changement de direction des armées d'invasion et la façon dont ce difficile changement d'itinéraire a été exécuté.

Si l'on jette les yeux sur la carte de l'est de la France, on voit, tout de suite, que la IIIe armée, après avoir, depuis Frœschwiller, mis le cap sur Paris, vient, le 25 et le 26, d'incliner brusquement à droite, changeant sa direction vers l'ouest en une marche vers le nord : la ligne d'invasion a été modifiée par un crochet à angle droit.

Quelle est la cause de ce revirement?

Lorsque l'on examine la position des forces belligérantes le 25 août, au soir, on découvre, à une quinzaine de lieues de la droite des Allemands, une armée française de 120 000 hommes qui, d'après ses marches des jours précédents, se dirige vers le nord-est (1).

Or, ce jour-là, le Grand Etat-major prussien en fait souvent l'aveu, nos ennemis ne possédaient aucune nouvelle précise de l'armée de Mac-Mahon : « les manœuvres, comme les intentions des Français, nous étaient encore inconnues (2) ».

---

(1) *La Guerre franco-allemande*, 1re partie, p. 929.
(2) *Ibid.* — « L'évacuation de la Haute et de la Basse-Alsace par les Français, rendue plus prompte par l'emploi des voies ferrées, avait fait cesser tout contact presque aussitôt après la bataille de Wœrth, et l'Etat-major allemand s'était trouvé à peu près réduit aux renseignements souvent incertains des agents et des journaux. » (*Ibid.*) — « Le 25 août, **Moltke**, qui se dirigeait

Les Allemands présumaient que les Français s'étaient rassemblés au camp de Châlons, ne croyaient pas à la défense de ce camp, car pareille intention ne pouvait être prêtée à aucun militaire, même aux généraux de Napoléon III ; en revanche, ils pensaient que nos troupes se dirigeraient vers Paris afin de le couvrir (1). Jusqu'à ce jour, malgré l'avis du général de Podbielski, M. de Moltke n'avait pas jugé que la lettre, interceptée, d'un haut officier de l'armée de Metz, exprimant l'espoir d'être bientôt secouru par Mac-Mahon, dût être prise en considération (2). Toutefois, la confirmation de l'évacuation du camp de Châlons et de l'arrivée des Français à Reims commençait à faire naître des soupçons en l'esprit de M. de Moltke. Une dépêche de Londres était plus précise : « Mac-Mahon cherche à faire sa jonction avec Bazaine (3). »

Encore une fois, M. de Moltke demeurait perplexe, il hésitait, en l'absence de renseignements décisifs, à ordonner le difficile changement de direction de ses armées et à les jeter vers le nord car, alors, il fallait « franchir par des chemins de traverse les vastes forêts de l'Argonne et s'engager dans une région où rien n'avait été préparé pour assurer la subsistance des troupes ; il fallait aussi assigner une nouvelle direction aux ravitaillements

---

vers l'ouest, ignorait encore les desseins et les évolutions de 120 000 Français qui se portaient vers l'est, à deux marches de son aile droite. » (Arthur Chuquet, p. 86.) — Amédée Le Faure, t. I, p. 270. — « La cavalerie allemande n'avait pas rempli son rôle car non seulement elle n'avait pas pris le contact avec l'ennemi, mais elle l'avait même laissé échapper. » (Major de Chabot, 1re partie, p. 114.) — « Le contact n'était pas encore repris le 25. » (*Ibid.*, p. 116.) — Colonel Fabre, p. 117. — *La Campagne de 1870* ; traduit du *Times*, p. 94. — Les Allemands « n'avaient pas ressaisi le contact de l'armée française ». (Colonel Grouard, p. 33.)

(1) *La Guerre franco-allemande*, 1re partie, p. 929.
(2) *Ibid.*, pp. 924, 930 et 931.
(3) *Ibid.*, p. 930. — Colonel Grouard, p. 34.

de toute nature dont le transport était déjà réglé vers l'ouest, ce qui ne pouvait manquer d'amener de sérieux retards (1) », sans parler des « autres inconvénients qu'entraîne toujours à sa suite l'abandon précipité d'un plan en voie d'exécution (2) ».

M. de Moltke se contenta donc d'appuyer un peu sur la droite, vers Reims, et de lancer sa cavalerie à la découverte dans la direction du nord-ouest. Cette détermination lui fit dicter les instructions suivantes, datées de Bar-le-Duc, le 25, à 11 heures du matin :

« Tous les renseignements recueillis s'accordent à constater que l'ennemi a évacué Châlons et s'est replié sur Reims.

« Conformément aux ordres de S.M. le Roi, la IIIe armée et l'armée du prince royal de Saxe continueront, demain, dans la direction du nord-ouest, pour suivre ce mouvement de l'adversaire. Les corps du prince royal de Saxe viendront : le XIIe, à Vienne (avant-garde à Autry et Servon); la Garde, à Sainte-Menehould (avant-garde à Vienne-la-Ville et vers Berzieux); le IVe, à Villers-en-Argonne (avant-garde vers Dommartin). La cavalerie se portera au loin, pour éclairer le front, et sur la droite, et s'attachera surtout à atteindre Vouziers et Buzancy.

« La IIIe armée gagnera avec ses têtes de colonnes la ligne Givry-en-Argonne-Changy, au nord-est de Vitry, qu'elle aura à faire observer.

« A moins d'exigences toutes particulières, les troupes auront repos le 27. Dans ce cas, la journée sera mise à profit pour faire serrer les convois et pour aligner les vivres, afin d'être en mesure, à la

---

(1) *La Guerre franco-allemande*, 1re partie, p. 931.
(2) *Ibid.*

reprise du mouvement, de traverser sans difficultés les parties stériles de la Champagne.

« Le quartier général de Sa Majesté se transportera, demain, à Sainte-Menehould. Jusqu'à 11 heures du matin, les rapports devront être adressés à Bar-le-Duc.

« DE MOLTKE (1). »

On le voit, le 25, le Grand État-major est toujours dans les ténèbres; sans doute, quelques faibles lueurs apparaissent dans ce noir, mais elles ne lui semblent pas suffire pour éclairer la situation, pour dicter une résolution ferme; M. de Moltke se contente, faute de mieux, — car il avoue que « l'on attendait, avec la plus vive impatience, au Grand Quartier général, de nouvelles informations (2) », — de s'arrêter à un moyen terme, de marcher au nord-ouest, même de laisser les troupes se reposer, le 26, dans leurs emplacements de la veille ou du matin (3).

En attendant les renseignements qui dissiperaient l'obscurité régnant sur les mouvements de Mac-Mahon, M. de Moltke croyait que si son adversaire avait vraiment commencé sa marche sur Metz en évacuant Reims, le 23, il ne devait être qu'à Vouziers, le 25. Alors, « si, de là, il poursuivait sa marche, sans désemparer, il n'était plus possible de l'aborder, avec des forces supérieures, sur la rive gauche de la Meuse; mais, sur la rive droite, il suffirait de trois marches, dont la longueur n'aurait rien d'excessif, pour réunir, dans le

---

(1) *Ibid.*, pp. 931 et 932. — Les ordres donnés « indiquaient un changement de direction peu sensible pour les deux armées; au lieu de marcher sur Châlons, on marcherait sur Reims ». (*Mémoires du maréchal de Moltke*, pp. 89 et 90.)
(2) *La Guerre franco-allemande*, 1re partie, p. 932.
(3) *Ibid.*

voisinage de Damvillers, c'est-à-dire à même distance que Vouziers de l'aile gauche de l'armée de la Meuse, cinq corps allemands, savoir : les trois corps de cette dernière armée, avec leurs quatre divisions de cavalerie, et les deux corps bavarois qui se trouvaient le plus près au sud. En cas de besoin, on pouvait emprunter encore, à l'armée chargée du blocus de Metz, les troupes qui ne lui étaient pas indispensables (1) ».

Premièrement, nous ferons observer que le chef du Grand Etat-major prussien était si sûr de l'inaction du misérable Bazaine qu'il tablait sur elle et ne craignait pas de restreindre les forces entourant Metz, alors que des sorties vigoureuses des assiégés auraient suffi à rompre le blocus, au cas où le général en chef français les aurait résolument exécutées (2).

Deuxièmement, nous avons expliqué, plus haut (3), que, partis de Mourmelon le 21, les Français pouvaient gagner Metz sans avoir rien à craindre de l'armée du Prince royal. Or, M. de Moltke, quand il raisonnait, comme nous venons de le contaster à l'instant, ignorait encore si nous étions à Vouziers ou à Verdun. Donc, les calculs préventifs, le projet de conversion *partielle* de ses forces sur la droite, vers le nord, risquaient de parer à des éventualités stratégiques déjà consommées, par conséquent de demeurer inutiles (4).

Troisièmement, nous avons exposé l'opinion de Rüstow, du général de Wimpffen, du colonel Borb-

---

(1) *Ibid.*, pp. 932 et 933.
(2) Aussi bien, M. de Moltke confesse que ce départ de partie de l'armée investissant Metz eût été des plus dangereux pour les Prussiens : « la coopération de l'armée de Metz admise à regret ». (*La Guerre franco-allemande*, 1re partie, p. 934.)
(3) Voir, *suprà*, pp. 223 à 241.
(4) Nous allons, un peu plus loin, discuter ce projet de conversion vers le nord.

staedt, du général de Palikao, affirmant que, même en partant de Reims, le duc de Magenta avait la liberté de déboucher à temps sur Montmédy et de tourner l'armée du Roi (1).

Encore une fois, oui, avec un général résolu, des soldats disciplinés, ayant « le cœur au ventre »; non, avec le vaincu de Fræschwiller, avec ses soldats déprimés par deux sanglantes défaites, par une fuite éperdue à travers la France.

Toutefois, lorsque M. de Moltke, dans un projet de conversion, fait exécuter, en trois jours : au Ier et au IIe corps bavarois, le trajet de Possesse et de Bar-le-Duc, à Azannes, au sud-est de Damvillers, à la Garde et au IVe corps, le trajet de Triaucourt et de Sommeille à Damvillers, il ne tient compte ni de la longueur exagérée des étapes, ni de la fatigue de ses troupes, ni, comme il l'a reconnu lui-même, de l'absence de préparation pour le mouvement (2) ni de la résistance, par conséquent, du retard que ses soldats pouvaient rencontrer en route, notamment au passage des rivières, et, surtout, de la Meuse. S'il est admissible que les Saxons, en ne perdant pas une seconde, fussent parvenus à vaincre les difficultés d'une semblable marche et à se trouver au rendez-vous donné à Damvillers, il ne faudrait pas en conclure que les Bavarois seraient arrivés à gagner cette petite ville. En tout cas, le tableau des marches de ses troupes, tracé par M. de Moltke, ne mentionne pour l'armée du Prince royal que les deux corps bavarois (3); il est ainsi admis, implicitement, par le conducteur des armées allemandes, que Mac-Mahon n'aurait eu sur les bras que les moins redoutables des vain-

---

(1) Alfred Duquet, *Fræschwiller, Châlons, Sedan*, pp. 225 et 238 à 241.
(2) *La Guerre franco-allemande*, 1re partie, p. 931.
(3) *Ibid.*, p. 933.

queurs de Frœschwiller. Sans l'incohérente marche de tortue de Mac-Mahon vers le nord-est, jamais les troupes du prince Fritz n'auraient pu jouer leur rôle sanglant dans l'abominable écrasement de Sedan.

Retournant au brusque changement de direction des armées allemandes, nous allons résumer les raisons qui déterminèrent M. de Moltke à le faire exécuter, malgré ses répugnances premières.

Nous venons de constater que, le 25, de légers indices avaient éveillé l'attention des Prussiens, leur avaient laissé entrevoir la possibilité — non admise jusque-là, par eux — d'un mouvement de Mac-Mahon vers Metz. Le 25, au soir, arrivaient, à Bar-le-Duc, quartier général du Roi, des avis permettant de supposer la présence de régiments français à Vouziers. En même temps, il était remis à M. de Moltke un journal français reproduisant un article d'un journal belge, soutenant la thèse qu'un général commettait une lâcheté s'il abandonnait un compagagnon d'armes et que le pays ne lui pardonnerait jamais cet abandon. De plus, les feuilles de Paris, distribuées à Bar-le-Duc, étaient remplies de discours, prononcés au Corps législatif, dans lesquels des députés ahuris réclamaient la marche de l'armée de Châlons vers Bazaine (1).

Un dernier télégramme, venu de Londres, annonçait nettement la marche sur Metz. Voici la teneur de cette dépêche : « Armée de Mac-Mahon rassemblée à Reims. Empereur et Prince avec

---

(1) « Les gazettes de Paris révélèrent la vérité à M. de Moltke. » (Arthur Chuquet, p. 86.) — « C'est à la suite des indiscrétions commises par la presse parisienne qu'en quelques heures, à l'Etat-major allemand, de nouvelles dispositions furent prises et qu'un nouveau plan de campagne fut arrêté. » (Alfred Darimon, pp. 224 et 225.)

l'armée. Mac-Mahon cherche à se réunir à Bazaine (1) ».

Enfin un article du *Temps* faisait clairement connaître le projet de *secourir* Bazaine (2).

M. de Moltke fait observer, avec raison, que des informations de journaux sont toujours sujettes à caution (3), cependant, celles-là lui semblaient très précises, le troublaient d'autant plus que, bien que cette opération stratégique lui apparût comme fort difficile, « il devenait néanmoins de plus en plus plausible, eu égard à la situation particulière de la France (eu égard aux agissements de l'Opposition républicaine qui préparait une révolution dans la capitale) que les exigences politiques pouvaient l'avoir emporté sur toute considération militaire (4) ».

---

(1) Général de Woyde, t. II, p. 201. — Prince de Hohenlohe, *Lettres sur la Stratégie*, t. II, p. 103. — Major Scheibert, p. 217.

(2) *La Guerre franco-allemande*, 1re partie p. 934. — Général Maillard, p. 318. — Voir, *suprà*, p. 244. — Voici, du reste, le passage de l'article du *Temps* du 22 août qui fit soupçonner à M. de Moltke que Mac-Mahon allait au secours de Bazaine : « Notre seconde armée est prête à Châlons, commandée par un homme qui brûle de prendre sa revanche; nous allons, sans doute apprendre avant peu que cette armée est entrée en ligne, et puisse-t-on avoir à nous dire bientôt, qu'elle a réussi, en dépit de tous les efforts de l'ennemi, à donner la main à celle du maréchal Bazaine. » (Arthur Chuquet, p. 86.) — Général de Woyde, t. II, pp. 201 et 203. — Prince de Hohenlohe. *Lettres sur la Stratégie*, t. II, p. 14. — *Stratégie et Grande Tactique*, d'après l'expérience des dernières guerres, par le général Pierron : t. I, p. 78. — Charles de Mazade, t. I, p. 201. — A. Girard et F. Dumas, p. 35. — Colonel comte Yorck de Wartenburg; *Napoléon chef d'armée*; traduit de l'allemand par le commandant Richert, de l'Ecole supérieure de guerre; Paris, Baudoin, 1899, 1re partie, p. 228. — *Mémoires du maréchal de Moltke*, p. 91.

(3) « Changer complètement la direction de marche sur de simples bruits et des nouvelles qui, peut-être, seraient controuvées, c'eût été là une mesure que rien ne justifiait. » (*Ibid.* p. 89.) — Major Scheibert, p. 217.

(4) *La Guerre franco-allemande*, 1re partie, p. 934 — « Dans le conseil de guerre tenu le matin (25), on n'avait encore rien arrêté pour déjouer la manœuvre de Napoléon ou de Mac-Mahon. On tint donc un autre conseil de guerre dans la soirée, et c'est

En conséquence, après une assez longue conférence entre les généraux de Moltke et de Podbieski, le Roi était mis, par eux, au courant de cette délicate situation. Il fut alors décidé que, si les rapports des patrouilles de cavalerie, jetées du côté de Buzancy et de Vouziers, confirmaient la marche du duc de Magenta vers Metz, la conversion de l'armée de la Meuse et des Bavarois sur la droite, telle que M. de Moltke l'avait préparée dans l'après-midi, commencerait, le 26, par la mise en marche des Saxons sur Varennes et par l'abandon de leurs bivouacs par les Bavarois afin de les rapprocher de la route de Verdun. Quant au Prince royal, on se contentait de lui expédier l'ordre d'avancer ses têtes de colonnes jusqu'à la ligne s'étendant de Givry-en-Argonne à Changy, au nord-est de Vitry; mais on lui faisait prévoir l'hypothèse d'une rapide conversion sur Sainte-Menehould.

A ces fins, le Roi décida le maintien provisoire de son Quartier général à Bar-le-Duc, où il attendrait les nouvelles recherchées par sa cavalerie, prescrivant aux Bavarois, aux Saxons et au général d'Alvensleben Ier de conserver leurs positions jusqu'à nouvel ordre (1).

« A ce moment, la IIIe armée était entre Bar-le-Duc et Châlons, à plus de 80 kilomètres de la ligne de marche des corps français; l'armée de la Meuse, bien que plus rapprochée de nous, était encore, au

---

à, sans doute, que le Roi a adopté l'idée *aussi hardie* qu'heureuse de marcher parallèlement à l'ennemi et de le repousser, si c'était possible, au delà de la frontière belge. » (Major Scheibert. t. II, p. 215.) — M. de Bismarck, lui, n'était pas de cet avis, il pensait qu'il fallait, avant tout, prendre Paris par surprise, ce qui rendrait impossible la continuation de la lutte en province.

(1) *La Guerre franco-allemande*. 1re partie, p. 935. — « Ce n'est que le 25 que les Allemands commencèrent à démêler la vérité. » (Charles de Mazade, t. I, p. 201.) — Théodore Duret, t. I, p. 300. — *La campagne de 1870*; traduit du *Times*, p. 95. — Général Derrécagaix, p. 265.

moins en partie, à plus de 50 kilomètres (1). »
Donc, en ne tergiversant pas, Mac-Mahon pouvait
atteindre la Meuse avant d'être rejoint par le Prince
royal. Le brusque crochet qu'allait faire faire à la
IIIe armée M..de Moltke ne laissait pas, d'être téméraire. Néanmoins, il n'y avait pas autre chose à
décider; les Prussiens n'avaient pas le choix : ce
n'est donc pas une inspiration de génie. « A Dieu
ne plaise que nous contestions la précision et
l'aisance avec lesquelles fut exécutée la conversion
célèbre ordonnée par le chef de l'Etat-major lorsqu'il apprit que les corps aux ordres de Mac-Mahon
s'avançaient péniblement sur la droite au lieu de
se trouver en avant de son front, comme il l'avait
cru jusque-là : mais, enfin, il nous semble que ce
qui a séduit surtout dans cette combinaison (qui, du
reste, ne commença à prendre corps que trois jours
après la nouvelle), ç'a été surtout l'importance
exceptionnelle du résultat obtenu. Dûment averti,
M. de Moltke ne pouvait raisonnablement prendre
un autre parti que celui auquel il s'arrêta : sa
réputation eût sombré du coup, et à juste titre, s'il
n'avait point su profiter des incroyables facilités que
lui offrait bénévolement un adversaire à bout
d'haleine dès les premières marches, et qui, dès
lors, n'avait que trop le sentiment qu'il courait à
une ruine certaine (2). »

Un mot touchant les renseignements donnés à
l'ennemi par la presse. On s'est beaucoup indigné
contre *Le Temps*, qui a servi, en l'espèce, de bouc
émissaire. Il est aisé de répondre que c'était, dans

(1) Charles de Mazade, t. I, p. 201. — « Il paraît bien clair,
lorsqu'on examine sur la carte les positions respectives des deux
armées, que si Mac-Mahon s'était résolument avancé sur la
Meuse, il aurait pu y arriver avant qu'une force allemande
quelconque, suffisante pour l'arrêter, eût pu se placer sur son
chemin. » (Capitaine Brackenbury, p. 171.)
(2) *M. de Moltke*, par Charles Malo, pp. 45 et 46.

la presse, une course aux nouvelles, et qu'il ne faut pas demander l'impossible aux journalistes, c'est-à-dire de ne pas publier une information sensationnelle. Tous les directeurs de journaux de Paris ont fait ou feraient faire ce qu'a fait Nefftzer; les coupables, ce sont les gouvernants qui n'ont pas eu le courage de décréter la défense absolue de donner une nouvelle militaire sans l'autorisation du ministre de la Guerre (1). Assurément, en pareil cas, le public est inquiet, impatient, affamé de tout ce qui peut le renseigner sur la marche des belligérants; assurément, le patriotisme du pays brûle de savoir ce qui se prépare, quelles sont les positions des armées, leurs succès, leurs revers, mais il y a, justement dans l'intérêt de la patrie, pour faciliter le triomphe de ses enfants, une limite que les bons citoyens doivent imposer à leur curiosité, à leur anxiété, c'est de ne pas prêter à l'ennemi le concours de renseignements répandus par une presse inapte à en comprendre la valeur ou l'inutilité, aux points de vue tactiques et surtout stratégiques. Donc, en temps de guerre, suppression de la presse ou sa soumission au visa des autorités militaires avant la mise en vente du journal.

Aussi bien, il n'y avait pas que les journaux français pour signaler les mouvements des deux armées. Si M. de Moltke était mis au courant de la marche des Français vers le nord, de l'autre côté, Mac-Mahon était informé, par un journal de Berlin, le *Staats-Anzeiger* du 25 août, que Guillaume avait transporté son quartier général à Bar-le-Duc, que les Ire et IIe armées se tenaient en face de Bazaine, tandis que les autres corps allemands disponibles couraient sur Paris (2).

---

(1) Colonel Grouard, p. 35, note 1.
(2) *Section historique*, IIIe série, I, p. 152.

Enfin, le 25 au soir, les Allemands étaient encore dans une position d'attente, mais tout prêts à filer rapidement du côté du nord. Dès que le prince de Saxe, le plus rapproché des Français, aurait reçu la confirmation de la marche de Mac-Mahon, il devait commencer sa conversion; il devait même se porter vers le nord, le 26 à midi, au cas où le mouvement présumé ne serait pas, à ces jour et heure, formellement démenti par les rapports de la cavalerie (1).

Le prince de Saxe ne jugea pas à propos d'attendre midi. Dès 5 heures du matin, il mit le XIIe corps en marche sur Varennes. Il donnait, de plus, à la Garde, l'ordre de se diriger vers Dombasle, à 11 heures du matin; il prescrivait, enfin, au général d'Alvensleben, de porter son corps d'armée au delà de Fleury. Lui-même se transportait à Clermont pour y attendre les renseignements (2).

Ils ne tardaient pas à arriver : la cavalerie saxonne, les escadrons de la Garde confirmaient la présence de grosses forces françaises en Argonne. La rencontre entre la brigade Bordas et des fractions de cavalerie allemande ne laissait plus de doutes à nos ennemis; « le contact, perdu depuis la bataille de Wœrth, se trouvait désormais rétabli à partir du 26 août (3) ».

« En somme, le 26 août, le contact avait été pris par trois divisions : par la XIIe et la VIe, grâce à un service de découverte parfaitement orienté; par la Ve, grâce au hasard de la marche, qui avait amené la colonne sur Grand-Pré, à portée de fusil d'un camp français. La cavalerie allemande qui, du 19 au 25 août, semblait n'exécuter que des marches de temps de paix, venait d'être

(1) *La Guerre franco-allemande*, 1re partie, p. 937.
(2) *Ibid.*
(3) *Ibid.*, p. 938. — Amédée Le Faure, t. I, pp. 270 et 272.

réveillée par l'ordre du maréchal de Moltke et, dès le premier jour, sa découverte donnait des résultats précieux. A la vérité, *elle n'avait pas rencontré d'obstacles de la part de la cavalerie adverse* (1). »
— Le 26, « on avait donc enfin pris le contact avec l'armée française et acquis la certitude qu'elle marchait sur Metz (2) ».

JOURNÉE DU 27 AOUT

Nous employons cette journée à continuer notre mouvement de conversion sur l'aile droite.

« La journée du 27 va produire une nouvelle perte d'un temps précieux par suite du changement de front, tout à fait inutile, exécuté (la veille) par l'armée contre un ennemi imaginaire (3). » De plus, on ne marche pas ; par

---

(1) *Section historique*, IIIe série, I, p. 157. — « Le 26, la cavalerie allemande reprenait le contact qu'elle n'avait plus depuis vingt jours. » (Arthur Chuquet, p. 85.) — Les rapports de la cavalerie « établirent, dans les journées des 24, 25 et 26 août 1870, d'une façon indubitable, que Mac-Mahon marchait au nord ». (Prince de Hohenlohe, *Lettres sur la Cavalerie*, p. 163.) — « Du premier coup, la cavalerie allemande, inondant le pays entre Dun et Châlons, avait non seulement retrouvé l'armée française, mais on pouvait déduire, de l'ensemble des reconnaissances, sa position exacte par les points où elle rencontrait l'ennemi et ceux où il n'était pas signalé. » (Major de Chabot, 1re partie, p. 118.) — « Pendant la campagne de 1870-1871, on a eu à citer un grand nombre de brillantes reconnaissances d'officiers de cavalerie ; mais il ne faut pas oublier que la cavalerie adverse ne se montrait alors que fort peu gênante ; il n'en serait peut-être pas de même dans l'avenir. » (Colonel von der Goltz, *La Nation armée* ; traduit par le capitaine Monet ; Paris, Louis Westhauser, 1891 ; p. 221.)

(2) Major Scheibert, p. 219. — « L'ennemi retrouvait enfin, après vingt jours, le contact perdu. » (Général Fay, *Etude de marches, Iéna-Sedan* ; Paris, Berger-Levrault, 1899 ; p. 20.)

(3) Général de Woyde, t. II, pp. 210 et 211. — C'était à croire que « le commandement français avait pris à tâche de perdre

exemple, le 26, le 12ᵉ corps a fait 25 kilomètres; le 27, seulement 18 kilomètres (1) !

Les soldats piétinent, mais n'avancent pas. « Depuis notre départ de Reims, si l'on avait marché à peu près convenablement, sans même fatiguer les troupes, on serait au delà de Montmédy (2). » Que se passe-t-il donc et quelles sont les résolutions du duc de Magenta ?

Il ne sait que faire. Arrivé au Chesne, il avoue ne pas connaître le pays où il opère ; il demande à M. Lamacq, éclaireur volontaire, s'il y a des ponts et des gués sur la Meuse, entre Stenay, Beaumont, Mouzon, et où ils se trouvent. Il ignore que Beaumont est le bourg des Ardennes qui fournit le plus de bois à la marine, et il voudrait savoir s'il y trouvera des matériaux pour construire des ponts-volants, à défaut d'équipages de pont qui lui manquent (3).

Vers 5 heures et demie du matin, un officier d'état-major avait remis au général Douay une

---

l'avance qu'il avait sur le Prince royal ». (Jules Claretie, t. I, p. 200.) — « Le mouvement des troupes s'opéra avec une extrême lenteur. » (A. Girard et F. Dumas, p. 35.) — *De Fræschwiller à Sedan*, p. 61.

(1) *Bazeilles-Sedan*, par le général Lebrun, pp. 49 et 50.
(2) *De Fræschwiller à Sedan*, p. 61.
(3) « L'an 1870, le samedi 27 août, l'empereur Napoléon avait quitté Tourteron le matin ; arrivé au Chesne, après avoir chevauché l'espace de 10 kilomètres, il dut y déjeuner. Il fallut plus de deux heures pour décharger la batterie de cuisine, les provisions de bouche et le vin de Champagne de Sa Majesté. Pendant cette opération, Mac-Mahon était assis sur un banc, dans la principale rue du Chesne, une carte du pays à la main, qu'il froissait de temps en temps et qu'il jeta trois fois à terre, disant : ““ Nous ne connaissons pas ce pays ; nous ne devrions pas nous battre par ici. ”» (*L'armée de Mac-Mahon et la bataille de Beaumont* ; *Lettres à Madame Urquhart*, par M. Defourny, curé de Beaumont ; Paris, 1872 ; pp. 23, 54 et 78.) — Nous ne nions pas qu'il se trouvât du vin de Champagne dans les bagages de l'Empereur, mais il est peu probable que, dans l'état de santé où il était, le malheureux souverain en ait fait grande consommation.

lettre du maréchal de Mac-Mahon. Cette lettre, datée d'Attigny, 3 heures du matin, avertissait le commandant du 7ᵉ corps que le mouvement en avant de l'armée était arrêté, que le gros des forces françaises appuyait au sud pour soutenir le 7ᵉ corps, enfin que le Maréchal établissait son quartier général au Chesne (1). Peut-être, à ce moment, Mac-Mahon songeait-il à livrer bataille? Quoi qu'il en fût, ces nouveaux retards compromettaient définitivement la marche sur Montmédy; le Maréchal allait au-devant des désirs de M. de Moltke; il se jetait à plaisir dans les panneaux que le Prussien lui tendait.

Le général Douay dépêcha son aide de camp, le commandant Seigland, au duc de Magenta, afin de lui donner des renseignements verbaux touchant les événements de la veille. M. Seigland annonce donc au Maréchal que le Prince royal s'approche par Sainte-Menehould (2) et le prince de Saxe par Varennes. « S'il en est ainsi, répond Mac-Mahon, la position n'est pas bonne. » Puis il écrit au général Douay de chercher à recueillir des nouvelles; il le prévient, en outre, qu'il met la division de cuirassiers à sa disposition, que le général Ducrot se porte sur Terron et de Failly sur Buzancy (3). C'était la confirmation des ordres du matin, le général en chef s'engageait de plus en plus dans le gouffre qui allait engloutir les derniers soldats de la France.

Cependant une lueur d'espoir brilla quelques secondes, une sage décision fut prise par le duc de Magenta qui, malheureusement, s'arrêta en si

---

(1) Prince Bibesco, p. 58.
(2) Le Prince royal ne s'approchait pas encore des Français, mais il prenait toutes ses mesures pour s'en approcher. (*La Guerre franco-allemande*, 1ʳᵉ partie, p. 944.)
(3) Prince Bibesco, pp. 58 et 59.

bon chemin. Le général Douay venait de lui adresser, par le commandant Loizillon, qui les apporta au Chesne à 3 heures et demie, des nouvelles confirmant absolument celles du commandant Seigland. Mac-Mahon était en conférence avec les généraux Faure et Lebrun et un colonel d'artillerie. M. Loizillon exposa la situation dans tous ses détails. A peine avait-il fini que le Maréchal, qui écoutait, attentif et soucieux, était mandé auprès de l'Empereur.

Napoléon III recevait également à l'instant la confirmation de la marche rapide des deux princes allemands. Après un long tête-à-tête, Mac-Mahon quitte le souverain, revient à son quartier général, congédie les officiers présents, à l'exception des deux généraux, « et, démêlant justement la situation (1) », avec l'approbation de l'Empereur (2), arrête la résolution suivante : « Il est urgent de prendre de promptes mesures; on ne peut plus rien pour Bazaine, *qu'on a déjà trop attendu dans l'Argonne* (3). »

Montmédy cessait d'être notre objectif, nous allions nous rabattre vers l'ouest, vers les places fortes de l'Oise et du nord. En conséquence, le 12ᵉ corps, qui devait gagner le Chesne, se portera sur Vendresse; le 5ᵉ, au lieu de se diriger du côté de Germond et Belleville, rebroussera chemin pour atteindre Foix, au sud-sud-ouest de Mézières. Le 1ᵉʳ corps, qui avait l'ordre de camper à Terron,

---

(1) Arthur Chuquet, p. 87. — « Mac-Mahon a flairé le danger. » (Paul et Victor Margueritte, p. 56.) — Théodore Duret, t. 1, pp. 271 et 272. — Amédée Le Faure, t. I, p. 275. — Major de Chabot, 1ʳᵉ partie, p. 125. — L. Dussieux, t. I, p. 148. — Capitaine Brackenbury, p. 174.
(2) Amédée Le Faure, t. I, p. 275.
(3) Prince Bibesco, p. 60. — Est-ce que le Maréchal comptait que Bazaine culbuterait, à lui tout seul, Frédéric-Charles et le prince de Saxe et viendrait triomphalement le rejoindre à Vouziers ou à Rethel ?

s'arrêtera et reviendra à Voncq, qu'il a quitté le matin ; ce corps suivra les traces du 12e et traversera Vendresse. Enfin le 7e corps évacuera Vouziers et marchera vers Chagny, par le Chesne, à la suite du 5e corps (1). La division Margueritte est à Stonne et le Maréchal la destine probablement à couvrir la retraite ; quant à la division Bonnemains, elle ne bouge toujours pas du cœur de l'armée ; c'est une perle enchâssée par l'infanterie, et Mac-Mahon ne craint rien tant que de la voir entamée, que de la voir aux prises avec les uhlans. Il a bien promis des cuirassiers au général Douay, mais ces braves gens n'apparaissent pas et le général ne peut compter que sur sa cavalerie de corps (2).

Examinons rapidement les mouvements des ennemis pendant cette journée.

Le prince de Saxe — qui était « un homme de guerre de haute valeur, bien que, en 1866, à la tête du corps saxon, il eût filé, sans demander son reste, devant les armées prussiennes (3) » — envoyait ses coureurs dans toutes les directions et poussait son infanterie du côté de Dun et de Stenay, afin de barrer aux Français la route de Montmédy. Une brigade de cavalerie et une batterie à cheval avaient été chargées d'exécuter une reconnaissance aux alentours de Buzancy. Arrivés à 1 200 mètres du village, les Saxons sont accueillis par une décharge ; ce sont les cavaliers du général de Brahaut qui tirent sur eux. Si l'on veut en croire les Allemands, 2 escadrons saxons se seraient alors précipités au-devant d'une division française,

---

(1) Prince Bibesco, p. 64. — *La Campagne de 1870 jusqu'au 1er septembre*, p. 88.
(2) Alfred Duquet, *Frœschwiller, Châlons, Sedan*, pp. 277 à 279.
(3) Henri Haslan, *Légendes et vérités, Guerre franco-allemande* ; Paris, Ollendorf, 1902 ; p. 35.

l'auraient sabrée et mise en fuite (1). Cette fanfaronnade ne peut faire tort qu'à ceux qui osent l'écrire et nous préférons, à ce sujet, nous en rapporter au récit du général de Failly qui nous semble bien plus vraisemblable. Le voici :

« Avant de quitter Bar-lès-Buzancy, pour opérer la retraite sagement ordonnée vers le nord-ouest, le commandant du 5ᵉ corps prescrivit au général de Brahaut de pousser une reconnaissance, de culbuter quelques escadrons ennemis et de chercher à faire des prisonniers qui donneraient des renseignements relatifs à la position des Allemands. Les Français s'élancèrent au galop, sabrant les premiers cavaliers qui leur résistaient, mais ils furent bientôt forcés de se replier, en présence de la supériorité de l'ennemi, appuyé par le feu de plusieurs batteries, qui se démasquèrent tout à coup au haut du mont Sivry, en balayant la route de Buzancy. La cavalerie allemande, cachée derrière les bois, ne déployait ses escadrons que successivement ; des régiments d'infanterie appuyaient les batteries d'artillerie. C'était le corps du général de Goltz qui était opposé aux Français et qui avait déjà détruit en partie les ponts de Stenay. Le soir de ce jour, le 5ᵉ corps campa à Châtillon et à Brieulles, sans être ni suivi ni inquiété (2). »

Voici comment le récit officiel prussien raconte cette escarmouche entre les deux cavaleries : sa version se rapproche beaucoup plus de celle du général de Failly que de celle du colonel Borbstaedt :

« Le 18ᵉ régiment de uhlans s'était rabattu sur Rémonville. Le général Seafft de Pilsach, dont la XXIVᵉ brigade était alors réunie en entier, la porte en avant par Bayonville et donne l'ordre à l'avant-

---

(1) Colonel Borbstaedt, p. 590. — Il y a là évidemment une erreur commise par le colonel Borbstaedt.
(2) Général de Failly, pp. 36 et 37.

garde, avec laquelle il marchait, de sa personne, de charger les chasseurs ennemis. Le capitaine de Harling s'élance aussitôt, à la tête des quelques pelotons dont il dispose, refoule les escadrons français sur Buzancy et pénètre dans la ville, malgré le feu des cavaliers qui en défendent l'entrée. Une violente mêlée s'engage alors dans les rues, entre les deux partis, jusqu'au moment où les Saxons, forcés de céder au nombre, se décident à battre en retraite, poursuivis par les Français. Mais, sur ces entrefaites, le capitaine de Wolffersdorff s'était avancé à l'est de la route de Rémonville avec le 1ᵉʳ escadron du 3ᵉ régiment de cavalerie. Il se précipite dans le flanc gauche des chasseurs; à cette vue, les pelotons du 5ᵉ escadron se remettent face en tête, et les efforts réunis de ces deux troupes rejettent l'adversaire sur Buzancy. Toutefois, la fusillade qui partait de la ville met de nouveau un terme aux progrès des Saxons, qui se rallient alors à quelques centaines de pas au sud, tandis que le gros de la brigade se déploie à Sivry. Des hauteurs voisines de ce village, la batterie à cheval envoie quelques obus bien pointés sur les chasseurs français, et ceux-ci se replient alors par Buzancy, avec une telle précipitation que le 3ᵉ escadron du 18ᵉ régiment de uhlans, qui arrivait en ligne à son tour, ne parvenait plus à les joindre (1). »

En d'autres termes, l'artillerie allemande avait tenu nos cavaliers en échec et avait déterminé leur retraite. Toujours, dans une rencontre semblable, la troupe privée de canons sera forcée de céder le terrain à un adversaire qui la couvre d'obus.

(1) *La Guerre franco-allemande*, 1ʳᵉ partie, p. 948. — « Il y avait eu des alternatives de succès et de revers. » (Major Scheibert, p. 221.) — Voir, aussi, major de Chabot, 1ʳᵉ partie, pp. 121 et 122. — Général Derrécagaix, pp. 267 et 268.

A la même date, la Ve division de cavalerie, s'approchant de Grand-Pré, avait été reçue à coups de fusil « par des rassemblements d'hommes en blouse (1) » qui, à la différence des braillards socialistes, chantaient la *Marseillaise* et conformaient leurs gestes à leurs paroles.

Le 27, à la nuit, la division de cavalerie de la Garde prussienne, flanquée de deux autres divisions de la même arme, était au-dessus de Landres; le XIIe corps se répandait de Dun à Stenay; l'infanterie de la Garde bivouaquait à Montfaucon, le IVe corps à Froméréville, le Ier corps bavarois au nord de Souilly, le IIe corps bavarois près de Clermont, la VIe division de cavalerie à Monthois, talonnant le général Douay; la IVe division de cavalerie au nord de Suippes, le Ve corps à Daucourt, le XIe à Givry, le VIe à Possesse et la IIe division de cavalerie à Coole (2).

Tous les rapports constataient, d'une façon indéniable, la présence de nombreux régiments français à Vouziers (3). Se croyant sûr de vaincre les Français sans l'armée d'investissement de Metz, M. de Moltke télégraphiait au prince Frédéric-Charles de conserver toutes ses forces devant Bazaine; « mais les ordres antérieurs avaient été déjà mis à exécution : le IIIe corps était arrivé à Etain, le IIe à Briey (4) ». Néanmoins, comme M. de Moltke, rassuré par l'immobilité de Bazaine, redoutait, cependant, une révolte virile des généraux français de l'armée du Rhin et une vigoureuse poussée de cette armée contre les investissants, il

---

(1) *La Guerre franco-allemande*, 1re partie, p. 950.
(2) *Ibid.*, pp. 950 et 951. — Capitaine Patry, 27 août. — Colonel Borbstaedt, p. 39.
(3) *La Guerre franco-allemande*, 1re partie, pp. 950 et 951. — *Ibid.*, p. 953. — Major de Chabot, 1re partie, pp. 123 et 124.
(4) *La Guerre franco-allemande*, 1re partie, p. 954.

s'empressait de renvoyer ces deux corps d'armée au Prince rouge (1).

De leur côté, les Français se disposaient à passer la nuit sur les positions suivantes : Douay à Vouziers, Ducrot à Voncq, de Failly à Châtillon, Lebrun au Chesne (2), Margueritte à Beaumont et Bonnemains à Attigny (3).

JOURNÉE DU 28 AOUT

L'armée française, qui avait gardé un certain ordre de marche du 24 au 27 août, va présenter, à partir du 28, le tableau le plus confus qu'on puisse imaginer. Chaque corps marque le pas ou exécute des courses fatigantes qui le ramènent exactement à son point de départ et n'ont d'autre avantage que de couper les colonnes entre elles et de permettre aux Allemands d'arriver enfin, en forces écrasantes, auprès de nos infortunés soldats ahuris, brisés de corps et d'âme, errant au hasard d'un commandement éperdu, proie facile à saisir pour les *pratiques* généraux prussiens (4).

« Le Maréchal, n'ayant pas de nouvelles de Bazaine, hésite dans sa marche ; on le comprend à

---

(1) *Ibid.*, p. 962. — Mac-Mahon ne pouvait plus continuer sa marche vers Metz sans que les Allemands « tombassent sur les derrières des Français ». (Général de Woyde, t. II, p. 213.)
(2) Colonel Borbstaedt, p. 59.
(3) *La Guerre franco-allemande*, 1re partie, carte du 27 août.
(4) Alfred Duquet, *Frœschwiller, Châlons, Sedan*, p. 282. — « Les crochets que fit Mac-Mahon, les lenteurs et les perpétuelles oscillations de ses mouvements donnèrent aux Allemands, toujours prompts, ingambes et accoutumés aux longues marches, le temps de le rattraper. » (Arthur Chuquet, p. 85.) — « Que de temps perdu ! » (Jules Claretie, t. I, p. 202.) — Amédée Le Faure, t. I, pp. 276, 277 et 278. — « L'armée française semblait, suivant un témoin oculaire, *suivre un enterrement*. Elle mit six jours pour faire un trajet qui, en ligne directe, eût été de vingt lieues à peine. » (Baron Ernouf, p. 41.)

la lenteur de ses mouvements, bien qu'il se soit éloigné du chemin de fer de Reims à Mézières pour se rapprocher de la route directe de Metz. Son armée souffre de privations, tandis qu'à moins de 20 kilomètres au nord d'elle le chemin de fer est chargé de provisions; en outre, de mauvaises combinaisons, des marches et contremarches fatiguent beaucoup les troupes, qui semblent s'agiter sur place (1). » De surcroît, il pleut à torrents ; les chemins sont défoncés; on patauge dans la boue (2).

A compter du 28, Mac-Mahon semble ne plus avoir conscience de la situation ; il ne donne que des ordres incomplets, contradictoires, il paraît voler à la ruine que ses hésitations ont préparée et qu'il redoute maintenant à ce point qu'il perd la liberté de son jugement militaire. « Le Maréchal a perdu le peu de bon sens que la nature a dévolu à tous les êtres humains (3). »

Que s'est-il donc passé, et pourquoi la retraite vers le nord-ouest a-t-elle été arrêtée? Après avoir envoyé ses instructions, le Maréchal avait, la veille, au soir, avisé le gouvernement de la Régente de sa résolution. Il était au Chesne et n'avait à côté de lui, dans son cabinet, que le colonel Stoffel. « Asseyez-vous, lui dit-il, je vais écrire au ministre de la Guerre (4). » Et il dicte la dépêche que l'on va lire :

« Le Chesne, 27 août 1870, 8 h. 30 du soir.

« *Maréchal Mac-Mahon à Guerre Paris.*

« Les Ire et IIe armées, plus de 200 000 hommes, bloquent Metz, principalement sur la rive gauche;

---

(1) Colonel Fabre, p. 119.
(2) Général Faverot de Kerbreck, pp. 50 et 51. — Lire, dans Eugène Véron, pp. 192 à 194, le navrant tableau de l'armée française à cette date du 28 août.
(3) *De Fræschwiller à Sedan*, p. 66.
(4) *La Dépêche du 20 août*, par le colonel Stoffel, p. 82.

une force évaluée à 50 000 hommes serait établie sur la rive droite de la Meuse, pour gêner ma marche sur Metz. Des renseignements annoncent que l'armée du prince royal de Prusse se dirige aujourd'hui sur les Ardennes avec 50 000 hommes; elle serait déjà à Ardeuil. Je suis au Chesne avec un peu plus de 100 000 hommes. Depuis le 9 (le 19), je n'ai aucune nouvelle de Bazaine ; si je me porte à sa rencontre, je serai attaqué de front par une partie des Ire et IIe armées qui, à la faveur des bois, peuvent dérober une force supérieure à la mienne ; en même temps, attaqué par l'armée du prince royal de Prusse me coupant toute ligne de retraite. Je me rapproche demain de Mézières, d'où je continuerai ma retraite, selon les événements, vers l'ouest (1). »

Nous nous empressons de reconnaître que cette dépêche, après les hésitations, les retards des jours précédents, annonçait une résolution sage, la retraite vers l'ouest. Seulement, il n'était peut-être déjà plus temps, car les Allemands marchaient beaucoup plus vite que les Français et ceux-ci ne paraissaient pas disposés à employer les moyens décisifs, pour retarder la marche des poursuivants : ruptures de ponts, de chemins de fer, destructions de tunnels, etc. Enfin, il résulte de cette dépêche que le duc de Magenta se rendait compte, ce jour-là, du danger que courait son armée en marchant à pas de tortue, vers Montmédy.

Quelques heures auparavant, il avait télégraphié à Bazaine :

« Le Chesne, 27 août 1870, 3 h. 25 soir.

« Maréchal Mac-Mahon prévient maréchal Bazaine que l'arrivée du Prince royal à Châlons le force à

---

(1) *Papiers et Correspondance de la Famille impériale,* t. I, p. 429.

opérer le 29 (le 28) sa retraite sur Mézières et de là à l'ouest s'il n'apprend pas que le mouvement de retraite du maréchal Bazaine soit commencé (1). »

Selon son habitude, Bazaine ne répondait pas à cette dépêche; en revanche, le général de Palikao, qui, du reste, ne pouvait se douter de la situation où le duc de Magenta avait jeté ses troupes, répondit par deux télégrammes adressés, l'un à l'Empereur, l'autre à Mac-Mahon. Le gouvernement de la Régente, affolé à son tour par les événements, lançait les ordres qui devaient nous perdre définitivement. Voici ces télégrammes :

« Paris, 27 août 1870, 11 heures du soir.

« *Guerre à Empereur, Quartier impérial.*

« Si vous abandonnez Bazaine, la révolution est dans Paris et vous serez attaqué vous-même par toutes les forces de l'ennemi. Contre le dehors, Paris se gardera. Les fortifications sont terminées. Il me paraît urgent que vous puissiez parvenir rapidement jusqu'à Bazaine. Ce n'est pas le prince royal de Prusse qui est à Châlons, mais un des princes, frère du roi de Prusse, avec une avant-garde et des forces considérables de cavalerie. Je vous ai télégraphié ce matin deux renseignements qui indiquent que le prince royal de Prusse, sentant le danger auquel votre marche tournante expose et son armée et l'armée qui bloque Bazaine, aurait changé de direction et marcherait vers le nord. Vous avez au moins trente-six heures d'avance sur lui, peut-être quarante huit heures. Vous n'avez devant vous qu'une partie des forces qui bloquent Metz et qui, vous voyant vous retirer de Châlons à Reims,

1) *Ibid.*

s'étaient étendues vers l'Argonne. Votre mouvement sur Reims les avait trompées, comme le prince royal de Prusse. Ici, tout le monde a senti la nécessité de dégager Bazaine et l'anxiété avec laquelle on vous suit est extrême (1). »

Il résulte de ce premier télégramme que la peur de la révolution à Paris est le mobile principal — nous dirons le seul — qui pousse le comte de Palikao à prescrire la marche vers Bazaine (2). J'y relève de nouveau cette erreur qui consiste à croire qu'il faille que l'armée la plus faible, moralement et matériellement, aille au secours de la plus forte à tous égards.

Mais, voici la seconde dépêche, qui est plus pressante que la première :

« Paris, 28 août 1870, 1 h. 30 du soir (matin).

« *Urgent. Faire suivre.*

« *Guerre à Mac-Mahon, au Quartier général.*

« Au nom du Conseil des ministres et du Conseil privé, je vous demande de porter secours à Bazaine en profitant des trente heures d'avance que vous avez sur le prince royal de Prusse. Je fais porter corps Vinoy sur Reims (3). »

---

(1) *Ibid.*, pp. 429 et 430.
(2) « La retraite sur Paris aurait pour résultat certain la révolution dans la capitale. » (Rüstow, t. I, p. 306.) — « Les bonapartistes, qui sont au pouvoir avec l'impératrice, jugent que, l'étendue des désastres venant à être reconnue, la révolution serait dans Paris; ils ne se trompent pas. « (Théodore Duret. t. I, p. 274.) — *Ibid.*, p. 275. — Déposition de l'amiral Jurien de la Gravière; *L'Empire et la Défense de Paris*, p. 130. — Edouard Lockroy, *M. de Moltke, ses Mémoires sur la guerre future*; Paris, Dentu, 1892; pp. 132 et 133. — *Mémoires du maréchal de Moltke*, p. 94. — Major Scheibert, p. 222. — « Il n'y avait qu'une chose qui fût vraie, c'est qu'une révolution était à craindre à Paris. » (Colonel Grouard, p. 43.)
(3) *Papiers et Correspondance de la Famille impériale*, p. 430.

Mac-Mahon reçut cette dépêche à Stonne, où se trouvait le Quartier général. Il fut consterné. « Il lui fallait : ou ne pas tenir compte des avis venus de Paris et refuser de porter secours à un collègue placé dans une situation critique ; ou risquer de compromettre gravement son armée. Dans cette cruelle alternative, il fit appeler le général Ducrot, en qui il avait grande confiance, et lui demanda son avis au sujet de la continuation de la marche sur Montmédy. Le commandant du 1ᵉʳ corps répondit que ce mouvement «« présentait, selon lui, des dangers ; mais qu'il était persuadé qu'en jetant toute notre cavalerie sur notre droite, on pourrait arrêter la marche de l'ennemi et *arriver à rejoindre le maréchal Bazaine* (1) »».

Cette opinion ne tient pas debout. Il était loisible à notre cavalerie de retarder la marche de l'ennemi, ce qui n'était pas négligeable, mais il ne fallait pas songer à la croire capable d'arrêter le prince royal de Saxe et le prince royal de Prusse (2).

Si l'on en croit le colonel Stoffel, il paraît que l'Empereur envoya, à deux reprises, au Maréchal, d'abord un de ses écuyers, puis un de ses aides de camp, pour lui rappeler que les deux télégrammes du ministre de la Guerre ne constituaient pas des ordres, qu'il conservait son libre arbitre et qu'il le priait de réfléchir mûrement avant de renoncer à ses projets de retraite (3).

Ce qui confirme l'allégation du colonel Stoffel, c'est la déposition du Maréchal devant la commission d'enquête :

« Avant le départ, dit-il, l'Empereur m'envoya

---

(1) *Souvenirs inédits du maréchal de Mac-Mahon*, cité par la Section historique, IIIᵉ série, I, p. 196.
(2) Section historique, IIIᵉ série, I, p. 196.
(3) *La Dépêche du 20 août*, par le colonel Stoffel, p. 86.

un de ses aides de camp, le prince de la Moskowa. pour me faire observer que le mouvement sur Montmédy était bien dangereux, qu'il vaudrait peut-être mieux reprendre le projet de la veille, la marche sur Mézières. Je lui répondis que j'avais pesé les motifs pour et contre et que je persistais dans la résolution que j'avais prise (1). »

Enfin, dit M. Stoffel, *le Maréchal se rendit aux instances venues de la capitale*, tout en faisant écrire, par quatre officiers de son état-major particulier, quatre copies de la première dépêche afin d'être sûr que la trace ne s'en perdrait jamais et qu'elle resterait, en cas de catastrophe, comme un monument à sa décharge (2).

Malgré ces précautions, le duc de Magenta, qui connaissait l'impossibilité matérielle de rejoindre alors Bazaine, en obéissant au ministre au lieu de lui expédier sa démission, se rendit ainsi solidaire des conséquences désastreuses que la marche sur Sedan devait entraîner (3).

« Un général en chef n'est pas à couvert de ses fautes, à la guerre, par un ordre de son souverain ou du ministre quand celui qui le donne est éloigné

---

(1) *Enq. parlem. Déf. nationale*, déposition du maréchal de Mac-Mahon, p. 33.

(2) *La Dépêche du 20 août*, par le colonel Stoffel, p. 86. — « L'Empereur pressait le Maréchal de persister dans ses intentions de retraite. » (Charles de Mazade, t. I, p. 206.) — Léon Barracand, p. 71. — Théodore Duret, t. I, p. 273. — « Mac-Mahon fait répondre à l'Empereur, qu'après avoir pesé le pour et le contre, il se décide à secourir Metz. » (*Ibid.*) — « L'Empereur et le Maréchal n'avaient jamais été pour cette marche sur Verdun. » (*La Débâcle*, par Emile Zola, p. 110.) — Edouard Lockroy, p. 132.

(3) Alfred Duquet, *Fræschwiller, Châlons, Sedan*, p. 286. — Le colonel Grouard a adopté nos conclusions, et pour les mêmes raisons que nous. (p. 50.) — « L'insistance du ministre devient presque désastreuse ; il s'agit de jeter, seule, au milieu de trois armées dont chacune lui est égale ou supérieure, l'armée mal cimentée de Châlons dans des conditions qui exigeraient les troupes les plus lestes et les plus aguerries. » (Colonel Fabre, p. 120.)

du champ d'opération... D'où il résulte que tout général en chef qui se charge d'exécuter un plan, *qu'il trouve mauvais*, est coupable ; il doit représenter ses motifs, insister pour que le plan soit changé, enfin donner sa démission plutôt que d'être l'instrument de la ruine de son armée (1). »

« En cédant, au contraire, à des influences politiques, Mac-Mahon a conduit son armée à sa perte et a précipité, tout au moins, la chute de la dynastie ; en n'envisageant que l'intérêt, mal compris, de l'Empire, il a manqué à ses devoirs de chef d'armée et de patriote (2). »

« Le plan du général de Palikao, la marche foudroyante sur Montmédy, déjà téméraire le 23, possible peut-être encore le 25, avec des soldats solides et un capitaine de génie, devenait, le 27, un acte de pure démence, au milieu des hésitations continuelles du commandement et de la démoralisation croissante des troupes. Si tous deux (Napoléon III et Mac-Mahon) le savaient, pourquoi cédaient-ils aux impitoyables voix fouettant leur indécision ? Le Maréchal, peut-être, n'était qu'une âme bornée et obéissante de soldat, grande dans son abnégation. Et l'Empereur, qui ne commandait plus, attendait le destin. On leur demandait leur vie et la vie de l'armée : ils les donnaient. Ce fut la nuit du crime, la nuit abominable d'un assassinat de nation ; car

---

(1) Napoléon Ier, cité par nous dans *Frœschwiller, Châlons, Sedan*, p. 287. — « Tu peux te laisser donner l'objet et le but, mais, dès que tu es en face de l'ennemi et que tu commandes en chef, n'accepte, de ton gouvernement, aucun plan tout fait, aucune instruction déterminée sur la manière de conduire la guerre. » (Maréchal Bugeaud ; cité par le colonel Henry, p. 114.) — *Napoléon, chef d'armée*, par le colonel de Wartenburg, t. I, p. 54. — « On doit résilier ses fonctions plutôt que de se prêter à des actes que l'on juge nuisibles. » (Général Derrécagaix, p. 262.) — *Ibid.*, p. 263.

(2) Général de Woyde, t. II, p. 277.

l'armée dès lors se trouvait en détresse, cent mille hommes étaient envoyés au massacre (1). »

Le ministre de la Guerre et Mac-Mahon sont donc coupables d'avoir, à cette date, conseillé et essayé d'exécuter cette marche vers Montmédy, vers le néant, mais l'erreur du duc de Magenta est « moins excusable que celle du comte de Palikao, car ce dernier était à cinquante lieues du théâtre des opérations, tandis que le Maréchal était à l'armée et devait savoir à quoi s'en tenir sur les dangers qui le menaçaient (2) ».

« Au départ de Châlons, l'obéissance du Maréchal à des ordres qu'il n'approuvait pas, quoique coupable, avait une excuse : il y avait peut-être une chance favorable sur mille, et il pouvait, à la rigueur, vouloir l'essayer. Mais, le 27, où il était convaincu de l'impossibilité absolue du succès, où il voyait clairement que la persistance dans les projets primitifs amènerait fatalement la perte de de l'armée, son obéissance fut un crime dont la responsabilité pèse à la fois sur lui et sur ceux qui l'ont poussé dans cette voie. Il sacrifiait ainsi l'armée à l'Empereur, les intérêts du pays à ceux de la dynastie. Voilà jusqu'à quel point le régime de l'Empire avait éteint chez ceux qui le servaient, même dans les âmes les plus pures, les consciences les plus honnêtes, les notions élémentaires du droit et du devoir (3). »

---

(1) *La Débâcle*, par Emile Zola, p. 120. — « La vieille plaisanterie militaire : «« Ordre, contre-ordre, désordre »» est sur les lèvres de tous les zouaves. Ces trois mots semblent, hélas ! résumer tout le plan de conduite des grands chefs. » (Paul Déroulède, 1870, *Feuilles de route*, p. 151.)
(2) Colonel Grouard, p. 49. — *Ibid.*, p. 57.
(3) *La Campagne de 1870 jusqu'au 1er septembre*, par un officier d'état-major de l'armée du Rhin, p. 89. — Au point de vue stratégique, « en entrant dans les vues du ministre de la Guerre, le Maréchal n'a fait qu'assumer une plus grande part de responsabilité dans le désastre final. Son erreur est même moins excusable

Très bien raisonné; seulement, l'officier d'état-major de l'armée du Rhin qui a écrit ces lignes, a oublié d'ajouter que l'attitude, les agissements des républicains de Paris et de province, qui plaçaient leur arrivée au Pouvoir avant la défaite des envahisseurs, étaient encore plus coupables que la soumission du duc de Magenta aux ordres expédiés par le gouvernement de la Régente. « On a dit que, par la conduite qu'il suivit, Mac-Mahon «« sacrifiait l'armée à l'Empereur, les intérêts du pays à ceux de la dynastie (1) »». Mais ceux qui, par leur projets révolutionnaires, lui imposèrent la pénible responsabilité de choisir entre les risques, pour son armée, et le renversement dans un moment de crise pareille du gouvernement établi par le pays, ceux-là, ne les blâmera-t-on pas ? En Angleterre, nous sommes à même d'envisager cette question sans y mêler de passion, et nous ne trouvons guère d'excuse pour les hommes qui cherchèrent à se former un capital politique des désastres de la nation, et firent du danger de leur armée le pivot de leurs desseins de bouleversement (2). »

que celle du général de Palikao, qui se trouvait très éloigné du théâtre des opérations, tandis que le duc de Magenta était à l'armée et devait être fixé sur les dangers qui le menaçaient. »(*Section historique*, IIIe série, I, pp. 199 et 200.) — C'est ce que nous avions fait observer à la page 286 de notre *Fræschwiller, Châlons, Sedan*.
Nous faisons remarquer, ici, que nous ne citons que contraint et forcé, ou nous passons sous silence, les *Souvenirs inédits du maréchal de Mac-Mahon*, ou les déclarations des officiers de son entourage qui se sont produites très longtemps après la guerre. Sans vouloir contester la bonne foi du Maréchal ou de ses aides de camp, pareilles déclarations nous sont suspectes, car la mémoire peut faire défaut et le désir de se justifier, ou de justifier un chef vénéré, peut et doit entraîner des erreurs involontaires. Nous nous en tenons à l'*Enquête parlementaire sur les actes du Gouvernement de la Déf. nationale*, au *Procès Bazaine* et aux livres publiés, dans les premières années qui ont suivi la guerre, par les acteurs ou les témoins du drame. Ce sont là, de vraies pièces à conviction, car ce sont les moins préparées.
(1) *La Campagne de 1870 jusqu'au 1er septembre*, p. 89.
(2) Capitaine Brackenbury, p. 177.

Nous en aurons fini avec la déplorable décision, prise par le Maréchal, de se porter le 27, le 28, dans la direction de l'est, quand nous aurons montré combien le général Ducrot avait pesé sur lui pour l'empêcher de revenir sur Paris. « Avec sa légèreté, avec son aveuglement stratégique habituel, le général Ducrot ne soupçonnait pas le danger de se diriger du côté de Bazaine, alors que deux armées ennemies étaient à nos trousses ; il jetait ainsi nos soldats à Sedan, où il devait achever de les perdre.

Déjà, le 22 août, à Courcelles, il avait applaudi à la marche vers Metz (1) ; à cette époque, l'opération était faisable et il avait raison d'abonder dans le sens du comte de Palikao. Mais le 28, le 29, jour où il poussait Mac-Mahon sur la voie fatale (2), c'était de l'insanité. Ducrot avait une cervelle d'oiseau dans une tête de lion.

Les *Souvenirs* du général Faverot de Kerbreck confirment le dire de Mac-Mahon : « Le général (Ducrot) nous annonce qu'une dépêche du ministre de la Guerre enjoint au Maréchal de «« marcher sur Metz, coûte que coûte »». Nous apprenons, *joyeux*, cette nouvelle (3). » Pour que l'état-major du général Ducrot fût « joyeux » de cette décision, prise le 28, qui allait consommer la ruine de l'armée de Châlons, il fallait que ce général en fût lui-même enchanté, qu'il ne vît pas le gouffre où l'on allait tomber, sans quoi, avec sa liberté de langage ordinaire, il n'aurait pas manqué de récriminer amèrement et d'accuser ses chefs d'incapacité, de vertige.

Le mouvement vers la Meuse est donc repris et de nouveaux ordres de marche sont distribués. Encore un jour perdu ! Comment réussir un pareil

(1) Voir. *suprà*, p. 216.
(2) Voir, *infrà*, p. 358.
(3) Général Faverot de Kerbreck, p. 51.

mouvement quand on le sabote de cette manière ?
« Le maréchal de Mac-Mahon évalue à «« deux journées complètes »» la perte de temps (depuis le départ de Reims) qui résulta du détour fait par Rethel et d'autres retards que nous avons déjà relevés (1). »

Aux termes des nouvelles instructions, le général Margueritte galopera du côté de Mouzon et nous assurera le passage de la Meuse ; le 12ᵉ corps marchera sur Stenay, par Stonne, suivi de la cavalerie Bonnemains, qui continue à demeurer inutile ; le 1ᵉʳ corps s'approchera du Chesne ; le 5ᵉ se dirigera sur Beauclair, par Bois-des-Dames, et prendra ainsi la droite de l'armée ; enfin le 7ᵉ gagnera Boult-aux-Bois, soutenant la 5ᵉ. L'objectif est Mouzon et Stenay. « Comme les tableaux de marche sont établis en vue du mouvement sur Mézières, les corps se croisent en route : il y a des retards (2). »

Le 1ᵉʳ corps exécute son mouvement confusément, mais parvient cependant, le soir, aux environs du Chesne. Le 12ᵉ est arrivé près de Stonne, sans incidents remarquables ; ses réserves d'artillerie ont atteint la Besace, tandis que les deux divisions de cavalerie Fénelon et Lichlin ont poussé jusqu'à Beaumont. Ajoutons que, ce même jour, à 4 heures du soir, le Maréchal appelait le général Lebrun à son quartier général de Stonne, afin de contremander le mouvement vers Stenay et d'ordonner au 12ᵉ corps de marcher, le 29, sur Mouzon, pour s'emparer du passage de la Meuse (3).

Le général Margueritte a rapidement occupé Mouzon, la division Bonnemains se traîne péniblement jusqu'aux Grandes-Armoises. Quant aux

(1) Général de Woyde, t. II, p. 215.
(2) Major Scheibert, p. 223.
(3) Rapport du général Lebrun, *Sedan*, par le général de Wimpffen, p. 204.

deux corps menacés, ceux de Douay et de Failly, leur marche fut plus inquiétée et nous en rendrons compte avec détails.

Nous avons vu que le général Douay devait, le 28 au matin, prendre la route de Chagny. Dès le 27, au soir, tous les impedimenta, sous les ordres du lieutenant colonel Davenet, avaient été dirigés vers ce village pour laisser toute liberté aux mouvements du lendemain. A 2 heures du matin, la cavalerie se met au galop pour atteindre Ballay et Quatre-Champs, d'où elle pourra facilement surveiller les débouchés de Boult-aux-Bois et de la Croix-aux-Bois. Quelques heures plus tard, l'infanterie et l'artillerie prennent le chemin suivi par la cavalerie et observent le plus grand silence : l'arrière-garde se tient à Chestres, lieu propice à protéger la retraite.

« Chacun marchait d'un pas plus ferme ; on semblait avoir oublié le froid, la pluie, l'anxiété des jours précédents. On sentait dans l'air comme des bouffées d'espoir, car la pensée de reprendre bientôt une revanche sous Paris venait tout à coup éclairer notre horizon (1). »

A 5 heures et demie du matin, le général Douay est à Quatre-Champs, où il rencontre un aide de camp du Maréchal lui annonçant que la direction de Paris est de nouveau abandonnée pour celle de Montmédy (2). Rien ne peut rendre alors la consternation du général et de son état major. Le changement de front commence aussitôt, mais il faut maintenant courir après le convoi du lieutenant-colonel Davenet. On fait donc une halte sur le plateau de Quatre-Champs que balayent une pluie et un

---

(1) Prince Bibesco, p. 71. — Charles de Mazade, t. I, p. 206.
(2) Prince Bibesco, p. 71.

vent furieux. Bientôt arrive un billet du colonel qui informe le général de l'entrée du convoi à Chagny, bien qu'il ait été coupé au Chesne par le convoi du 12e corps. On mande sans tarder au lieutenant-colonel Davenet de se rabattre sur Quatre Champs, où on laisse la 1re division chargée de le recevoir et de le protéger. Puis, la cavalerie et le gros du corps d'armée prennent la direction de Boult-aux-Bois, sous la conduite de M. Boulaire, habitant de ce village. La 3e division est maintenue à Belle-Ville, au haut de la côte, afin de conserver les communications avec Quatre-Champs (1).

Il a été rapporté, plus haut, comment le 5e corps avait rétrogradé de Buzancy à Châtillon pour suivre la retraite vers Paris. Or, dans la nuit du 27 au 28, survient un contre-ordre du Maréchal enjoignant de revenir à Buzancy, qu'on avait évacué la veille, et de se porter au delà, jusqu'au bourg de Nouart. C'est la conséquence de la reprise de la marche sur Montmédy. Le 28, donc, les troupes recommencent une nouvelle et navrante étape, sous une pluie torrentielle qui défonce les chemins (2). Au moment où les têtes des colonnes dépassent Boult-aux-Bois, que le 7e corps occupera le soir, on apprend que de grandes forces ennemies, flanquées d'artillerie et de cavalerie, défilent en arrière de Buzancy. Le général de Failly commet la faute de jeter la division de L'Abadie du côté du village de Briquenay, ce qui a l'inconvénient de l'éloigner du but à atteindre : Stenay ou Mouzon. Enfin la division Goze arrive en vue d'Haricourt et, à la même heure, le général de Failly reçoit un nouvel avis du Maréchal :

(1) *Ibid.*, pp. 76 à 78.
(2) *La Guerre franco-allemande*, 1re partie, p. 956. — Charles de Mazade, t. I, p. 207.

« Le Chesne, 28 août.

« Il est de la plus haute importance que nous traversions la Meuse le plus tôt possible ; poussez donc, ce soir, dans la direction de Stenay, aussi loin que vous le pourrez. Le général Douay, qui vous suit, a été invité à suivre (sic) votre dernière colonne, il campera au delà de Bar. Si l'ennemi vous force à quitter momentanément la grand'route, faites-le connaître au général Douay pour que sa tête de colonne prenne la même direction. Nous marchons sur Montmédy pour délivrer le maréchal Bazaine. Attendez-vous à rencontrer une vigoureuse résistance pour enlever Stenay. Faites interroger tous les gens qui viennent de ce côté pour savoir si l'ennemi n'a pas fait sauter les ponts. Dans le cas où il les aurait fait sauter, faites-le-moi connaître. Je pars pour Stonne. Recevez, etc. (1). »

Un autre avis est remis, quelques minutes après, au général de Failly, l'informant que le 7ᵉ corps allait être placé sous ses ordres et l'engageant à se mettre en communication avec son commandant (2).

Tout à coup, les cavaliers d'avant-garde signalent la présence des Prussiens à Haricourt et à Bar, ce qui rend très dangereuse la position du général de L'Abadie près de Briquenay ; aussi la division Goze est-elle, à son tour, forcée de s'arrêter, couronnant un plateau peu élevé, parallèle à la vallée qui fait face à Buzancy ; la division Guyot de Lespart forme la réserve.

Pendant ce temps, le commandant du 5ᵉ corps dépêche un officier au général Douay pour agir de

(1) Général de Failly, p. 38 et 39. — Mac-Mahon, n'ayant pas d'équipages de ponts, ne pouvait franchir la Meuse qu'à Mouzon et à Rémilly, puisque Stenay était au pouvoir de l'ennemi. (Major Scheibert, p. 224.)
(2) Général de Failly, p. 39.

concert avec lui. Le commandant du 7ᵉ corps, peu charmé sans doute de se trouver sous les ordres du général de Failly, répond sèchement que ses soldats fatigués ne pourront dépasser Boult et que, son arrière-garde étant encore engagée du côté de Grand-Pré, il lui est impossible de soutenir le 5ᵉ corps (1).

Funeste susceptibilité qui va amener le désastre de Beaumont, car il semble que ces généraux impériaux n'aient qu'un souci, depuis le commencement de la guerre : se laisser écraser les uns les autres (2).

Nous reconnaissons parfaitement que le général Douay devait être exaspéré des ordres extravagants que lui expédiait à chaque instant le Quartier général, mais enfin cela ne le dispensait pas de suivre la conduite indiquée en de semblables circonstances : tâcher de se soutenir les uns les autres, c'est-à-dire se mettre en communication constante avec les chefs de corps les plus rapprochés.

Quoi qu'il en soit, il ne faut plus songer à prendre la route de Buzancy à Nouart, et le général de Failly veut se diriger vers Stenay par Bois-des-Dames, Beauclair et Beaufort.

Malheureusement, la division L'Abadie a été détachée du gros des troupes :

« Elle se trouve, dit le général de Failly, séparée de nous par un marais infranchissable, et la position qu'elle occupe étant indispensable pour menacer le flanc de l'ennemi, elle doit la conserver,

---

(1) Général de Failly, pp. 39 et 40. — Comment les troupes du général Douay pouvaient-elles être fatiguées puisque, ce jour-là, 28, elles ne parcoururent que 12 kilomètres ? (Voir, notamment, Borbstaedt, p. 595.) — « Les officiers, assombris, s'irritaient de ce qu'on n'était pas allé, devant Buzancy, soutenir le 5ᵉ corps, dont on avait entendu le canon. » (*La Débâcle*, par Emile Zola, p. 130.)

(2) Bazaine abandonne Frossard, à Forbach, et change en défaite une victoire certaine.

le 7ᵉ corps, auquel ce rôle était destiné, n'ayant pu venir à notre aide (1). »

Nous continuons à laisser parler le commandant du 5ᵉ corps :

« Forcé tout à la fois de contenir les Allemands *et de donner au général L'Abadie le temps de rejoindre*, la mise en marche du corps d'armée n'a lieu qu'à 3 heures. Cette marche tardive se trouve encore ralentie et par le mauvais état des routes, qu'une pluie incessante rend presque impraticables, et par une côte rapide que les troupes ont à gravir avant d'atteindre Bois-des-Dames. La division Guyot de Lespart ne parvient à son campement sur le plateau qu'à 8 heures du soir ; le reste du corps d'armée campe dans la plaine de Belval (2). »

En entrant dans Bois-des-Dames, le général de Lespart y a rencontré un détachement ennemi envoyé en réquisition, l'a mis en fuite et lui a repris une partie des provisions enlevées (3). A ce moment, survient un officier du Grand Quartier général qui maintient la marche sur Stenay par Beauclair et Beaufort (4).

On vient de constater les tergiversations, les retards, les contre-ordres que subissaient les corps Douay et de Failly. Comment, avec ces étranges manières de faire la guerre, une opération comme celle de la marche sur Metz pouvait-elle réussir ? Enfin, ce jour-là, il était matériellement impossible d'atteindre Bazaine avant d'être rejoint par l'armée de la Meuse, par l'armée du Prince royal et même

---

(1) Général de Failly, p. 41.
(2) *Ibid.*
(3) Colonel Borbstaedt, p. 595. — « Une démonstration de l'adversaire (les Français) sur (Bois-des-Dames et) Nouart avait déterminé la XIIᵉ division de cavalerie à évacuer cette dernière localité, dans la soirée du 28. » (*La Guerre franco-allemande*. 1ʳᵉ partie, p. 971.)
(4) Général de Failly, p. 41.

par des corps de l'armée investissant la capitale de la Lorraine. Alors pourquoi s'entêter ?

En présence de la lenteur du maréchal de Mac-Mahon, M. de Moltke — bien que « le temps brumeux rende les observations plus difficiles et que les marches et contremarches occasionnées par les ordres contradictoires de Mac-Mahon donnent lieu à plus d'une déduction inexacte touchant les projets de l'adversaire (1) » — n'a qu'à poursuivre la course qu'il a commencée et à l'accélérer dans la limite du possible. C'est ce qu'il fait. Le 28, au soir, le XIIᵉ corps est toujours à Stenay et à Dun ; trois divisions de cavalerie sont devant Nouart, Buzancy et Grand-Pré ; la Garde royale est à Banthéville ; le IVᵉ corps à Montfaucon ; le Iᵉʳ corps bavarois à Varennes ; le IIᵉ corps à Vienne-le-Château, entre l'Aisne et l'Aire ; la VIᵉ division de cavalerie à Vouziers ; le Vᵉ corps à Ville-sur-Tourbe ; la IVᵉ division de cavalerie à Sugny ; la IIᵉ à Suippes ; le XIᵉ corps à Courtemont ; le VIᵉ à Sainte-Menehould (2).

Depuis leur conversion vers le nord, les Allemands doublaient presque les étapes ; ils ne perdaient pas une minute alors que nous perdions des journées. Le prince de Hohenlohe a écrit « qu'il fallut exiger des hommes des efforts inouïs, de sorte que des milliers d'entre eux tombaient, épuisés, sur le rebord du chemin (3) ». Nous, « en six jours, nous faisions vingt-cinq lieues (4) ».

(1) *La Guerre franco-allemande*, 1ʳᵉ partie, p. 958.
(2) *Ibid.*, pp. 962 et 963. — Capitaine Patry, 28 août.
(3) Prince de Hohenlohe, *Lettres sur l'Infanterie*, p. 249. — « Il semble que, plus le temps presse plus on prend plaisir à le perdre. Nous avons fait, du 23 au 29 août, en six jours, 74 kilomètres, un peu moins de vingt lieues ! » (*De Frœschwiller à Sedan*, p. 66.)
(4) Théodore Duret, t. I, p. 301.

Voici nos positions, le soir du 28 : le général Margueritte bivouaque aux abords de Sommauthe ; Lebrun, Bonnemains et Ducrot campent à Stonne et au Chesne ; Douay s'installe à Boult-aux-Bois, de Failly à Bois-des-Dames (1).

JOURNÉE DU 29 AOÛT

Mac-Mahon compte effectuer, le 29, le passage de la Meuse. Le 1ᵉʳ et le 12ᵉ corps franchiront le fleuve à Mouzon, les deux autres le traverseront à Stenay. Mais le duc de Magenta apprend que 15 000 Saxons occupent cette ville et ont coupé le pont sur la Meuse. « Comme l'armée de Châlons est dépourvue d'équipages de ponts, qu'il sait, en outre, que les têtes de colonnes allemandes ont atteint et même dépassé la route de Vouziers à Stenay (2) », le Maréchal renonce à poursuivre son chemin dans la direction de cette dernière ville : il modifie ses résolutions et envoie des ordres définitifs : le 7ᵉ corps gagnera la Besace, le 5ᵉ, Beaumont ; le 1ᵉʳ et la division Bonnemains, Raucourt ; le 12ᵉ et la division Margueritte, Mouzon (3). « Cette marche de flanc le long de la frontière était une faute grossière (4). »

Les généraux Ducrot, Bonnemains et Lebrun, protégés par les généraux Douay, de Failly et Margueritte, se conformeront aisément au programme du Maréchal et atteindront les positions

---

(1) *La Guerre franco-allemande*, 1ʳᵉ partie, p. 956 et carte du 28 août. — Capitaine Patry, 28 août. — Général Palat, 1ʳᵉ partie, t. VI, p. 302.
(2) *La Guerre franco-allemande*, 1ʳᵉ partie, pp. 969 et 970.
(3) Prince Bibesco, p. 84. — *La Guerre franco-allemande*, 1ʳᵉ partie, p. 970.
(4) Général de Woyde, t. II, p. 229.

indiquées : quant aux 7ᵉ et 5ᵉ corps, il n'en sera pas de même et nous relaterons, en conséquence, les péripéties de leur marche.

Avant d'exposer les engagements de ces deux corps avec l'ennemi, racontons un nouvel exploit des Prussiens où leur cruauté se donna, une fois encore, librement carrière.

Le 28, au soir, une vingtaine de traînards du 1ᵉʳ corps, zouaves et lignards étaient restés dans les cabarets de Voncq. Le lendemain matin, des hussards de Westphalie se présentent devant le village. Un d'eux tire sur les traînards français qui forment groupe avec des habitants. Un zouave riposte.

Les femmes, les enfants se sauvent, affolés, du côté de Terron. Alors, un jeune officier, imberbe, se dresse sur ses étriers, et crie à ses hommes, qui profèrent d'horribles menaces contre les Français : « *A feu et à sang ; n'épargnez personne !* »

Les soldats français se sauvent du côté de Semuy. Ne rencontrant plus de résistance, les braves Prussiens remplissent les rues, tirant dans les maisons par les fenêtres, distribuant des coups de sabre aux paysans rencontrés : puis ils allument l'incendie de tous côtés : granges, maisons, église, mairie flambent d'autant mieux qu'ils jettent de l'essence de pétrole afin d'activer les flammes. Cette sauvage destruction ne satisfait pas encore leur rage : ils se mettent à la poursuite des malheureux habitants, les atteignent dans les vignes où ils se cachent et en abattent plusieurs à coups de sabre et de revolver. Enfin, ils attachent les pauvres gens, capturés dans leurs demeures, à la queue de leurs chevaux et les emmènent, prisonniers, à Vouziers, après les avoir préalablement soulagés des billets de banque et de l'or que leurs victimes portaient sur elles (1).

Voilà une nouvelle preuve du courage, de la bonté, du désintéressement des Allemands humanitaires!

A 3 heures du matin, le général Douay avait envoyé quelques escadrons dans la direction de la Croix-aux-Bois et de Briquenay. Ces escadrons s'étaient sabrés avec la cavalerie prussienne, l'ennemi était donc à nos trousses et le commandant du 7e corps soignait particulièrement l'organisation de l'arrière-garde. Les Allemands ne nous perdaient pas de vue un seul instant ; sans cesse, ils harcelaient nos colonnes, les contraignant à se tenir sur la défensive, à ralentir leur allure, effrayant les jeunes soldats, en attendant l'apparition foudroyante de leurs masses d'infanterie qui s'avançaient à marches forcées.

Entre Germont et Authe, une nombreuse cavalerie se précipite sur le général Liébert, qui s'arrête et prend position... mais les uhlans disparaissent rapidement et, quand nous nous remettons en marche, deux heures ont été gaspillées.

L'avant-garde se présente devant Saint-Pierremont ; elle aperçoit soudain à sa droite un escadron prussien qui la charge résolument ; sans se préoccuper de cette attaque, les Français le fusillent à bonne portée et l'obligent à faire demi-tour, et à disparaître derrière les ondulations du terrain.

De Saint Pierremont à Oches, la route s'encaisse, devient plus accidentée ; les pluies l'ont défoncée, aussi la marche se ralentit-elle, et il est 5 heures

---

(1) Mémoire sur l'incendie de Voncq par M. B....., ingénieur en chef des Ponts et Chaussées. Cité dans la *Vie militaire du général Ducrot*, t. II, p. 391 à 399. — *Section historique*, IIIe série II, pp. 41 et 42.

du soir quand les têtes de colonnes atteignent le village d'Oches. Enfin, tout le 7ᵉ corps s'y trouve réuni (1).

Cependant, le Maréchal a ordonné de camper à la Besace, hameau situé à deux lieues plus haut: pourquoi donc le général Douay s'arrête-t-il à Oches, enfreignant ainsi les ordres du général en chef? Il paraît que les hommes et les chevaux sont très fatigués et qu'il craint de les engager en cet état, dans le défilé qui mène d'Oches à Stonne. Le général prend donc la détermination de coucher où il est parvenu, afin de laisser reposer bêtes et gens. Il espère partir le lendemain de très bonne heure et réparer le temps perdu. C'est encore une mauvaise inspiration qui « aura de funestes conséquences (2) ».

« Une faute grave, qui eut certainement une influence fâcheuse sur les opérations postérieures de l'armée, fut la résolution prise par le général Douay de modifier l'itinéraire tracé par le Maréchal et de rester à Oches alors que l'ordre du mouvement lui enjoignait de se rendre à la Besace. En principe, les commandants de corps d'armée, comme tous ceux qui sont en sous-ordre, doivent exécuter à la lettre les prescriptions du général en chef; il faut qu'à tout moment, celui-ci puisse être

---

(1) « Les Allemands, qui nous attirent dans le traquenard de Sedan, nous côtoient d'assez près, mais se gardent bien d'engager en chemin aucun combat. Ce sont ses éclaireurs qui s'approchent par intervalle et s'éloignent aussitôt qu'ils ont vu ce qu'ils voulaient voir. » (Paul Déroulède, 1870, *Feuilles de route*, p. 150.)

(2) Alfred Duquet, *Frœschwiller, Châlons, Sedan*, p. 297. — « La faute de Douay aura de funestes conséquences. » (Général Palat, 1ʳᵉ partie, t VI, p. 328.) — « Une faute, qui eut certainement une influence fâcheuse sur les opérations postérieures de l'armée, fut la résolution, prise par le général Douay, de modifier l'itinéraire, tracé par le Maréchal, et de rester à Oches, alors que l'ordre du mouvement lui enjoignait de se rendre vers la Besace. » (*Section historique*, IIIᵉ série, II, p. 8.) — Général Derrécagaix, pp. 280 et 281.

sûr que ses troupes occupent bien l'emplacement qu'il leur a indiqué (1). »

En revanche, le général Douay se garde avec attention et distribue ses troupes d'une façon prudente (2).

De son côté, le 29, au matin, le général de Failly apprend que Beauclair est libre d'Allemands, que les hauteurs de Nouart sont couvertes par un corps ennemi avec cavalerie et artillerie défilant dans la direction de l'est. La vallée, large de 2 000 mètres, semble inoccupée.

A 10 heures, le 5ᵉ corps se met en mouvement, divisé en deux colonnes. La première, composée de la division Guyot de Lespart, quitte Bois-des-Dames, pousse droit sur Beauclair, sous la direction du général Besson, chef d'état-major général. Elle est précédée par la cavalerie et par une batterie d'artillerie à cheval. La deuxième colonne, composée de la division Goze, d'une brigade de la division de L'Abadie et de la réserve d'artillerie, part de Belval, où elle campait, et se dirige vers Beaufort en contournant le plateau de Bois-des-Dames.

A peine le général Guyot de Lespart a-t-il abandonné les hauteurs de ce village, qu'il voit sa cavalerie d'avant-garde attaquée, d'abord par des escadrons ennemis, ensuite par l'infanterie elle-même. Les batteries des sommets de Nouart nous canonnent à 3 000 mètres, bientôt d'autres troupes d'infanterie, sortant des bois, s'engagent dans la vallée. Notre cavalerie se replie et l'on reçoit le choc des Allemands qui sont prestement rejetés sur leurs lignes.

(1) *La Campagne de 1870 jusqu'au 1ᵉʳ septembre*, p. 93.
(2) Prince Bibesco, pp. 82 à 85.

Les batteries de l'avant-garde allemande « ouvrent le feu contre les hussards et les chasseurs français; ceux-ci disparaissent vivement sur Champy et le long de la route de Stenay... Les 3 compagnies saxonnes déployées en première ligne se trouvent alors en but à des feux convergents partant des terrasses successives qui s'étagent de Champy et vers le Bois-des-Dames; leurs commandants sont bientôt atteints et elles perdent en tout 6 officiers (1) ». — « Amis et ennemis se retirent dans des directions opposées (2). »

Le 5e corps regagne le plateau de Bois-des-Dames, n'osant se hasarder au milieu de la plaine sillonnée de projectiles. Les Allemands cessent leur attaque de front, se contentent d'entretenir la canonnade et cherchent, en même temps, à tourner nos flancs (3).

Ce petit combat, engagé sans entrain par les Saxons, soutenu sans défaillance par les Français, se prolonge péniblement; la cavalerie saxonne, gênée par les tirailleurs du général de Failly, ne peut se montrer nulle part sans être fusillée; la nature du terrain rend difficile des attaques de front; enfin, le 5e corps est un morceau peu commode à avaler; c'est pourquoi le prince royal de Saxe, trouvant les raisins trop verts, adresse, à 3 heures de l'après-midi, « l'ordre de cesser le combat et de regagner les hauteurs, entre Nouart et Tailly (4) », après une série d'engagements qui n'avaient, pour l'ennemi, d'autre avantage que de retarder notre marche, après une canonnade où la supériorité des

---

(1) *La Guerre franco-allemande*, 1re partie, pp. 973 et 974.
(2) Major Scheibert, p. 226.
(3) *La Guerre franco-allemande*, 1re partie, p. 975.
(4) *Ibid.*, p. 976. — « Le combat de Nouart n'avait pas été mené à bonne fin par les Allemands. » (Général de Woyde, t. II, p. 238.) — Ce petit engagement coûtait aux Saxons 13 officiers et 356 hommes. (*La Guerre franco-allemande*, 1re partie, p. 978.)

pièces allemandes sur les nôtres ne cessa de s'affirmer.

Les soldats français s'étaient fort bien comportés; « le 17ᵉ de ligne, surtout, fut admirable de sang-froid, tirant avec calme, obéissant et s'arrêtant pour écouter les conseils de ses officiers (1) ».

C'est pendant la marche vers Bois-des-Dames du 5ᵉ corps que le lieutenant-colonel Broye rejoint le général de Failly et lui prescrit, de la part du Maréchal, de remonter du côté de Beaumont et de Mouzon. Hélas! cet ordre vient bien tard. Le commandant du 5ᵉ corps aurait dû le recevoir dans la nuit, mais notre malheur avait fait tomber l'officier qui le portait entre les mains des Allemands et, comme le Maréchal n'avait pas eu la prudence d'adresser des instructions aussi importantes par plusieurs personnes et par voies différentes, un temps inestimable avait été perdu (2).

Voici ce qui s'était passé. Le lieutenant de Plessen, commandant une forte patrouille de uhlans, chevauchait vers Germont. Tout à coup, il se heurte contre un détachement de chasseurs français escortant l'officier porteur de l'ordre destiné au général de Failly. Le lieutenant prussien demande du renfort à l'escadron d'avant-postes et se précipite sur les Français. Nos chasseurs résistent quelques minutes, mais, accablés sous le nombre, ils sont culbutés et l'ennemi s'empare de l'aide de camp du Maréchal, qui, par une fatalité saisissante, se trouve être le capitaine marquis de Grouchy!

Or, ces dépêches étaient de la plus haute impor-

---

(1) *Section historique*, IIIᵉ série, II, p. 25. — « A lui seul, le 17ᵉ de ligne avait eu 7 officiers et 118 hommes de troupe hors de combat. » (*Ibid.*, p. 34, note 2.)

(2) Alfred **Duquet**, *Frœschwiller, Châlons, Sedan*, pp. 297 à 299.

portance : *elles contenaient les dispositions du commandant en chef des forces françaises pour la journée du 29 août et divers renseignements sur les mouvements effectués les jours précédents par l'armée de Châlons* (1).

Le nom de Grouchy ne porte pas bonheur aux Napoléons ; il se trouve sinistrement mêlé à ces catastrophes impériales qui brisèrent la France, à ces lugubres désastres de Waterloo et de Sedan. « Reçu en temps opportun, dit le général de Failly, l'ordre de marche sur Beaumont eût dispensé les troupes d'une journée de courses inutiles vers Stenay, leur eût permis d'arriver à Beaumont le 29 dans l'après-midi et d'y prendre un peu de repos. Forcées, au contraire, de combattre à Bois-des-Dames et d'y maintenir sérieusement la position pendant la plus grande partie de la journée, en présence d'un ennemi sans cesse menaçant, les premières troupes ne purent s'ébranler que fort tard ; toutes arrivèrent à Beaumont dans la nuit, et l'arrière-garde, commandée par le général de L'Abadie, ne prit son campement que vers 5 heures du matin (2). »

En résumé, la marche du 29 avait été presque

---

(1) *La Guerre franco-allemande*, 1re partie, p. 968. — *Ibid.*, p. 983, note *. — « On avait fait prisonnier un officier d'état-major français, sur qui on saisit des renseignements importants au sujet des intentions et des mouvements de l'ennemi. Ils influèrent sans doute sur les résolutions prises en ce moment. » (Louis Schneider, *L'Empereur Guillaume*, souvenirs intimes, revus et annotés par l'Empereur sur le manuscrit original ; traduit de l'allemand par Charles Rabany ; Paris, Berger-Levrault, 1888 ; t. II, p. 225.) — Arthur Chuquet, p. 90. — Prince de Hohenlohe, *Lettres sur la Cavalerie*, p. 37. — *Mémoires du maréchal de Moltke*, pp. 95 et 96. — Amédée Le Faure, t. I, p. 280. — Major de Chabot. 1re partie, p. 134. — Capitaine Brackenbury, p. 180. — *Les Braves gens*, par Paul et Victor Margueritte, p. 81. — Général Derrécagaix, p. 274. — Major Scheibert, p. 225.

(2). Général de Failly, pp. 42 à 44. — Alfred Duquet, *Frœschwiller, Châlons, Sedan*, pp. 299 et 300.

nulle pour l'armée française, en raison des positions de combat prises en cours de route et des escarmouches qui s'étaient succédées sur nos flancs. « L'armée française avait fait huit lieues en trois jours (1). »

Il nous semble que, le 29, le maréchal de Mac-Mahon a manqué de saisir la victoire. Quels que fussent le découragement des chefs, la fatigue des soldats, il est permis de dire que l'ardeur dont tous firent preuve, ce jour-là, et, le lendemain, à Beaumont, démontre que, combattant d'abord, en nombre supérieur, puis en nombre égal, à la fin de la journée, ils auraient pu écraser les Saxons, la Garde, le IV⁰ corps, le I⁰ʳ corps bavarois, arrivant sur le champ de bataille à de longs intervalles. Le terrain se prêtait aux manœuvres des Français, dont toutes les forces étaient réunies, et retardait considérablement la marche des Allemands, obligés d'accourir au secours les uns des autres (2).

(1) Jules Claretie, t. I, p. 202.
(2) « Le 29, tout, dans la situation stratégique, devait détourner le prince royal de Saxe d'une rencontre sérieuse » avec les Français. (*Section historique*, IIIᵉ série, II, p. 53.) — « Si, le 29, l'armée de Châlons s'était portée résolument à l'attaque, deux corps d'armée allemands, soutenus, ensuite, par un troisième, eussent été inévitablement entraînés dans une lutte dont l'issue ne pouvait être, en tout cas, que désavantageuse pour les projets du Grand Quartier général. » (*Ibid.*) — « Si l'armée de Châlons eût pris une offensive énergique le 29, nombreuses eussent été les chances d'obtenir un succès et, en même temps, des renseignements très précis sur la proximité et la force de l'adversaire. » (*Ibid.*, p. 186.) — « Le combat de Nouart pourrait aisément conduire à un engagement général que les Allemands n'ont aucun intérêt à livrer en ce moment. » (Général Palat, 1ʳᵉ partie, t. VI, pp. 329 et 330.) — « En prenant l'offensive vers le sud, le 29 août, l'armée française aurait pu remporter un succès passager sur le XIIᵉ corps et la Garde. » (Prince de Hohenlohe, *Lettres sur la Stratégie*, t. II, p. 249.) — « Les troupes du prince royal de Saxe s'engagèrent à un moment où les autres masses de l'armée allemande se trouvaient encore trop éloignées et ne pouvaient plus, même dans cette journée, entrer en ligne avec des forces suffisantes. » (Général de Woyde, t. II, p. 226.) — « Les troupes du

« Si le maréchal de Mac-Mahon, au lieu de se dérober sans cesse devant l'ennemi, s'était jeté hardiment, dans cette journée, avec ses quatre corps réunis, sur la IVᵉ armée allemande, *il aurait eu, pour lui, toutes les chances de succès*, du moins en tant que la victoire dépend de la supériorité numérique, et même ce succès eût été considérable, car les Allemands toujours habitués, durant cette campagne, à remporter la victoire, se seraient défendus, sans doute, jusqu'à la dernière extrémité, et n'auraient évacué le champ de bataille qu'après une défaite complète (1). »

« Que l'on examine, de près, les événements d'une campagne et l'on verra que, en somme, les circonstances favorables ou défavorables se balancent à peu près pour les deux adversaires. Même pour celui qui est finalement vaincu, il y a eu des moments, des heures, des jours où son affaire était bonne et où il lui suffisait d'exploiter résolument la situation pour remporter la victoire (2). » Mais « M. de Moltke eut affaire à des adversaires qui, loin de lui faire payer les fautes qu'il commettait, travaillèrent pour lui et s'offrirent, pour ainsi dire, au

---

prince royal de Saxe auraient pu éprouver, dans cette journée, une défaite partielle. » (*Ibid.*, p. 228.) — Les ordres du prince royal de Saxe « prouvent clairement que, au cas où les Français se seraient portés à l'attaque, les deux corps d'armée allemands auraient été inévitablement entraînés dans une lutte dont l'issue devait être, en tout cas, désavantageuse pour le haut commandement allemand ». (*Ibid.*, p. 232.) — On voit que la *Section historique* n'a fait que copier le général de Woyde. — « L'écrivain militaire allemand von Scherff convient qu'une initiative vigoureuse des Français avait des chances de réussite. » (*Ibid.*, p. 274.) — Paul Déroulède, 1870. *Feuilles de route*, p. 148. — Colonel Fabre, pp. 121 et 122.

(1) Général de Woyde, t. II, pp. 273 et 274.
(2) *Napoléon chef d'armée*, par le colonel de Wartenburg, 2ᵉ partie, p. 90.

couteau (1) ». M. de Moltke n'a pas eu, devant lui, un adversaire avec lequel il eût dû compter; il a toujours été seul à la guerre. Il a pu se permettre toutes les fantaisies (2).

Le succès du mouvement vers Montmédy n'était possible qu'à la condition d'être toujours séparé des Allemands par une journée de marche, au moins. Dès l'instant que le contact se produisait (3), il n'y avait plus qu'à attaquer résolument l'ennemi se trouvant à portée de nos coups ou qu'à se dérober rapidement vers l'ouest. Continuer la marche vers Montmédy ou Thionville, comme le conseilla Ducrot à Mac-Mahon, le soir du 29, était de la démence pure (4).

« Quand on ne put plus mettre en doute l'arrivée de l'ennemi vers le sud, le mieux eût, certes, été (pour les Français) de prendre vigoureusement l'offensive dans cette direction (5) », car « les Allemands n'étaient, alors, nullement en mesure de les attaquer (6) », ou de se défendre.

A propos du combat de Nouart, le général Palat

---

(1) Karl Bleibtreu, p. 87. — « Il semble que nous ayons mis autant de soin à laisser échapper les occasions favorables que d'ardeur à sauter sur toutes les chances qui devaient manifestement tourner contre nous. » (*M. de Moltke*, par Charles Malo p. 38.)

(2) *Ibid.*, p. 49.

(3) Le 28, « l'armée a pu constater, de ses yeux, qu'elle est partout au contact de l'ennemi. De tous les côtés, on dénonce sa proximité immédiate ». (Général Palat, 1re partie, t. VI, p. 309.)

(4) « Le maréchal de Mac-Mahon eut, dans la soirée (du 29), une longue conférence avec le général Ducrot à l'issue de laquelle il fut décidé que l'armée se porterait dans la direction de Thionville, par la rive droite du Chiers, dont on se couvrirait, afin de donner la main au maréchal Bazaine. » (Papiers du général Broye; cité par la *Section historique*, IIIe série, 11, p. 49.)

(5) *Mémoires du maréchal de Moltke*, p. 92.

(6) *Ibid.*, p. 93. — *Ibid.*, p. 95. — « Si le Maréchal eût attaqué le 29, il avait des chances d'obtenir un véritable succès. » (Colonel Grouard, p. 83.)

rapporte le passage suivant de l'ouvrage du Grand État-major prussien :

Le prince royal de Saxe estime que « dans les circonstances présentes, on ne peut plus craindre de provoquer une bataille avant l'heure (1) » ; puis, douze pages plus loin, le général écrit : « Pas plus que de Failly, le prince de Saxe ne se soucie d'engager un combat sérieux (2). » Comment ce prince arrive-t-il à « ne plus craindre de provoquer une bataille avant l'heure » et « ne pas se soucier d'engager un combat sérieux », surtout, s'il « estime qu'un mouvement offensif vers la route de Buzancy à Stenay concorde avec les intentions du Grand Quartier général (3) » ? Il y a là contradiction formelle.

La vérité est que le prince royal de Saxe n'était pas très friand de commencer une lutte contre des adversaires concentrés, qui n'avaient qu'à le vouloir pour écraser ses régiments les uns après les autres, ainsi que nous venons de l'expliquer.

Nous achèverons ces réflexions sur le combat de Nouart en citant ces judicieuses observations du général de Woyde : « Un succès, en admettant même qu'il fût possible, remporté par le prince royal de Saxe sur une partie de l'armée française, aurait sûrement eu pour conséquence de permettre encore, à ce moment (29 août), *à la plus grande*

---

(1) 1re partie, t. VI, p. 329.
(2) *Ibid.*, p. 341. — « Les Allemands ont laissé la retraite des Français s'effectuer sans les suivre et se sont même repliés en arrière pour avoir un espace libre devant eux et ne pas être en échelon trop avancé sur la Garde prussienne qui s'avance vers la gauche. » (Général Lamiraux, commandant l'Ecole supérieure de guerre ; *Etudes pratiques de guerre* ; Paris, Charles Lavauzelle ; p. 86.)
(3) Général Palat, 1re partie, t. VI, p. 329. — « Le gros du XIIe corps est assez proche pour intervenir, mais le combat prendrait ainsi une extension *contraire aux vues du Grand Quartier général.* » (*Ibid.*, p. 342.)

partie de l'armée de Châlons de se sauver, grâce à une retraite accélérée, car la III⁰ armée allemande se trouvait *encore* fort en arrière et n'était pas en mesure de couper la retraite à l'armée française (1). »

L'enveloppement ou, mieux, la coupure de l'armée française se dessine parfaitement dans la soirée du 24 (2). Cette malheureuse armée occupe Mouzon, Bois-des-Dames, Oches et Raucourt, conservant toujours la cavalerie Bonnemains sur le flanc non inquiété par l'ennemi. Quant aux Allemands, ils resserrent rapidement leur réseau de combattants : le XII⁰ corps est à Nouart, le IV⁰ à Remonvile, la Garde à Buzancy, le V⁰ corps et la division wurtembergeoise à Grand-Pré, le I⁰ bavarois à Sommerance, le II⁰ au sud de Cornay, le VI⁰ corps se tient à l'ouest de Varennes. Sur la rive gauche de l'Aisne, la cavalerie évolue à loisir : la V⁰ division est à Attigny, la IV⁰ et la VI⁰ à Vouziers, la II⁰ à Manre, enfin le XI⁰ corps, campe à Monthois. Le Quartier général du roi Guillaume a été transporté à Grand-Pré (3).

Des renseignements, arrivés à ce Quartier général dans la journée du 29, apprenaient à M. de Moltke, d'une façon certaine, que les Français marchaient vers la Meuse, en suivant une direction nord-est. Le Roi approuva la résolution de son chef d'état-major général qui avait décidé de nous attaquer « avant que nous eussions atteint la Meuse (4) ».

En conséquence, l'ordre suivant est adressé aux chefs de corps :

(1) Général de Woyde, t. II, p. 228. — *Ibid.*, p. 229.
(2) Charles de Mazade, t. I, p. 203.
(3) *La Guerre franco-allemande*, 1ʳᵉ partie, carte du 29 août. — *Ibid.*, pp. 978 à 980. — Capitaine Patry, 29 août.
(4) *La Guerre franco-allemande*, 1ʳᵉ partie, p. 982.

« L'armée de la Meuse marchera sur Beaumont en se tenant à l'est de la grande route de Buzancy et de façon à franchir, à 10 heures du matin, la ligne Fossé-Beauclair. La Garde dégagera, pour 8 heures du matin, la route en question et passera provisoirement en réserve. La III⁰ armée rompra, de bonne heure, et tiendra deux corps prêts à appuyer l'attaque du prince royal de Saxe. A cet effet, l'aile droite se dirigera par Buzancy sur Beaumont, l'aile gauche toujours sur le Chesne (1). »

Par suite de l'incurie de son chef, l'armée de Châlons ne pourra pas défiler assez à temps pour éviter le combat de Beaumont et, en partie, le désir de M. de Moltke sera contenté.

L'armée du Prince royal a eu tout le temps nécessaire pour rejoindre l'armée de la Meuse. Malgré les difficultés d'une conversion instantanée et imprévue, nos ennemis ont su doubler les étapes et, vivant sur le pays terrorisé, prendre part au triomphe final en l'assurant par leur puissant concours (2).

(1) *Ibid.*, pp. 982 et 983. — « Les appréciations formulées dans cet ordre reposaient aussi, en très grande partie, sur les données fournies par les dépêches enlevées au capitaine de Grouchy, aux environs de Buzancy, lesquelles avaient été remises au Grand Quartier général dans l'après-midi du 29. L'avis de l'évacuation de Beaumont et de la continuation du mouvement rétrograde des troupes avec lesquelles la Garde et le XII⁰ corps s'étaient trouvés en contact dans la journée du 29, n'arrivait au Grand Quartier général que le 30 août. » (*Ibid.*, p. 983, note *.)

(2) Dès le 27, au soir, on savait, au Grand Quartier général de Clermont, que les Français n'avaient pas encore atteint la Meuse. « Comme, d'autre part, les ponts de Dun et de Stenay étaient déjà occupés par les Saxons, M. de Moltke était en droit d'admettre, d'après les positions des autres corps de l'armée de la Meuse et de la III⁰ armée, qu'il serait possible encore de joindre l'adversaire, avec des forces supérieures, sur la rive gauche de la Meuse. Dans ces conditions, on pouvait **abandonner la direction de Damvillers** et se passer du concours de l'**armée de blocus de Metz** ». (*Ibid.*, pp. 953 et 954.)

Il faudra maintenant au maréchal de Mac-Mahon une activité, qu'il est loin de posséder, pour traverser vivement la Meuse et le Chiers et remonter vers Montmédy, en défendant le passage de ces rivières contre les nuées d'ennemis qui tournoient au-dessus de lui.

Ce jour-là, veille de Beaumont, l'Empereur et le Maréchal étaient venus s'échouer à Raucourt, petite ville triste, remplie d'habitants patriotes qui firent l'impossible pour donner à manger à nos soldats affamés.

« Le Maréchal essayait, tant bien que mal, de mettre un peu de cohésion dans ses projets et dans ses ordres; les officiers des états-majors étaient assez gais, causaient et riaient entre eux, se doutant peu que la catastrophe fût imminente; d'aucuns même parlaient sérieusement de la prochaine jonction avec Bazaine et de la «« râclée »» formidable que recevraient alors les Prussiens.

« En attendant, ils savaient à peine le nom de la petite ville qui les recevait et ignoraient totalement le pays dans lequel manœuvrait l'ennemi. *Pas un n'avait une carte* ! L'Empereur, le Maréchal, deux ou trois généraux, seuls, en possédaient, et encore ces cartes, prises dans les mairies, étaient incomplètes (1) ».

Mais il nous faut peindre le tableau navrant de cet empereur désarçonné, que les soldats insultent quand ils ne murmurent pas sur son passage (2).

Napoléon III était logé chez M. Guetle-Rouy, maire de Raucourt. « L'Empereur ne sortit pas durant cette journée du 29 : toujours de plus en plus souffrant, il passa toute l'après-midi dans sa chambre du rez-de-chaussée, allant de long en large,

---

(1) *Les Étapes douloureuses*, par Albert Verly, p. 71.
(2) *Ibid*.

tourmentant fiévreusement sa moustache. Parfois, il s'arrêtait à la fenêtre, et, cherchant probablement un peu de fraîcheur, appuyait son front sur les vitres. Ses yeux vagues regardaient sans voir et les troupes, déjà démoralisées, qui défilaient sans cesse en une véritable débandade, pouvaient se demander quel était cet homme à cheveux blancs, à la figure cadavérique qui, machinalement, sur leur passage, écartait les rideaux de mousseline de cette fenêtre fermée.

« Les brillantes revues du Carrousel et de Longchamp étaient loin, et le malheureux Souverain n'avait même pas la satisfaction d'amour-propre de pouvoir se dire : «« Ceux-là qui passent te saluent, ils vont mourir pour toi ! »» Non, non !... *L'Ave Cæsar, morituri te salutant* errait encore, les soirs d'orage, dans les champs de Waterloo ! Mais, dans ce défilé sans fin de soldats affamés, surmenés, indisciplinés, c'étaient les injures à l'adresse des chefs, les cris de trahison ; et, même des zouaves, soldats d'élite, auxquels des paysans demandaient où ils allaient, hurlèrent dans une rage féroce : «« A la boucherie ! à la boucherie ! »»

«« A la boucherie ! »» répéta machinalement le Souverain, tiré de son rêve par ces clameurs, «« à la boucherie ! »» Le rideau retomba, et deux larmes coulèrent, sillonnant ses joues flétries, sans qu'il songeât à les essuyer... Une porte s'ouvrit : «« Le dîner de Sa Majesté ! »» D'un geste las, dans un «« à quoi bon ! »» d'un irrémédiable écœurement, le Souverain refusa. Tout rentra dans le silence. Puis, seul, à la table de la petite chambre, la tête dans ses mains, l'Empereur des Français pleura (1). »

Les ruines ne s'abattaient pas sur un homme impavide.

---

(1) *Ibid.*, pp. 67 et 68.

BATAILLE DE BEAUMONT

De même que Wissembourg fut la préface de Fræschwiller, pareillement Beaumont fut la préface de Sedan. Presque à un mois de distance, les mêmes causes amènent les mêmes effets. Le duc de Magenta ne s'est pas plus occupé du général de Failly que du général Abel Douay ; le commandant du 5ᵉ corps n'a pas su se garder mieux que le chef de la division lancée en flèche sur les bords de la Lauter ; notre cavalerie n'a pas, davantage, signalé l'approche de l'ennemi ; notre infanterie n'a pas été mieux installée à Beaumont qu'à Wissembourg : dans les deux cas, son général l'a plongée dans des fonds, où elle devait être écrasée par les projectiles ennemis, et non sur des hauteurs, comme le Geissberg, le Vogelsberg, les Gloriettes où elle aurait pu attendre le choc des assaillants, le supporter plus aisément.

Il est donc nécessaire de s'étendre sur cette néfaste journée et de rapporter en détail la surprise de Beaumont, les mouvements exécutés par Ducrot et Lebrun, les alertes éprouvées par le général Félix Douay, enfin, de porter un jugement raisonné sur la déplorable journée du 30 août.

BEAUMONT

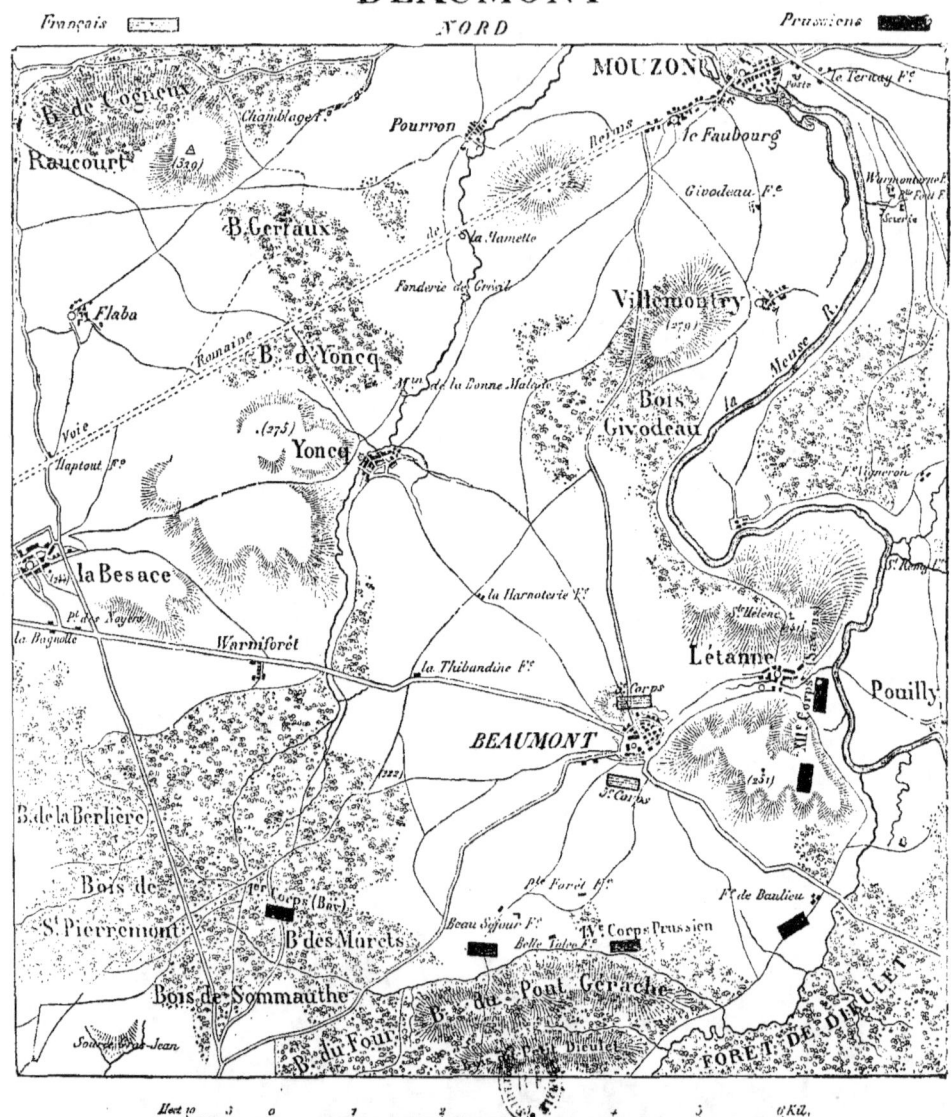

CHAMP DE BATAILLE DE BEAUMONT

INSTALLATION DU 5ᵉ CORPS A BEAUMONT

Après l'engagement de Bois-des-Dames, le général de Failly s'était retiré aux alentours de la petite ville de Beaumont, où le 5ᵉ corps venait s'échouer, durant toute la nuit du 29 au 30.

A 7 heures du soir, ce sont deux régiments de cavalerie qui annoncent aux habitants l'arrivée du général de Failly. L'intendant militaire demande si l'on pourra réunir des vivres pour 15 000 hommes. On lui répond que la division Margueritte a séjourné à Beaumont le 27, le 12ᵉ corps le 29, et qu'il est insolite de prévenir les autorités d'une ville à une heure où il ne leur sera plus possible de rassembler à temps les vivres nécessaires à la nourriture de plusieurs milliers de soldats. L'intendant réplique, avec raison, qu'il a été entendu que le 5ᵉ corps camperait ce soir-là à Beaufort et que c'est au lieu convenu qu'ont été expédiées munitions et provisions, qu'il s'agit maintenant de réparer la légèreté de l'état-major, et que ce n'est pas au moyen de récriminations qu'on y parviendra. La municipalité se met alors en quête et découvre quelques vivres que l'on distribue aux premiers arrivants.

Jusqu'à 3 heures du matin, les soldats du 5ᵉ corps se précipitent en désordre dans la ville, frappant à toutes les portes, demandant du pain. « Les troupes étaient exténuées de fatigue par suite des combats et des marches de nuit (1). »

A 4 heures, on voit encore apparaître des régiments. Or, les bataillons, engagés le 29, n'étaient pas à 9 kilomètres de Beaumont; quels chemins

---

(1) *La Guerre franco-allemande*, 1ʳᵉ partie, p. 989. — Théodore Duret, t. I, p. 303. — Amédée Le Faure, t. I, pp. 282 et 284.

ont-ils donc pris pour être ainsi en retard (1) ?

« Cette marche si pénible dura six à sept heures pour parcourir une distance de 12 kilomètres à peine. La tête de colonne n'atteignit Beaumont que vers minuit; la division de L'Abadie n'arriva à son campement qu'après 5 heures; son dernier élément, le 14ᵉ bataillon de chasseurs à pied, à 7 heures du matin seulement (2). La route était semée de nombreux retardataires. ««Les forces de tout le monde étaient à bout..., un état d'engourdissement général s'était emparé du corps d'armée (3). »» Le découragement et la démoralisation étaient extrêmes. « Les troupes, entassées les unes sur les autres, campèrent comme elles purent, sans ordre, là où le hasard les avait arrêtées et attendirent le jour avec la préoccupation de leur repos plus que de leur sécurité compromise. Néanmoins, quelques grand'-gardes très rapprochées des camps furent établies; mais toute la cavalerie était au milieu de l'infanterie, sans qu'une patrouille fût restée au contact de l'adversaire qu'on savait en forces à courte distance (4). »

« Le général de Failly regardait comme indispensable d'accorder quelque repos à ses soldats avant de rompre sur Mouzon... Il ne voyait aucun inconvénient à les faire manger et à remettre le départ à midi (5). »

A 1 heure du matin, M. de Failly, était entré à Beaumont et s'était fait conduire chez le maire. Il était agité, pensait tout haut : « Ce n'est pas

---

(1) *L'armée de Mac-Mahon*, par l'abbé Defourny, pp. 31 à 33.
(2) *Notes* adressées à la *Section historique*, par M. le général Edon, le 10 janvier 1911.
(3) *Journal* de marche du 5ᵉ corps, rédigé par le colonel Clémeur.
(4) *Section historique*, IIIᵉ série, II. pp. 36 et 37. — Major Scheibert, p. 227. — Eugène Vénon, p. 200.
(5) *La Guerre franco-allemande*, 1ʳᵉ partie, p. 989.

cela, ce n'est pas cela ; c'est trop près, » disait-il (1). Quelles préoccupations l'assiégeaient ? Qu'entendait-il par ces mots : « *C'est trop près ?* » Voulait-il parler des bivouacs absurdes établis au sud de Beaumont ?... Mais examinons les positions prises par les Français.

La division de cavalerie de Brahaut, et presque toute l'artillerie du corps, la division Goze, mêlée avec une partie de la division Guyot de Lespart, sont placées au sud de la ville, le long de la route, et dans un fond dominé de tous côtés.

On voit là, s'agitant pêle-mêle, les 11ᵉ, 46ᵉ, 61ᵉ et 86ᵉ de ligne, le 4ᵉ chasseurs à pied et trois batteries de la division Goze ; on voit encore le 17ᵉ, le 68ᵉ de ligne, le 19ᵉ chasseurs à pied, de la division Guyot de Lespart. Les 27ᵉ et 30ᵉ de ligne, de la même division, sont plus près de la ville. Enfin, au nord et autour des habitations, est répandu le reste du 5ᵉ corps.

En jetant un regard sur la carte, on est indigné d'une pareille disposition de troupes. Comment un militaire, ayant fait la guerre, même des guerres absurdes, aux points de vue tactique et stratégique, comme celles de Crimée et d'Italie, — négligeant les escarmouches d'Algérie qui supprimèrent toute opération de l'esprit chez nos généraux, — comment un chef de corps a-t-il pu établir ses régiments dans un fond, d'un côté dominé, à 1 et 2 kilomètres, par les Gloriettes et Sainte-Hélène, d'un autre côté entouré, à 2 et 3 kilomètres, par des bois d'où l'ennemi pouvait, à tout instant, déboucher à l'improviste ?

Bien que les Français aient été attaqués la veille, le général de Failly ne songe nullement à se

(1) *L'armée de Mac-Mahon*, par l'abbé Defourny, p. 34. — « Les descriptions du curé de Beaumont sont fort justes. » (Général Ambert, t. I, p. 304.

garder (1). « Il déclare au Maréchal qu'il lui est impossible de dire s'il a, devant lui, une division ou plusieurs corps d'armée (2). » — « Autant qu'on en peut juger, il semble qu'on avait totalement négligé de placer des avant-postes ou, tout au moins, étaient-ils établis de manière à ne pas protéger efficacement les corps au repos (3). »

Il est triste et curieux de constater, en revanche, le soin avec lequel les Allemands s'étaient garés d'une surprise, dans la nuit même (4).

Nous, nulles précautions. Pourtant, « il aurait suffi que les fermes de Beaulieu, de Belle-Tour, de Petite-Forêt, de Belle-Volée et de Beauséjour fussent occupées par une compagnie pour que la surprise n'eût pas (malgré l'absence de patrouilles de cavalerie) les proportions considérables qu'elle prit. Ces grand'gardes eussent résisté, en effet, donné l'alarme dans les camps, permis aux soldats de s'équiper, de se former avant d'être exposés au feu (5) ».

Le maréchal de Mac-Mahon, qui traversa les campements du 5ᵉ corps vers 7 heures du matin, ne rectifie pas les mauvaises dispositions de son lieutenant : il se contente de donner l'ordre de

---

(1) *Enq. parlem. Déf. nationale*, déposition du maréchal de Mac-Mahon, p. 36. — « Failly montrait une incroyable sérénité. » (Arthur Chuquet, p. 90.) — « Failly n'est nullement inquiet. » (Général Palat, 1ʳᵉ partie, t. VI, p. 359.) — Paul Déroulède. 1870. *Feuilles de route*, p. 163.

(2) *Enq. parlem. Déf. nationale*, déposition du maréchal de Mac-Mahon, p. 86. — Général de Woyde, t. II, p. 244.

(3) *La Guerre franco-allemande*, 1ʳᵉ partie, p. 989. — « Le 5ᵉ corps n'avait aucun service de sûreté. » (*Section historique*, IIIᵉ série, II, p. 76.) — Théodore Duret, t. I, p. 303. — *L'Armée française devant l'invasion et les Erreurs de la « Débâcle »*, par un capitaine de l'armée de Metz; préface du général Jung; Paris, Charles Lavauzelle; p. 66.

(4) Voir le croquis du général Lamiraux, en face de la page 66 de ses *Études pratiques de guerre*.

(5) *Section historique*, IIIᵉ série, II, pp. 178 et 179.

marcher sur Mouzon le plus tôt possible (1). Cependant le Maréchal avoue qu'il fut frappé de voir le général de Failly *exempt de toute préoccupation*; il aurait donc dû lui rappeler la gravité de la situation (2). Et ici, nous ne saurions mieux faire que de rapporter les réflexions qu'une telle conduite inspire à un homme parfaitement au courant de cette bataille de Beaumont :

« Sans aucun doute, le général en chef d'une grande armée doit se reposer sur ses subordonnés quant à la plus grande partie des mesures de détails : *De minimis non curat prætor*. Néanmoins, si Napoléon Ier ou un autre grand capitaine fût venu passer une heure à Beaumont, dans la matinée du 30 août, il aurait eu la pensée de traverser au

---

(1) Général de Failly, p. 45. — *Enq. parlem. Défense nationale*, déposition du maréchal de Mac-Mahon, p. 36. — Général de Woyde, t. II, p. 242. — Colonel Borbstaedt, p. 611. — Le Maréchal, lors de sa déposition devant la commission d'enquête, dit qu'il est passé à Beaumont à 5 heures et demie du matin. Il a dû se tromper, car, non seulement le général de Failly affirme l'avoir vu à 7 heures du matin, mais le curé de Beaumont dit, de son côté : « A 8 heures, le maréchal de Mac-Mahon vint à Beaumont, s'entretint environ une demi-heure avec le général de Failly. » (*L'armée de Mac-Mahon*, par l'abbé Defourny, p. 90.) — Enfin, le prince Bibesco écrit que le Maréchal rejoignit le 7e corps à Oches, vers 8 heures du matin. Or, comme il y a seulement 10 kilomètres de Beaumont à Oches, il est certain que le général en chef n'a pas dû mettre plus d'une heure pour faire ce trajet; il est donc parti de Beaumont à 7 heures, comme le dit le général de Failly (Prince Bibesco, p. 95), ou même à 8 heures, comme le prétend, avec beaucoup d'apparence de raison, l'abbé Defourny. — Dans ses *Souvenirs inédits*, Mac-Mahon ne maintient pas sa déclaration de l'*Enquête parlementaire*; il coupe la poire en deux et dit être passé à Beaumont une heure plus tard, à 6 heures et demie. » (*Section historique*, IIIe série, II [Documents annexes], p. 83.) — Le colonel L. Maillard écrit que Mac-Mahon donne ses ordres à de Failly à 7 heures (p. 191.)

(2) *Enq. parlem. Déf. nationale*, déposition du maréchal de Mac-Mahon, p. 36. — Ce souvenir du duc de Magenta est en contradiction avec le propos rapporté, *de auditu*, par l'abbé Defourny : « *Ce n'est pas cela; c'est trop près.* » (Voir, *suprà*, p. 343.) D'après ces paroles, le général de Failly ne se trouvait pas satisfait de ses positions. Que ne les a-t-il changées !

trot de son cheval les campements du sud; il aurait poussé même jusqu'à 1 500 mètres en vue de la forêt et de la vallée, et la bataille de Beaumont n'eût point été perdue ou n'eût pas été livrée (1). »

Il paraît que le général de Failly fit remarquer au duc de Magenta que ses troupes n'étaient à leurs bivouacs que depuis deux heures, qu'elles étaient exténuées, mourant de faim; le convoi de distribution, venant du Chesne, allait arriver, il fallait donner le temps d'en faire profiter les affamés. « Cette opération terminée, ajoutait le général de Failly, dès que les hommes se seraient un peu reposés, séchés, et qu'ils auraient pris quelque nourriture, le 5ᵉ corps se mettrait en marche pour Mouzon (2). » Le Maréchal, devant l'évidence du bien-fondé des observations à lui présentées, n'insista pas (3). Seulement, encore une fois, il aurait dû prescrire des mesures de sûreté; mais tout le monde était abruti par la fatigue et la faim.

Hélas! ce n'était que la continuation des habitudes de l'état-major français de 1870. A Sarrebrück, le 5, les Français n'étaient ni fatigués, ni affamés; néanmoins, leurs généraux négligent de prendre les précautions qu'un bonnetier, qu'un épicier, chargé de conduire une armée, ne manquerait pas de prescrire. « Nous tenons le débouché de Sarrebrück; le 5, dans la nuit, nous nous retirons sur les hauteurs de Spicheren, sans faire sauter les ponts de la Sarre, sans laisser un poste,

---

(1) *L'armée de Mac-Mahon*, par l'abbé Defourny, pp. 90 et 91. — Mac-Mahon est responsable de la surprise. (*De Frœschwiller à Sedan*, p. 67.)

(2) Journal de marche du 5ᵉ corps, par le colonel Clémeur.

(3) *Section historique*, IIIᵉ série, II, p. 78. — « Le Maréchal admit le bien-fondé de ces raisons. » (Général Palat, 1ʳᵉ partie, t. VI, p. 360.)

une sentinelle même, pour surveiller l'ennemi. Telle est notre entrée en campagne et, jusqu'à Sedan, on ne voit pas autre chose. L'étonnement redouble lorsqu'on constate ce fait que, la veille de chaque bataille, les Allemands sont installés sur les positions mêmes qu'auraient dû occuper nos avant-postes, ou viennent s'y placer le matin, sans qu'une vedette annonce leur approche : le canon allemand fait prendre les armes à l'armée française à Wissembourg, à Frœschwiller, à Borny, à Rezonville, à Saint-Privat, à Beaumont, à Sedan (1) ! »

Cependant, il paraît que, à Beaumont, un avant-poste assez important avait été établi dans un petit bois poussant à l'est de la ferme de Beaulieu, le long de la route de Stenay ; il fallut que le régiment de tirailleurs saxons arrivât et chassât nos hommes de ce petit bois pour que les Allemands pussent passer (2). Mais il n'y a pas trace d'un avertissement envoyé au général de Failly par cet avant-poste spontané, simple groupement de quelques soldats, en quête de pain et de repos, qui s'étaient débandés et avaient rempli cette ferme.

Si nous étudions maintenant le terrain, nous allons rester stupéfiés de l'insouciance du Maréchal et du commandant du 5ᵉ corps. En effet, au lieu de jeter leurs troupes dans les entonnoirs que nous avons décrits, pourquoi ne pas les avoir disposées, à l'exemple des généraux Margueritte et Lebrun, qui avaient, eux aussi, occupé la ville de Beaumont ? Ces généraux avaient saisi facilement la clef de la position qui, au dire autorisé du général Chanzy, était reconnaissable à première vue. Il fallait couronner les collines appelées *les Glorieltes*, dont la

---

(1) Général Maillard, pp. 473 et 474. — Général de Woyde, t. II, pp. 258 et 259.
(2) Prince de Hohenlohe, *Lettres sur l'Infanterie*, p. 41.

cote est 251 (1). Elles courent de l'ouest à l'est, sur un espace de 1 500 mètres, depuis Beaumont jusqu'au-dessus de Létanne, où elles se rompent brusquement et à pic, en présence de la Meuse, qui vient, de Pouilly, se heurter contre elles. Elles arrêtent brutalement le fleuve, le font retourner vers le nord, le regardent couler et laver leurs assises, dans la vallée profonde de 60 à 90 mètres (2).

Et occupant solidement ces collines, les hauteurs au nord de Beaumont (cotes 241 et 252), un piton très élevé à 2 kilomètres au nord-ouest, dans la direction de Yoncq (cote 286), on dominait les versants et les défilés par lesquels l'ennemi allait déboucher (3). Cela est si vrai que les Prussiens, craignant un piège en voyant le désordre du camp français, ne s'avanceront qu'avec beaucoup de circonspection au début de l'affaire (4).

Au reste, il n'y a pas besoin d'être docteur ès sciences militaires pour comprendre cet *abc* de la guerre : le premier venu, ayant un grain de bon sens, ne se fourrerait pas dans un trou pour éviter l'inondation.

---

(1) Carte de l'état-major, n° 24. — Arthur Chuquet, p. 90. — *Les Étapes douloureuses*, par Albert Verly, p. 75.

(2) *L'armée de Mac-Mahon*, par l'abbé Defourny, p. 42.

(3) Carte de l'Etat-major, n° 24. — Alfred Duquet, *Frœschwiller, Châlons, Sedan*, p. 306. — *La Section historique* préconise les mêmes emplacements : « Le 5ᵉ corps aurait dû établir ses bivouacs « sur les hauteurs au nord du bourg, entre la Harnoterie et le Bois Failly (Ste-Hélène), où une surprise, même analogue à celle qui se produisit, aurait eu des conséquences moins graves. » (IIIᵉ série, II, p. 178.) — Charles de Mazade, t. I, pp. 209 et 210. — Théodore Duret, t. I, p. 303. — Amédée Le Faure, t. I, p. 285.

(4) Le curé de Beaumont, parcourant plus tard le champ de bataille avec un commandant saxon, lui posa cette question : « Pourquoi n'avez-vous pas enveloppé le corps de Failly surpris et ne l'avez-vous pas fait tout entier prisonnier ? » L'officier s'arrêta et, se tournant vers les Gloriettes, il répondit : « C'est que nous craignions une *attrape*. Voyez cette position. Un ou 2 bataillons avec des canons auraient pu tenir là quatre ou cinq heures

Le Maréchal et le général de Failly ne pensent pas à ces choses élémentaires et, comme nous l'avons déjà écrit, l'infortuné 5ᵉ corps reste englouffré dans les entonnoirs de Beaumont (1).

A 9 heures du matin, tous les officiers généraux se réunissent, et le général estime, après les avoir entendus, que les Allemands cessent leur poursuite et que l'on peut se croire en sûreté. Il est donc décidé que les troupes exténuées se reposeront, qu'elles feront la soupe, nettoieront leurs armes et ne partiront qu'à 11 heures (2). Par malheur, la cavalerie commet l'imprudence de s'en tenir à ses reconnaissances du matin, ne renouvelle pas ses explorations du côté suspect et ne cherche pas à savoir si les bruits de la marche des Saxons sur Stenay sont fondés.

Il est pourtant facile de deviner ce qui va se passer : les combats de la veille annonçaient ceux de la journée. Que le commandant de corps soit aveugle et sourd est chose déplorable, mais que le général en chef ne voie et n'entende pas mieux que son subordonné voilà qui est révoltant. Or, « le Maréchal sait, depuis plusieurs jours, que le prince royal de Saxe se dirige de son côté. *Il doit donc*

---

et nous faire un mal considérable. » (*L'armée de Mac-Mahon*, par l'abbé Defourny, p. 43.) — Je suis venu reconnaître la position une heure avant la bataille, disait le capitaine d'artillerie prussien Wermelskirsch à l'abbé Defourny, et choisir l'emplacement de ma batterie ; j'ai reconnu que le passage était pour nous des plus dangereux, je n'en avais pas vu de plus hasardeux dans les quatre guerres que j'ai faites. (*Ibid.*, p. 44.) — Je dus venir reconnaître les lieux deux heures avant l'attaque, disait le général saxon Montbé, le soir même de la bataille, au curé de Létanne, et je tremblai à la vue du danger que nous allions courir. (*Ibid.*)

Nous avons tenu à rapporter des témoignages aussi écrasants qu'indiscutables. Les curés de Beaumont et de Létanne ne font ici que répéter le langage tenu par des militaires compétents. — Alfred Duquet, *Frœschwiller, Châlons, Sedan*, pp. 302 à 306.

(1) *De Frœschwiller à Sedan*, p. 68.
(2) Général de Failly, p. 45.

supposer que celui-ci cherchera à l'attaquer le 30, d'autant plus qu'il a réussi à établir le contact le 29 (1) ».

« Le service des renseignements et des reconnaissances ne fut pas seulement mauvais, il fut nul et donna lieu à des surprises telles que celle de Beaumont où des batteries allemandes purent venir s'établir, en plein midi, sans être aperçues ni soupçonnées, s'installer à quelques centaines de mètres de nos camps, formés au hasard, comme si l'on eût été à cinquante lieues de l'ennemi (2). »

Le général de Failly a essayé de faire croire, afin de justifier la surprise, qu'il avait été canonné à grandes distances. Il s'est trompé : au début, c'est à 800 et 900 pas que les pièces prussiennes tirèrent (3).

On a dit, aussi, que les troupes du 5e corps étaient tellement exténuées par leur combat de la veille et leur marche sur Beaumont, qu'il était impossible à leur chef de leur faire faire un pas de plus, qu'elles mouraient de faim, qu'il fallait les faire manger.

A ce propos, la *Section historique* écrit, justement: « Si la fatigue peut être reconnue comme la cause de cette absence totale des précautions les plus élémentaires, elle ne saurait être invoquée comme une justification. Lorsque la sécurité des troupes, le salut de la masse et l'honneur des armes sont en jeu, le général en chef doit s'affranchir des sentiments de pitié et d'attendrissement à l'égard de quelques fractions chargées d'assurer le repos de tous. On l'a dit avec raison : «« A la

---

(1) Prince de Hohenlohe, *Lettres sur la Stratégie*, t. II, p. 21.
— Paul Déroulède, 1870, *Feuilles de route*, p. 162.
(2) Général Thoumas, *Les Transformations de l'armée française*, t. I, p. 203.
(3) Général de Woyde, t. II, p. 260.

guerre, on peut être battu sans déshonneur ; on n'a pas le droit d'être surpris, aussi bien sur le champ de bataille que dans les marches et les cantonnements. »» (Général Bonnal, *Frœschwiller*, p. 286.) Le général de Failly n'allait pas tarder à s'apercevoir qu'il était assailli par des forces numériquement supérieures sur un terrain défavorable pour lui (1). »

Comme l'a écrit le général Maillard, on ne pouvait connaître l'approche de l'ennemi « qu'en laissant la cavalerie au delà des bois de Dieulet, vers Beaufort, Belval, Bois-des-Dames... A 7 heures du matin, au plus tard, le commandant du 5ᵉ corps eût été informé de la marche des Allemands (2) ».

Non, chacun se livre au repos le plus complet, sans crainte de l'orage qui s'approche. Le convoi de vivres, attendu du Chesne, est arrivé ; on en profite : les soldats mangent leur soupe, lavent leur linge ; les chevaux sont à l'abreuvoir ; le camp de Satory, au temps des revues impériales, peut, seul, donner une idée de ce spectacle pacifique et effrayant (3). Les 60 voitures d'artillerie

---

(1) *Section historique*, IIIᵉ série, II, p. 179.
(2) Colonel L. Maillard, pp. 193 et 194.
(3) « Rien n'est comparable à l'incroyable sécurité du 5ᵉ corps à Beaumont, si ce n'est son incurie et l'oubli de toutes les règles militaires. Presque tous les officiers supérieurs avaient couché dans le bourg et se disposaient à déjeuner sans avoir paru au milieu de leurs campements. Un nombre considérable de soldats circulaient librement de Beaumont à Létanne ; beaucoup même étaient allés à Pouilly, à une heure de là, quêter du pain et des vivres. On menait les chevaux d'artillerie à l'abreuvoir tous ensemble ou à peu près. Aucune pièce n'était attelée ; canons et fourgons étaient comme ensevelis dans un pli de terrain. » (*L'armée de Mac-Mahon*, par l'abbé Defourny, pp. 91 et 92.) — « Dans les campements, officiers et soldats étaient tout au soin de leur repos et de divers travaux d'ordre intérieur. » (*La Guerre franco-allemande*, 1ʳᵉ partie, p. 990.) — « Les Français n'avaient pris aucune précaution. Une batterie d'artillerie les avait surpris en plein bivouac. On le reconnaissait aux chevaux morts qui se trouvaient encore à la longe, aux cadavres en manches de chemise

sont également parvenues jusqu'à Beaumont et les munitions ne nous manquent plus.

Mais des paysans accourent, effarés, annonçant que l'ennemi s'approche par les bois de Dieulet (1). Ne voulant plus rien changer à ses dispositions et décidé à partir à midi, le général de Failly ne veut rien entendre, n'envoie personne à la découverte. Mme Bellavoine, qui avait fondé et dirigeait un petit hospice à Beauséjour, près du bois du Pont-Gérache, avait vu les Allemands dans la forêt et était accourue à Beaumont pour avertir le général de Failly. Celui-ci ne veut d'abord pas la recevoir, l'écoute à peine et l'éconduit (2). Enfin, M. Lagosse, le courageux et intelligent maire de Montgon, qui avait apporté au Maréchal et à Ducrot de si précieux renseignements, n'est pas plus heureux que Mme Bellavoine : quand il dit au commandant du

et aux marmites encore remplies de pommes de terre bouillies. » (*Les Mémoires de Bismarck*, recueillis par Maurice Busch [son secrétaire] ; Paris, Charpentier et Fasquelle, 1898 ; p. 85.) — « Le 5e corps est surpris. » (Général Ambert, t. I, p. 306.) — Arthur Chuquet, p. 90. — « Le général de Failly a encore eu la bêtise de laisser surprendre son campement. » (Lettre du baron Verly, colonel des Cent-Gardes ; citée dans *L'Escadron des Cent-Gardes*, par Albert Verly, p. 200.) — *Les Étapes douloureuses*, par Albert Verly, pp. 72, 75 et 76. — Rüstow, t. I, p. 318. — Voir général de Woyde, t. II, p. 247, note 2. — *Ibid.*, pp. 256, 258, 260 et 261. — Prince de Hohenlohe, *Lettres sur la Cavalerie*, p. 47. — Général Thoumas, *Les Transformations de l'armée française*, t. II, p. 320. — *De Frœschwiller à Sedan*, p. 67. — Charles de Mazade, t. I, pp. 208 et 211. — Léon Barracand, p. 74. — Amédée Le Faure, t. I, p. 285. — Urbain Gohier, *L'armée nouvelle*, p. 103. — A. Girard et F. Dumas, p. 36. — Ludovic Halévy, p. 100. — Major de Chabot, 1re partie, p. 139. — *Les Braves Gens*, par Paul et Victor Margueritte, p. 65. — *Les Capitulations*, par le général Thoumas, pp. 363 et 364. — Colonel Fabre, p. 125. — L. Dussieux, t. I, p. 151. — *La Campagne de* 1870, traduit du *Times*, p. 100. — Bazeilles-Sedan, par le général Lebrun, p. 62. — Capitaine Brackenbury, p. 183. — *Mémoires du maréchal de Moltke*, p. 98. — Général Derrécagaix, p. 277. — Major Scheibert, p. 228. — Colonel Grouard, p. 74.

(1) Rapport du colonel Weissenburger, commandant le 17e de ligne.

(2) *L'armée de Mac-Mahon*, par l'abbé Defourny, pp. 96 et 97.

5ᵉ corps que les ennemis arrivent par la route de Stenay, M. de Failly lui répond qu'il se trompe et le congédie (1).

SURPRISE DU 5ᵉ CORPS.

Tout à coup, à midi vingt minutes, une détonation ébranle les airs, un obus éclate au milieu de nos troupiers ! En un instant, les bois situés en avant de Beaumont s'émaillent de flocons de fumée blanche, toute une ligne de feux s'allume autour du 5ᵉ corps.

L'armée de la Meuse avait commencé son mouvement à 10 heures sans trouver de résistance, sans rencontrer une seule patrouille française, une seule sentinelle ! La VIᵉ division avait contourné, à droite, les bois du Petit-Dieulet et du Pont-Gérache, avait gagné la ferme de Belle-Tour et suivi le plateau de la ferme de Beaulieu. La VIIIᵉ division avait traversé les deux bois et gravi le plateau de la ferme Beauséjour (2). C'est alors, en débouchant des taillis qui couvrent ces deux plateaux, que les Allemands nous aperçurent, à 3 000 pas seulement au-dessous d'eux, occupés tranquillement aux soins du ménage militaire.

Il faut renoncer à décrire l'effet de ce premier coup de canon, le court silence, puis l'immense clameur qui le suit, et le désordre et le pêle-mêle

---

(1) *Section historique*, IIIᵉ série, II, p. 82. — Voir. dans l'ouvrage du général Ambert, t. I, pp. 302 à 304, la preuve des avertissements, que reçurent nos généraux, de l'arrivée de l'ennemi. — Voir, aussi, *Les Étapes douloureuses*, par Albert Verly, pp. 75 et 76. — Général Thoumas, *Les Transformations de l'armée française*, t. II, p. 321. — Charles de Mazade, t. I, p. 211. — Jules Claretie, t. I, p. 285. — *De Frœschwiller à Sedan*, p. 68.
(2) Ces deux divisions faisaient partie du IVᵉ corps prussien.

effroyable de chevaux, de caissons, d'attelages de toutes sortes qui s'agitent, se croisent, se heurtent, se confondent sur la grande place, cherchant à se frayer un passage, soit par la rue de la porte de Mouzon, soit vers Létanne. C'est encore la détresse de toute une population : hommes, femmes, enfants, vieillards même, qui s'enfuient affolés sans savoir où se diriger (1). « Pas une pièce d'artillerie n'était en position, pas un bataillon n'était formé (2). »

Comment l'ennemi nous a-t-il attaqués si brusquement ?

Des reconnaissances, exécutées par la cavalerie ennemie, dans la soirée du 29 août, il résultait évidemment que les Français cherchaient à passer la Meuse ; que plusieurs corps avaient traversé le fleuve, mais que Beaumont était encore occupé par des forces importantes. Le prince royal de Saxe, commandant de l'armée de la Meuse, eut alors la pensée d'atteindre, sur la rive gauche, la queue de l'armée de Mac-Mahon et de l'attaquer. En conséquence, fort tard, dans la soirée du 29, des ordres étaient expédiées aux chefs de corps sous sa direction (3).

Dans la nuit, arrivèrent des instructions de M. de Moltke, prescrivant de se hâter vers le nord. La marche sur Beaumont fut alors décidée en quatre colonnes : une division d'infanterie saxonne et la division de cavalerie du général de Lippe iraient de Beauclair à Laneuville ; l'autre division d'infanterie saxonne sortirait du bois de Nouart

---

(1) *L'armée de Mac-Mahon*, par l'abbé Defourny, pp. 98 et 99. — « Le général de Failly a été surpris. » (*Enq. parlem. Déf. nationale*, déposition du maréchal de Mac-Mahon, p. 36.) — Colonel Maillard, p. 191 et 194. — Colonel Grouard, p. 76.

(2) Charles de Mazade, t. I, p. 211.

(3) *La Guerre franco-allemande*, 1re partie, p. 984.

et se porterait, par Beaufort, sur la ferme de Belle-Tour, en traversant la forêt de Dieulet; la division prussienne du général de Schwarzhoff irait de Nouart à la ferme de Belle-Tour par le bois de Belval ; enfin la division de Schöler se dirigerait, le plus directement possible, vers Beaumont, par Belval et le bois du Petit Dieulet. La Garde débarrasserait la route de Buzancy à Beaumont afin de la laisser libre pour la marche de la III° armée et se tiendrait en position d'attente, dans la matinée, à l'ouest de Nouart (1).

Le commandant de l'armée de la Meuse s'était transporté à Bazonville, petit village situé entre Dun et Grand-Pré, y avait réuni ses chefs de corps à 8 heures du matin, leur recommandant de ne pas entamer d'actions partielles, de se tenir cachés sur la lisière des bois, d'où ils devaient déboucher, en attendant l'arrivée de toutes les colonnes, et de ne commencer le combat que par une canonnade à volonté. Il leur annonçait la prochaine entrée en ligne de la III° armée, sur la gauche du général Alvensleben Ier, et, de sa personne, se transportait à Fossé, au sud de Bois-des-Dames, afin de diriger la lutte qu'il prévoyait pour l'après-midi (2).

De son côté, le prince Fritz, en conformité des ordres reçus de M. de Moltke, avait désigné les deux malheureux corps bavarois pour soutenir l'attaque de l'armée de la Meuse. Le corps du baron de Tann mettrait le cap sur Beaumont, dès 6 heures du matin, par Sommauthe ; le corps du général de Hartmann se mettrait en route une heure plus tard et se tiendrait en réserve aux environs de ce dernier bourg. Quant au V° corps, à la divison wurtembergeoise et au XI° corps, ils gagneraient

---

(1) *Ibid.*, pp. 985 et 986.
(2) *Ibid.*, p. 986.

Oches et Le Chesne de manière à pouvoir s'engager au premier signal (1).

La cavalerie allemande avait, ce jour-là, pour seule mission de galoper en liberté sur les flancs et les derrières de l'armée française, afin de ralentir sa marche (2).

On voit quelles forces allaient tomber sur l'infortuné 5° corps : c'étaient deux armées qui se préparaient à écraser les trois divisions Goze, de L'Abadie et Guyot de Lespart. Il aurait fallu au général de Failly une vigilance et des connaissances tactiques qu'il était loin de posséder pour conjurer le danger : il était vaincu d'avance, puisque Mac-Mahon n'était pas homme à se jeter immédiatement sur les premiers assaillants et à écraser les fractions ennemies accourant, essoufflées, à longs intervalles, devant les corps français concentrés et successivement victorieux.

LE CHAMP DE BATAILLE

Le terrain de la lutte — car, en dépit de tout, nos soldats firent des prodiges de valeur — est des plus mouvementés. Nous avons déjà montré dans quels entonnoirs le général de Failly avait engouffré ses régiments, négligeant d'occuper les hauteurs et les bois d'où l'on aurait eu la chance de retarder, d'arrêter la marche de l'ennemi; il nous faut, maintenant, décrire l'ensemble du terrain où le drame s'est déroulé.

Beaumont est construit dans un fond, dominé, à l'est par les collines des Gloriettes (251) et de

---

(1) *Ibid.*, p. 986 et 987.
(2) *Ibid.*, p. 987.

Sainte-Hélène (241). Quelques bouquets d'arbres poussent sur cette dernière éminence. Au nord et à l'ouest, une ligne des hauteurs boisées, auxquelles on a donné les noms de bois du Pont-Gérache, des Murets, du Grand-Dieulet, s'élève depuis la route de Stenay jusqu'à celle de Warniforêt. Au nord, c'est une succession de mamelons plus ou moins allongés, semés entre la ferme de la Thibaudine, bâtie sur la lisière septentrionale du Grand-Dieulet, et la ferme de la Sartelle, près de la Meuse, mamelons dont l'altitude va en augmentant, jusqu'au bois Givodeau, pour redescendre en pentes douces jusqu'à Mouzon et Autrecourt. Un piton, appelé le mont de Brune, rompt, seul, la régularité de ces pentes. Puis vient le faubourg de Mouzon, situé le long de la route de Beaumont, jusqu'aux premières pentes du mont de Brune; enfin, Mouzon, construit dans une île, avec ses deux ponts, donnant assez bien l'aspect de la Cité de Paris.

Cinq routes aboutissent à Beaumont, venant de Stenay, de Sommauthe, de Saint-Pierremont, du Chesne et de Mouzon; un chemin conduit au petit village de Létanne, le long du ruisseau de Beaumont, sur la rive gauche de la Meuse.

En remontant vers le nord, on trouve la ferme de la Harnoterie, Yoncq, village situé à l'ouest de la route de Mouzon; parallèlement, à l'est de cette route, c'est la ferme de la Sartelle, position dominante. Juste au nord de cette ferme commencent les fourrés du bois Givodeau; puis l'on rencontre Villemontry, petite commune s'étageant sur la rive gauche de la Meuse, enfin la ferme du Givodeau sur la pente descendant à la rivière, entre Villemontry et Mouzon.

Les points culminants du terrain, compris entre Beaumont et Mouzon, sont les fermes de la Thibaudine, de la Harnoterie, de la Sartelle, les fourrés impénétrables du Givodeau, Villemontry, le mont de Brune.

En face du bois du Givodeau, de l'autre côté de la Meuse, qui fait un coude à cet endroit, se trouvent des pentes boisées, au-dessus de la ferme de l'Alma, positions dont le général Lebrun fera un merveilleux usage durant le combat.

« Beaumont est situé au fond d'un entonnoir; d'épaisses et vastes forêts l'entourent de trois côtés, en formant un demi-cercle ouvert au nord, et viennent finir à 4 kilomètres au plus des premières habitations. Ces forêts sont séparées de ces habitations par une région accidentée, coupée, découverte cependant, aisément praticable aux troupes de toutes armes et dont les points culminants commandent, à portée de fusil, les débouchés de la ville. A l'est, seulement, les pentes s'accentuent et tombent sur la Meuse, à Létanne, en gradins successifs; cette partie est couverte de plantations et d'un parcours difficile (1). »

Mais la condition forcée du succès était l'occupation sérieuse par les Français du plateau de Villemontry, du bois de l'Alma, où le sens tactique du général Lebrun lui fit tout de suite établir infanterie et artillerie, la colline de 295 mètres qui domine, à l'ouest, les routes d'Yoncq et de Beaumont, enfin la ferme de la Sartelle, bâtie à 302 mètres, et d'où les canons peuvent enfiler la route de Beaumont à Mouzon (2).

En somme, de Beaumont à Mouzon, le terrain prête à la résistance et nul doute que de faibles troupes, bien gardées et bien commandées, auraient causé de grandes pertes à un assaillant qui eût, comme les Allemands, le 30 août, tenté l'opération

---

(1) *La Guerre franco-allemande*, 1re partie, p. 990.
(2) Eugène Véron, pp. 206 et 208.

de les rejeter de Beaumont sur Mouzon. Mais il fallait commencer par ne pas se laisser surprendre (1).

Maintenant, nous pouvons entamer le récit de la bataille et montrer les Allemands à l'œuvre dès les premières heures de cette triste journée.

ARRIVÉE DE L'ENNEMI

A peine l'aube éclairait-elle la campagne que les troupes du général Alvensleben Ier (IVe corps) quittaient Andevanne et Bazonville; à 10 heures, elles dépassaient Nouart-Fossé. Après une courte halte, elles reprenaient leur course dans la direction de Beaumont.

En arrivant à Belval, elles y trouvaient un régiment de uhlans saxons. Il est à remarquer que ces cavaliers avaient essuyé les coups de feu de retardataires français répandus dans les bois (2). Ces retardataires avaient donc dû prévenir leurs chefs que l'ennemi était proche lorsqu'ils rejoignirent leur corps, à Beaumont. Enfin, les paysans, qui fuyaient devant les Allemands, n'ont pas dû manquer d'avertir les généraux français de la venue de leur adversaire. Nous savons déjà que ces avertissements n'ont pas produit le moindre effet. Aussi, quand, d'une hauteur voisine de Bois-des-Dames, les cavaliers du prince de Saxe inspectent l'horizon, ils découvrent les camps français de Beaumont. A cette vue, un escadron est lancé à travers le bois du Petit-Dieulet afin de s'assurer des dispositions prises par nos généraux. Ces éclai-

---

(1) *Ibid.*, p. 208.
(2) *La Guerre franco-allemande*, 1re partie, p. 992.

reurs parviennent jusqu'à la lisière de ce bois sans être aperçus et, là, tout à leur aise, constatent qu'aucun poste avancé, aucune patrouille, aucune sentinelle ne gardent les régiments du 5ᵉ corps. Un paysan leur déclare que les Français « se reposent en toute confiance (1) ».

Remplis de joie par ces nouvelles, les Allemands continuent, sous bois, leur marche silencieuse « sur deux chemins fort étroits et extrêmement défoncés (2) ». La division Schœler, du IVᵉ corps, dépasse la forge de Belval et arrive à la lisière des fourrés du Pont-Gérache, devant la ferme de Belle-Volée. Une compagnie de chasseurs se faufile alors jusqu'à la ferme de Petite-Forêt où il lui est donné de contempler, à ses pieds, sans être découverte par aucun regard indiscret, l'animation des campements du général de Failly autour de Beaumont.

L'ordre avait été envoyé d'attendre, avant d'attaquer, que les autres colonnes eussent rejoint les troupes d'avant-garde, mais les Français paraissent si confiants, si faciles à surprendre, il est si aléatoire de ne pas profiter tout de suite de cette aubaine ; de plus, il est si difficile, à une aussi faible distance, de dissimuler longtemps la présence des troupes, que le général de Schœler assume la responsabilité d'une attaque immédiate (3).

En conséquence, deux batteries vont se placer près de la ferme de Beauséjour pendant que la brigade de Schleffer (XVIᵉ) se déploie sous bois. Au moment où l'artillerie divisionnaire s'établit entre la ferme de Petite-Forêt et la Maison-Blanche, quelques

---

(1) *Ibid.* — « Les Allemands firent donc, à loisir, leurs préparatifs de combat. » (Arthur Chuquet, p. 90.) — G. Mazel, p. 148.
(2) Prince de Hohenlohe, *Lettres sur l'Infanterie*, p. 41.
(3) *La Guerre franco-allemande*, 1ʳᵉ partie, pp. 992 et 993. — *Ibid.*, p. 993. — « L'infanterie prussienne contemple les Français. » (Colonel L. Maillard, p. 193.)

Français finissent par apercevoir les casques prussiens qui sortent, par instants, du bois. Le commandant du IV° corps, général d'Alvensleben I⁰', venait d'arriver et observait attentivement le terrain ; se voyant découvert, il prend la résolution de ne pas perdre une minute et prescrit d'ouvrir le feu. Comme nous l'avons déjà écrit, c'est à midi vingt minutes que le premier obus tombe dans le camp français dont les soldats, le premier moment de stupeur passé, courent vaillamment aux armes. Aussi, lorsque les Prussiens débouchent du bois du Pont-Gérache, « d'épaisses lignes de tirailleurs surgissent comme un essaim d'abeilles, se jettent au-devant des hardis agresseurs et les criblent d'une grêle de balles; des pièces françaises ne tardent pas à entrer aussi en action, au sud et à l'ouest de Beaumont, tandis que, sur les collines au nord de la ville, une ligne d'artillerie se dessine peu à peu (1) ».

« Chose triste à dire (2) », en l'absence des généraux, le colonel de Béhagle, du 11° de ligne, prend le commandement. Les 11° et 46° de ligne, de la brigade Grenier, se déploient à gauche de la brigade Fontanges; le 4° chasseurs à pied se jette en avant et, malgré l'effarement d'une surprise si complète, ces bataillons soutiennent courageusement le combat. Ils tirent à coup sûr dans les profondes masses qui descendent de la colline, et leurs balles fouillent si bien les régiments adverses que ceux-ci

---

(1) *La Guerre franco-allemande*, 1ʳᵉ partie, p. 994. — D'aucuns prétendent que le premier coup de canon a été tiré à midi et demi. (*Ibid.*) — « Il était à peu près midi trente. » (Général de Woyde, t. II, p. 245.)
(2) Amédée Le Faure, t. I. p. 246. — Alfred Duquet, *Frœschwiller, Châlons, Sedan*, p. 309. — « Suivant la déplorable coutume du temps, les officiers généraux et les états-majors ont abandonné leurs troupes et cantonné dans Beaumont. » (Général Palat, 1ʳᵉ partie, t. VI. p. 359.) — Voir, *suprà*, p. 375, note 3.

se dissimulent derrière les arbres de la forêt. Quant aux artilleurs prussiens ils font des « pertes graves (1) ».

Lorsque le gros des VIII⁰ et VII⁰ divisions se porte au secours de l'avant-garde, « les Français l'attaquent vivement et il faut les repousser à la baïonnette (2) ». Le général de Failly a donc pu écrire avec raison : « Nos troupes se mirent aussitôt en bataille et résistèrent fermement à l'attaque (3). » Grâce « à des soldats éprouvés par plusieurs campagnes, la panique fut évitée (4) ». Il n'en eût pas été de même si les Allemands avaient eu affaire à des soldats ayant servi deux ans.

Quels résultats les Français auraient-ils obtenus, même à Beaumont, si leurs généraux avaient montré la plus vulgaire prudence !

C'étaient les divisions Goze et Guyot de Lespart qui campaient au sud de Beaumont et étaient, par conséquent, les plus rapprochées de l'ennemi. Les quatre brigades Saurin, de Fontanges, Nicolas et Abbatucci avaient donc engagé vigoureusement la lutte avec les fantassins prussiens débouchant des

---

(1) *Mémoires du maréchal de Moltke*, p. 99. — « Quelques instants suffisent pour faire éprouver aux chasseurs prussiens et aux batteries d'avant-garde des pertes si considérables que ces dernières ne disposent plus que de deux ou trois hommes par pièce ; les obus portent également jusque sur les troupes encore en marche sous bois ». (*La Guerre franco-allemande*, 1ʳᵉ partie, p. 994.) — Général de Woyde, t. II, p. 245.

(2) *Mémoires du maréchal de Moltke*, p. 99. — *Bazeilles-Sedan*, par le général Lebrun, p. 63.

(3) Général de Failly, p. 45. — « La plus grande partie des troupes françaises fit bonne contenance. » (Général de Woyde, t. II, p. 245.) — L'infanterie française « couvrit les divisions allemandes d'une grêle de projectiles ». (*Ibid.*) — « Les troupes se remirent bientôt de leur trouble et, par la vivacité de leurs feux, parvinrent à contenir, pour quelques instants, l'élan offensif des Allemands ». (*Bazeilles-Sedan*, par le général Lebrun, p. 63.) — « Le désarroi ne dura qu'un moment. » (Léon Barracaud, p. 74.) — Charles de Mazade, t. I, pp. 211 et 212. — Colonel Grouard, p. 76.

(4) *Section historique*, III⁰ série, II, p. 87.

bois. De leur côté, nos artilleurs avaient sellé leurs chevaux sous le feu des assaillants et s'étaient mis en mesure de tirer. Malheureusement, beaucoup d'attelages avaient été désorganisés par les obus. Quoi qu'il en fût, les Français faisaient bonne figure (1). « Il n'y avait, naturellement, pas trace d'idée tactique dans les dispositions prises ; chacun faisait de son mieux, courant au plus pressé (2). »

Mais, bientôt, les Prussiens ressortent des fourrés et abordent notre ligne, après avoir mis près de trois quarts d'heure à parcourir les 600 mètres qui les séparent de nous. La lutte reprend, acharnée, de part et d'autre.

Le colonel de Béhagle qui s'est porté en avant, à la tête de son régiment, vient de donner l'ordre de mettre en position une pièce égarée dans la vallée Dame-Ponce, lorsqu'une balle, partie des environs de la Maison-Blanche, lui traverse le foie et les reins.

Si les assaillants éprouvent des pertes énormes, leur artillerie nous écrase de projectiles. La nôtre répond à peine, occupée qu'elle est à harnacher et à atteler les chevaux, à chercher des positions favorables pour la riposte. Un instant, quelques intrépides bataillons s'élancent à la baïonnette au-devant des Allemands : ils ne peuvent les joindre et rétrogradent en laissant beaucoup de monde sur le terrain. Le 68ᵉ de ligne perd, à lui seul, son commandant, le lieutenant-colonel Paillier, ses trois

---

(1) « Le temps gagné par l'*héroïque résistance* de ces dix-huit bataillons (division Goze et brigade de Fontanges), au sud de Beaumont, permit au général de Failly d'établir le reste du corps d'armée sur les hauteurs, au nord de Beaumont. » (*Ibid.*, pp. 179 et 180.)

(2) Général Palat, 1ʳᵉ partie, t. VI, p. 371. — La résistance *offensive* des troupes françaises surprises s'était produite « sans cohésion et surtout par des chaînes épaisses de tirailleurs ». (Général de Woyde, t. II, p. 245.) — **Théodore Duret**, t. I, p. 304.

chefs de bataillon, 30 officiers et 753 hommes. Tombent également M. Berthe, colonel du 86º, et le commandant de Lacvivier, du 46º.

Notre aile gauche plie alors ; le mouvement de recul s'accélère. Plusieurs canons et des mitrailleuses sont pris, ainsi que les tentes, les bagages et des approvisionnements. Le 14º de ligne laisse sur le champ de bataille 35 officiers tués et blessés ; le 68º, 26. Nos soldats ont épuisé leurs 90 cartouches ; visant, à genoux, les colonnes serrées de l'ennemi, ils lui ont fait grand mal.

Les débris de nos régiments traversent le bourg dans une horrible confusion et courent se réfugier auprès des brigades qui occupent les positions du nord. Toutes ces troupes garnissent les hauteurs qui s'étendent entre Yoncq et la Meuse et mettent leur artillerie en batterie sur le dos du terrain qui monte en pente douce de Beaumont vers le bois Givodeau.

Le général de L'Abadie avait échelonné, là, les 88º et 49º de ligne, plus le 14º bataillon de chasseurs. Ces troupes supportaient stoïquement les coups des batteries allemandes.

Les renforts, qui sortaient, à chaque instant, de la forêt, les batteries, que les Allemands installaient aux alentours de la Maison-Blanche et sur un mamelon, à l'ouest de la route de Beaumont à Sommauthe, avaient brisé l'admirable élan de nos soldats et les avaient empêchés d'atteindre les canons dont ils n'étaient plus séparés que par quelques pas.

A 2 heures, Beaumont était au pouvoir de l'ennemi (1). Exécutée au moyen de forces écrasantes, cette attaque « avait coûté aux Prussiens de lourds

---

(1) Général de Woyde, t. II, p. 243. — Amédée Le Faure, t. I, p. 286. — Major Scheibert, p. 232.

sacrifices qui, pour certains bataillons, s'élevaient à plus du quart de l'effectif. Au nombre des blessés figuraient le colonel de Scheffler, commandant la XVIe brigade, et son aide de camp, ainsi que le colonel de Horn, le lieutenant-colonel Hasse, le major de Lettow et un grand nombre d'officiers (1) ».

« Surprises dans leur camp, équipées, armées et formées sous le feu de l'ennemi, les troupes de la division Goze (notamment) avaient eu une attitude au-dessus de tout éloge, dans ce combat inégal, et infligé à l'adversaire de lourdes pertes (2). »

Donc, les valeureux soldats de la division Goze et de la brigade de Fontanges, qui ont si bien disputé le terrain aux Allemands débouchant de la forêt, sont recueillis, sur les mamelons au nord de Beaumont, par la division L'Abadie et la brigade Abbatucci, qui viennent de s'y installer, de la Harnoterie à Sainte-Hélène (3).

La brigade de Fontanges avait tellement souffert qu'elle n'était plus guère en état de lutter. Elle fut expédiée vers Mouzon où elle franchit la rivière à gué, près du pont, se ravitailla en munitions et fut chargée de la défense de ce pont. La division Goze, démolie par les furieux combats soutenus, ne représentait plus que des débris qui continuaient quand même à lutter valeureusement (4). Quelques dispersés des 61e et 86e de ligne, après s'être pourvus de cartouches empruntées au convoi du corps Douay, allaient occuper le mont de Brune. Les survivants du 66e de ligne abandonnaient Létanne et se retranchaient sur la hauteur de Sainte-Hélène (5).

(1) *La Guerre franco-allemande*, 1re partie, pp. 999 et 1000.
(2) *Section historique*, IIIe série, II, p. 102.
(3) *Ibid.*, p. 109.
(4) *Ibid.*, p. 111.
(5) *Ibid.*

De ce côté, les engagements avaient été des plus vifs. Pendant que le centre ennemi s'emparait de Beaumont, le combat s'était également engagé sur notre gauche, le long de la route de Stenay, au pied des Gloriettes. Là, s'étaient réfugiés, bien à couvert, des hommes de différents régiments qui, sans appui d'artillerie, ne laissaient pas de causer, par leur fusillade, de fortes pertes au flanc droit des assaillants de Beaumont. Jusqu'à 2 heures, la lutte fut vive ; les Français reculaient pied à pied, ne cessant de tirer ; enfin, arrivés à Létanne, nos braves soldats durent s'échapper le long des flancs de la colline de Sainte-Hélène, car l'arrivée des Saxons rendait, de ce côté, le combat par trop inégal. Cet engagement, de deux heures à peine, avait coûté, au seul 66e prussien, 20 officiers et 500 hommes (1).

L'artillerie de la Maison-Blanche avait grandement contribué au succès des Prussiens, mais, chose à noter, elle avait, elle-même, subi de fortes pertes, du fait de nos chassepots, puisqu'une seule de leur batterie avait perdu 3 officiers, 26 hommes et 34 chevaux (2). Rien de pareil ne s'était produit à Frœschwiller, où les artilleurs prussiens avaient pu pointer et tirer comme à l'exercice (3).

« Il faut dire, à la louange des Français, qu'au lieu de se soustraire aux projectiles qui arrivaient sur eux par surprise, ils avaient formé aussitôt leurs lignes, s'étaient jetés à terre et avaient accueilli les têtes de colonnes allemandes par un feu destructeur. Les batteries françaises aussi s'étaient mises vivement en position et avaient riposté aux feux des assaillants avec une telle vivacité que les

---

(1) *La Guerre franco-allemande*, 1re partie, p. 1000.
(2) *Ibid.*, p. 1001.
(3) *Mémoires du maréchal de Moltke*, p. 99.

têtes de colonnes et l'artillerie avaient subi des pertes graves (1). »

« Sept pièces, dont les attelages avaient disparu, mais dont les servants avaient persisté à tirer jusqu'au dernier moment, un certain nombre de soldats, de voitures et de chevaux étaient tombés aux mains des assaillants (2). »

Après 2 heures, les batteries du IVe corps, celles des Saxons, celles des Bavarois, qui commençaient à arriver, étant sorties des bois, se mirent en position sur une longue ligne, couvrant les hauteurs, depuis le bois des Murets jusqu'aux Gloriettes (3).

De leur côté, vers 2 heures, les Français étaient parvenus à établir, au nord de Beaumont, une nouvelle ligne d'artillerie s'étendant de la ferme de la Harnoterie au mamelon dominant le bouquet de bois du Fays et Sainte-Hélène, près de la ferme de la Sartelle (4).

« Je suis forcé de reconnaître, a écrit le prince de Hohenlohe, le dévouement et la décision de l'artillerie française ; écrasée par la supériorité de notre feu, elle se taisait et prenait de nouveau part à la lutte dès que notre infanterie se portait à l'attaque... (5). »

---

(1) Major Scheibert. p. 229. — *Ibid.*, p. 233.
(2) *Mémoires du maréchal de Moltke*, p. 99. — Plusieurs canons, « sans attelages, dans les camps, en avant de Beaumont, étaient tombés aux mains des Prussiens ». (Général de Woyde, t. II, p. 246.) — *La Guerre franco-allemande*, 1re partie, p. 1003. — Général Derrécagaix, p. 278.
(3) *La Guerre franco-allemande*, 1re partie, pp. 1001 et 1002.
(4) *Ibid.*, p. 1003. — « Le général de Failly avait rallié la plus grande partie de son monde en arrière. » (*Souvenirs inédits du maréchal de Mac-Mahon, Section historique*, IIIe série, II [Documents annexes], p. 85.) — « Si atteint qu'il fût, le 5e corps ne résistait pas moins. » (Charles de Mazade, t. I, p. 212.) — « La résistance fut opiniâtre, le général de Failly voulant, sans doute, par ce suprême effort, racheter les fautes commises. » (Léon Barracand, p. 74.) — Amédée Le Faure, t. I, p. 286.
(5) Prince de Hohenlohe, *Lettres sur la Stratégie*, p. 402.

On doit rendre cette justice au général de Failly :
dans cette reculade sur Mouzon, où il avait reçu
l'ordre de passer la Meuse, il se retira pied à pied,
« faisant occuper successivement à ses troupes, à
droite et à gauche de la route de Mouzon, toutes les
positions qui se prêtaient le mieux à la défense (1) ».

ARRIVÉE DES SAXONS

Dès le début de ces combats, les troupes saxonnes, entendant le bruit des canons du corps d'Alvensleben, s'étaient hâtées dans la direction de Beaumont. Elles avaient voulu, d'abord, aller au plus court, à travers le bois de Dieulet, afin de déboucher à Belle-Tour. Mais les fourrés étaient si épais que les Saxons ne parvinrent point à passer : il leur fallut appuyer à droite, du côté de la ferme de Fontaine au Fresne, où ils rencontrèrent un autre obstacle, le ruisseau de la Wamme, large et bourbeux, dans lequel les hommes s'enfonçaient jusqu'à la ceinture, pataugeant au milieu d'une vase puante. Grâce au pont de fortune, jeté par les pionniers, la traversée de ce marécage fut un peu facilitée ; quant à la cavalerie et à l'artillerie, elles furent obligées de gagner la route de Stenay pour atteindre le pont de pierre sur lequel on franchit le ruisseau (2).

Pareillement, la XXIIIe division saxonne avait apporté son appui au général d'Alvensleben car, à 1 heure, elle apparaissait près de la ferme de Beaulieu, sur la rive gauche de la Wamme. Une fusillade, partant du bouquet d'arbres plantés au

---

(1) *Bazeilles-Sedan*, par le général Lebrun, pp. 63 et 64.
(2) *La Guerre franco-allemande*, 1re partie, pp. 1003 et 1004.

nord, de l'autre côté de la route de Stenay, la gênait tout d'abord ; mais les Saxons disposaient de tant de monde qu'il leur fut aisé de chasser de ce bois les isolés français qui y faisaient le coup de feu et de dégager ainsi la droite du IV⁰ corps. L'artillerie avait facilité ces petites opérations et préparé la prise des Gloriettes qui, à 2 heures, était un fait accompli ; presque toutes les batteries saxonnes s'établissaient immédiatement sur ces hauteurs (1).

ARRIVÉE DES BAVAROIS

Comme si la disproportion des forces, engagées des deux parts, n'était pas assez grande, alors que le général de Failly, surpris par sa faute, était livré à lui-même, le nombre des Allemands croissait à chaque instant. Les Saxons étaient accourus à l'aide du IV⁰ corps prussien et voici que les Bavarois, de la III⁰ armée, arrivaient, à leur tour, à la rescousse.

Le corps bavarois du général de Tann se trouvait à Sommerance quand il reçut, à 3 heures et demie du matin, l'ordre de marcher vers le nord, par Sommauthe. La II⁰ division, commandée par le général Schumacher, était partie à 6 heures et arrivée, aux environs de Sommauthe, à midi, suivie par la brigade de cuirassiers. La division de Stephan (Ire), retardée par l'encombrement des routes et des chemins, n'atteignit Buzancy qu'à cette dernière heure de midi (2).

Pendant ces marches, quelques cavaliers avaient été lancés en avant. Ayant escaladé les hauteurs

(1) *Ibid.*, pp. 1004 à 1006. — Général Palat, 1re partie, t. VI, p. 385. — Major Scheibert, p. 234.
(2) *La Guerre franco-allemande*, 1re partie, p. 1006.

situées au nord de Sommauthe, quel ne fut pas leur étonnement de découvrir, autour de Beaumont, les campements du 5ᵉ corps « encore plongés dans le calme le plus complet (1) ». En même temps, sur leur droite, ils voyaient se dérouler les longues colonnes de l'armée de la Meuse se hâtant vers Beaumont (2).

Tout à coup, à midi et demi, les grondements du canon se font entendre dans la direction du nord-est. A ce bruit, le général de Tann — qui n'imitait pas le général Ducrot à Wissembourg, qui ne marchait pas à la tête de la division la plus éloignée de l'ennemi, mais aux premiers rangs de celle se trouvant à l'avant-garde — prescrit de mettre immédiatement le cap sur Beaumont et de se placer à la gauche du IVᵉ corps. De plus, il lançait deux batteries au trot, à travers le bois de Sommauthe, pour renforcer encore la ligne d'artillerie du général d'Alvensleben. Ce sont ces batteries que nous avons vues prendre position sur le haut mamelon du bois des Murets (3) et joindre leurs feux à ceux des Prussiens et des Saxons contre les vaillants défenseurs de Beaumont (4).

Mais le commandant de la IIᵉ division bavaroise, général Schumacher, avait galopé à la suite de l'artillerie et se tenait sur ce fameux mamelon des Murets quand le général de Wittich, de l'état-major d'Alvensleben, venait le rejoindre et le prier de jeter ses régiments contre la droite des Français, en prenant pour but les peupliers de la ferme de la Thibaudine. Le général bavarois y consent et, à mesure qu'elles arrivent, dispose ses troupes le long du bois, en vue de la marche en avant.

(1) *Ibid.*, p. 1007.
(2) *Ibid.*
(3) Voir *supra*, p. 391.
(4) *La Guerre franco-allemande*, 1ʳᵉ partie, p. 1007.

Seulement, trop impatient, il ordonne au régiment de chevau-légers, qui a escorté les deux batteries d'avant-garde, d'enlever une batterie de mitrailleuses paraissant isolée au sud de la ferme de la Harnoterie. Mal en prend aux infortunés cavaliers : comme les cuirassiers français à Morsbronn et devant Frœschwiller, à peine ont-ils dépassé la route de Beaumont à Stonne qu'ils sont criblés par les balles tirées des taillis situés à l'ouest de la Thibaudine : c'est à bride abattue qu'ils s'empressent de regagner la position défilée qu'ils avaient eu l'imprudence de quitter (1).

Ne voulant pas rester sous l'impression de cette fuite, le général Schumacher ordonne à son infanterie disponible d'enlever la Thibaudine. Les fantassins bavarois, s'éloignant prudemment des taillis où les Français embusqués ont si bien reçu les chevau-légers, gagnent la route de Stonne, du côté de Beaumont et se retranchent au moyen du remblai. Les autres compagnies de la II° division ne se dépêchent guère d'abandonner les abris du bois et l'action traîne, à la gauche allemande, faute de combattants décidés à aborder la Thibaudine (2).

A ce moment, vers 2 heures et demie, la division Stephan n'ayant pas encore dépassé Sommauthe, fractions d'infanterie bavaroise, terrées derrière les le remblai de la route de Stonne, voient déboucher, sur le mamelon allongé situé entre la Thibaudine et le Grand-Dieulet, de forts contingents français : ce sont des fractions de la division Conseil-Dumesnil qui, dans leur marche d'Oches à Mouzon, par Yoncq, ont quitté le chemin conduisant à ce village, près de la Besace, et pris la route de Beaumont. A Warniforêt, abandonnant cette route, les Fran-

---

(1) *Ibid.*, pp. 1007 et 1008. — Major de Chabot, 1ʳᵉ partie, p. 139.
(2) *La Guerre franco-allemande*, 1ʳᵉ partie, p. 1008.

çais, au hasard, se sont avancés du côté des Bavavois, à la faveur des taillis du bois du Grand-Dieulet, ont couronné le mamelon et ouvert le feu contre les troupes ennemies aventurées à l'est de la Thibaudine (1). Le général Chagrin de Saint-Hilaire, puis le général Conseil-Dumesnil, en personne, s'avancent avec leurs troupes. Les Bavarois, n'ayant pas su se garder dans leur marche, sont, à leur tour, surpris (2).

Avant d'exposer les incidents de cet engagement, il est bon de rappeler que, durant le temps d'arrêt qui avait suivi la prise de Beaumont, l'artillerie allemande s'était mise en batterie sur toutes les hauteurs propices. Du bois des Murets aux Gloriettes, vingt-cinq batteries, à partir de 2 heures, faisaient rage contre l'artillerie française échelonnée du petit bois du Fays à la Harnoterie. Par malheur, nos canons ne valaient pas ceux des Allemands: malgré la bravoure, l'habileté de nos artilleurs, qui changeaient continuellement d'emplacements afin de fausser le tir de leurs adversaires, la lutte était trop inégale pour durer longtemps. Les mitrailleuses disparurent les premières, puis ce fut le tour des canons : à 3 heures, notre artillerie s'était retirée du côté du bois Givodeau, non loin de notre infanterie repliée entre Yoncq et la Sartelle, laissant au pouvoir de l'ennemi une pièce dont l'avant-train avait sauté (3).

Mais la lutte avait été chaude, les Allemands avaient été fort maltraités; le plus grand désordre régnait dans leurs rangs, surtout en raison de la

---

(1) *Ibid.*, pp. 1008 et 1009.
(2) Général de Woyde, t. II, p. 248, note 2. — Major Scheibert, p. 235.
(3) *La Guerre franco-allemande*, 1re partie, pp. 1009 et 1010. — *Mémoires du maréchal de Moltke*, p. 99. — Major Scheibert, p. 235.

confusion des différentes unités. Cependant, à 3 heures et demie, les Saxons étant en mesure d'aider le général d'Alvensleben Ier vers sa droite et l'arrivée des Bavarois semblant garantir la gauche de ce général, l'ordre de reprendre l'offensive est donné aux corps prussien et saxon (1).

Arrivons, enfin, à l'épisode survenu durant la préparation des Bavarois. Nous avons exposé que l'attaque de la division Conseil-Dumesnil en avait été la cause; il aurait pu être décisif, tout au moins heureux pour nous, mais il n'apparaît pas que Conseil-Dumesnil ait tiré bon parti de la surprise où son intervention avait jeté les Bavarois.

Les Français n'avaient pas couronné le mamelon en assez grand nombre, aussi, quand l'ennemi se présente en masse contre « les tirailleurs » qui ont gravi cette hauteur, ceux-ci sont-ils facilement refoulés et contraints de redescendre la pente. « Les hommes de la réserve, versés pour combler les vides faits à Frœschwiller, prennent la fuite, s'écriant qu'on ne saurait se battre sans manger, jetant leurs sacs et leurs fusils (2). »

Le général Morand, commandant la 1re brigade, est blessé mortellement, lors de cet engagement, en cherchant à rallier les fuyards (3). Malgré les efforts du général de Bretteville, qui tombe, à son tour, grièvement blessé, le 3e de ligne, tout entier, se dérobe sous les fourrés du Grand-Dieulet. Le sous-lieutenant Varinot saisit le drapeau et s'élance en avant; quelques hommes seulement le suivent. Ce brave officier s'affaisse, frappé par une balle; son camarade Sondorf relève l'aigle et court à l'ennemi; un éclat d'obus le couche à terre; les sergents

---

(1) *La Guerre franco-allemande*, 1re partie, p. 1010.
(2) Gabriel Monod, *Souvenirs de campagne*, pp. 24 et 25. Cité par Théodore Duret, t. 1, p. 305.
(3) *Section historique*, IIIe série, II, p. 120.

Perrin et Garnier reprennent l'étendard, mais 11 officiers sont atteints, les soldats se sauvent; il faut abandonner la partie (1).

Échauffés par ce succès, les Bavarois ont repris courage, porté d'autres forces contre la Thibaudine qu'ils emportent sans grande lutte. Il n'y a plus que le redoutable petit bois, le long de la route de Stonne, à l'est de la ferme, où quelques braves de la division Guyot de Lespart se sont installés, dès le commencement de l'affaire, et où ils font d'excellente besogne. C'est là, paraît-il, que la division Conseil-Dumesnil se réfugie (2)! Cet évanouissement de toute une division dans un petit bois de 400 mètres de large sur 1500 mètres de long, nous semble fantastique. Qu'est donc devenue cette division? A-t-elle, tout de suite, poussé vers le nord par Yoncq? C'est probable. Cependant, il est admissible, en raison des combats assez violents que les Bavarois ont eu à soutenir pour s'emparer du sanglant bois de la Thibaudine, que nombre des soldats du général Conseil-Dumesnil se sont joints aux isolés de la division Guyot de Lespart afin d'arrêter l'élan de l'ennemi de ce côté. Seulement, ces combats ont été entamés, continués et arrêtés à l'aveuglette, sans direction des grands chefs, à l'instigation d'officiers subalternes, de sous-officiers ou de simples soldats luttant à outrance, là où ils se trouvaient.

Quoi qu'il en soit, les Bavarois ne s'arrêteront plus, maintenant. Leur artillerie s'en prend à une batterie que le général Douay a fait mettre en action, près de Warniforêt, et, surtout, couvre de projectiles le fameux petit bois, tant et si bien que

---

(1) *Ibid.* p. 121. — Amédée Le Faure, t. 1, pp. 283 et 284.
(2) « L'adversaire bat alors en retraite vers la parcelle boisée située à droite du ruisseau d'Yoncq. » (*La Guerre franco-allemande*, 1re partie, p. 1011.)

les intrépides, qui le défendent depuis plus de deux heures, éprouvent des pertes cruelles. Mais les brigades bavaroises sont prêtes pour l'assaut ; le général de Tann se sent si supérieur en nombre qu'il n'hésite plus à escalader les hauteurs au nord de la route de Stonne, depuis Warniforêt jusqu'à la Thibaudine.

Il est aidé, dans cette attaque, par un bataillon de la division de Schœler, du IVe corps ; Prussiens et Bavarois se jettent alors sur la ferme de la Harnoterie, que les batteries prussiennes, saxonnes et bavaroises ont, préalablement, écrasée de leurs obus. De gros nuages de fumée noire, zébrés de longs jets de flammes, sortent des toits effondrés ; la position n'est plus défendable.

Sous la menace du mouvement tournant sur notre droite, esquissé d'abord par les Bavarois, le général de Failly avait chargé le 17e bataillon de chasseurs et le 27e de ligne de résister dans la Harnoterie afin d'arrêter ou de retarder ce mouvement tournant (1). Ces braves gens s'y étaient employés de leur mieux, mais en pure perte. Il leur est impossible de résister à un pareil bombardement ; ils cèdent de toutes parts, sous la poussée des masses allemandes, évacuent la Harnoterie qui crépite sous le feu de l'incendie. Le glorieux petit bois si bien défendu par les débandés est également abandonné par ces héros de circonstance ; un retour offensif contre ce petit bois ne réussit point ; la retraite des Français devient précipitée, définitive : l'ennemi capture, aux abords de la ferme, 2 canons laissés, là, faute de chevaux (2). La déroute de la division Conseil-

---

(1) *Section historique*, IIIe série, II, p. 110.
(2) *Ibid.* p. 122. — *La Guerre franco-allemande*, 1re partie, pp. 1011, 1012 et 1013. — Amédée Le Faure, t. I, pp. 286 et 287. — Major **Scheibert, p. 236.**

Dumesnil est complète. « On aperçoit, sur le chemin d'Yoncq à Raucourt, des voitures du train roulant à bride abattue, des officiers et des soldats blessés, d'autres se traînant à peine, enfin une grande quantité de fuyards appartenant surtout à la 1re brigade de la division Conseil-Dumesnil (1). » A cette vue, le général Douay prescrit de se retirer vers Remilly. C'est une façon peu banale de voler au secours des camarades au feu (2) ! Il est 4 heures et demie; les Bavarois se sont avancés jusqu'à la route de la Besace à Yoncq, où leur arrive l'ordre de faire halte; en conséquence, le corps d'armée se rassemble au nord de Warniforêt attendant les événements (3).

ATTAQUE DU BOIS GIVODEAU

Le prince royal de Saxe, qui s'était d'abord tenu à Fossé, au sud du Bois-des-Dames, puis sur un mamelon au nord de Champy, d'où la vue s'étendait sur tout le pays avoisinant Beaumont, avait adressé à la Garde, dont les bataillons suivaient péniblement, à travers bois, les troupes du IVe corps, l'ordre de rejoindre le général d'Alvensleben. Le prince Auguste de Wurtemberg, commandant la Garde, essaya de se conformer à cette injonction, mais la marche était des plus dures; à 1 heure et demie, seulement, une de ses divisions avait pu atteindre Nouart; quant à la cavalerie et à l'autre

---

(1) *Section historique*, IIIe série, II, p. 67. — « La division Conseil-Dumesnil se retira en grande hâte, dans la direction du nord en abandonnant 2 pièces. » (*Mémoires du maréchal de Moltke*, p. 100.)
(2) « Failly ne reçut aucun secours du 7e corps, qui poursuivit sans s'arrêter, sa retraite vers la Meuse. » (Rüstow, t. I, p. 319.)
(3) *La Guerre franco-allemande*, 1re partie, p. 1013.

division d'infanterie, elles se trouvaient de beaucoup en arrière (1).

Après la retraite des Français, à 3 heures trois quarts, le prince royal de Saxe s'installait à Beaumont. De là, il expédiait ses instructions aux différents corps qui s'amoncelaient au sud et à l'ouest de ce bourg.

Après 3 heures, les régiments du général d'Alvensleben, un peu remis du chaud combat qu'ils venaient de soutenir, constatant que l'artillerie française, établie au nord de Beaumont, avait été contrainte de se retirer sous la pluie d'obus des innombrables canons allemands, se mettaient en marche à la suite des Français broyés par les projectiles de tous genres.

Comme nous l'avons montré tout à l'heure, le général de Failly, sous la menace d'être tourné sur sa droite par les Bavarois, avait complètement évacué, de gré ou de force, toutes les hauteurs au nord de Beaumont et installé ses vaillants bataillons entre le bois Givodeau et Yoncq. Pendant une heure, les Allemands, épuisés et meurtris, ne purent déloger le 5e corps de ces positions (2).

Enfin, les brigades prussiennes de Borries et de Zychlinski sont parvenues, vers 3 heures et demie, à se déployer sur les mamelons se déroulant au nord de Beaumont. Au même instant, la division Schœler se concentrait au sud de la Harnoterie en flammes, que nous venions d'évacuer (3).

Les Allemands avaient perdu le contact : en effet, les ondulations du terrain et les fourrés du bois Givodeau ne permettaient pas à la vue de s'étendre bien loin. Les Français s'étaient-ils retirés au nord ou à l'ouest ? Afin de se renseigner, le général

(1) *Ibid.*, p. 1016.
(2) *Section historique*, IIIe série, II, p. 126. — *Ibid*, p. 129.
(3) *La Guerre franco-allemande*, 1re partie, pp. 1017 et 1018.

34.

d'Alvensleben prescrit donc à la VII⁰ division de se diriger vers la ferme de la Sartelle et à la division Schœler de pousser droit devant elle, en suivant la grande route de Beaumont à Mouzon et le chemin de la Harnoterie (1).

Les Allemands, fatigués, maltraités, s'avançaient prudemment. Ils se faisaient précéder par leur cavalerie, ce qui, en l'espèce n'était pas très pratique. De fait, dès que le 13ᵉ hussards et le 7ᵉ dragons prussiens, suivis d'un escadron de cavaliers saxons, s'approchent d'Yoncq, ils sont canonnés de front par l'artillerie française, installée sur les collines orientales de ce village, pendant que nos troupiers, cachés dans le bois Givodeau, tirent à volonté sur eux. Les cavaliers ennemis, peu friands d'une pareille réception, se hâtent de se dissimuler derrière une des ondulations ou de se réfugier précipitamment derrière leur infanterie, du côté de la Harnoterie (2). Un bataillon qui veut pousser de l'avant, n'est pas plus heureux : à peine est-il à bonne portée de nos fusils du bois Givodeau que les balles arrêtent, net, ce bel élan (3).

Voyant que nous occupions fortement les hauteurs et les bois compris entre le ruisseau d'Yoncq et la Meuse, le général d'Alvensleben déploie les deux brigades Zychlinski et Borries, de la division Schwarzhoff, et la division Schœler, cette dernière derrière l'autre, de façon à former une ligne ininterrompue du ruisseau à la rivière, un peu au sud d'Yoncq et du bois Givodeau (4). En réalité, « depuis la prise de Beaumont, l'ennemi a progressé très lentement, nous laissant toutes facilités de retraite (5) ».

(1) *Ibid.*, p. 1018.
(2) Major de Chabot, 1ʳᵉ partie, p. 140.
(3) *La Guerre franco-allemande*, 1ʳᵉ partie, 1018.
(4) *Ibid.*, p. 1019.
(5) Général Palat, 1ʳᵉ partie, t. VI, p. 409.

Ici, nous allons reproduire littéralement les très justes réflexions que la situation a inspirées au général de Woyde : « Il s'agissait évidemment, à ce moment, pour les Allemands, à Beaumont, de compléter la défaite du 5ᵉ corps français, au moyen d'une poursuite incessante et énergique, et d'acculer ces troupes à la Meuse. En raison de la force et des difficultés d'accès que présentait l'aile gauche française, appuyée à la Meuse, cette tâche ne pouvait être menée à bonne fin qu'à la condition de maintenir l'adversaire sur son front, pour envelopper son aile droite et la rejeter dans la direction de la Meuse. Les moyens d'exécution dont disposait, à cet effet, la IVᵉ armée allemande, bien qu'on lui eût enlevé le Iᵉʳ corps bavarois, se trouvaient en nombre tout à fait suffisant ; ils consistaient en deux corps d'armée entiers, savoir : le IVᵉ et le XIIᵉ, sans compter la Garde, qui, marchant derrière le premier de ces deux corps, était en train de se rapprocher, mais n'était pas encore arrivée pour le moment.

« La direction suivie, au début, par les troupes allemandes, exactement sur Beaumont (en partant du sud et de l'est), ne favorisait pas, cependant, un mouvement enveloppant de l'aile droite de la nouvelle position française ; ce dernier mouvement exigeait une direction plus à l'ouest. Le Iᵉʳ corps bavarois étant détaché, cette mission (l'enveloppement de l'aile droite ennemie) semblait incomber au IVᵉ corps, qui se trouvait à gauche du XIIᵉ, tandis que ce dernier corps devait attaquer l'ennemi de front. Il semble que les Allemands avaient largement le temps d'envisager ces circonstances, ainsi que les mesures qu'elles nécessitaient, car la nouvelle attaque exécutée par les troupes allemandes ne se produisit qu'à 4 heures de l'après-midi, après une lutte d'artillerie de deux heures, pendant laquelle le IV° corps (dont une partie considérable n'avait pas même encore pris part au combat), avait été rassemblé à Beaumont. Cependant, on ne voit pas bien que les Allemands aient apprécié comme il convenait la situation du combat et aient assuré l'unité de direction, nécessaire à une action d'ensemble.

« Au lieu de s'étendre plus à gauche, particulièrement avec des subdivisions fraîches, le IV° corps, dès le moment où il se mit de nouveau en mouvement, en partant de Beaumont, vers 4 heures de l'après-midi, dissémina la VII° division, qui se trouvait à son aile droite, sur toute la largeur du plateau (entre le ruisseau d'Yoncq et la Meuse); il en résulta, d'une part, que les Saxons, qui formaient l'aile droite, arrivaient à se trouver complètement en arrière de la ligne de combat du IV° corps, et que, d'autre part, la VIII° division (qui avait déjà le plus souffert) fut poussée vers la gauche. Comme cette dernière division n'avait pas d'autre champ d'action, elle prit, tant bien que mal, une direction qui lui permettait de mieux envelopper la position française. C'est ainsi que la mission pénible d'envelopper l'ennemi incomba précisément aux troupes qui avaient déjà le plus souffert et se trouvaient les plus fatiguées. L'artillerie de corps du IV° corps ne fut pas amenée vers la gauche (où elle aurait trouvé, au sud-est de Yoncq, de bonnes positions et des objectifs avantageux), mais elle fut, au contraire, dirigée, par Beaumont, contre le front de la position française établie sur la lisière du bois Givodeau, sur un point où il lui fut absolument impossible de se déployer et d'agir avec efficacité (1). »

(1) Général de Woyde, t. II, pp. 249 à 251.

INTERVENTION SPONTANÉE DU GÉNÉRAL LEBRUN

Les Français, assez bien installés sur le haut mamelon situé entre le moulin de la Bonne-Malade, construit sur le ruisseau d'Yoncq, et les fourrés du Givodeau, ralliaient leurs troupes débandées sur le mont de Brune, au sud-ouest de Villemontry, ainsi qu'auprès de ce dernier village. Le renfort qu'apportait alors le général Lebrun au général de Failly facilitait cette réorganisation du 5ᵉ corps (1). En effet, le commandant du 12ᵉ venait, à Mouzon, de faire passer la Meuse à la brigade d'infanterie de Villeneuve, aux cuirassiers de la brigade de Béville et à trois batteries d'artillerie.

Mais le général Lebrun, qui, durant ces épouvantables affaires de Beaumont et de Sedan, a fait preuve d'une grande habileté de tacticien (2), de plus en plus inquiet du 5ᵉ corps, ébranle bientôt la brigade Cambriels, et toute la cavalerie de corps sous les ordres du général de Salignac-Fénelon. Le général de Grandchamp, commandant des deux brigades Cambriels et de Villeneuve, a l'ordre de prendre une bonne position défensive, le plus près possible de Beaumont, et de soutenir énergiquement le 5ᵉ corps. « Lebrun lui montre, du doigt, dans la plaine de Mouzon, une petite chaîne de hauteurs, celle du mont de Brune-Villemontry, qui pourrait être avantageusement occupée (3). »

Bientôt, c'est l'Empereur qui, de la ferme de Baybel, où il se tient sur la rive droite de la rivière, expédie un de ses officiers d'ordonnance afin de

---

(1) Alfred Duquet, *Fræschwiller, Châlons, Sedan*, p. 318.
(2) *Les Braves Gens*, par Paul et Victor Margueritte, p. 68.
(3) *Bazeilles-Sedan*, par le général Lebrun, pp. 64 et 65. — Général Palat, 1ʳᵉ partie, t. VI, p. 426.

demander au général Lebrun s'il peut jeter une partie de ses troupes à l'aide du général de Failly. Le général répond qu'il croit prudent de n'envoyer que trois brigades sur la rive gauche, car il sait que l'ennemi se trouve sur la rive droite, au nord de Stenay, et que rien ne serait plus grave que de dégarnir les collines commandant le passage à Mouzon. L'Empereur, mis au courant, approuve (1).

Le général Lebrun était en mesure de répondre de cette sorte à Napoléon III, car il n'ignorait pas ce qui se passait sur la rive droite et prévoyait l'attaque de la cavalerie ennemie qu'il repoussa si prestement. C'est que le commandant du 12ᵉ corps n'avait pas borné son concours à l'envoi des trois brigades Cambriels, de Villeneuve et de Béville; dès les premiers coups de canon, appréciant justement l'importance tactique des positions de la rive droite de la Meuse, il avait disposé, avec intelligence, d'autres forces sur cette rive, le long du bois d'Alma-Gisors, et à la ferme de l'Alma, dont les bâtiments ont été construits entre ce bois et la rivière. Aussi, quand les Allemands avaient commencé à sortir du petit bois du Fays, poussant au nord-ouest de Sainte-Hélène, tout près de la Meuse, nos batteries de la ferme de l'Alma, en même temps que la fusillade nourrie de la division Lacretelle, dont les soldats tiraient à leur aise, garantis par la rivière, avaient singulièrement gêné les colonnes ennemies prises en flanc (2). Heureusement, le duc de Magenta ne pense pas à bouleverser les mesures prises par Lebrun de ce côté de la rivière. « Pour

---

(1) *Section historique*, IIIᵉ série, II, p. 144 et 145, d'après *Bazeilles-Sedan*, par le général Lebrun, p. 65.
(2) *La Guerre franco-allemande*, 1ʳᵉ partie, p. 1019. — Alfred Duquet, *Frœschwiller, Châlons, Sedan*, p. 318. — Rüstow, t. I, p. 319. — Amédée Le Faure, t. I, pp. 287 et 288. — Colonel Fabre, p. 126.

soutenir la retraite du 5ᵉ corps, Lebrun a pris d'autres dispositions que, du moins, le Maréchal n'a pas la fâcheuse idée de modifier (1). »

On saisit combien étaient sages les dispositions du général Lebrun, qui, de Mouzon, suivait les péripéties de la bataille avec la plus grande attention. « Tout à coup, le Maréchal arrive et renverse ces excellentes dispositions. La brigade Cambriels regagne ses campements et la brigade de Villeneuve reste seule à soutenir les troupes du 5ᵉ corps. Aussi ne peut-elle résister qu'avec peine, se trouve-t-elle compromise à son tour, et ce n'est qu'aux environs de Mouzon qu'elle se remet et fournit au 5ᵉ corps le temps de passer la Meuse (2). »

Plus de trente-deux ans après nous, le rédacteur de la *Section historique* est obligé d'accepter nos critiques dirigées contre la malfaisante intervention du Maréchal : vers 4 heures et demie, le duc de Magenta « pouvait constater que les liens tactiques étaient à peu près complètement rompus au 5ᵉ corps et que la surprise initiale était devenue défaite puis désastre. *Il dut regretter alors de n'avoir pas approuvé l'initiative prise par le commandant du 12ᵉ corps, de diriger trois brigades d'infanterie sur la rive gauche de la Meuse* pour opposer aux Allemands une barrière solide qui eût permis aux éléments du 5ᵉ corps de s'écouler sur le pont et aux gués de Mouzon (3) ».

(1) Général Palat, 1ʳᵉ partie, t. VI, p. 427.
(2) Alfred Duquet, *Frœschwiller, Châlons, Sedan*, p. 319. — *Bazeilles, Sedan*, par le général Lebrun, p. 66. — « Le maréchal de Mac-Mahon, survenant sur le théâtre de l'action, arrête les troupes du 12ᵉ corps. » (Colonel Grouard, p. 79.) — « Ainsi le Maréchal qui, par la direction générale qu'il imprimait à son armée, la conduisait à une catastrophe, venait encore, par son intervention pendant le combat, de contribuer à la déroute d'un de ses corps d'armée. » (*Ibid.*, p. 81.) — *Ibid.*, pp. 82 et 83.
(3) *Section historique*, IIIᵉ série, II, p. 163. — « Mac-Mahon décida que, seules, la brigade de Villeneuve, de la division

Et puis, un militaire, qui aurait eu le moindre sens de la guerre, n'aurait pas manqué de voir que la bataille était sérieuse, que les Allemands nous talonnaient et, alors, il serait resté sur les lieux pour diriger les efforts de ses soldats. « Lorsque, par suite de la direction de la marche et de la position de l'ennemi, une partie du front de marche, ou l'une des ailes, prend une importance particulière, le général en chef s'y porte afin de pouvoir, en cas de rencontre de l'ennemi, apprécier la situation, donner sans perte de temps les ordres nécessaires et diriger les opérations (1). » Mac-Mahon, lui, change tout cela : il se contente de contremander les excellentes mesures décidées par Lebrun et ne prend pas en mains la direction de l'affaire. Aussi, « lorsque le 5ᵉ corps, fatigué, épuisé, harcelé, absolument désorganisé, déboucha dans la plaine de Mouzon, le général Granchamp, qui n'avait à sa disposition que deux brigades, l'une d'infanterie et l'autre de cavalerie, soutenues par quelques batteries, ne put prêter au général de Failly qu'un appui insuffisant. S'il avait eu avec lui trois brigades d'infanterie et une forte division de cavalerie, peut-être aurait-il pu arrêter net les troupes allemandes et leur fermer l'entrée de la plaine de Mouzon (2) ».

Enfin, les deux régiments du général Borries avancent doucement et chassent, de la ferme de la Sartelle, les tirailleurs français, enfants perdus se

---

Grandchamp, et la brigade de cuirassiers de Béville avec le 8ᵉ chasseurs, reviendraient sur la rive gauche, par le pont de Mouzon, pour secourir le 5ᵉ corps. Les autres éléments du 12ᵉ corps, qui s'étaient mis en marche sur l'ordre du général Lebrun, retournèrent donc à leurs camps, sauf, toutefois, trois batteries de la réserve. » (*Ibid.*, p. 146.)

(1) Le général Berthaut, p. 250. — Voir, à ce propos, la critique de la conduite de Ducrot, le 4 août, à Wissembourg, dans *Frœschwiller*, par Alfred Duquet, pp. 115 à 118.

(2) *Bazeilles-Sedan*, par le général Lebrun, pp. 67 et 68.

battant au hasard. Le commandant du 66ᵉ prussien, comte de Finckenstein, tombe, frappé à mort, dans cette attaque. Le restant de la XIIIᵉ brigade, s'enfonce alors dans les inextricables taillis du Givodeau. Comment se reconnaître au milieu de ce fouillis de ronces, et de branches enchevêtrées ? A 5 heures seulement, les Prussiens, en désordre, parviennent à déboucher de la partie septentrionale de ce bois. Mais, chaque fois qu'ils tentent de sortir de son abri, ils sont criblés par les balles de Villemontry, qui leur arrivent de front, et par les projectiles du général Lebrun, lancés, de l'autre côté de la Meuse, par les bataillons et les batteries de l'Alma et du bois des Flaviers. Il leur faut, pour le moment, renoncer à toute offensive et rentrer, en toute hâte, sous le couvert des arbres, sans être poursuivis par les Français (1).

A cette heure, les soldats du 5ᵉ corps, soutenus par le général Lebrun, opposaient, partout, une résistance acharnée à leurs adversaires. Le général de Zychlinski n'avait pas été plus heureux que le général Borries quand il avait essayé de sortir du Givodeau. Reçus à coup de fusil, les Prussiens étaient rentrés sous bois et le général de Schwarzhoff, commandant la division, suspend l'action. Il est 5 heures passées (2). Voici l'aveu de l'échec prussien : « Les premiers efforts pour déboucher du couvert, exécutés sans ensemble, avaient été repoussés avec de grosses pertes. L'épaisseur des fourrés ne permettant pas aux troupes de se coor-

(1) *La Guerre franco-allemande*, 1ʳᵉ partie, pp. 1020 à 1022. — Vers 5 heures, l'aile droite du IVᵉ corps se trouvait absolument arrêtée à la lisière septentrionale du bois Givodeau. » (*Section historique*, IIIᵉ série, II, p. 150.) — *Ibid.*, p. 181. — Arthur Chuquet, p. 92. — Le terrain, au nord de Beaumont, « se prêtait à une défense opiniâtre de position en position ». (Général de Woyde, t. II, p. 249.)

(2) *La Guerre franco allemande*, 1ʳᵉ partie, p. 1023.

donner pour une attaque régulière ou de faire préparer efficacement leur offensive par l'artillerie, la brigade (les brigades, XIII° et XIV°), se bornait, pour le moment, à conserver le bois (1). »

Il y avait donc près de cinq heures que, des deux côtés, on se battait avec rage; l'infanterie du prince royal de Saxe va se jeter, tout entière, sur l'infortuné 5° corps.

Durant tous ces combats, en raison de la nature du terrain, en raison, aussi, de l'impuissance de la cavalerie au cours des luttes d'infanterie et d'artillerie, la division de Brahaut, qui s'était repliée vers Mouzon, finit par traverser la rivière et rejoignit nos lanciers et nos chasseurs sur les collines de la rive droite (2). Ces cavaliers n'avaient été qu'une cause d'encombrement dès que le canon avait tonné; ils auraient pu nous servir, auparavant, si, dans la matinée, ils avaient exploré les routes par lesquelles les Allemands étaient arrivés pour nous surprendre. On sait qu'ils ne remplirent point ce rôle élémentaire de leur arme.

En jetant un regard sur le champ de bataille, on est frappé du peu d'espace que les forces accumulées allemandes avaient pour se développer. Les IV° et XII° corps, notamment, s'étouffaient entre la Harnoterie et la Meuse (3). Et la canonnade, la fusillade du corps Lebrun, disposé en partie aux alentours de la ferme de l'Alma, ne cessaient de démolir les bataillons ennemis en marche vers le bois Givodeau et Villemontry (4).

C'est pourquoi le prince Georges de Saxe, com-

---

(1) *Ibid.*
(2) *Section historique*, III° série, II, pp. 129 et 130.
(3) *La Guerre franco-allemande*, 1re partie, p. 1024. — *Section historique*, III° partie, II, p. 130.
(4) « Les Allemands grandement incommodés par les troupes françaises logées sur la rive opposée de la Meuse. » (Major Scheibert, p. 237.) — *Ibid.*, p. 238.

mandant la XXIII⁰ division, inquiet des pertes éprouvées du fait de ce feu si meurtrier, eut la pensée de faire passer la rivière à la division Nehrhoff (XXIV⁰), qui marquait le pas au sud de Beaumont, afin de nettoyer la rive droite (1). Mais il fallait gagner le pont de Pouilly, à plus de 8 kilomètres; en outre, au moment où ce projet germait dans l'esprit du prince Georges, il était près de 3 heures et demie. Combien faudrait-il de temps à des fantassins pour atteindre Pouilly et descendre la rive droite de la Meuse? Il se contente donc de lancer, en reconnaissance, sur cette rive, deux régiments de cavalerie : c'était coup d'épée dans l'eau, démonstration vaine puisque dragons et uhlans se heurteraient aux chassepots du général Lebrun (2).

Effectivement, quand ils s'approchèrent des régiments du 12ᵉ corps, ils furent reçus de telle sorte qu'ils tournèrent immédiatement bride et regagnèrent la Meuse par le même chemin qu'ils avaient pris pour venir (3).

Une nouvelle tentative, exécutée, cette fois, par plusieurs régiments de cavalerie, soutenus par une batterie à cheval, n'est pas plus heureuse. Cavalerie et artillerie sont vivement repoussés; à 7 heures et demie, tout ce monde abandonne la partie (4).

« En résumé, sur sa gauche, malgré le désarroi consécutif à la surprise, le 5ᵉ corps avait réussi, grâce au terrain et avec le concours très efficace de quelques éléments du 12ᵉ corps, à arrêter les deux brigades allemandes qui l'attaquaient. Le

---

(1) *Ibid.*
(2) *Section historique,* IIIᵉ série, II, p. 131. — *La Guerre franco-allemande,* 1ʳᵉ partie, p. 1024.
(3) *Ibid.,* pp. 1026 et 1027.
(4) *Ibid.,* p. 1027. — *Section historique,* IIIᵉ série, II, p. 153. — Major de Chabot, 1ʳᵉ partie, p. 140.

prince royal de Saxe avait dû abandonner, comme impraticable, son projet de couper les Français de Mouzon (1). »

Revenant aux Saxons de la rive gauche, à 4 heures et demie, leur offensive ne laissait pas de se dessiner à leur désavantage, leur flanc droit étant exposé au tir de la ferme de l'Alma. Lorsque, sur les sollicitations du général d'Alvensleben, le prince Georges de Saxe avait tenté d'engager son monde sur l'étroit chemin qui, de Létanne à Villemontry, borde la Meuse, il avait vu ses troupes « assaillies, à la fois par un feu de mousqueterie partant du bois des Flaviers, et par les décharges des mitrailleuses établies auprès de la ferme de l'Alma (2) ».

Les canons du général Lebrun fouillent également le bois Givodeau, occupé par l'ennemi, et rendent périlleuse la situation des Prussiens. Les généraux allemands n'ont plus qu'une idée : réunir de grosses masses d'artillerie afin de contre-battre la nôtre. A 6 heures du soir, seulement, Prussiens et Saxons commencent à respirer : huit batteries ont pris position, de la partie méridionale du bois Givodeau à Sainte-Hélène, dont cinq sur ce mamelon ; toutes ces pièces se mettent à bombarder les batteries du 12ᵉ corps et celles que le général de Failly a installées sur le piton, à l'ouest de Villemontry. Cette intervention apporte « un notable soulagement aux assaillants (3) ».

Les Saxons, se glissant le long de la lisière orientale du Givodeau, arrivent alors jusqu'à la partie septentrionale de ce bois, où les Prussiens échangent toujours des coups de feu avec les Français retranchés à Villemontry ; de leur côté, ils tirent contre

(1) *Section historique*, IIIᵉ série, II, p. 154.
(2) *La Guerre franco-allemande*, 1ʳᵉ partie, pp. 1024 et 1025.
(3) *Ibid.*, p. 1025.

les occupants du bois des Flaviers et du bouquet d'arbres poussant au nord de la ferme de l'Alma. « Mais la position des Saxons, resserrés dans l'étroit espace compris entre la Meuse et la forêt, devient bientôt si pénible (1) » qu'ils doivent se rabattre sur la Sartelle; une batterie les suit et il ne reste plus sous bois que quelques groupes prussiens et saxons qui ne se hasardent plus à en sortir. Il est 5 heures. A cet instant, contenus par le général Lebrun, les généraux saxons se sont décidés à suspendre tout mouvement en avant (2).

« En résumé, à leur aile droite, les efforts des troupes allemandes s'étaient trouvés paralysés par un concours de circonstances défavorables; le prince royal de Saxe avait dû abandonner, aussi, comme impraticable, son projet de couper les Français de Mouzon (3). » En d'autres termes : l'échec de l'armée de la Meuse était évident, grâce aux bonnes dispositions prises par le général Lebrun; il n'en est pas de même à notre droite, par suite des fautes de Félix Douay. Il nous reste à présenter une observation et à exposer la marche des Allemands sur Mouzon avant d'arriver à cette partie douloureuse de notre récit.

On vient de constater combien étaient intelligents les ordres expédiés par le général Lebrun, combien les résultats en furent excellents. Com-

---

(1) *Ibid.*
(2) *Ibid.*, p. 1026. — « Les Français luttèrent avec acharnement et repoussèrent l'assaillant dans les fourrés du Givodeau. » (Arthur Chuquet, p. 91.) — « En somme, malgré son effectif très supérieur au nôtre, la droite allemande a eu son attaque complètement enrayée. L'apparition opportune d'une fraction du 12º corps sur son flanc droit n'est certes pas étrangère à ce résultat, nouvelle preuve que notre inertie habituelle, l'absence de manœuvres, étaient entrées pour beaucoup dans nos précédents revers. » (Général Palat, 1ʳᵉ partie, t. VI, p. 421.) — Arthur Chuquet, p. 92. — *Mémoires du maréchal de Moltke*, pp. 100 et 101.
(3) *La Guerre franco-allemande*, 1ʳᵉ partie, p. 1027.

ment donc expliquer le choix fait par un ministre de la Guerre politicien, pour la narration d'une des plus importantes phases de la guerre, d'un officier assez peu au courant de la tactique et de la valeur des généraux de 1870, assez partial pour avoir écrit, dans la relation officielle, au sujet du chef qui a tant fait de mal aux Allemands, le 30 août, et qui a battu les Bavarois à Bazeilles, le surlendemain : « Le général Lebrun, appelé à la tête du 12ᵉ corps, était un esprit distingué, mais peu connu des troupes *et ayant peu l'habitude de les conduire*; il eût été plus apte aux fonctions de chef d'Etat-major général qu'à celle de commandant d'une unité aussi importante et aussi peu homogène (1). »

Que le général Lebrun eût été un bon chef d'Etat-major général, certes, nous ne le contestons pas; qu'il fût « peu connu des troupes » et « qu'il n'ait pas eu l'habitude de les conduire », nous voulons bien encore l'accepter, afin de faire plaisir au rédacteur officiel, mais Lebrun n'en a eu que plus de mérite en menant admirablement ses régiments au combat, en comprenant immédiatement la situation tactique et en prenant sans tergiverser les dispositions indiquées par les circonstances.

Voilà ce que le commandant Picard, le rédacteur de la *Section historique,* aurait dû signaler ; seulement le général Lebrun était bonapartiste et M. Picard est monté dans le bateau républicain ; alors, le général Lebrun devient, à ses yeux, un piètre tacticien. C'est ce que ces messieurs appellent l'impartialité historique ! Nous la comprenons de tout autre manière et disons indistinctement leur fait aux uns et aux autres, en dépit de nos préférences politiques. Du reste, la vérité a une telle force qu'elle résiste à tous les assauts et contraint ses adversaires à lui

---

(1) *Section historique*, IIIᵉ série, I, p. 18.

rendre, eux-mêmes, hommage. Ainsi, après avoir refusé le sens tactique au général Lebrun, comme on l'a vu tout à l'heure, M. Picard a été obligé de reconnaître, quand même, la valeur des dispositions prises, à Beaumont, le 30 août, par le commandant du 12ᵉ corps (1).

MARCHE DE L'ENNEMI SUR MOUZON

Il nous faut encore revenir en arrière. Aux environs de 4 heures du soir, le général de Zychlinski s'était dirigé vers l'angle sud-ouest du bois Givodeau, où il avait retrouvé les régiments du général de Borries. Il était suivi, dans son mouvement, par la division Schœler et par 4 bataillons, 2 escadrons et deux batteries bavaroises. Tout ce monde, bien tranquille sur son flanc gauche, que Félix Douay n'attaque plus depuis longtemps (2), s'apprête à escalader le mamelon, dominant, entre Yoncq et ce bois, en l'abordant de face et des deux côtés. On se rend compte de la masse ennemie qui va se ruer sur les défenseurs de ce mamelon.

Ceux-ci ne s'en effrayent point; nos artilleurs pointent juste et contraignent les assaillants à modifier leurs formations de marche ; néanmoins, de quelle façon résister à une semblable poussée ? Attaqués de front et de flancs, nos braves soldats sont refoulés vers les taillis de la partie septentrionale du mamelon : malgré la lutte désespérée des servants, qui veulent emmener leurs pièces, 8 canons et 4 mitrailleuses sont capturés par l'ennemi.

---

(1) Voir, *suprà*, p. 407. — Voir, aussi, *Section historique*, IIIᵉ série, II, p. 182.

(2) « L'adversaire avait à sa gauche toute sa liberté d'action. » (*Ibid.*, p. 181.)

Nous nous retirons définitivement vers le nord et vers la fonderie Grésil (1). Dans la crainte d'être coupé de la rivière, le général de Failly avait donné, à 4 heures, des ordres pour gagner Mouzon (2).

Les vainqueurs s'installent sous les bois de la partie septentrionale du mamelon ou descendent prudemment dans la prairie s'étendant au pied du mont de Brune, du haut duquel les batteries françaises ne cessent de tirer. Là, ils se défilent de leur mieux et attendent.

Mais, d'autres troupes prussiennes ont continué leur marche du côté de la fonderie Grésil où se sont réfugiés quelques défenseurs du mamelon enlevé. Elles n'ont pas grand mal, soutenues qu'elles sont par l'artillerie établie sur cette hauteur dès son occupation, combattant, de plus, 50 contre 1, à chasser de ce refuge les valeureux soldats de la brigade de Villeneuve, accourus au secours du 5e corps; nous sommes forcés de nous retirer par la route de Pourron, abandonnant encore une pièce.

Aussi bien, les Allemands disposent de tant de canons qu'ils n'ont pas d'emplacements pour les mettre en batteries : plusieurs pièces demeurent muettes, abritées dans un pli de terrain. Mais les masses ennemies ne cessent d'affluer entre le bois Givodeau et le mamelon, à l'ouest de Villemontry: une formidable ligne d'artillerie garnit toutes les hauteurs. A 5 heures, elle suit, de ses obus, nos fantassins en retraite, mais ses tentatives contre nos canons du mont de Brune restent sans effet (3).

Il s'agit donc, maintenant, pour nos ennemis,

(1) *La Guerre franco-allemande*, 1re partie, pp. 1027 à 1030.
(2) *Section historique*, IIIe série, II, p. 134.
(3) *La Guerre franco-allemande*, 1re partie, pp. 1030 et 1031. — *Section historique*, IIIe série, II, p. 155.

d'enlever cette éminence. Il est 5 heures et demie, le général de Zychlinski jette sa brigade contre cet objectif. L'artillerie a préparé le mouvement; les Prussiens vont aborder le mont par le versant oriental. Ils sont déjà en marche quand leurs officiers constatent que ce versant est fortement disposé pour la défense, tandis que le versant opposé est presque dégarni; les Français, s'attendant à un assaut venant du bois Givodeau, ont surtout disposé leurs forces sur le flanc qui lui fait face. Les troupes prussiennes, faufilées le long du bois Gerfaux, ont encore mieux aperçu la faiblesse du versant occidental. C'est pourquoi l'ennemi prononce son mouvement sur la droite française. Les nôtres, aussitôt qu'ils reconnaissent le danger, s'empressent de changer de front; leurs canons foudroient les assaillants, leurs fusils crépitent sans relâche; les Prussiens tombent, broyés par les obus, percés par les balles, mais ils sont trop et nous pas assez! Pour comble de malheur, nos munitions s'épuisent; pressés de tous côtés, les bataillons du 30e de ligne, de la brigade de Fontanges, ne sauraient résister plus longtemps; suivis par les isolés des autres régiments, ils battent en retraite, en prenant la voie romaine, et s'approchent de Mouzon : 10 pièces nous sont enlevées (1).

Le 8e chasseurs à cheval avait essayé de couvrir ce mouvement de retraite; naturellement, la fusillade ennemie l'avait désorganisé et contraint à faire demi-tour, après la chute de son chef, le colonel Jamin du Fresnay, mortellement touché (2). Seul,

---

(1) *La Guerre franco-allemande*, 1re partie, pp. 1031 à 1033. — « Toutes les pièces de canon tombent aux mains de l'ennemi, malgré l'énergique résistance des servants. » (*Section historique*, IIe série, II, p. 158.) — *Mémoires du maréchal de Moltke*, pp. 101 et 102. — Major Scheibert, p. 239.
(2) *Section historique*, IIIe série, I p. 159.

le 49ᵉ de ligne, de la brigade de Maussion, et le 14ᵉ bataillon de chasseurs, appuyés par des fractions de la brigade de Villeneuve, *avaient arrêté les progrès des Prussiens* (1). L'artillerie de Lebrun continuait à leur faire beaucoup de mal (2). Le restant de la brigade Villeneuve recueille, près de Mouzon, les débris du 5ᵉ corps.

On a contesté l'utilité de l'aide apportée par le général de Villeneuve au général de Failly. Celui-ci a même prétendu qu'il ne lui fut « d'aucun secours (3) ». Le rédacteur de la *Section historique* écrit, de son côté : « Il est incontestable que la brigade de Villeneuve fut mise en déroute à peine au feu (4). » M. Picard avait oublié que, dans son récit, quelques pages plus haut, après avoir mentionné « l'échec que venait de subir cette brigade (5) », sans l'avoir raconté, il avait écrit que le lieutenant-colonel Broye et le commandant Haillot, aides de camp de Mac-Mahon et de Failly, avaient demandé au général Granchamp de déployer sa 2ᵉ brigade (Villeneuve) vers le moulin Grésil, « dans la pensée que cette démonstration *arrêterait les progrès des Prussiens* (6) ».

On ne comprend guère comment une brigade « en déroute » est en mesure « d'arrêter les progrès » d'un ennemi victorieux. Au reste, ce singulier rédacteur officiel avoue lui-même que les soldats du général de Villeneuve ne se sauvaient pas à toutes jambes, puisqu'il écrit que, sur l'invitation

(1) *Ibid.* — *Ibid.*, note 4, *in fine*.
(2) « La plus grande partie des troupes ennemies, prises en flancs et par derrière par l'artillerie Lebrun, s'arrêtent sur ou en arrière du mont de Brune. » (*Souvenirs inédits du maréchal de Mac-Mahon, Section historique,* IIIᵉ série, II [Documents annexes], p. 86.)
(3) Général de Failly, p. 47.
(4) *Section historique,* IIIᵉ série, II. p. 182.
(5) *Ibid.*, p. 155.
(6) *Ibid.*

des deux aides de camp, « la brigade s'est portée en avant, laissant la cote 169 à sa droite, et a descendu le vallon au sud du mont de Brune. Le 58ᵉ, en tête, massé en colonnes serrées (et la déroute), a commencé à gravir les pentes nord du mamelon 295, précédé de 3 compagnies de gauche du 3ᵉ bataillon marchant en tirailleurs, quand une grêle de projectiles s'est abattue sur les rangs serrés. Le 58ᵉ, quoique surpris, a cherché à se déployer et s'est maintenu un instant sous le feu sans pouvoir riposter. Mais, bientôt, les pertes ont augmenté et il s'est produit une véritable panique que les officiers, malgré leurs efforts, ont été impuissants à arrêter et qui s'est propagée dans les rangs du 79ᵉ. Les deux régiments *se sont ralliés* cependant à 1 500 mètres en arrière, au nord-est du mont de Brune, où *ils se sont reformés*, le 79ᵉ à droite, le 58ᵉ à gauche, très affaiblis moralement et matériellement (1) ».

Des régiments qui « se rallient », qui « se reforment », ne représentent pas des régiments « en déroute », hors d'état de prendre part à la lutte. Qu'ils soient « très affaiblis moralement et matériellement », c'est le sort de toute troupe qui vient d'être repoussée, mais que cette troupe se trouve dans l'impossibilité d'aider ceux qui combattent encore, nous le nions. C'est pourquoi nous pensons que, si le rôle de la brigade Villeneuve ne fut pas celui qu'elle aurait dû jouer, il ne fut pas nul, cependant, et contribua beaucoup à permettre aux régiments du 5ᵉ corps de traverser la rivière. Encore un coup, le général Lebrun n'étant pas *persona grata* à la *Section historique*, il fallait s'évertuer à rapetisser la décisive intervention de ses troupes, le 30 août; dans ce sens, le rédacteur officiel a fait de son mieux, sans y parvenir.

(1) *Ibid.*, pp. 155 et 156.

Nous expliquerons, plus loin, la conduite habile du général Lebrun, à Beaumont, et nous n'avons, pour l'instant, qu'à relater combien la tâche du général de Villeneuve fut difficile quand il a dû s'opposer à la marche des Allemands victorieux. Aussi, comme nous l'avons constaté, sa brigade ne put-elle résister qu'avec peine, se trouva-t-elle compromise à son tour et ce ne fut qu'aux environs de Mouzon qu'elle se remit et fournit au 5ᵉ corps le temps de passer la Meuse (1).

CHARGE DES CUIRASSIERS

A ce moment, le Maréchal commence à saisir la gravité de la situation et fait reporter sur la rive gauche non seulement la brigade Cambriels, mais encore une brigade de la division de Vassoigne (2). Les 5ᵉ et 6ᵉ cuirassiers s'alignent également près du pont de Mouzon et restent exposés au tir meurtrier de l'artillerie allemande. En effet, c'est une pitoyable façon, pour la cavalerie, maintenant, de défendre un point : elle reçoit des coups sans en asséner !

Quoi qu'il en soit, le général de Failly, qui croit encore à l'action efficace des cavaliers contre l'infanterie, expédie un de ses aides de camp, le commandant Haillot, aux cuirassiers de la brigade de Béville, avec l'ordre de charger afin de laisser souffler les soldats du 5ᵉ corps. Le commandant rencontre,

---

(1) Alfred Duquet, *Fræschwiller, Châlons, Sedan*, p. 319. — Voir au sujet du général de Villeneuve, *infrà*, pp. 424 et 425.

(2) *Ibid.*, — « Entre 4 heures 30 et 5 heures, le Maréchal revint sur sa première décision (celle de ne garder que la brigade de Villeneuve, du corps Lebrun, sur la rive gauche) et prescrivit à la brigade Cambriels de se porter sur la rive gauche. » *Section historique*, IIIᵉ série, II, p. 163.)

d'abord, le 6ᵉ cuirassiers : il transmet cet ordre au colonel Martin. Celui-ci répond qu'il ne doit obéir qu'à son général et refuse de se jeter sur les vainqueurs (1). L'envoyé de M. de Failly ne se décourage pas : il pique des deux vers le 5ᵉ cuirassiers. Son brave chef accepte le sacrifice, bien que le lieutenant-colonel Assant et le chef d'escadron de Méautis soient déjà frappés, l'un à mort, l'autre grièvement, au bas-ventre (2). Donc ces géants s'élancent à la voix de leur colonel, M. de Contenson, qui s'est placé, sabre en main, à la tête de ses cuirassiers, « avec un superbe mépris de la mort (3) ». Suivi de ses braves, il se précipite aussitôt à toute bride sur le 27ᵉ prussien. Le capitaine Helmuth interdit formellement à ses hommes de se pelotonner en groupes, leur ordonnant, au contraire, d'at-

(1) « Le chef d'escadron Haillot court au colonel Martin, du 6ᵉ cuirassiers, et lui transmet l'ordre en question : «« Qui êtes-vous ? »» lui répond Martin. «« Je ne vous connais pas; je n'ai d'ordre à recevoir que de mes chefs. »» Cette réponse, en un pareil moment, retentit douloureusement dans le cœur des officiers voisins. » Général Palat, 1ʳᵉ partie, t. VI, p. 432.) — « Le colonel du 6ᵉ cuirassiers fit observer qu'il ne pouvait rien faire sans l'ordre de son général » (*Souvenirs inédits du maréchal de Mac-Mahon, Section historique*. IIIᵉ série, II [Documents annexes], p. 85.) — On a contesté ce récit ; le colonel Martin n'aurait pas refusé de charger : ce serait parce qu'il aurait soutenu le général de Wimpffen et approuvé sa conduite à Sedan que les partisans de Ducrot et des ennemis politiques auraient fait peser sur lui cette ignominieuse accusation. C'est pourquoi nous pensons que, en l'espèce, elle ne doit être acceptée que sous bénéfice d'inventaire, malgré les dires du général Lebrun, qui l'a considérée comme fondée et a flétri la conduite du colonel Martin. (*Bazeilles-Sedan*, pp. 60 et 69.) — *Ibid.*, p. 70, note 1. — « M. le général Niox a complété le récit de la charge des cuirassiers au pont de Mouzon, qu'il a donné dans son ouvrage sur la Guerre de 1870, en mentionnant, dans une nouvelle édition, « la part prise par le 6ᵉ cuirassiers (colonel Martin) à ce très honorable fait d'armes ». (Extrait d'une lettre à nous adressée, le 2 juillet 1912, par M. de Pontich, receveur municipal de la Ville de Paris, gendre du colonel Martin.) — Voir, aussi, la pièce justificative nº VIII. — Voir, encore, *infrà*, p. 423.
(2) *Section historique*, IIIᵉ série, II, p. 160.
(3) *Mémoires du maréchal de Moltke*, p. 102.

tendre de pied ferme que l'assaillant soit plus rapproché et de n'entamer le feu qu'à son commandement. Les escadrons français arrivent jusque sur l'infanterie, mais un feu à volonté, éclatant alors à bout portant, cause dans leurs rangs d'effroyables ravages. Le colonel de Contenson et son cheval tombent mortellement frappés à quinze pas de la ligne des tirailleurs; plusieurs autres officiers sont également tués et blessés. Ceux de ces splendides cavaliers qui sont encore debout poursuivent cependant la charge, mais les fusiliers, qui les attendent de pied ferme, en ont facilement raison. Un sous-officier français s'était jeté sur le capitaine Helmuth et luttait avec lui en combat singulier jusqu'à ce qu'il tombât enfin sous les balles et les baïonnettes (1).

Les Prussiens n'avaient que quelques hommes contusionnés, tandis que nous comptions 111 cavaliers hors de combat (2). Nouvel exemple de la vanité des charges de cavalerie contre l'infanterie, munie des armes à tir rapide et décidée à bien recevoir le choc. Encore une fois, la cavalerie, de nos jours, ne saurait faire œuvre utile que dans le service d'éclairage et dans la poursuite (3).

« Il est difficile de rien imaginer de plus insensé que cette idée de lancer des chevaux contre des pentes. Cette charge de bas en haut, qui avait la prétention d'escalader des collines, ne pouvait avoir que des résultats funestes. Les chevaux, essoufflés après une course de quelques centaines de mètres, laissaient leurs cavaliers exposés aux coups des

---

(1) *La Guerre franco-allemande*, 1re partie, pp. 1034 et 1035. — *Bazeilles-Sedan*, par le général Lebrun, p. 70. — G. Mazel, pp. 141 et 142.
(2) *La Guerre franco-allemande*, 1re partie, p. 1035.
(3) *Napoléon chef d'armée*, par le colonel de Wartenburg, 1re partie, p. 269. — « La cavalerie aura un rôle prépondérant dans les poursuites. » (Commandant Coumès, p. 540.)

ennemis qui, en voyant monter vers eux cette masse noire, s'étaient arrêtés et tiraient sans se presser, comme à la cible (1). »

Le major de Chabot déclare que cette charge « a rempli son but (2) », qu'elle a arrêté l'ennemi et fait gagner du temps. Hélas! si l'assertion du major est exacte, combien de temps? Quelques minutes! Et au prix de quels sacrifices! Sans doute, en de très rares circonstances, il est bon de les accomplir, mais, le plus souvent, ce sont « d'héroïques folies (3) ». Peut-être, le colonel Martin n'a-t-il pas voulu commettre cette folie sans un ordre formel de ses supérieurs?

Enfin, pour éviter une destruction complète, le brave régiment français se replie vers la Meuse, où il trouve les ponts, les gués tellement encombrés par l'artillerie et les bagages qu'il est forcé de se jeter à la nage afin de gagner la rive droite. Le courant est rapide, les chevaux sont épuisés, un grand nombre sont emportés par les eaux (4).

PROLONGATION DE LA LUTTE

Le général de Failly a écrit que, à partir de ce moment, il prescrivit de passer la Meuse et que « ce mouvement s'exécuta avec ordre et régularité. Un bataillon du 30ᵉ de ligne, très affaibli déjà par des pertes nombreuses, soutint vaillamment la retraite, sous les yeux des généraux de L'Abadie, Abba-

---

(1) Eugène Véron, p. 214.
(2) 1ʳᵉ partie, p. 141.
(3) G. Mazel, p. 145.
(4) *La Guerre franco-allemande*, 1ʳᵉ partie, p. 1035. — Section historique, IIIᵉ série, II, p. 162.

tucci (1) » et sous ses propres yeux (2). Il n'était pas encore 6 heures (3).

Mac-Mahon comprenait de plus en plus la lourde faute qu'il avait commise en paralysant, sur la rive gauche, le général Lebrun. L'encombrement du pont de Mouzon, des gués est si grand que la brigade Reboul, de l'infanterie de marine, n'arrive pas à franchir la rivière. Seules, quelques fractions du 22ᵉ de ligne, de la brigade Cambriels, réussissent à gagner le faubourg de Mouzon ; un peu plus tard, 5 compagnies d'infanterie de marine finissent par les rejoindre. Pendant ce temps, 2 compagnies du génie mettent les maisons de la ville en état de défense ; l'artillerie disponible des 5ᵉ et 12ᵉ corps couronne les hauteurs de la rive droite et tire sans interruption (4). Ici, un fait étrange à mentionner : au cours de ces sanglantes luttes, « le général de Villeneuve avait disparu (5) » ! Où était-il passé ? Avait-il, glorieusement, montré le chemin aux perceurs de Sedan ? Nous n'avons pu trouver

(1) Général de Failly, p. 48.
(2) Ibid.
(3) Ibid.
(4) Section historique, IIIᵉ série, II. pp. 163 et 164.
(5) Bazeilles-Sedan, par le général Lebrun, p. 72. — Le général de Villeneuve fut remplacé, le soir même, par le colonel Mircher. (Ibid., p. 74.) — « Le 31 août, le général Grandchamp n'avait avec lui que sa 1ʳᵉ brigade (général Cambriels) ; sa 2ᵉ brigade (général de Villeneuve), moins une fraction de l'un de ses régiments, qui avait rallié le corps d'armée le 30 au soir, avait été conduite par le colonel Mircher, chef d'état-major, et sur l'ordre du maréchal de Mac-Mahon, sous Sedan, où le colonel l'avait établie près du 5ᵉ corps, placé depuis la veille sous le commandement du général de Wimpffen. Dans la matinée du 31, le colonel Mircher, ignorant où le 12ᵉ corps se trouvait en ce moment, avait fait part au général de Wimpffen de l'embarras où il était de rejoindre le général Grandchamp avec les troupes qu'il avait conduites sous Sedan, et le général de Wimpffen l'avait invité à laisser celles-ci près du 5ᵉ corps d'armée, dont il venait de prendre le commandement. Le colonel commit la faute d'obtempérer à l'invitation du général ; il ne rejoignit la 1ʳᵉ division (général Grandchamp) ni dans la journée du 31 ni dans celle du 1ᵉʳ septembre. La brigade

trace, nulle part, ni de sa mort, ni de ses blessures, ni de sa capture par l'ennemi.

Néanmoins, en dépit de tout, de nombreux groupes français allaient combattre longtemps encore sur la rive gauche. Les Allemands le reconnaissent : « Cependant les Français se tenaient toujours en forces des deux côtés du faubourg de Mouzon, occupant aussi le bouquet d'arbres situé au sud et la route de Rouffy. Dans ces conditions, le général de Zychlinski se décidait à donner quelques instants de repos à ses troupes, épuisées (1). »

Durant ces multiples combats, surtout à partir de 5 heures du soir, des débris du 5ᵉ corps ne cessaient de passer la Meuse, à la faveur de la protection que leur apportait le général Lebrun (2). Cette retraite du gros des Français rendait la partie belle aux agresseurs. Ils en profitèrent.

Leur premier soin fut d'occuper le village de Pourron. Après quelques minutes de repos, la plus

---

de Villeneuve fut perdue pour cette division pendant ces deux journées. Si le colonel Mircher avait fait les recherches nécessaires pour savoir où était le général Grandchamp, il est plus que probable qu'il fût bientôt parvenu à l'apprendre. » (*Ibid.*, p. 83, note 1.) — Il résulte de cette note que le général de Villeneuve n'a paru au 12ᵉ corps ni le 31 août ni le 1ᵉʳ septembre. — « La brigade de Villeneuve a été conduite par le colonel Mircher. » (Général Palat, 1ʳᵉ partie, t. VI, p. 168, note 3. — *Section historique*, III ; *Sedan* (Documents annexes), p. 308. — Le général de Villeneuve a reparu plus tard à l'armée de la Loire, où il commandait la 3ᵉ division d'infanterie du 21ᵉ corps, notamment à l'affaire de Sillé-le-Guillaume.

(1) *La Guerre franco-allemande*, 1ʳᵉ partie, p. 1036. — *Section historique*, IIIᵉ série, II, p. 165. — Il y avait, là, venant du mont de Brune et du bois Givodeau, 3 bataillons du 30ᵉ de ligne, d'intrépides combattants du 27ᵉ, des isolés du 22ᵉ et des autres régiments du 5ᵉ corps qui n'entendaient pas céder à l'ennemi et luttaient superbement.

(2) « Failly sauvé par Lebrun. » (Arthur Chuquet, p. 92.) — « Nous distinguions des milliers de fantômes humains courant ou, plutôt, dévalant précipitamment vers la Meuse. » (Paul Déroulède, *1870, Feuilles de route*, p. 159.)

grande partie de la division Schœler et les troupes bavaroises, conduites par le colonel Schuch, avaient suivi le chemin qui borde le ruisseau d'Yoncq, laissant le mont de Brune à leur droite. Bientôt, Prussiens et Bavarois atteignaient Pourron sans rencontrer d'obstacles. Quoique le canon grondât à l'ouest, du côté de Raucourt, le général de Schœler n'hésita pas à lancer ses hommes vers le moulin de Ponçay, où Napoléon III, accablé de fatigue, venait de s'arrêter, un moment, avant de repartir pour Mouzon (1). Les Prussiens suivent les deux rives du ruisseau ; la colonne de droite, sous les ordres du général de Kessler, doit maintenir la liaison avec le général de Zychlinski, du côté du mont de Brune ; la colonne de gauche, composée des Bavarois, a pour mission de rejoindre quelques soldats de la XIVe brigade qui poursuivent les débandés français dans la direction d'Autrecourt.

Ces poursuivants, ayant aperçu de nombreuses troupes françaises, sur la route du faubourg de Mouzon à Villers, qui veulent gagner le pont, jeté au-dessus de ce dernier village, appellent à eux deux batteries bavaroises. Sans tarder, celles-ci se mettent en position, au sommet d'une colline, au sud d'Autrecourt, et commencent le feu. S'il faut en croire nos ennemis, cette canonnade suffit pour arrêter le passage et déterminer une fuite générale (2).

Afin de donner à leur infanterie le temps de respirer, les généraux ennemis veulent, maintenant, achever leur succès en mettant en action une irrésistible ligne d'artillerie, ce qui leur est commode puisqu'ils possèdent tant de canons qu'ils ne savent où les placer. En conséquence, après 6 heures,

---

(1) *Les Étapes douloureuses*, par Albert Verly, p. 72.
(2) *La Guerre franco-allemande*, 1re partie, pp. 1036 et 1037.

leur attention se porte à la recherche de bons emplacements de tir. Ils en découvrent assez pour nous écraser de leurs feux! Les pentes de la hauteur à l'ouest de Pourron, les flancs du mont de Brune et ceux du mamelon du bois Givodeau se hérissent de pièces de tous calibres; c'est un tonnerre de détonations; la terre tremble, dans la véritable acception du mot; le faubourg de Mouzon, la route de Villers, puis, bientôt, les batteries françaises de la rive droite sont couverts d obus. Sous la protection de cette foudroyante canonnade, les divisions de Schœler et de Schwarzhoff font un dernier et suprême effort contre les braves du 12e corps tenant au-dessous de Mouzon. A notre extrême droite, l'ennemi s'empare du hameau de Rouffy, enlève une caisse de l'armée contenant 18 000 francs, arrête un convoi et prend possession du pont jeté par nous près de Villers (1).

Il n'en va pas de même non loin du moulin Ponçay : là, l'ennemi trouve à qui parler en dépit de l'effroyable position des héros résistant, quand même, à la canonnade, à la fusillade, à la baïonnette. Donc, notre infanterie, échelonnée sur la route de Mouzon à Villers et au moulin Ponçay, acculée à la rivière, qu'elle ne peut franchir, puisque le pont est le but des projectiles allemands, ne se laisse pas effrayer : ses balles trouent le corps des assaillants qui ne s'attendaient plus à pareille réception. De son côté, notre artillerie de la rive gauche, malgré le tir des canons ennemis, ne suspend point son feu, les Prussiens éprouvent « des pertes sensibles (2) ».

Poussés par leurs chefs, exaspérés de cette résistance, les Allemands se jettent en masse contre

---

(1) *Ibid.*, pp. 1037 à 1040.
(2) *Ibid.*, pp. 1040 et 1041.

le moulin Ponçay et la route. Les Français ne peuvent refouler ces milliers d'agresseurs; après une lutte des plus sanglantes, à 7 heures du soir, moulin et route sont enfin emportés; les autres abris, où nos vaillants soldats combattent, sont enlevés de vive force; nous fuyons de tous côtés, ayant lutté jusqu'au bout, sans un instant de défaillance, ayant fait à l'ennemi tout le mal possible (1).

A la même heure, les troupes du général d'Alvensleben s'apprêtaient à nous chasser du faubourg de Mouzon. La mêlée commençait, furieuse, dans les premières maisons; les Français opposaient leurs baïonnettes aux baïonnettes ennemies; on se fusillait à bout portant. Les Prussiens n'avançaient pas, car les obus des deux partis tombaient impartialement sur tous les combattants. A 7 heures, après avoir pris l'église, les assaillants occupaient le cimetière (2). Puis c'était le pont dont les Prussiens s'emparaient. Mais les nôtres ne se rebutaient pas : fusils et canons continuaient leur tir; les retours offensifs se succédaient sans relâche pour reprendre le pont.

« Les 3 bataillons de la XIVe brigade attaquent le faubourg de Mouzon, non sans y trouver une énergique résistance qui ralentit beaucoup leurs progrès. Les débris des 2e et 3e bataillons du 30e de ligne, quelques compagnies de la division L'Abadie et du 22e de ligne, soutenus par une pièce de la 6e batterie du 2e, combattent avec acharnement. Ils sont encouragés par l'exemple des généraux de Failly, de L'Abadie et Abbatucci, qui tiennent à honneur de couvrir la retraite jusqu'au bout. Le capitaine de Tessières, resté à peu près seul avec l'une de ses pièces, tire à mitraille. Obligé

---

(1) *Ibid.*, p. 1041. — *Section historique*, IIIe série, II, p. 167. — Major Scheibert, p. 242.
(2) *Section historique*, IIIe série, II, p. 172.

de passer sur la rive droite, il persiste encore à combattre. De quatre servants un est tué et deux blessés; un conducteur sur deux et trois chevaux sur quatre sont mis hors de combat. Tessières continue de tirer avec le seul servant Fabre, faisant usage comme tire-feu d'une ficelle et d'un clou empruntés à une maison voisine. Vers la fin du combat, il est secondé par des soldats du 22ᵉ et parvient à emmener sa pièce avec des chevaux d'emprunt (1). »

Tout à coup, silence complet sur la rive droite : les Français semblent s'être évanouis. Persuadés qu'ils ont évacué Mouzon, les Prussiens se hasardent à traverser le pont, qui n'a pas sauté : à peine ont-ils gagné la rive opposée que, de nouveau, la fusillade reprend, meurtrière, et les force à se sauver à toutes jambes (2).

Il paraît qu'un capitaine d'artillerie, commandant une batterie de mitrailleuses, eut la courageuse initiative de s'opposer, quand même, à l'entrée des Prussiens dans Mouzon. « Lorsque les débris de ces héroïques régiments, brisés, décimés, écrasés par l'ennemi, eurent tous enfin passé la Meuse, au lieu de suivre le flot, il établit résolument sa batterie à la tête du pont, pointant lui-même ses pièces; puis, quand les Prussiens se présentèrent, il leur envoya une volée qui les rejeta en désordre de l'autre côté. Cinq fois les Prussiens tentèrent le passage, cinq fois le brave officier les força de reculer. Ils durent se contenter d'occuper le faubourg et d'y établir un poste nombreux pour barrer les abords du pont (3). »

(1) Général Palat, 1ʳᵉ partie, t. VI, pp. 437 et 438.
(2) *La Guerre franco-allemande*, 1ʳᵉ partie, pp. 1041 et 1042. — « Le major Fritsch essaya de franchir le pont de Mouzon, mais les Français le défendirent si opiniâtrement qu'il dut renoncer à son attaque. » (Major Scheibert, p. 242.)
(3) Eugène Véron, pp. 216 et 247.

Si le fait est exact, il est désolant que la belle conduite de ce capitaine n'ait pas été signalée par ses chefs et que le nom de ce brave demeure ignoré. Mais, plus tard, ces piteux grands acteurs du drame, que M. Thiers eut la criminelle faiblesse, ou l'inavouable calcul, de laisser à la tête de l'armée, ne pardonnèrent pas à leurs inférieurs les actions d'éclat accomplies, sortes de reproches à leur incapacité, à leurs défaillances, et ne récompensèrent pas ceux qui, à l'heure des désastres, s'étaient montrés véritales hommes de guerre, témoin le malheureux Coumès, dont l'admirable expédition du pont de Fontenoy aurait dû précipiter l'avancement, et qui fut, scandaleusement, remis au grade de sous-lieutenant par la néfaste commission de la révision des grades.

FIN DE LA BATAILLE

D'après ce que nous venons de raconter, la bataille de Beaumont se compose d'une série de bonds en avant, où les assaillants subissent des pertes bien plus importantes que celles des assaillis, mais où l'immense supériorité du nombre assure, chaque fois, l'avantage aux Allemands.

Le dernier bond fut celui de l'aile droite ennemie contre Villemontry, où les Français tenaient toujours en échec la brigade Borries. Le commandant de la VIIe division, général de Schwarzhoff, venant, après 6 heures, sur la lisière du bois Givodeau, se vit accueilli par une fusillade partant du bouquet d'arbres situé au nord du village et appelé bois Luquet. Alors, de sa personne, il va chercher du côté du mont de Brune, des renforts auprès de la division Schœler qui a emporté le mont. Il en revient avec plusieurs compagnies ; conjointement avec les contingents saxons, sortant du bois Givodeau, tous ces Allemands se dirigent vers le bouquet d'arbres et vers une ferme, portant le nom de Givodeau, bâtie à mi-distance du faubourg de Mouzon et de Villemontry. Les nôtres, sous l'impulsion du colonel Kampf, du 49e de ligne, résistent avec une énergie singulière ; chassés du bouquet d'arbres, ils se rejettent sur la ferme, sous le feu des batteries prussiennes qui les foudroient, puis ils se réfugient sur les bords mêmes de la rivière (1).

La nuit tombait ; Villemontry, tourné à gauche, n'était plus en état d'être défendu par des hommes n'ayant plus de munitions et que deux divisions abordaient en même temps. Nos pauvres soldats errent donc le long de la Meuse, protégés par la seule obscurité qui se fait plus noire de minute en minute. Nombre d'entre eux sont faits prisonniers, d'autres se cachent dans les buissons ; d'autres, enfin, traversent la rivière à la nage. A 8 heures du soir, en pleine nuit, le feu cesse des deux côtés ; la lutte a duré plus de sept heures (2) !

Incapable de fournir un plus long effort, l'armée de la Meuse garnissait la rive gauche de ce cours d'eau, depuis Beaumont jusqu'à Autrecourt. Les bivouacs des vainqueurs, exténués, s'établissaient au milieu des cadavres et des blessés non relevés couvrant le sol ensanglanté, où les troupes s'étaient arrêtées au hasard, plutôt mal que bien. Une tentative du général de Zychlinski pour traverser la Meuse et occuper Mouzon, qu'il croyait abandonné, n'était pas couronnée de succès :

---

(1) *La Guerre franco-allemande*, 1re partie, pp. 1042 et 1043. — *Section historique*, IIIe série, II, pp. 168 et 169. — Major Scheibert, pp. 242 et 243.

(2) *La Guerre franco-allemande*, 1re partie, p. 1044. — Major Scheibert, p. 243.

les imprudents, après avoir traversé le pont, étaient reçus à coups de fusil et réduits à se sauver au plus vite (1).

La bataille était finie ; il ne restait, sur la rive gauche, que les héros du colonel Demange : les vainqueurs, harassés, tiraillés par la faim, n'avaient plus la volonté, la force de se battre.

Ici, nous faisons remarquer combien le Grand Quartier général prussien laissait de liberté tactique à ses chefs de corps ou d'armée. Ainsi, à Beaumont, il n'envoya aucun ordre à l'adresse du prince royal de Saxe. Au bruit de la canonnade, le Roi, qui était à Buzancy, se transporta sur une petite éminence d'où l'on découvrait le bourg de Beaumont et la plaine qui le surplombe, au nord. Il restait là, « entouré des princes, des généraux et des officiers de l'État-major (2) ». M. de Bismarck le rejoignit bientôt. Et tout ce beau monde, confortablement installé, à l'abri de tout projectile, assista tranquillement à la lugubre tragédie. « Elle dura jusqu'au coucher du soleil et, lorsque la nuit commença à tomber, le Roi était encore assis sur sa chaise, suivant, à travers sa lorgnette, les péripéties suprêmes de la lutte. On avait allumé un feu de paille car le vent était froid. Le chancelier était à terre, dans un sillon, avec Sheridan à côté de lui. On apercevait, dans l'obscurité enveloppante, les éclairs sinistres des obus, qui s'éloignaient de plus en plus, et les flammes qui s'élevaient du village de Beaumont (3). »

(1) *La Guerre franco-allemande*, 1re partie, p. 1044 à 1046. — « Devant Mouzon, Prussiens et Saxons ayant épuisé leurs munitions (et leurs forces), se décidèrent à cesser la poursuite (la marche en avant). » (Léon Barracand, p. 76.)

(2) *Les Mémoires de Bismarck* recueillis par Maurice Busch, t. I, p. 84.

(3) *Ibid.* — Amédée Le Faure, t. I, p. 287.

SUPERBE RÉSISTANCE DU LIEUTENANT-COLONEL DEMANGE

Lorsque le colonel Kampf, du 49° de ligne, avait estimé qu'il ne lui était plus possible de tenir le bois Luquet, craignant d'être coupé de Mouzon, ainsi que nous l'avons raconté, il avait évacué la position (1). Auparavant, il avait fait connaître sa décision au lieutenant-colonel Demange, du 88° de ligne, qui, depuis le commencement de l'affaire, se battait comme un lion, enflammant ses hommes par sa valeur et par sa rage contre l'ennemi. Il répondit « que l'ordre lui avait été donné de rester à son poste et qu'il n'avait pas été levé (2) ». Admirable réponse qui faisait présager le fait d'armes de la soirée, de la nuit.

Par suite de l'évacuation du bois Luquet, par le colonel Kampf, dont la retraite avait été suivie par 2 compagnies du 88° de ligne, le lieutenant-colonel Demange ne disposait plus, après 6 heures du soir, que de 9 compagnies des 1ᵉʳ et 2ᵉ bataillons de ce régiment, déplorablement réduites par les rudes combats de l'après-midi. Pour comble de malheur, les trois batteries qui, jusqu'à ce moment, avaient facilité la résistance, s'étaient, selon l'ordre du général de Failly, retirées, par Mouzon, sur la rive droite de la Meuse.

Malgré tout, le vaillant officier ne lâche pas prise : le jour avait fait place à la nuit et, avec une implacable énergie, ces braves empêchent les bataillons prussiens de progresser du côté de Villemontry. Hélas! tout a une fin : ne disposant plus que de 400 hommes, pressé de front, à droite,

---

(1) Voir, *suprà*, p. 409.
(2) *Section historique*, IIIᵉ série, II, p, 169.

et à revers, Demange prescrit de se retirer, en combattant, et d'occuper la ferme Givodeau, bâtie à égale distance de Villemontry et du faubourg de Mouzon. La nuit est noire ; on connaît mal le pays, les projectiles prussiens sillonnent l'espace : 13 officiers et 210 hommes, seulement, peuvent gagner la ferme ; les autres, égarés, tombent au milieu des masses ennemies, se font tuer pour la plupart ; le restant est fait prisonnier ou se sauve vers la rivière (1).

A 7 heures et demie, il n'y avait donc plus que ces intrépides sur la rive gauche : le surplus de l'armée française avait traversé la rivière. Et les Allemands n'osaient s'approcher de la ferme Givodeau, défendue par la petite poignée de héros (2) !

A 11 heures du soir, le colonel, décidé à rejoindre quand même ses camarades, ordonna de gagner le pont de Mouzon, à la baïonnette, sans tirer un coup de fusil. Le capitaine Delasson et le lieutenant Kelberger, qui marchaient en tête de la petite troupe, aperçurent les soldats prussiens maîtres du faubourg et gardant la tête du pont. On revint à la ferme, car il était inutile de tenter l'aventure si le pont était détruit ou si les Français n'occupaient plus Mouzon. « Le sous-lieutenant Kelberger, qui parlait l'allemand, fut chargé de questionner les

---

(1) *Ibid.*, pp. 169 et 170.
(2) Le Grand Etat-major prussien embrouille singulièrement l'exposé de cet épisode de la lutte. De son récit embarrassé, il résulte que la ferme Givodeau ne fut pas prise le 30 août. Voici ce récit : « Quelques groupes (de Français) isolés, favorisés par l'obscurité, parvenaient ainsi à se dérober, momentanément, dans les broussailles ou en *divers points* de la rive gauche. Les troupes allemandes poursuivaient l'ennemi en déroute, *jusqu'aux abords de la ferme Givodeau*, où se rassemblaient, entre 7 heures et demie et 8 heures du soir, le 101e, 9 compagnies du 108e, etc. » (*La Guerre franco-allemande*, 1re partie. p. 1044.) — On le voit, ce récit ne dit pas que les Allemands ont pris la ferme Givodeau, mais simplement qu'ils ont poussé *jusqu'aux abords* de cette ferme, où ils se sont rassemblés.

sentinelles prussiennes. Il remplit cette mission avec le plus grand succès et acquit la certitude que les Allemands n'avaient pas pu pénétrer dans Mouzon (1). »

Mis au courant, Demange prépara sa percée, qu'il voulait faire une heure avant le jour. « Un peu avant 4 heures, le détachement s'approcha, en silence, de la route et fut partagé en 11 pelotons chacun alignant 10 hommes de front et commandé par un officier désigné par son ancienneté. Le lieutenant-colonel Demange se plaça en tête, ayant, à sa gauche, le commandant Escarfail et, à sa droite, le capitaine adjudant-major Lordon et le sous-lieutenant Kelberger, celui-ci guidant la troupe (2).

Les intrépides tombent sur le 27e prussien, qui garde le pont. Une compagnie de ce régiment est mise en fuite. Par malheur, dès les premiers coups de feu, Demange est tombé, mortellement blessé, le brave Kelberger est foudroyé. Et le combat s'engage, furieux, dans l'obscurité; les soldats du régiment prussien, qui se reposaient de leurs fatigues de la veille, sont, maintenant, tous sur pieds : des fenêtres, des maisons du faubourg, ils tirent à bout portant sur les perceurs, pendant que d'autres Prussiens s'emploient à leur barrer la rue. Les nôtres les repoussent avec furie, les culbutent et arrivent à la barricade que le maréchal de Mac-Mahon a fait élever, au moyen de voitures remplies de pierres, afin d'obstruer le pont, n'ayant pu le faire sauter! Devant ce nouvel obstacle, tout en contenant l'ennemi, ces soldats superbes ne reculent point et escaladent les voitures. Malheureusement, tous n'ont pas réussi; 8 officiers et

---

(1) *Section historique*, IIIe série, II, p. 175.
(2) *Ibid.*

90 hommes seulement sont parvenus à passer sur la rive droite; « les autres ont été tués, blessés ou faits prisonniers en accomplissant ce glorieux fait d'armes (1) ».

Nous avons suivi, pour raconter cet exploit, la version des officiers français qui en ont été les magnifiques acteurs, non le récit prussien. En effet, le Grand État-major affirme que la tentative a complètement échoué. Il suffit de lire, entre les lignes, pour se convaincre que, au contraire, elle a, en partie, réussie :

« Quelques centaines d'hommes, appartenant, pour la plupart, au 88ᵉ régiment de ligne français, s'étaient *cachés* (non, ils ne s'étaient pas *cachés*, puisque l'ennemi n'avait pu les chasser de la ferme Givodeau), dans une *ferme située au sud du faubourg* (il n'y en a pas d'autres que la ferme Givodeau). Au cours de la nuit, conduits par le lieutenant-colonel Demange, ils concevaient l'audacieux projet de s'ouvrir un chemin sur Mouzon ; *surprise par cette soudaine agression*, la grand'garde établie sur ce point (lequel ?) *est refoulée* (aveu) ; la 11ᵉ compagnie accourt à son aide et se voit également *obligée de rétrograder* (nouvel aveu) ; mais la 10ᵉ, établie dans les maisons organisées défensivement, ouvre alors son feu et arrête les progrès de l'assaillant. Le lieutenant-colonel Hildebrand entre en ligne, à son tour, avec le reste du bataillon de fusiliers, et les Français sont repoussés avec de fortes

---

(1) *Ibid.*, pp. 175 et 176. — Rapport du commandant Escarfail. Historique du 88ᵉ de ligne. Notes du capitaine Delasson, Général Palat, t. VI, pp. 439 à 444. — « Je ne saurais passer sous silence la brillante conduite du lieutenant-colonel Demange et du commandant Escarfail, du 88ᵉ de ligne, qui, sur notre aile gauche, se défendirent énergiquement dans une ferme, *l'occupèrent toute la nuit et, dans la matinée du 31, s'ouvrirent un passage de vive force au milieu des ennemis* ». (Général de Failly, p. 49.) — Amédée Le Faure, t. I, p. 287. — Eugène Véron, pp. 217 et 218.

pertes; leurs débris *se dispersent de tous côtés* (donc vers le pont qu'une centaine de perceurs franchissent), à la faveur de l'obscurité, et *bien peu d'hommes* paraissent avoir réussi à gagner à la nage (ou en traversant le pont) la rive opposée de la Meuse (1). »

Ce récit, selon nous, n'est que la confirmation du rapport du commandant Escarfail : il s'efforce d'atténuer l'héroïsme des Français, mais le reconnaît cependant. On ne saurait demander davantage aux Prussiens.

Ce qui demeure incontestable, c'est cette superbe résistance des soldats de l'ancienne armée. « Avec de pareils hommes (on ne le répétera jamais assez), que n'aurait-on pas pu faire s'ils avaient eu, pour les conduire, des chefs capables et décidés à vaincre (2) ? » Ces chefs auraient certainement mené à bien la marche du camp de Châlons à Metz !

LES FUYARDS DU 5ᵉ CORPS

L'admirable conduite de la majorité des troupes du 5ᵉ corps et le secours, si intelligent, apporté par le général Lebrun à son collègue de Failly avaient permis à nombre de fuyards de franchir la Meuse dès 3 heures du soir. Plus la journée s'avançait, plus nous étions refoulés sur Mouzon, plus la quantité des débandés augmentait : c'est la loi fatale des retraites sous la poussée de l'ennemi victorieux. Le général de Wimpffen, arrivé, à Sedan, à midi, où il avait entendu le bruit de la canonnade (3), et

---

(1) *La Guerre franco-allemande*, 1ʳᵉ partie, p. 1046.
(2) Eugène Véron, p. 218. — *Ibid.*, p. 228.
(3) *Sedan*, Souvenirs d'un officier supérieur (marquis de Laizer, officier d'ordonnance du général de Wimpffen); Paris, Hinrichsen, 1883; p. 9.

37.

qui en était reparti tout de suite, venait de dépasser Amblimont, assistant à la débandade du corps d'armée qu'il espérait commander.

Il était 4 heures du soir, les soldats marchaient au hasard, en grandes bandes, occupant une vaste surface. Le général se hâte de les rejoindre et de les interpeller : « Mais, malheureux, regardez donc derrière vous, le canon de l'ennemi est encore loin ; vous n'avez rien à redouter. » Personne ne l'écoutait et les fuyards continuaient toujours leur course haletante. Il parvint cependant à en arrêter quelques-uns et à les rassurer tant bien que mal. De concert avec le général Conseil Dumesnil, il établit les hommes de bonne volonté sur une excellente position en avant d'Amblimont (1).

La route était toujours le théâtre d'un pêle-mêle effroyable. Des voitures de bagages de tous les corps commençaient à s'agglomérer au milieu de la chaussée, ne sachant où se rendre. Le général de Wimpffen donna l'ordre à des gendarmes, qui se trouvaient sous sa main, de les faire marcher le plus rapidement possible. On les dirigea, à tout hasard, vers Mairy et Douzy. Au moment où le général était ainsi occupé à mettre un peu d'ordre, des équipages de la Maison de l'Empereur débouchèrent près de lui et les piqueurs prétendirent que tout le monde devait s'arrêter pour leur livrer passage. Le général les fit taire et ils enfilèrent bien vite un chemin de traverse sur la droite (2).

Quand la confusion fut un peu moins grande, le général de Wimpffen choisit une forte position en avant du village de Mairy. Il y envoya tous les isolés qu'il put atteindre et ne tarda pas à avoir là,

---

(1) *Sedan*, par le général de Wimpffen, pp. 137 et 138. — *Section historique*, III⁰ série, II, p. 123. — *De Frœschwiller à Sedan*. p. 69. — Marquis de Laizer, p. 10. — *Ibid.*, p. 11.

(2) *Sedan*, par le général de Wimpffen, pp. 138 et 139.

sous son commandement : le 27ᵉ de ligne, du
5ᵉ corps ; le 99ᵉ, du 7ᵉ ; le 58ᵉ, du 12ᵉ, et quelques
régiments de cavalerie de la division Ameil, du
corps Douay. Plusieurs centaines d'hommes, appartenant à divers corps, se joignirent à ces troupes. Ces
derniers obéissaient à un officier d'administration
nommé Luciani. Tous ces malheureux, mourant de
faim, réclamaient du pain à grands cris. On leur
distribua quelques caisses de biscuit prises dans les
voitures (1).

Vers 9 heures, le Maréchal ordonna de battre en
retraite sur Sedan. Le général de Wimpffen et ses
troupes eurent beaucoup de peine à gagner cette
ville. Les voitures encombraient toujours la route.
La cavalerie, l'artillerie se trouvaient arrêtées à
chaque pas et prenaient de fausses directions en
voulant couper au plus court. Près de 5 000 hommes s'égarèrent ainsi et entrèrent en Belgique sans
s'en douter. Une heure du matin sonnait quand le
général pénétrait dans Sedan à la tête du petit corps
qu'il avait formé *de bric et de broc* (2).

« Qui sait si, arrivé trois jours plus tôt, le général
de Wimpffen n'eût pas évité à l'armée le désastre
de Sedan, en empêchant cette déroute de Beaumont (3). » Nous le croyons, non seulement pour
la raison que donne M. Jules Claretie mais aussi
parce que, avec son franc-parler, il n'eût pas
manqué de signaler au Maréchal et à l'Empereur le
danger de la situation et que, l'un, par timidité,
l'autre, par abattement moral et physique, n'auraient pas osé prendre la responsabilité d'une résolution contraire à celle vigoureusement, lumineu-

(1) *Ibid.*, p. 139. — Major Scheibert, p. 244.
(2) *Sedan*, par le général de Wimpffen, pp. 139 et 140. — Général Palat, 1ʳᵉ partie, t. VI, p. 451. — Arthur Chuquet, pp. 92 et 93.
(3) Jules Claretie, t. I, p. 208.

sement exposée par Wimpffen : à ce moment, la mauvaise influence de Ducrot n'aurait pu se faire sentir.

MOUVEMENTS DE DUCROT ET DE LEBRUN

I

Le 1ᵉʳ corps, parti de Raucourt au lever du soleil, arrivait à 7 heures du matin auprès de Remilly On comptait y trouver, pour passer la Meuse, un ponton qui, mis en travers de la rivière, sert habituellement de pont; mais une crue, qu'avaient déterminée les retenues d'eau destinées à défendre les abords de la place de Sedan, rendit le passage très difficile, et le Génie fut contraint de jeter une passerelle qui ne pouvait servir qu'à l'infanterie.

Pendant ces travaux, les divisions prenaient successivement place sur les collines qui dominent Remilly et au pied desquelles la Meuse coule lentement.

« Un soleil resplendissant avait succédé aux pluies désespérantes des jours précédents; de ces hauteurs la vue s'étendait sur les vastes prairies bordant la rive droite de la Meuse, et que couvraient, en ce moment, d'innombrables troupeaux. Vis-à-vis de nous, les blanches maisons du beau village de Bazeilles émergeaient comme d'une corbeille de verdure, et, dans le lointain, plus à gauche, la pointe effilée du clocher de Sedan se profilait à travers la brume sur les collines boisées qui limitaient, au nord, ce riant horizon. La vue de cette belle nature, qui jouissait alors d'un calme profond, avait ramené la sérénité dans les esprits et rendu à nos soldats, dont le moral se remonte encore plus vite qu'il ne s'abat, une sorte de confiance. Plusieurs régiments débouchèrent dans Remilly, lançant aux échos leurs joyeuses fanfares, restées muettes depuis si longtemps (1). »

Enfin la traversée s'effectua lentement, mais sans difficultés. Deux divisions furent dirigées vers Télaigne et deux vers Douzy afin d'y passer le Chiers pour remonter à Carignan. Pendant que les troupes foulent les vertes prairies qui s'étendent au confluent de la Meuse et du Chiers, on entend tout à coup, du côté de Mouzon, une assez vive canonnade.

« Le général Ducrot, qui marche avec la colonne de droite, fait masser ses troupes à Télaigne, avant de traverser le Chiers, et envoie un de ses aides de camp auprès du maréchal de Mac Mahon à l'effet de prendre ses ordres et de lui rapporter les renseignements nécessaires. Au bout d'une demi-heure, le général reçoit de son aide de camp un billet lui annonçant qu'il vient de rencontrer l'Empereur se dirigeant sur Carignan *et que tout va bien* (2). »

C'est pourquoi le général Ducrot expédie aux généraux Wolff et Lhériller l'ordre de rester à Douzy et de s'y établir solidement, puis il porte ses deux autres divisions sur les hauteurs qui s'élèvent entre Carignan et Blagny. Ces dispositions prises, le général, accompagné de son aide de camp, le capitaine Bossan, se rend auprès de l'Empereur — installé à la ferme de Baybel, située sur une éminence dominant Mouzon et Carignan (3) — pour lui annoncer l'échec de Beaumont, qu'on vient, à l'instant, de lui apprendre. L'Empereur, avec raison, ne veut pas y croire. Il fait répéter plusieurs fois au

(1) *La Journée de Sedan*, par le général Ducrot, pp. 93 et 94.
(2) *Ibid.* pp. 95 et 96.
(3) *Les Étapes douloureuses*, par Albert Verly, p. 73.

capitaine Bossan le récit des événements dont il a été témoin, reste navré et s'écrie à plusieurs reprises : « Mais c'est impossible ! nos positions étaient magnifiques ! » Oui, celles que nous devions occuper, mais non celles que nous occupions.

L'Empereur avait une telle confiance qu'il venait, à 5 heures et demie, de télégraphier à l'Impératrice :

« Il y a eu encore un engagement aujourd'hui « *sans grande importance*. Je suis resté à cheval « assez longtemps (1). »

Suivant l'ordre du Maréchal, le général Ducrot prie l'Empereur de se rendre à Sedan par le chemin de fer. Celui-ci répond qu'il désire être avec les corps qui couvriront la retraite. Le général lui fait observer que sa présence, ainsi que celle de sa suite, *augmente beaucoup les difficultés, déjà si grandes, d'une marche rétrograde*. L'Empeur ne cède pas et ce n'est que quelques heures après qu'il se décide à monter en wagon et à gagner Sedan (2).

A peine descendu de voiture, vers 10 heures, on l'avait pressé de reprendre sa lamentable course et de pousser jusqu'à Mézières, où il eût été en sûreté. « Il avait refusé de commettre cette lâcheté, ne voulant pas décourager l'armée par son départ, à l'heure suprême. Son intention était de partager

---

(1) *Papiers et Correspondance de la Famille impériale*, t. I, p. 436.
(2) *La Journée de Sedan*, par le général Ducrot, p. 10. — Le baron Albert Verly affirme que, entre 3 et 4 heures, le duc de Magenta vint trouver l'Empereur, à Baybel, lui disant que *tout allait bien* et qu'il pouvait partir pour Carignan. « Napoléon III quitta donc Baybel, vers 4 heures, plein de confiance dans le résultat de la journée. » (*Les Etapes douloureuses*, p. 74.) — Le baron Verly déclare également que ce n'est pas à Baybel, mais à Carignan que le général Ducrot et le capitaine Bossan annoncèrent à Napoléon III l'échec de Beaumont. (*Ibid.*, p. 88.)

les dangers et le sort qu'attendaient nos soldats (1). »

La suite de Napoléon III, et les troupes qui voyageaient avec elle, offraient un spectacle désolant : « Cette lugubre marche de nuit, où tout le monde pressentait un malheur, se changeait bientôt en débâcle. Les chevaux des Cent Gardes passaient un à un, derniers poursuivants d'un empereur évanoui, et traversaient cette cohue tumultueuse; des piqueurs, attardés à boire, couraient au travers, en lançant des lazzis sinistres, et tout cela, pêle-mêle, se précipitait vers Sedan, entraîné par la fatalité (2). »

Le baron Verly a protesté contre les déclarations desquelles il résulterait que l'Empereur traînait, derrière lui, une suite de voitures et de domestiques. Le baron affirme que le souverain n'avait, derrière lui, que trois fourgons pour ses bagages (3). Après avoir énuméré les nombreuses voitures du convoi impérial et les cavaliers qui l'escortaient, le 16 août (4), le général Faverot de

---

(1) Journal de la division L'Hériller; historique du colonel Suter. Génér. 1 Palat, 1re partie, t. VI, p. 445. — *Les Etapes douloureuses*, par Albert Verly, p. 90. — « L'obstination qu'il mit à promener sa tristesse et son inutilité à travers les armées en déroute et les armées en marche équivalait presque à l'abdication du reste de ses pouvoirs. » (Auguste Callet, membre de l'Assemblée nationale : *Les Origines de la Troisième République*; Paris, Albert Savine, 1889; p. 39.) — Général Derrécagaix, pp. 283 et 284.

(2) *Histoire de l'armée de Châlons*, pp. 135 et 136. — « Nous traînons toujours avec nous notre boulet d'or, Sa Majesté, son entourage, ses Maisons militaire et civile, etc., etc. Comme toujours, aussi, ce attirail hors de saison nous gêne dans nos mouvements. Les troupes commencent à faire sentir leur mécontentement en accueillant le passage de ces états majors flambants par des lazzis et de sourds murmures. » (*De Frœschwiller à Sedan*, p. 59.) — *Ibid.*, pp. 61 et 62. — « Les berlines et les voitures de bagages de l'Empereur obstruèrent la route. » (Ludovic Halévy, p. 97.) — *Ibid.*, p. 98. — Général Faverot de Kerbrech, pp. 37 et 38.

(3) *Les Etapes douloureuses*, par le baron Verly, p. 71.
(4) Général Faverot de Kerbrech, pp. 37 et 38.

Kerbrech, qui commandait cette escorte, a déclaré que la Maison militaire avait été congédiée, du moins en partie, à Châlons (1).

Voici un témoignage peu suspect appuyant les dires du baron Verly : « On a beaucoup parlé des embarras causés par les bagages de l'Empereur. Je n'ai rien vu de semblable. Le 29 août, il n'avait avec lui, je crois, que trois fourgons. Sa personne gênait plus que ses bagages (2). »

Le récit, qu'a fait le baron Verly, de l'arrivée de l'Empereur à Sedan, est trop dramatique, trop vrai pour ne pas le reproduire, ici, *in extenso* :

« La gare de Carignan était en désarroi; plus de 300 wagons de provisions se trouvaient, là, encombrant toutes les voies. M. Pierre, qui faisait, ce soir du 30 août, fonction de sous-chef de gare, put, néanmoins, en vingt minutes, former le train impérial avec ce qu'il réussit à trouver. Ce train se composa de la locomotive, un fourgon, un wagon mixte, comprenant une caisse de première et deux de seconde, et un fourgon de queue.

« Napoléon III, prévenu, se rendit à pied à la gare, accompagné seulement de trois généraux aides de camp, et prit place dans le compartiment de première classe avec un général, les autres se placèrent dans les secondes.

« M. Pierre monta sur la locomotive avec le mécanicien et le chauffeur, et, à 9 heures 45, le train s'ébranla, disparut dans la nuit, emportant l'Empereur de France à sa destinée, roulant sur Sedan.

« Il était là, le malheureux empereur, affaissé sur la banquette de ce vieux wagon de rebut dont la lampe n'avait pu être allumée; jusqu'à Pourru-Brévilly, le point lumineux de sa machinale ciga-

---

(1) *Ibid.*, p. 42.
(2) Gabriel Monod, p. 27, note 1. — *Contrà*, Eugène Véron, p. 194.

rette trouait seule l'obscurité de la caisse roulante; plus loin, sur la gauche, à chaque instant, apparaissaient les feux de bivouacs des Allemands se reposant après le combat de Beaumont; quelques fusées par moments sillonnaient les ténèbres.

« Le train marchait très lentement, conduit avec prudence par M. Pierre; à Douzy, il fallut arrêter; des troupes françaises barraient la voie. «« C'est l'Empereur »», dit le conducteur. Les officiers livrèrent le passage et le train fugitif reprit sa marche entre deux haies de soldats indifférents.

« Voici Bazeilles, dormant sa dernière nuit, et, après la grande courbe, nouvel arrêt à Pont-Maugis; un officier de cavalerie, apprenant que Napoléon était dans le train, vint à la portière et lui remit une dépêche de Bazaine, arrivée ce soir-là. Que contenait cette dépêche, probablement vieille de plusieurs jours? Personne ne l'a su, personne n'en a parlé, personne ne le saura jamais.

« Enfin, on stoppa dans la gare provisoire de Sedan, composée de bâtiments en bois et située sur la route de Donchery, à 400 mètres de la porte de Paris. M. Pierre, descendu en hâte de la locomotive, vint ouvrir la portière du wagon de l'Empereur; celui-ci ne bougeait pas.

«« — Sire, nous sommes à Sedan, Votre Majesté veut-elle descendre, ou continuer plus loin?

«« — Mais, où voulez-vous que j'aille?

«« — Sire, la voie est libre encore, nous pouvons aller jusqu'à Mézières; là, Votre Majesté sera en sûreté.

«« — Oui, dit un général, là, nous trouverons le corps d'armée de Vinoy, on pourra organiser une résistance en attendant le Maréchal.

«« — Non, à quoi bon? repartit l'Empereur. Je veux partager, quel qu'il soit, le sort de l'armée. L'armée vient à Sedan, restons à Sedan. »»

« Le souverain descendit du train, et, guidé par un employé de la gare, se dirigea vers la porte de Paris, à pied, suivi de ses aides de camp.

« Il était environ 11 heures du soir, la ville dormait, et, malgré la nouvelle du désastre de Beaumont, ne se doutait guère qu'elle allait être le théâtre d'aussi terribles événements; néanmoins, on était sur la défensive, les postes étaient doublés et les portes fermées.

« Arrivé à la porte de Paris, l'Empereur, qui était enveloppé d'un caban, ne se fit pas reconnaître; il fut reçu par le lieutenant de mobiles commandant le poste, M. Charles Vesseron, plus tard avocat à Charleville et officier de réserve du 91ᵉ de ligne, mort aujourd'hui; et, comme général, il ordonna à cet officier de lui livrer passage et d'envoyer immédiatement prévenir le général de Beurmann, commandant la place de Sedan, de se rendre à la sous-préfecture.

« Napoléon continua sa route, toujours à pied, et arriva à la sous-préfecture, distante d'environ 1500 mètres de la gare, vers 11 heures et demie.

« On juge de l'émoi du sous-préfet et des serviteurs à l'arrivée de cet hôte inattendu, succédant, à deux jours d'intervalle, à son fils; on s'empressa et en peu de temps le souverain eut, à sa disposition, un salon et une chambre à coucher.

« C'était la dernière étape, c'était le dernier toit officiel qui devait abriter l'infortuné souverain (1) ! »

Revenons au 1ᵉʳ corps. On a vu que, le 30 août, son rôle s'était borné à escorter l'Empereur. C'était peu ! Comme Douay, « il resta inactif (2) ».

« A la vérité, le général Ducrot, en entendant le

(1) *Les Etapes douloureuses*, par le baron Albert Verly, pp. 89 à 91.
(2) *Section historique*, IIIᵉ série, II, p. 184.

canon, fit masser deux de ses divisions à Tétaigne et envoya un de ses aides de camp demander des ordres au maréchal de Mac-Mahon. Mais, avant d'avoir reçu la réponse, il crut devoir, comme le général Douay, se conformer à l'ordre «« très positif (1) »» qui lui avait été donné de gagner Carignan. Or, cet ordre n'était plus valable, momentanément, et pour les raisons qui seront données plus loin (2), à propos du 7ᵉ corps (3). »

Quant à la seconde cause de son inaction, invoquée par le général Ducrot, elle est plutôt étrange : c'était pour « ne pas laisser l'Empereur isolé à Carignan (4) ». Dans les circonstances tragiques que l'on traversait, il nous semble qu'il eût été préférable de sacrifier Napoléon III à l'armée, c'est-à-dire à la France. Du reste, il n'y avait qu'à prier l'Empereur, qui ne s'y serait pas refusé, de se mettre dans les rangs du 1ᵉʳ corps, qui aurait combattu sous ses yeux. Enfin, la *Section historique*, critiquant la seconde excuse du général Ducrot, à savoir : la protection de l'Empereur, fait observer, avec grande raison, que « deux divisions du 1ᵉʳ corps n'eussent pas été nécessaires pour remplir ce but (*sic*) et qu'il eût suffi d'un régiment de cavalerie tout au plus. En effet, il n'y avait guère à redouter, de ce côté, que quelques patrouilles de cavalerie adverse (5) ». En réalité, le commandant du 1ᵉʳ corps ne tenait pas plus à soutenir Failly, à Beaumont, qu'il n'a tenu à appuyer Vinoy, à Buzenval (6).

(1) *La Vie militaire du général Ducrot*, t. II, p. 402.
(2) Voir *infrà*, pp. 455 et 456.
(3) *Section historique*, IIIᵉ série, II, p. 184.
(4) *Ibid*
(5) *Ibid.*, pp. 184 et 185.
(6) « Plus soucieux d'assurer la garde du souverain — qui n'en avait nul besoin — que de porter secours à des camarades peut-être en danger, Ducrot continue sur Carignan. » (Général Palat, 1ʳᵉ partie, t. VI, p. 414.)

II

Nous avons montré, plus haut, la vigoureuse intervention du général Lebrun pour aider le 5ᵉ corps et faciliter sa retraite. Il ne nous reste, à ce propos, qu'à ajouter quelques mots relatifs à l'action du 12ᵉ corps durant cette fatale journée du 30 août.

A peine le maréchal de Mac-Mahon a-t-il fait repasser, sur la rive droite de la Meuse, partie des troupes amenées par le général Lebrun, afin de contenir les Allemands, que la situation se complique, s'aggrave : ce n'est pas une attaque négligeable que prononce l'ennemi, c'est une véritable bataille qui se trouve engagée par des forces bien supérieures aux nôtres. Aussi, le duc de Magenta, qui, tout d'abord, ne considérait pas l'affaire comme sérieuse, commence à s'inquiéter, à se rendre aux raisons que lui expose le général Lebrun : il fait reporter, sur la rive gauche, non seulement la brigade Cambriels, mais encore une brigade de la division de Vassoigne. Les 5ᵉ et 6ᵉ cuirassiers défendent — on se demande comment ? — le pont de Mouzon et, ainsi que nous l'avons relaté plus haut, restent exposés aux coups meurtriers de l'artillerie allemande. Nous avons admiré la bravoure du 5ᵉ cuirassiers, nous avons déploré l'inutile sacrifice de ce beau régiment : le duc de Magenta aime les charges de cavalerie contre l'infanterie, on l'a vu à Fræschwiller.

Rien à ajouter touchant l'intervention du général Lebrun à Beaumont. Elle eût pu être décisive si elle avait été combinée avec celle des autres corps, comme nous l'expliquerons plus bas : elle fut loin d'être inefficace, c'est ce que l'on doit reconnaître. Le rédacteur officiel français est contraint de con-

venir que le général Lebrun vit juste à Beaumont :
« Au bruit du canon, il agit d'une façon absolument
rationnelle, en donnant l'ordre à trois brigades
d'infanterie et à sa division de cavalerie de revenir
sur la rive gauche de la Meuse, pour secourir le
5ᵉ corps (1). » C'est ce que nous écrivions, dès
1879 (2).

INACTION DE FÉLIX DOUAY

Le 30, à 4 heures du matin, le 7ᵉ corps suit la
route de Stonne. Le général Douay allait quitter
Oches avec la 2ᵉ division, lorsque le maréchal de
Mac-Mahon, très préoccupé du retard mis par le
commandant du 7ᵉ corps à exécuter ses instructions, arrive à l'improviste. Il est alors près de
8 heures du matin.

Le Maréchal annonce qu'il faut passer la Meuse
coûte que coûte, le soir même, et se débarrasser du
lourd convoi que le 7ᵉ corps remorque péniblement
depuis quelques jours. Il indique, en outre, trois
passages : l'un à Mouzon, sur un pont de pierre ;
l'autre à Villers, devant Mouzon, sur un pont
de bateaux que le Génie termine ; le troisième à
Remilly. Après discussion, le Maréchal et le général prennent la dangereuse résolution de diviser le
corps d'armée en deux parties. L'une, composée
du convoi et de la 1ʳᵉ division, gagnera Mouzon par
Yoncq ; l'autre, composée des 2ᵉ et 3ᵉ divisions et
de l'artillerie, franchira le fleuve à Villers, après
avoir traversé Raucourt. « Vous aurez 60 000 hom-

---

(1) *Section historique*, IIIᵉ série, II, p. 182. — *Bazeilles-Sedan*,
par le général Lebrun, p. 64.
(2) Alfred Duquet, *Frœschwiller, Châlons, Sedan*, pp. 318
et 319.

mes sur les bras, ce soir, si vous n'êtes pas au delà de la Meuse, » dit le Maréchal au général Douay, en le quittant.

A peine le duc de Magenta disparaissait-il aux yeux de l'état-major du 7ᵉ corps que le canon commençait à tonner derrière nous. C'était l'ennemi qui tirait à grandes distances sur notre arrière-garde. Un instant, le général Dumont s'arrêta pour répondre, mais le général Douay survint et enjoignit, avec raison, de reprendre le mouvement de retraite.

Tout à coup, à l'entrée du défilé de Stonne, les sourds grondements du canon ébranlent la montagne; les détonations arrivent du côté de Beaumont; évidemment, une lutte terrible est engagée avec les Prussiens.

Au premier moment, il n'y a au 7ᵉ corps qu'une même pensée, une excellente pensée : marcher au canon. Malheureusement, l'état-major en décide autrement. Il gravit un mamelon élevé, situé près de la route de Stonne, et inspecte l'horizon à l'aide de longues-vues. Au loin, à droite, se dessine une ligne de feux demi-circulaire avançant dans la direction de Beaumont; c'est l'ennemi. A gauche, on voit la fumée des coups de canon tirés à intervalles; c'est le 5ᵉ corps (1).

Ici, le prince Bibesco, auquel nous empruntons ces détails, commet plusieurs erreurs. D'abord, ce n'est pas à midi que le 7ᵉ corps est arrivé à Stonne, mais à 11 heures. Parti d'Oches à 4 heures du matin, il avait donc mis sept heures pour parcourir 6 kilomètres; ce qui est trop. Le prince prétend ensuite n'avoir entendu la canonnade de Beaumont qu'en avant de Stonne. Or, c'est à la Besace que cette violente canonnade frappa pour la première

---

(1) **Prince Bibesco**, pp. 94 à 97, 103 et 104.

fois ses oreilles; il était alors environ midi et demi. Il soutient enfin que la ligne de feux demi-circulaire de l'ennemi *s'avançait sur Beaumont* et qu'en même temps on voyait la fumée des coups de canon tirés à intervalles par des troupes en *retraite sur Mouzon*. C'est encore une erreur, car il est reconnu par tous aujourd'hui que, tant que l'artillerie allemande s'est approchée de Beaumont, sans le dépasser, les Français ont tenu à la Harnoterie, au bois Givodeau qu'ils n'ont abandonné qu'au coucher du soleil (1). Au reste, nous allons y revenir.

Rapportons les raisons que le prince Bibesco donne, dans son ouvrage, afin de justifier l'inaction de son général.

« Pour nous porter au secours du 5ᵉ corps, dit-il, *il aurait fallu faire halte*, réunir en toute hâte les troupes forcément très espacées dans ce défilé, se frayer avec une peine extrême un chemin à travers la colonne Conseil-Dumesnil qui encombrait encore la route de Beaumont, *franchir en bon ordre les 10 kilomètres* qui nous séparaient de cette ville, et *arriver compacts* sur le lieu de la lutte! Cette manœuvre, très périlleuse *en face de l'ennemi qui nous suivait dans le défilé* en nous canonnant et cherchait à nous prendre en défaut, *n'eût pas exigé moins de trois à quatre heures*. Or, comme *il était midi, et que déjà les troupes du général de Failly étaient en retraite*, il était évident que nous étions menacés de n'arriver sur le champ de bataille que pour constater un désastre et offrir aux Prussiens l'occasion d'écraser en détail nos deux divisions (2)! »

Reprenons ces arguments, puisque le prince

(1) Voir colonel Borbstaedt, pp. 616, 619 et 620. — Voir, aussi, *suprà*, notre récit de la bataille.
(2) Prince Bibesco, p. 104.

Bibesco n'est probablement que le porte-parole du général Douay.

Il aurait fallu faire halte. Non ; bien loin de s'arrêter, il aurait fallu accélérer le pas. *Il aurait fallu franchir en bon ordre les* 10 *kilomètres qui nous séparaient de Beaumont.* C'eût été, en effet, préférable, mais l'important était de voler au secours des camarades attaqués. *Cette manœuvre était périlleuse en face de l'ennemi qui nous suivait* (sic) *dans le défilé*. Ce n'était que de la cavalerie, qui nous talonnait, et quelques pièces d'artillerie légère qu'on pouvait facilement tenir en respect ; ce qui le prouve, c'est que le gros des corps prussiens ne dépassa pas, le 30, au soir, sa ligne Létanne-Beaumont-Stonne-Tourteron (1). Du reste, en admettant même que le V⁰ corps ou la Garde fussent lancés à la poursuite du général Douay, celui-ci avait la liberté de courir à l'aide du général de Failly, après avoir porté sur les hauteurs de Stonne, du Mont-Damion ou des environs (cotes 338 et 325) (2), hauteurs qui dominent de beaucoup les collines avoisinantes, quelques régiments, appuyés par de l'artillerie, qui se seraient défendus jusqu'à la dernière extrémité et auraient ainsi empêché l'ennemi de passer. Il fallait alors diriger vers Mouzon et Raucourt, par les chemins de traverse, ou, au besoin, abandonner l'immense convoi de 1 500 voitures, dont la plupart étaient vides (3), convoi que le Maréchal avait eu le tort de confier au corps qui lui servait d'arrière-garde. Disposant ainsi de ses trois divisions, le général Douay pou-

---

(1) Voir colonel Borbstaedt, p. 623. — Une petite fraction du Iᵉʳ corps bavarois, bivouaquait cependant à la Besace, Raucourt et Pourron, tandis qu'une fraction du IV⁰ corps occupait le bois Givodeau et le faubourg de Mouzon.
(2) Carte de l'Etat-major, n° 24.
(3) Colonel Borbstaedt, p. 619.

vait affronter sans danger l'avant-garde des Bavarois qu'il aurait peut-être rencontrée à Warniforêt ; dans tous les cas, il sauvait de la poursuite les troupes du 5ᵉ corps et se retirait ensuite sur Mouzon et Villers, par Yoncq (1).

Cette manœuvre, continue le prince Bibesco, *n'eût pas exigé moins de trois à quatre heures*. Quatre heures pour faire 8 kilomètres, alors que la troupe est déjà en marche! Nous ne comprenons point qu'on écrive de pareilles énormités et nous affirmons au prince et à son général que les Allemands, plus lourds que les Français, cependant, étaient plus vifs dans leurs mouvements. *Il était midi, et déjà les troupes du général de Failly étaient en retraite.* Ce qui revient à dire qu'elles se sauvaient une heure avant l'action, qui ne commença qu'entre midi et demi et 1 heure (2). Nous avons vu qu'il était plus de 2 heures quand les Prussiens entrèrent à Beaumont, et environ 7 heures du soir quand ils prirent le bois Givodeau (3).

Les explications justificatives de M. Bibesco ne tiennent donc point devant un examen sérieux. N'oublions pas, pourtant, d'en rapporter une qui nous semble meilleure que les autres. La voici :

« Lorsque la canonnade retentit, le Maréchal venait de nous quitter, et il n'était pas si loin qu'il ne pût envoyer ses instructions au 7ᵉ corps, dans le cas où il aurait combiné une attaque avec

(1) Alfred Duquet, *Frœschwiller, Châlons, Sedan*, pp. 326 à 328.
(2) Voir, *suprà*, le commencement de la bataille de Beaumont et les notes. — Alfred Duquet, *Frœschwiller, Châlons, Sedan*, p. 328. — Après nous, le général Palat fait la même observation (1ʳᵉ partie, t. VI, pp. 401, note 6, et 402, note 1.) — « A midi et demi, le génér l d'Alvensleben prescrit aux batteries d'avant-garde d'ouvrir le feu sur les camps. » (*La Guerre franco-allemande*, 1ʳᵉ partie, p. 994.)
(3) *L'armée de Mac-Mahon*, par l'abbé Defourny, p. 121. — Colonel Borbstaedt, p. 646. — Voir, *suprà*, le récit de la bataille.

le 12ᵉ et le 1ᵉʳ corps, qu'il avait sous la main (1). »

C'est la question que nous traiterons tout à l'heure ; remarquons, toutefois, que cette considération n'innocente pas le général Douay d'avoir abandonné si imprudemment sa 1ʳᵉ division. En effet :

« Parvenu à la Besace, dit Borbstaedt, le général y entendait très distinctement la retentissante canonnade de Beaumont ; bien que ce point soit éloigné de cette dernière ville de 8 kilomètres au plus, il n'essayait pas de venir au secours du 5ᵉ corps et poursuivait sa marche vers la Meuse, suivant les ordres du Maréchal... Cependant, n'osant pas aller droit sur Villers, il appuya plus au nord, par Raucourt et Remilly... mais cette détermination avait pour conséquence d'isoler complètement le 7ᵉ corps *et d'abandonner à elle-même la 1ʳᵉ division* qui continuait dans la direction de Villers, avec les convois (2). »

Le général Douay devait marcher au canon. Il ne se conforma pas à cette règle impérative de la guerre et « n'intervint que fortuitement dans la bataille par une seule de ses divisions (3) ».

Oui, il devait marcher au canon, voler au secours du camarade engagé, des soldats français massacrés par les Allemands. Tout le monde croyait à ce geste de bon patriote, de militaire loyal, les malheureux qui se battaient plus que personne, et leurs espérances furent grandes quand ils entendirent le bruit de la fusillade du 7ᵉ corps.

« Pendant le combat que le général Granchamp eut à soutenir dans la plaine de Mouzon pour pro-

(1) Prince Bibesco, p. 105.
(2) Colonel Borbstaedt, p. 620.
(3) *Section historique*, IIIᵉ série. II, p. 182. — Brave soldat. « le général Félix Douay n'a pas été, comme chef d'armée, à la **hauteur de sa position** ». (Gabriel Monod, p. 30, note 1.)

léger la retraite du 5ᵉ corps d'armée, il fut un instant où j'éprouvai tout à coup un sentiment de joie inexprimable, que partagèrent avec moi les officiers qui m'entouraient. Ce fut lorsque j'entendis une très vive fusillade qui se prononçait sur le flanc droit de la brigade de Villeneuve. — «« C'est le général Douay, m'écriai-je, qui, marchant sur Mouzon, vient de se jeter avec son corps d'armée sur la gauche de l'ennemi. Il va culbuter les Allemands et dégager complètement le général de Failly. »» En effet, le bruit de la fusillade dont il s'agit m'arrivait bien de la direction par laquelle le 7ᵉ corps d'armée devait venir à Mouzon, ce jour-là, suivant l'ordre que le maréchal de Mac-Mahon en avait donné la veille au général Douay (1). »

Le général Douay prétend qu'il avait reçu l'ordre de franchir la Meuse, le jour même, et qu'il n'aurait pu exécuter cet ordre s'il avait couru au secours du 5ᵉ corps. « Mais, en le lui donnant, le Maréchal n'avait certainement pas prévu que le 5ᵉ corps serait attaqué. La situation nouvelle exigeait, de la part du général Douay, une détermination qui, sans annuler les instructions du commandant en chef, les reléguât, pourtant, momentanément, au second plan (2). »

Oui, le général Douay n'avait pas besoin de contre-ordre pour agir, « pour prendre part au combat et secourir ses camarades (3). «« Le premier principe de la guerre, disait Napoléon, veut que, dans le doute du succès, on se porte au secours d'un de ses corps attaqués puisque, de là, peut dépendre son salut (4). »» Des hauteurs de Stonne le général

---

(1) *Bazeilles-Sedan*, par le général Lebrun, pp. 70 et 71.
(2) *Section historique* IIIᵉ série, II, p. 183.
(3) *Mémoires de Napoléon*, écrits par Gourgaud, II, p. 185. Cité par la *Section historique*.
(4) *Correspondance de Napoléon Iᵉʳ*, n° 14445. Cité par la *Section historique*.

Douay constatait la situation critique dans laquelle se trouvait le général de Failly (1). Or, quand deux corps suivent deux itinéraires parallèles et assez rapprochés, ils doivent, évidemment, se soutenir réciproquement en cas d'attaque. C'était le cas du 7ᵉ, et son chef ne pouvait pas douter qu'en laissant à l'adversaire toute latitude pour écraser le 5ᵉ, il agissait contre l'intérêt général de l'armée (2). »

La condamnation est dure, inattaquable et nous nous empressons d'enregistrer une appréciation si louable de la part d'un historien trop enclin à rendre ses jugements sous l'influence de ses opinions politiques et religieuses ou anti-religieuses.

Abandonner le camarade dans le péril est, trop souvent, le crime des généraux ; on l'a déploré, maintes et maintes fois, même sous le Premier Empire. Ce qui a fait la force des Allemands, en 1870, c'est qu'ils se sont toujours aidés les uns les autres ; nous avons fait le contraire, à cette époque : « Ducrot laisse écraser Abel Douay à Wissembourg, Vinoy à Montretout; de Failly laisse écraser Mac-Mahon à Frœschwiller ; Bazaine laisse écraser Frossard à Forbach et Canrobert à Saint-Privat ; Félix Douay laisse écraser de Failly à Beaumont (3). »

« Ce qu'il faut bien comprendre, ce qu'il ne faut pas se lasser de redire, c'est que chacune de ces honteuses actions ne constitue pas une perfidie envers un camarade mais une trahison envers la patrie (4). »

Retournons auprès du général Douay, qui, entendant le canon devant lui, ne cherche plus à

---

(1) Voir, *supra*, pp. 449 et 450, le récit du prince Bibesco.
(2) *Section historique*, IIIᵉ série, II, p. 183. — Voir, *supra*, pp. 451 à 453.
(3) Urbain Gohier, *L'armée nouvelle*, p. 39.
(4) *Ibid.*, p. 38. — « Si l'affaire dans laquelle était engagé le 5ᵉ corps n'était qu'une escarmouche, le général Douay n'avait pas de raison pour changer son itinéraire ; si c'était, au contraire, une

gagner Villers, devant Mouzon et appuie sur sa gauche, par Raucourt et Remilly.

Que va-t-il se passer? Le prince Bibesco se charge de nous l'apprendre.

Le 7ᵉ corps, après avoir renoncé à appuyer le général de Failly, reprend sa marche sur Raucourt. Le général Bittars des Portes, chargé du commandement de l'extrême arrière-garde, tient facilement en respect, du haut de la position de Stonne, la IIᵉ brigade de cavalerie de la Garde et le Vᵉ corps (1).

Quand il a ainsi donné à nos troupes le temps de gagner Raucourt, par un défilé qui va toujours en se rétrécissant, il redescend rapidement la pente, qui s'étend de Stonne à Raucourt, et se cache sous les bois au milieu desquels passe la route.

Le canon gronde toujours du côté de Beaumont, de Villemontry et de Mouzon; tout à coup, en approchant de Raucourt, le général Douay voit déboucher, sur le chemin qui conduit de ce village à Yoncq, des voitures du train roulant bride abattue, des officiers et des soldats blessés, d'autres se traînant à peine, surtout une grande quantité de fuyards appartenant à la 1ʳᵉ brigade de la division Conseil-Dumesnil. Ce sont les débris de cette brigade que le commandant du 7ᵉ corps a laissée s'aventurer, seule, sur la route de Stonne à Beaumont (2).

Ici, nous allons encore avoir recours au livre du prince Bibesco.

« Nous avons dit que le convoi et les bagages du 7ᵉ corps, sous la garde de la 1ʳᵉ division, avaient

---

action sérieuse, ce n'était qu'une raison de plus de continuer sur Mouzon, en se mettant en mesure d'appuyer le général de Failly. Depuis quand le bruit du canon doit-il éloigner un général au lieu de l'attirer? » (Colonel Grouard, d. 77.)

(1) Nous avons démontré que nous n'étions pressés que par quelques cavaliers et non par le Vᵉ corps.

(2) Prince Bibesco, pp. 105 et 106.

été dirigés *dès le matin* sur la Besace (1) ; qu'après le départ du maréchal de Mac-Mahon, le lieutenant Davenet avait été envoyé au général Conseil-Dumesnil pour lui transmettre l'ordre *d'accélérer* le mouvement de sa colonne, de la diriger sur Yoncq et de là sur Mouzon. Or, le général Conseil, rencontré par le Maréchal qui allait à Beaumont (2), avait déjà reçu de lui cet ordre. N'ayant pas encore pris, à ce moment, le chemin de la Besace, il avait préféré laisser ce village sur sa gauche et poursuivre sa marche par la route de Beaumont jusqu'à Warniforêt. Là, il avait tourné à gauche et s'était engagé avec sa 2e brigade et une partie de son convoi, dans le chemin de Yoncq à Villers.

« Par fatalité, le jalonneur, laissé par la 2e brigade au changement de direction, ayant disparu, la tête de colonne de la 1re brigade continua sur Beaumont.

« Elle avait dépassé Warniforêt de quelques centaines de mètres, lorsque le colonel Davenet arriva. S'apercevant de l'erreur, il courut à la tête de la colonne pour l'arrêter. Il venait de l'atteindre quand éclata sur sa droite une vive fusillade.

C'était la 1re division du 1er corps bavarois qui débouchait des bois devant la route de Warniforêt à Beaumont.

« Surpris pendant cette marche de flanc, le 3e et le 24e de ligne avaient fait tête à l'attaque afin de donner à la queue du convoi le temps de s'échapper,

(1) Par conséquent, à midi, elle n'encombrait pas la route de Stonne à Beaumont, ce qui, d'après M. Bibesco, aurait été une des causes qui ont éloigné le général Douay d'aller au-devant du 5e corps surpris. M. Bibesco nous en donne la preuve lui-même en disant, un peu plus loin : « Le général Conseil-Dumesnil franchit la Meuse à Villers, vers 2 h. 1/2. » (*Ibid.*, p. 108.)

(2) Aux termes de la déposition du Maréchal devant la Commission d'enquête parlementaire, il ne retournait pas à Beaumont mais à Mouzon.

mais nos régiments, trop faibles en face d'un ennemi supérieur, à découvert contre un ennemi abrité sous bois, furent refoulés et finirent par se débander malgré la mâle énergie des généraux de Bretteville et Morand, tous deux blessés, ce dernier mortellement.

« Sur la demande instante du colonel Davenet, une batterie d'artillerie avait été envoyée pour soutenir notre 1re brigade ; elle s'était battue avec une grande bravoure, mais, arrivée trop tard, elle avait été accablée et avait perdu 2 pièces ; un grand nombre de nos soldats avaient été faits prisonniers ; ceux qui avaient échappé accouraient en ce moment sur la route de Yoncq à Raucourt.

« Quant au général Conseil-Dumesnil, il avait continué son mouvement sur Villers et avait pu y franchir la Meuse, vers 2 heures et demie, sans être inquiété (1). »

A la vue de ce pêle-mêle d'hommes, de chevaux courant à travers champs, comme affolés, à la vue de ses régiments débandés, le général Douay comprend sans doute la faute qu'il a commise et bientôt une autre préoccupation s'empare de son esprit. Le pont de Villers ne sera-t-il pas envahi et le passage obstrué, avant l'arrivée du 7e corps, par les troupes du 5e qui n'auront pu passer à Mouzon ?

La cavalerie, qui avait déjà pris la route de Villers, reçoit l'ordre de revenir sur ses pas et de galoper vers Remilly. Le 7e corps la suit et s'engage dans l'étroit défilé d'Haraucourt.

« Quelle animation subite parmi nos troupes, dit le prince Bibesco, qui raconte très dramatiquement le passage de ce défilé. Nos fantassins paraissent ne plus sentir le poids de leur sac, tant ils ont le jarret tendu, et les chevaux eux-mêmes, gagnés

---

(1) Prince Bibesco, pp. 106 à 107.

par l'impatience de leurs cavaliers, relèvent la tête, dressent l'oreille et allongent l'allure.

« A voir cette colonne dont l'aspect est tout autre qu'il y a une heure, nul ne pourrait croire qu'elle est éprouvée par plusieurs jours de fatigue et de privations, et qu'elle marche depuis douze heures sans s'être arrêtée.

« C'est qu'en ce moment un sentiment domine tous les autres, il engourdit la fatigue, il réveille les forces épuisées, il donne *des jambes* à ceux qui n'en ont plus; c'est le sentiment du danger auquel nous sommes exposés en cas d'une attaque pendant le passage de ce long et étroit défilé, sur un terrain ou tout déploiement de troupes est impossible, dans un moment où la moindre perte de temps peut être fatale. C'est à ce sentiment que nos soldats obéissent !

« Mais l'ennemi connaît notre marche, il en pèse toutes les difficultés, et la preuve, la voici : on entend de nouveau son canon, et ses obus viennent tomber au milieu de notre arrière-garde.

« Il se produit au même instant, en tête de colonne, un temps d'arrêt qui, en se propageant jusqu'à l'arrière-garde, peut, dans la situation d'esprit et de corps où sont les troupes, avoir les plus terribles conséquences.

« Dix minutes, qui paraissent des heures, s'écoulent à marquer le pas et à subir la canonnade ennemie. Une impatience fébrile court déjà dans les rangs et gagne jusqu'à certains officiers.

« Un colonel d'artillerie de l'arrière-garde, après avoir envoyé deux fois un de ses officiers pour exposer la situation et demander pourquoi on ne marche pas, arrive au galop de son cheval, pressant chacun de se porter en avant. Combien il faut peu de choses pour déterminer une panique. Une attitude moins ferme chez nos officiers, un cri de défaillance échappant tout à coup à un homme égaré par une terreur subite, et nous avons un désastre !

« Enfin, le temps d'arrêt cesse et la colonne se hâte vers Remilly.

« Bientôt, l'arrière-garde arrive à un coude où le défilé longe les bois, et elle se trouve à l'abri des projectiles ennemis. Ceux-ci continuent, pendant quelque temps encore, à sillonner l'espace et à fouiller la forêt dans la direction nouvelle, puis le silence se fait aux alentours (1). »

Mais quelle est la cause de l'arrêt forcé de l'avant-garde du 7ᵉ corps? C'est triste à dire, c'est difficile à croire et pourtant c'est certain. L'avant-garde a été coupée par cette malheureuse division de cavalerie Bonnemains qui encombre la route et les abords du pont !

Hélas ! C'était un beau calcul de la jeter, depuis le 24, au travers des corps d'armée, de l'immobiliser inactive sur notre gauche, où il n'y avait rien à craindre, alors que la droite, privée de cavalerie, était exposée aux entreprises hardies des escadrons allemands; c'était un beau calcul de la conserver ainsi, intacte et embarrassante, pour la voir apparaître, à la dernière minute, à la minute solennelle, ralentissant la marche, obstruant les passages, apportant autour d'elle le désordre et l'anxiété, préparant une catastrophe que sa seule absence eût évitée et que conjura la seule énergie des officiers. Puisque le Maréchal se portait sur Sedan, que ne faisait-il galoper plus au nord ses braves cuirassiers afin de leur faire passer la Meuse sur un point qui ne fût pas encombré par l'infanterie ! Non ! après l'avoir tenue pendant toute la marche à la gauche de l'armée, il la rejette à droite à l'heure où elle n'y sera qu'un obstacle et un encombrement. L'es-

_____
(1) *Ibid.*, p. 109 à 111.

prit se perd à deviner les pensées du Maréchal, et l'on demeure confondu d'une telle imprévoyance, d'un pareil aveuglement.

M. le prince Bibesco se charge de tracer le tableau de cette soirée fatale et nous le suivrons toujours, après avoir fait nos réserves et avoir déclaré que nous n'acceptons pas toutes ses affirmations sans bénéfice d'examen approfondi.

« Notre tête de colonne était arrivée à 1 kilomètre environ du village de Remilly, lorsqu'elle fut contrainte de s'arrêter; elle avait trouvé la route encombrée par la division de cuirassiers de Bonnemains. C'est là ce qui avait occasionné l'à-coup, qui s'était prolongé jusqu'à la queue de la colonne, et auquel un prompt remède avait été apporté par l'ordre de faire dégager sur l'heure la sortie du défilé, et de masser les troupes, à mesure qu'elles arriveraient, dans les champs qui bordent la route de chaque côté.

« Ces dispositions prises, on s'était porté au pont de Remilly. Là, nouvelle déception : le village était rempli de troupes ; le pont et ses abords étaient encombrés ; la division L'Hériller, du 1ᵉʳ corps, n'avait pas entièrement effectué son passage et derrière elle se pressaient toute une colonne de bagages et la division de cuirassiers.

« Il est 7 heures un quart, voici la nuit ! Il faut compter, au moins, sur deux heures d'immobilité forcée. Les troupes du 7ᵉ corps reçoivent l'ordre de former les faisceaux où elles se trouvent arrêtées et d'attendre. Des grand'gardes sont établies sur les faces ouest, sud et sud-est; l'artillerie de réserve, réunie sur un vaste emplacement situé à la droite de la route, fait face en arrière en bataille, pour voir et battre au besoin le débouché du défilé.

« Cependant, en dépit de la fatigue, nos soldats **ne sont pas aussi pressés que de coutume** de se livrer au repos ; ils s'arrêtent à regret, l'air inquiet et le regard tourné vers Haraucourt, comme s'ils redoutaient une nouvelle attaque. C'est en hésitant que les cavaliers et les conducteurs descendent de cheval ; les fantassins débouclent lentement leur sac et ne se séparent de leur fusil qu'après s'être assurés que la cartouche est bien à sa place.

« Les plus prévoyants trouvent encore au fond de leur sac un morceau de biscuit, mais la grande majorité a épuisé ses provisions. Point de rires ; point de tapage ; l'aspect général du camp est grave ; il est le reflet de la situation.

« Au bout d'une heure, la fatigue l'ayant emporté sur les préoccupations, le camp est plongé dans le silence du sommeil. Nos grand'gardes veillent. Un homme veille aussi, au milieu de ces ombres endormies : c'est le général Douay.

« Il songe, avec anxiété, au temps qui s'écoule ; il compte le nombre d'heures qui le séparent de l'aube ; car il ne se dissimule pas qu'avec le jour les Prussiens arriveront à la Meuse, et il sent qu'il faut, à 3 heures du matin, n'avoir plus un homme en deçà du fleuve.

« Ses inquiétudes ne sont que trop fondées. Dès le matin, le Génie avait établi, à l'aide de quelques bateaux, sur la Meuse, près de Remilly, une passerelle en bois, étroit passage réservé à l'infanterie, et où deux hommes seulement pouvaient s'engager de front ; à côté de la passerelle, il avait également construit un pont destiné à l'artillerie et à la cavalerie. Ce dernier n'avait guère plus de 2 mètres de large. Or, sous le poids des voitures, les terres avaient fini par céder, les bacs qui supportaient le tablier du pont avaient été en partie submergés, le pont s'était affaissé, et il se trouvait à 4 ou 5 centimètres au-dessous du niveau des eaux. La fermeture du barrage destiné à inonder les abords de Sedan avait encore contribué à cet état de choses, en amenant une crue subite de la Meuse.

« Le passage d'un fleuve sur un pont jeté est toujours une opération délicate ; quand il faut l'exécuter dans de pareilles conditions et au milieu d'une obscurité qui fait du moindre émoi une cause de désordre, toute difficulté devient danger.

« De quart d'heure en quart d'heure, les officiers laissés au pont de Remilly viennent rendre compte de la situation. Elle se modifie peu ; l'encombrement est considérable ; le passage est toujours lent.

« Il est déjà 9 heures et demie.

« Impatient de juger la situation par lui-même, et de voir sur place s'il est absolument impossible de donner à ces masses d'hommes, de chevaux et d'artillerie un écoulement plus rapide, le commandant du 7e corps monte à cheval avec son état-major pour se rendre au pont de Remilly. Le pont n'est qu'à 1 kilomètre du village, mais quel travail que de se frayer un passage au milieu de ces enchevêtrements d'hommes, de canons, de voitures et de chevaux ! Au bout d'une demi-heure, pendant laquelle vingt fois nous sommes sur le point de renoncer à avancer, nous atteignons enfin le pont.

« Il est 10 heures. La division de cavalerie de Bonnemains est engagée sur le pont. Les chevaux, effrayés de ne pouvoir distinguer ce plancher mouvant caché sous les eaux et qui se dérobe sous leurs pieds à chacun de leurs pas, n'avancent qu'avec répugnance, le cou tendu, les oreilles dressées. Droits sur leurs étriers, enveloppés dans leurs grands manteaux blancs, les cuirassiers passent silencieux ; ils semblent portés par les eaux. Deux feux, allumés sur chacune des rives, aux deux extrémités du pont, éclairent, seuls, de leur lumière blafarde, hommes et chevaux; leurs flammes se reflètent, d'une façon étrange, dans les casques brillants des cavaliers, et donnent à ce spectacle quelque chose de fantastique.

« A 10 heures un quart, le 7ᵉ corps commence son mouvement; notre artillerie divisionnaire s'avance sur le pont. Les chevaux hésitent; ils se cabrent sous l'éperon du conducteur.

« Ici, c'est un caisson qui se renverse et qu'il faut précipiter dans la Meuse; là, c'est un cheval qui se prend la jambe entre deux madriers, qui tombe, qui cherche en vain à se relever, et qu'on laisse aller au courant pour déblayer la voie. Cependant on s'engage, on se presse, on passe, on finit, après mille efforts, sous l'étreinte d'une angoisse indicible, par atteindre la rive opposée.

« A 1 heure et demie du matin, le général Douay retourne à Remilly; il s'assure que chacun est à son poste et que les officiers ont leurs hommes sous la main; puis, il revient au pont pour hâter encore le passage, car le temps presse : il est 2 heures, et nous n'avons encore pu jeter que deux régiments et trois batteries sur la rive droite de la Meuse!

« C'est à ce moment que le commandant de Bastard, attaché à l'état-major du maréchal de Mac-Mahon, nous apprend que l'armée entière se dirige vers Sedan.

« A cette nouvelle, le commandant du 7ᵉ corps, qui a sous la main les adjudants-majors, fait transmettre par ceux-ci, aux chefs de corps, l'ordre de se porter immédiatement sur Sedan, chacun pour leur compte et par la manœuvre la plus rapide. S'adressant ensuite au général du génie Doutrelaine, il lui confie le soin de veiller à ce que toutes les troupes en train d'effectuer leur mouvement l'aient terminé avant le jour et il lui commande de ne se remettre en marche qu'après avoir fait détruire le pont. Puis, avec son état-major, sa 2º division d'infanterie et son artillerie de réserve, il prend la route de Sedan, en suivant la rive gauche de la Meuse.

« A 5 heures, on arrive à Sedan, suivis, de près, par les troupes qui avaient marché le long de la rive droite, et par la division Conseil-Dumesnil qui, la veille, avait traversé le fleuve à Villers.

« Le commandant de la place de Sedan, sommé d'ouvrir ses portes, laisse pénétrer dans la ville les soldats du 7º corps. Hommes et chevaux sont brisés par la fatigue, la faim et le froid. Les chevaux font pitié : ils se traînent plutôt qu'ils ne marchent. Quant aux hommes, la lassitude est arrivée à ce point, qu'à peine assis, les plus énergiques succombent au sommeil (1). »

Pour mettre la dernière main au tableau de M. Bibesco, tout en acceptant la majeure partie de ses pittoresques et lugubres descriptions, nous ajouterons que le prince a oublié de nous raconter que le général Douay, pris de peur, fit sauter le pont de Remilly, « alors que la réserve d'artillerie du 7º corps et une partie de son infanterie se trouvaient encore sur la rive gauche de la Meuse (2) ». De là, désordre, retards, paniques, traînards prisonniers, de sorte que cette queue du 7º corps arriva à Sedan, par la rive gauche de la rivière, en fort piteux état. Oui, ce corps avait atteint la ville de Turenne non seulement dans un complet état d'épuisement, mais encore dans un état complet de désorganisation.

(1) Prince Bibesco, pp. 111 à 117.
(2) Général de Woyde, t. II, p. 252.

RÉSULTATS ET CONSIDÉRATIONS

Il ne nous reste plus qu'à donner les résultats de cette lamentable journée, qu'à exposer les considérations qu'elle provoque.

Bien que « les assaillants aient fait plus de pertes que les défenseurs (1) », cette victoire allemande était désastreuse pour nous (2).

« La journée du 30 août porte à l'armée de Châlons un coup irrémédiable. Un corps d'armée, le 5ᵉ, est en déroute; un autre, le 7ᵉ, fortement ébranlé. Le total de nos pertes atteint 246 officiers et 7 260 hommes tués, blessés ou disparus, dont près de 4 700 pour le 5ᵉ corps. Plus de 2 000 prisonniers non blessés, 42 bouches à feu, une grande quantité de matériel de tout genre sont tombés aux mains de l'ennemi (3), » abandonnés au moment de la surprise du camp (4).

« Le 5ᵉ corps n'échappa à une destruction complète, le 30 août, que grâce à un concours fortuit de *deux circonstances* relativement heureuses (*sic*) : les difficultés de terrain que rencontrèrent les troupes allemandes à l'aile droite et l'intervention des 7ᵉ et 12 corps (5). »

Le rédacteur de la *Section historique* oublie le courage admirable des chefs et des soldats du 5ᵉ corps et accorde une trop grande importance à l'action fugitive et involontaire de Félix Douay en la mettant au même rang que celle de Lebrun, qui

---

(1) *Mémoires du maréchal de Moltke*, p. 103.
(2) Alfred Duquet, *Frœschwiller, Châlons, Sedan*, p. 320.
(3) Général Palat, 1ʳᵉ partie t. VI, p. 448. — *La Guerre franco-allemande*, 1ʳᵉ partie, p. 1 047. — Général de Woyde, t. II, p. 254. — Général Derrécagaix, p. 282.
(4) *La Guerre franco-allemande*, 1ʳᵉ partie, p. 1 047.
(5) *Section historique*, IIIᵉ série, II, p. 181.

fut immédiate, constante, raisonnée, action qui, seule, sauva le 5ᵉ corps.

La victoire coûtait 3500 hommes à l'armée de la Meuse; pour le IVᵉ corps : 126 officiers et 2878 hommes tués ou blessés; pour le XIIᵉ corps : 4 officiers et 85 hommes tués ou blessés. Les Bavarois comptaient 15 officiers et 421 hommes tués ou blessés (1). « Ce résultat montre avec quel acharnement nos soldats s'étaient défendus malgré les déplorables conditions de combat dans lesquelles ils s'étaient trouvés (2). »

« Les troupes de l'armée de Châlons avaient eu, déjà, auparavant, beaucoup à souffrir par suite de l'insuffisance des vivres, ainsi qu'en raison des mauvaises dispositions de marche, qui avaient, trop souvent, pour conséquence d'entraîner des modifications apportées aux directions de marche prescrites. Ces troupes étaient épuisées, bien qu'en réalité elles n'eussent marché qu'avec lenteur; leurs forces morales et physiques avaient été soumises à une tension exagérée, sans avoir amené cependant un résultat satisfaisant. L'irrésolution dont faisaient preuve les chefs supérieurs était ressentie, à un haut degré, par les soldats français, qui sont très sensibles et très impressionnables. Il suffisait seulement du choc le plus léger pour ébranler sérieusement le sentiment de la cohésion et de la discipline, qui chancelait déjà à ce moment. Ce choc fut produit par la défaite du 30, à Beaumont (3). »

Dans son histoire, le général Palat fait remarquer, avec amertume, que la majorité de nos troupes.

---

(1) *La Guerre franco-allemande*, 1ʳᵉ partie, p. 263*. — Arthur Chuquet, p. 94.
(2) *L'armée française devant l'invasion et les Erreurs de la « Débâcle »*, par un capitaine de l'armée de Metz. p. 66.
(3) Général de Woyde, t. II, pp. 254 et 255. — *Ibid.*, p. 290.

le 30 août, « fit preuve de peu de solidité (1) ». Il cite, à l'appui de son assertion, le 14ᵉ bataillon de chasseurs qui perdit 14 hommes ; le 49ᵉ de ligne, 180 hommes ; le 27ᵉ, 70 hommes ; le 17ᵉ, 207 hommes, dont la plupart disparus (2).

Sans doute, comme nous aurons la tristesse de le constater à Sedan, il y eut des défaillances à Beaumont, mais elles furent rares et compensées par des traits d'héroïsmes superbes (3). Nous affirmons qu'un corps d'armée surpris par trois corps ennemis, canonné par une artillerie formidable, qui recule, de midi et demi à 8 heures du soir, en disputant le terrain pied à pied, n'est pas composé de lâches. Au contraire, nous considérons la résistance du 5ᵉ corps, ce jour-là, comme fort remarquable et répétons que ces vaillants auraient fait d'excellente besogne militaire s'ils avaient été commandés (4).

« Dans cette défaite de Beaumont, le patriotisme, l'orgueil national, le sentiment militaire trouvent cependant une consolation. Voilà 5 000 soldats qui

---

(1) Général Palat, 1ʳᵉ partie, t. VI, pp. 448 et 449.
(2) Ibid., p. 448.
(3) « Quelques officiers et soldats, Français indignes, en petit nombre heureusement, prirent la fuite..... mais le reste du corps d'armée se reforma tant bien que mal et soutint vigoureusement le choc ennemi. » (Les Étapes douloureuses, par Albert Verly, p. 76.) — Ibid., p. 77.
(4) » Les soldats du 5ᵉ corps se comportèrent, le 30 août, avec un vaillance que dépassèrent, rarement, des troupes surprises dans des conditions aussi critiques. » (Section historique, IIIᵉ série, II, p. 80.) — « Un corps, affaibli par la fatigue et les privations, surpris à un moment donné par l'artillerie ennemie, et ne songeant qu'à se retirer plus loin, ne peut offrir une résistance ni réglée ni sérieuse. On ne peut donc assez admirer la bravoure déployée par les troupes françaises pendant la bataille de Beaumont. Elles prirent l'offensive à plusieurs reprises, empêchèrent les troupes prussiennes de déboucher pendant un moment et nous étonnèrent par la rapidité avec laquelle elles se déployèrent. » (Lettres sur la Stratégie, par le prince de Hohenlohe, t. II, pp. 251 et 252.) — Paul Déroulède, 1870, Feuilles de route, pp. 157 et 158. — Eugène Véron, pp. 208 et 209.

tiennent tête à une puissante armée. Ces soldats n'ont plus de chefs ; ils ne peuvent espérer une victoire, mais ils se battent noblement, vaillamment, sans compter sur la moindre récompense ; ils meurent, non pour une gloire retentissante, mais pour le devoir, pour l'honneur de la patrie (1). » La très regrettable assertion du général Palat ne tient donc pas debout ; il serait à souhaiter que la France eut, aujourd'hui, des soldats de la trempe de ceux du 5ᵉ corps !

Sans la surprise, les vaincus auraient dû être les vainqueurs. Depuis Wissembourg jusqu'à Beaumont, *sans la surprise*, toutes nos défaites auraient dû se changer en victoires.

Le général Maillard reconnaît le bien-fondé de cette affirmation quand il écrit : « Ayons un service de sûreté, et la guerre change de face ; nos reconnaissances signalent l'ennemi ; nos avant-postes tiennent les portes de nos champs de bataille ; l'entrée en scène des armées allemandes ne se fait plus avec cette audace et ce sans-façon qui sont le résultat de notre négligence autant que le fait de leur ardeur ; quant à nous, renseignés, couverts, nous avons du champ : nous marchons à l'attaque, ou nous l'attendons, ou nous nous retirons ; plus de surprise, plus de combat infligé ; nous restons une armée active, mobile, apte à la manœuvre et capable de victoire ! Et cependant notre conduite au combat a montré que la race n'avait pas dégénéré ; jamais, à aucune époque, l'armée française n'a combattu avec plus de courage, de ténacité, et de vigueur qu'à Frœschwiller ; que faut-il donc pour que le service de sûreté fonctionne (2) ?

« Le général de Failly s'était efforcé de racheter,

---

(1) Général Ambert, t. I, p. 342.
(2) Général Maillard, p. 474.

par une bravoure excessive, ses coupables négligences et avait eu un cheval tué sous lui (1). » Mais pour saisir la victoire, à la guerre, il faut, comme le déclare, fort justement, le général Maillard, « une pensée militaire directrice ». « Il faut que le chef ait un but ; autrement quelle mission donner à la cavalerie, à une reconnaissance, à une avant-garde, à des avant-postes ? Sans but, le service de sûreté n'a pas de raison d'être : puisqu'il garantit la liberté d'action, encore faut-il savoir comment on veut agir ! Pourquoi étions-nous à Spicheren, à Borny, à Rezonville, à Saint-Privat ? Qui le saura jamais ? Nous étions là, par le fait des circonstances, sans volonté comme sans but (2). »

Ni en Lorraine, ni en Alsace, ni à Paris, Le Bœuf, Bazaine, Mac-Mahon, Trochu, Ducrot n'avaient un *but*. A Châlons, à Reims, à Beaumont, à Sedan, le duc de Magenta en avait bien un : rejoindre Bazaine, seulement il n'a jamais cru pouvoir l'atteindre et a tout fait pour le manquer.

Portons, maintenant, un jugement sur la bataille de Beaumont.

Que serait-il arrivé si le maréchal de Mac-Mahon, saisissant avec rapidité la gravité de la situation du général de Failly, appréciant en véritable homme de guerre les avantages défensifs et offensifs des positions de Beaumont et de Stonne, sachant qu'il n'aurait encore à combattre qu'une partie des forces ennemies ; que serait-il arrivé si, faisant revenir brusquement vers le sud les corps qu'il entraînait au nord, il s'était jeté sur des troupes fatiguées à le poursuivre et que la rapidité et l'ardeur de cette

---

(1) Amédée Le Faure, t. I, p. 288.
(2) Général Maillard, p. 474.

poursuite avaient forcément séparées du gros de l'armée ; s'il les avait ainsi écrasées les unes après les autres, leur infligeant la démoralisation d'une première défaite et donnant à ses propres soldats, si impressionnables, le suprême bonheur, l'enivrante satisfaction de chanter enfin victoire?

Nous allons démontrer que ce n'est point un rêve que nous faisons, en ce moment, qu'il était possible de recommencer les grandes choses accomplies par Napoléon Ier en 1814, et d'inscrire sur les registres de la patrie une nouvelle campagne de France tout aussi glorieuse que la première, et probablement plus heureuse dans son dénoûment. Etablissons les positions des armées le 30 août.

Le 1er corps et la division de cavalerie de Bonnemains étaient à Remilly (18 kilomètres du champ de bataille, 10 kilomètres de Mouzon); le 12e corps et la division de cavalerie Margueritte étaient à Mouzon (10 kilomètres de Beaumont) ; enfin, comme nous l'avons vu, le général Douay passait à Stonne (10 kilomètres de Beaumont). Toutes ces positions ont été relevées par nous dans les ouvrages français et allemands et, du reste, elles ne sont contestées de personne (1).

Le XIIe corps (saxon) campait, le 29 au soir, au sud de Nouart. Ce corps partit de cette ville le 30, à 10 heures du matin (2), passa par Laneuville-sur-Meuse et arriva à Létanne vers 1 heure, après avoir parcouru cinq lieues. Le IVe corps, qui se tenait à l'ouest d'Andevanne, poussa droit sur Beaumont,

---

(1) Voir notamment Ducrot, de Wimpffen, Bibesco et Borbstaedt.
(2) L'ordre de marche de l'armée allemande pour le 30 août indiquait 10 heures du matin comme heure de départ. (Colonel Borbstaedt, p. 611.)

en traversant Beauclair, et apparut devant le corps du général de Failly, à midi et demi, après avoir franchi 18 kilomètres. La cavalerie saxonne éclairait ces deux corps. La Garde, qui occupait Buzancy, suivit le mouvement du IVe corps, en longeant Bois-des-Dames, et atteignit Beaumont dans la soirée, après avoir fait 18 kilomètres par des chemins de forêt très incommodes, très accidentés et très défoncés.

A côté de ces trois corps, qui pouvaient prendre part à la bataille de Beaumont, il faut placer le restant de l'armée allemande que son éloignement du théâtre de la lutte rendait peu redoutable.

C'est d'abord le Ier corps bavarois campé, le 29, au soir, au sud de Sommerance. Or, il y a près de huit lieues de ce village à Warniforêt et à Beaumont, il n'aurait donc pu apporter son concours que fort tard, avec des troupes fatiguées d'une longue marche.

Même observation pour le IIe corps bavarois, qui bivouaquait au sud-est de Saint-Juvin (1), c'est-à-dire à la même distance de Beaumont que le Ier corps; aussi bien, la route étant déjà encombrée par celui-ci, le IIe fit à peine quatre lieues pendant la journée du 30 et s'arrêta à Sommauthe.

Le Ve corps occupait Grand-Pré, à 30 kilomètres de Beaumont, mais il ne pouvait gagner cette ville, puisque les chemins étaient déjà remplis par les Ier et IIe corps bavarois. Il lui fallait choisir un autre itinéraire : il reçut l'ordre de se porter sur Oches par Saint-Pierremont : il se trouvait alors à 28 kilomètres de Stonne et à 36 de Beaumont. Sa coopération aurait donc été nulle.

---

(1) **Au sud de Cornay**, dit M. de Moltke, c'est-à-dire à une lieue plus loin de Beaumont. (*La Guerre franco-allemande*, 1re partie, carte du 29 août.)

Le XIe corps était au sud de Monthois, village situé à quatre lieues à l'ouest de Grand-Pré. Aussi n'est-ce qu'à grand'peine qu'il atteignit Stonne le 30 au soir, après avoir traversé Vouziers et le Chesne et fourni 38 kilomètres (1).

Le VIe corps bivouaquait à Varennes (plus de 44 kilomètres de Beaumont); comment aurait-il pu porter secours à l'armée de la Meuse, surtout lorsque les rares chemins qui mènent au nord étaient déjà noirs de troupes? Car il ne faut pas oublier que les routes sont très peu nombreuses et très accidentées dans les Ardennes et l'Argonne, que le réseau des communications latérales est encore plus incomplet, de sorte que les Allemands *osaient à peine espérer que les diverses colonnes pussent se maintenir en liaison constante ou se prêter un appui réciproque, pendant la marche en avant des deux corps d'armée* (2).

Quant aux IVe, V^e et VIe divisions de cavalerie, garnissant le flanc gauche des Allemands, leur appui ne devait pas être bien efficace, et par suite de la nature boisée et escarpée du terrain d'opération, et à cause de l'encombrement des chemins déjà défoncés par les pluies (3).

On voit ainsi combien la marche en avant de l'armée de la Meuse était aventureuse; on voit comme il eût été facile à un général habile, ayant toutes ses troupes sous la main, à quelques kilomètres de la lutte, d'écraser en détail des adversaires disséminés. Hélas! M. de Moltke comptait

---

(1) Nous donnons toutes ces distances sans tenir compte des petits détours. Il y aurait donc peut-être lieu de les augmenter de quelques kilomètres.

(2) Colonel Borbstaedt, p. 612.

(3) Pour tous ces mouvements, consulter les cartes et les ouvrages du colonel Borbstaedt, du prince Bibesco et de la *Guerre franco-allemande*.

bien sur la démoralisation de l'armée française et l'indécision de son chef.

Et pourtant, nous le répétons, quelle belle occasion pour le Maréchal de culbuter les uns après les autres les corps allemands arrivant, brisés de fatigue, à trois et quatre heures d'intervalle ! En effet, non seulement Mac-Mahon avait tous ses bataillons à une lieue de l'armée de la Meuse, mais il possédait encore quatre magnifiques routes pour jeter ses soldats sur elle, alors que le prince royal de Saxe ne pouvait amener que difficilement ses réserves au secours de ses divisions engagées. Le Maréchal avait à sa disposition : la route de Mouzon à Létanne, le long de la Meuse ; celle de Mouzon à Beaumont, par le bois Givodeau ; celle de Remilly à Beaumont, par Yoncq ; celle de Stonne à Beaumont, sans compter les autres chemins parallèles qui conduisent tous aux hauteurs dominant cette dernière ville du côté du nord, et nous savons déjà que ces collines commandent les bois et les routes par lesquels arrivèrent les Allemands.

Il nous semble que les 7e et 1er corps français, flanqués de la division de cavalerie de Bonnemains, devaient disputer la ligne Stonne-Mont-Damion, la Besace-Yoncq, et que les 5e et 12e corps, appuyés par la division Margueritte, devaient défendre la ligne Gloriettes-la-Harnoterie-Yoncq. L'armée française se serait, bien entendu, portée en avant vers 2 ou 3 heures, en renversant les faibles troupes qu'elle aurait eues devant elle, et ce n'eût été qu'à la dernière extrémité, et poussée par des forces supérieures, qu'elle aurait réoccupé et défendu les formidables positions que nous venons de nommer.

« Si seulement 15 000 hommes, dit le curé de Beaumont, d'après les officiers allemands, étaient venus, avec une dizaine de batteries, couronner ces hauteurs vers 2 heures et demie, la face des choses eût immédiatement changé. La force numérique (il s'agit du seul corps de Failly) eût été moins inégale et les avantages immenses de la position auraient fait le reste. L'armée prussienne, dont certains corps plièrent un instant devant les 12 000 combattants du général de Failly, eût été refoulée et culbutée dans la vallée (1).

Nous pensons ne pas devoir insister. La simple exposition des emplacements respectifs des corps d'armée, le matin du 30 août, est plus éloquente que les meilleurs raisonnements ; aussi bien, en admettant que le Maréchal eût eu la lumineuse idée de livrer bataille à Beaumont, il aurait évité, même s'il n'avait pas remporté une victoire décisive, la défaite et la déroute du 5° corps, la désorganisation du 7°, et nous avons la persuasion que le résultat, quel qu'il fût, n'aurait toujours pas été aussi désastreux que celui de Sedan (2). Mais, « lorsqu'ils

(1) *L'armée de Mac-Mahon*, par l'abbé Defourny, p. 129. — On comprend bien que le curé de Beaumont n'est ici que l'écho des officiers allemands qu'il a entendus. — Mac-Mahon « aurait dû réunir, ce jour-là, toutes les troupes sur une position défensive (Stonne, la Besace, Yoncq, bois Givodeau). On aurait appuyé l'aile droite au bois du Mont-Dieu, dont on aurait barré les chemins avec une poignée d'hommes, et l'aile gauche à la Meuse. Je ne crois pas que cette position eût été imprenable ; nos deux armées auraient fini par la forcer, mais peut-être au prix d'une deuxième bataille pendant laquelle les corps français auraient pu faire filer leurs convois sur Mézières par plusieurs routes (une au nord, deux au sud de la Meuse). S'ils avaient été forcés d'évacuer la position, ils auraient pu battre en retraite par les mêmes chemins sans être gênés par leurs convois. » (Prince de Hohenlohe, *Lettres sur la Stratégie*, t. II, p. 249.)

(2) Alfred Duquet, *Frœschwiller, Châlons, Sedan*, pp. 343 à 349. — La *Section historique* a suivi notre raisonnement et adopté les conclusions que nous émettions en 1879 quand elle a écrit : « Si, même le 30, averti par le combat de la veille, le Maréchal se fût tenu prêt à accepter la bataille, avec tous ses corps, sur la ligne Stonne, la Besace, Yoncq, bois Givodeau, il eût disposé de moyens suffisants pour repousser toutes les attaques de l'ennemi (l'héroïsme, déployé par les soldats du 5° corps surpris, en fait foi) puis, éventuellement, sauver son armée en la mettant définitivement en retraite vers le nord-ouest. » (IIIᵉ série, II, p. 186.)

— Le général Palat, pareillement, a adopté notre manière de

devraient agir, la plupart des généraux en chef restent immobiles, paralysés par de fausses appréhensions (1) ».

En tout cas, si le Maréchal n'avait pas eu la bonne idée de livrer bataille à Beaumont, cette affaire, même aussi malheureuse qu'elle l'a été, aurait dû l'éclairer et le décider à ne pas poursuivre sa marche vers Montmédy. Comme nous l'avons exposé plus haut (2), ce mouvement était faisable au cas où deux jours de marche, au moins, eussent séparé les deux armées adverses; mais le continuer quand les Allemands étaient à nos trousses, quand ils nous canonnaient, nous fusillaient, nous jetaient à la Meuse, dépassait les limites de la bêtise militaire ; le mot n'est pas trop fort.

Pas du tout, Mac-Mahon ne tient point compte du dur avertissement ; il serait libre, peut-être, de s'échapper par l'ouest et d'exécuter, plus facilement que le lendemain du 31 août, que le 1er septembre, une retraite que le général Ducrot voulait, follement, commencer, ce dernier jour, à 9 ou 10 heures

voir et présenté les mêmes observations que nous. (Voir, 1re partie, t. VI, pp. 461 et 462.) — « Puisque la lutte était inévitable, mieux eût valu l'engager sérieusement, le 30 août, sur un terrain où nous aurions pu, si nous l'avions voulu, occuper et garder les hauteurs, plutôt que d'aller, quelques lieues plus loin, nous faire cerner et désarmer fatalement dans la souricière où nous poussait l'ennemi. » (Eugène Véron, p. 219.) — Colonel Grouard, pp. 74 à 76. — « Un des caractères de cette campagne de quelques jours est que les généraux français ont toujours évité le combat, lorsqu'il ne pouvait leur être que favorable, et qu'ils n'ont lutté contre l'adversaire que lorsqu'ils ne pouvaient se dérober à son choc (Ibid., p. 74), » et dans les plus mauvaises conditions. — « Si, le 30, averti par le combat de Nouart de la veille, le Maréchal se fût tenu prêt à accepter la bataille avec toutes ses forces, il avait les moyens suffisants pour repousser toutes les attaques de l'ennemi, puis de sauver son armée en la mettant définitivement en retraite. » (Ibid., p. 83.)

(1) Général de Clausewitz ; *Théorie de la Grande Guerre* ; traduction du lieutenant-colonel de Vatry; Paris, Baudoin, 1886 ; t. I, p. 7.
(2) Voir, *supra*, pp. 241 à 254.

du matin : le Maréchal n'y songe pas et risque l'impossible. On aurait dit « qu'il suffisait d'atteindre la rive droite de la Meuse pour être assuré du succès (1) » !

« La défaite de Beaumont offrait, au moins, cet avantage de rendre le péril pour ainsi dire évident et de permettre d'y échapper, *peut-être*. Au ministre de la Guerre incombe, sans doute, la responsabilité première de la situation critique où se trouvait l'armée (2). Toutefois, il n'avait pas indiqué les routes à suivre pour atteindre Metz ni interdit de vérifier ses assertions relatives à l'avance que le maréchal de Mac-Mahon aurait eue sur le Prince royal. C'était, là, la tâche du chef de l'armée (3). »

Mais comment demander à l'intelligence du duc de Magenta de comprendre un mouvement tactique ou stratégique? Charger, oui; se faire tuer, oui; réfléchir, combiner, ordonner, non ! Le soir de Beaumont, quand le capitaine Bossan, aide de camp de Ducrot, vient trouver le Maréchal, près de Mouzon, afin de chercher des instructions, celui-ci ne donnait aucun ordre précis. ««Mais, enfin, que faut-il dire au général Ducrot? »» demanda le capitaine. — ««Est-ce que je sais, moi ! »» répondit le Maréchal (4). » Voilà l'homme !

Qu'ajouter ? Le soir de Beaumont, Mac-Mahon conservait son absurde sérénité, son aveugle confiance dans le néant et disait au général Lebrun : « La journée a été mauvaise ; le corps d'armée du général de Failly a été fort maltraité par l'ennemi ; la brigade d'infanterie, que vous aviez envoyée en

---

(1) *Section historique*, IIIe série, II, p. 185.
(2) Nous avons déjà fait observer que les responsables sont les républicains, d'abord, qui ont rendu cette marche inévitable, le duc de Magenta, ensuite, qui l'a dirigée en véritable ahuri.
(3) *Section historique*, IIIe série, II, p. 186.
(4) *Les Etapes douloureuses*, par Albert Verly, pp. 86 et 87. — *Ibid.*, p. 92.

avant de Mouzon pour l'appuyer, n'a pas suffisamment tenu sur la position où elle avait été établie. Quoi qu'il en soit, la situation n'est pas désespérée. L'armée allemande, qui est devant nous, compte de 60 à 70 000 hommes au plus. Si elle nous attaque, tant mieux, j'espère bien que nous la jetterons dans la Meuse (1). » Quelle merveilleuse connaissance de la situation !

Nous ne voulons pas quitter cette journée du 30 août sans rapporter une dernière appréciation sur la bataille de Beaumont, sur le duc de Magenta, auquel d'aucuns veulent élever une statue. Mais, comme on prétend, souvent, que nous sommes trop dur à son égard, nous allons transcrire les réflexions d'un général, auquel on ne saurait reprocher de manquer de respect envers un maréchal de France, et qui, cependant, est contraint, par l'évidence des faits, à condamner Mac-Mahon.

« Le général de Failly n'est pas le seul coupable de la surprise de Beaumont. Un autre l'est à un degré de beaucoup supérieur : Mac-Mahon. Comment oublier, en effet, qu'il n'a pas une idée juste de tout le jour, qu'il ne fait que paralyser les inspirations heureuses de ses lieutenants ?...

« Mac-Mahon s'attache, avec une incompréhensible obstination, à la pensée de mettre au plus tôt la Meuse entre ses adversaires et lui. C'est son objectif unique, tout le jour. Il ne songe pas que c'est aussi se rapprocher de la frontière belge et diminuer ses chances de garder intactes ses dernières communications. La bataille de Beaumont est déjà perdue qu'il s'en tient à cette idée néfaste et qu'il intervient pour empêcher Lebrun de soutenir efficacement de Failly. Il ne sait qu'assister passivement au désastre. Quand celui-ci est irré-

---

(1) *Bazeilles-Sedan*, par le général Lebrun, p. 74.

médiable et que, de toute évidence, l'abandon de la marche sur Montmédy s'impose, il prescrit la retraite immédiate des 5e, 7e et 12e corps sur Sedan, sans s'inquiéter de la couvrir réellement, sans assurer l'écoulement de ses colonnes, sans songer à utiliser le 13e corps, qu'il sait en voie de concentration sur Mézières, sans rien prévoir pour notre mouvement au delà de Sedan, pas même la garde ou la destruction des ponts de la Meuse. Que dire d'un pareil commandant en chef (1) ? »

C'est sur cet arrêt sévère et juste que nous terminerons le présent volume.

(1) **Général Palat**, 1re partie, t. VI, pp. 461 et 462.

PIÈCES JUSTIFICATIVES

I

ORDRE DE BATAILLE DE L'ARMÉE DE CHALONS

Commandant en chef : maréchal de Mac-Mahon.

Chef d'état-major général. .	Général de brigade FAURE.
Commandant de l'artillerie.	Général de division FORGEOT.
Commandant du génie . . .	Général de division DEJEAN.
Intendant général	Intendant général UHRICH.

1er CORPS

Commandant	Général de division DUCROT.
Chef d'état-major général. .	Colonel ROBERT.
Commandant de l'artillerie.	Général de brigade JOLY FRIGOLA.
Commandant du génie. . .	Général de brigade LE BRETTEVIL-LOIS.
Intendant	Intendant militaire DE SEGANVILLE.
Prévôt	Chef d'escadron de gendarmerie FLAMBART-DELANOS.

1re DIVISION D'INFANTERIE.

Commandant	Général de brigade WOLFF.
Chef d'état-major.	Lieutenant-colonel DE MONTIGNY.
Commandant de l'artillerie.	Lieutenant-colonel LECOEUVRE.
Commandant du génie . . .	Chef de bataillon BARRILLON.

1re *brigade* : Colonel BRÉGER.
       13e bataillon de chasseurs.
       18e et 96e de ligne.
2e *brigade* : Général DE POSTIS DU HOULBEC.
       45e de ligne.
       1er de zouaves.

Artillerie : 6e, 7e et 8e (à balles) batteries du 9e.
Génie : 3e compagnie de sapeurs du 1er régiment.

2ᵉ DIVISION D'INFANTERIE (1).

Commandant . . . . . . Général de division Pellé.
Chef d'état-major . . . . . Commandant Lambrigot.
Commandant de l'artillerie. Lieutenant-colonel Cauvet.
Commandant du génie. . . Chef de bataillon Dhombres.

1ʳᵉ *brigade* : Général Pelletier de Montmarie.
           16ᵉ bataillon de chasseurs à pied.
           50ᵉ et 74ᵉ de ligne.

2ᵉ *brigade* : Général Gandil.
           78ᵉ de ligne.
           1ᵉʳ tirailleurs algériens (2).

Artillerie : 9ᵉ 10ᵉ (à balles) et 12ᵉ batteries du 9ᵉ.
Génie : 8ᵉ compagnie de sapeurs du 1ᵉʳ régiment.

3ᵉ DIVISION D'INFANTERIE.

Commandant . . . . . . Général de division L'Hériller.
Chef d'état-major . . . . . Colonel Morel.
Commandant de l'artillerie. Lieutenant-colonel Cheguillaume.
Commandant du génie . . . Chef de bataillon Lanty.

1ʳᵉ *brigade* : Général Carteret-Trécourt.
           8ᵉ bataillon de chasseurs à pied.
           36ᵉ de ligne et 2ᵉ de zouaves.

2ᵉ *brigade* : Général Lefebvre.
           48ᵉ de ligne.
           2ᵉ tirailleurs algériens.

Artillerie : 5ᵉ, 6ᵉ et 9ᵉ (à balles) batteries du 12ᵉ.
Génie : 9ᵉ compagnie de sapeurs du 1ᵉʳ régiment.

4ᵉ DIVISION D'INFANTERIE.

Commandant. . . . . . . Général de division de Lartigue.
Chef d'état-major . . . . . Colonel d'Andigné.
Commandant de l'artillerie. Lieutenant-colonel Lamandé.
Commandant du génie . . .

1ʳᵉ *brigade* : Général Fraboulet de Kerléadec.
           1ᵉʳ bataillon de chasseurs à pied.
           56ᵉ de ligne et 3ᵉ de zouaves.

2ᵉ *brigade* : Général de Carrey de Bellemare.
           3ᵉ tirailleurs algériens (3).

---

(1) Le bataillon des francs-tireurs de Paris, fort d'environ 600 hommes, fut versé à la 2ᵉ division le 27 août.

(2) Le 1ᵉʳ régiment de marche fut rattaché à cette brigade à dater du 29 août.

(3) Le 87ᵉ de ligne, qui comptait à cette brigade, avait été laissé à Strasbourg. Le 2ᵉ régiment de marche fut rattaché à cette brigade à dater du 29 août.

Artillerie : 7ᵉ, 10ᵉ (à balles) et 11ᵉ batteries du 12ᵉ.
Génie : 13ᵉ compagnie de sapeurs du 1ᵉʳ régiment.

DIVISION DE CAVALERIE.

Commandant . . . . . . Général de brigade Michel.
Chef d'état-major. . . . . Commandant Régnier.

1ʳᵉ *brigade* : Général de Septeuil.
        3ᵉ hussards,
        11ᵉ chasseurs.
2ᵉ *brigade* : Général de Nansouty.
        2ᵉ et 6ᵉ lanciers.
3ᵉ *brigade* : Colonel Perrot,
        10ᵉ dragons, 8ᵉ cuirassiers.

Réserve d'artillerie :
        11ᵉ et 12ᵉ batteries (12) du 6ᵉ.
        5ᵉ et 11ᵉ batteries (44) du 9ᵉ.
        1ʳᵉ, 2ᵉ, 3ᵉ et 4ᵉ batteries à cheval du 20ᵉ.
        3ᵉ compagnie de pontonniers.
        Détachement de la 4ᵉ compagnie d'ouvriers.

Réserve du génie :
        2ᵉ compagnie de mineurs du 1ᵉʳ régiment.
        1/2 de la 1ʳᵉ compagnie de sapeurs du 1ᵉʳ régiment.
        Détachement de sapeurs-conducteurs du 1ᵉʳ.

5ᵉ CORPS

Commandant . . . . . . Général de division de Failly.
Chef d'état-major général. . Général de brigade Besson.
Commandant de l'artillerie. Général de brigade Liédot.
Commandant du génie. . . Colonel Veye dit Chareton.
Intendant . . . . Intendant militaire Lévy.
Prévôt. . . . . Chef d'escadron de gendarmerie
                    Bellissime.

1ʳᵉ DIVISION D'INFANTERIE.

Commandant . . . . . . Général de division Goze.
Chef d'état-major . . . . Lieutenant-colonel Clappier.
Commandant de l'artillerie. Lieutenant-colonel Rolland.
Commandant du génie . . . Chef de bataillon Merlin.

1ʳᵉ *brigade* : Général Saurin.
        4ᵉ bataillon de chasseurs à pied.
        11ᵉ et 46ᵉ de ligne.
2ᵉ *brigade* : Général Nicolas-Nicolas.
        61ᵉ et 86ᵉ de ligne.

Artillerie : 5ᵉ, 6ᵉ et 7ᵉ (à balles) batteries du 6ᵉ régiment.
Génie : 6ᵉ compagnie de sapeurs du 2ᵉ régiment.

2ᵉ DIVISION D'INFANTERIE.

Commandant . . . . . . Général de division DE L'ABADIE D'AYDREIN.
Chef d'état-major . . . . . Colonel BEAUDOIN.
Commandant de l'artillerie. Lieutenant-colonel PEUREUX DE BOURREULLE.
Commandant du génie . . . Chef de bataillon HEYDT.

2ᵉ *brigade* : Général de MAUSSION (1).
    14ᵉ bataillon de chasseurs.
    49ᵉ et 88ᵉ de ligne.

Artillerie : 5ᵉ (à balles) et 8ᵉ batteries du 2ᵉ régiment.
Génie : 8ᵉ compagnie de sapeurs du 2ᵉ régiment.

3ᵉ DIVISION D'INFANTERIE.

Commandant . . . . . . Général de division GUYOT DE LESPART.
Chef d'état-major . . . . . Colonel LAMBERT.
Commandant de l'artillerie. Lieutenant-colonel MONTEL.
Commandant du génie . . . Chef de bataillon HUGON.

1ʳᵉ *brigade* : Général ABBATUCCI.
    19ᵉ bataillon de chasseurs à pied.
    27ᵉ et 30ᵉ de ligne.
2ᵉ *brigade* : Général DE FONTANGES DE COUZAN.
    17ᵉ et 68ᵉ de ligne.

Artillerie : 9ᵉ (à balles), 11ᵉ et 12ᵉ batteries du 2ᵉ régiment.
Génie : 14ᵉ compagnie de sapeurs du 2ᵉ régiment.

DIVISION DE CAVALERIE.

Commandant . . . . . . Général de division DE BRAHAUT.
Chef d'état-major . . . . . Lieutenant-colonel PUJADE.

1ʳᵉ *brigade* : Général DE PIERRE DE BERNIS.
    5ᵉ hussards.
    12ᵉ chasseurs.
2ᵉ *brigade* : Général SIMON DE LA MORTIÈRE.
    5ᵉ lanciers.

Réserve d'artillerie :
    6ᵉ et 10ᵉ batteries (4) du 2ᵉ régiment.
    11ᵉ batterie du 10ᵉ régiment et 11ᵉ du 14ᵃ (12).
    3ᵉ et 6ᵉ batteries du 20ᵉ régiment à cheval.
    5ᵉ compagnie de sapeurs du 2ᵉ régiment.
    Détachement de sapeurs-conducteurs.

(1) Le général de Maussion, promu divisionnaire le 25 août, partit pour Paris le 27, et passa au 14ᵉ corps. Le colonel Kampf, du 49ᵉ, prit le commandement de la brigade.

7e CORPS

Commandant	Général de division Douay (Félix).
Chef d'état-major général .	Général de brigade Renson.
Commandant de l'artillerie.	Général de brigade Liégeard.
Commandant du génie. . .	Général de brigade Doutrelaine.
Intendant	Intendant militaire Largillier.
Prévôt.	Chef d'escadron de gendarmerie Mény.

1re DIVISION D'INFANTERIE.

Commandant.	Général de division Conseil-Dumesnil.
Chef d'état-major	Colonel Sumpt.
Commandant de l'artillerie.	Lieutenant-colonel Guillemin.

1re *brigade* : Général Le Normand de Bretteville.
      17e bataillon de chasseurs à pied.
      3e et 21e de ligne.
2e *brigade* : Général Chagrin de Saint-Hilaire.
      47e et 99e de ligne.

Artillerie : 5e, 6e et 11e (à balles) batteries du 7e régiment.
Génie : 2e compagnie de sapeurs du 2e régiment.

2e DIVISION D'INFANTERIE.

Commandant	Général de division Liébert.
Chef d'état-major	Colonel Rozier de Linage.
Commandant de l'artillerie.	Lieutenant-colonel Clouzet.
Commandant du génie. . .	Chef de bataillon Dormont.

1re *brigade* : Général Guiomar.
      6e bataillon de chasseurs à pied.
      5e et 37e de ligne.
2e *brigade* : Général de La Bastide.
      53e et 89e de ligne.

Artillerie : 8e, 9e et 12e (à balles) batteries du 7e régiment.
Génie : 3e compagnie de sapeurs du 2e régiment.

3e DIVISION D'INFANTERIE.

Commandant	Général de division Dumont.
Chef d'état-major	Lieutenant-colonel Duval.
Commandant de l'artillerie.	Lieutenant-colonel Bonnin.
Commandant du génie. . .	Chef de bataillon Hélie.

1re *brigade* : Général Bordas.
      52e et 72e de ligne.
2e *brigade* : Général Bittard des Portes.
      82e et 83e de ligne.

Artillerie : 8ᵉ, 9ᵉ et 10ᵉ (à balles) batteries du 6ᵉ régiment.
Génie : 4ᵉ compagnie de sapeurs du 2ᵉ régiment.

DIVISION DE CAVALERIE.

Commandant . . . . . . Général de division Ameil.
Chef d'état-major . . . . . Chef d'escadron Boquet (*par intérim*).
1ʳᵉ *brigade* : Général Cambriel.
    4ᵉ hussards.
    4ᵉ et 8ᵉ lanciers.
Réserve d'artillerie :
    8ᵉ et 12ᵉ batteries (4) du 12ᵉ régiment.
    7ᵉ et 10ᵉ batteries (12) du 7ᵉ régiment.
    3ᵉ et 4ᵉ batteries du 19ᵉ régiment à cheval.
Réserve du génie :
    12ᵉ compagnie de sapeurs du 2ᵉ régiment.
    Détachement de sapeurs-conducteurs du 1ᵉʳ régiment.

12ᵉ CORPS

Commandant . . . . . . Général de division Lebrun.
Chef d'état-major général . Général Gresley.
Commandant de l'artillerie. Général de division Labastie.
Commandant du génie . . . Général de division Ducasse.
Intendant . . . . Intendant militaire Rossi.
Prévôt . . . . Chef d'escadron de gendarmerie Lubet.

1ʳᵉ DIVISION D'INFANTERIE.

Commandant . . . . . Général de division Grandchamp.
Chef d'état-major . . . . . Colonel Mircher.
Commandant de l'artillerie. Lieutenant-colonel de Rollepot.
Commandant du génie . . . Chef de bataillon Bourgeois.
1ʳᵉ *brigade* : Général Cambriels (1).
    deux compagnies (les 7ᵉˢ) des 1ᵉʳ et 2ᵉ bataillons de chasseurs à pied.
    22ᵉ et 34ᵉ de ligne.
2ᵉ *brigade* : Général de Villeneuve (2).
    58ᵉ et 79ᵉ de ligne.
Artillerie : 3ᵉ et 4ᵉ batteries du 15ᵉ régiment.
    4ᵉ batterie (à balles) du 4ᵉ régiment.
Génie : 5ᵉ compagnie de sapeurs du 3ᵉ régiment.

(1) Nommé général de division le 25 août.
(2) Colonel au 22ᵉ de ligne; nommé général de brigade le 25 août.

2ᵉ DIVISION D'INFANTERIE.

Commandant . . . . . Général de division DE LACRE-
TELLE (1).
Chef d'état-major . . . . . Chef d'escadron DÉADDÉ.
Commandant de l'artillerie. Lieutenant-colonel COLCOMB.
Commandant du génie. . . X...

1ʳᵉ *brigade* (2) : Général LA SERRE (3).
Deux compagnies (les 7ᶜˢ) des 17ᵉ et 20ᵉ bataillons de chasseurs à pied.
1ᵉʳ régiment de marche (4ᵉˢ bataillons des 1ᵉʳ,
6ᵉ et 7ᵉ de ligne);
2ᵉ régiment de marche (4ᵉˢ bataillons des 8ᵉ, 24ᵉ,
33ᵉ de ligne).

2ᵉ *brigade* : Général MARQUISAN.
3ᵉ régiment de marche (4ᵉˢ bataillons des 65ᵉ,
91ᵉ, 94ᵉ de ligne).

3ᵉ *brigade* : Général LOUVENT.
14ᵉ, 20ᵉ et 31ᵉ de ligne.

Artillerie :
3ᵉ et 4ᵉ batteries du 7ᵉ régiment.
4ᵉ batterie (à balles) du 11ᵉ régiment.
10ᵉ batterie (à balles) et 11ᵉ du 8ᵉ régiment.

Génie : 7ᵉ compagnie de sapeurs du 1ᵉʳ régiment du génie.

3ᵉ DIVISION D'INFANTERIE.

Commandant . . . . . Général de division DE VASSOIGNE.
Chef d'état-major . . . . . Colonel DE TRENTINIAN.
Commandant de l'artillerie. Lieutenant-colonel NOURY.
Commandant du génie. . . Chef de bataillon ROULET.

1ʳᵉ *brigade* : Général REBOUL.
1ᵉʳ et 4ᵉ régiments de marche d'infanterie de
marine.

2ᵉ *brigade* : Général MARTIN DES PALLIÈRES.
2ᵉ et 3ᵉ régiments de marche d'infanterie de
marine.

Artillerie : 7ᵉ, 8ᵉ et 9ᵉ batteries du 10ᵉ régiment.
Génie : 11ᵉ compagnie de sapeurs du 2ᵉ régiment.

---

(1) Promu divisionnaire le 23 août, et remplace le général Maissiat.
(2) Cette brigade fut dissoute le 29 août et ses éléments versés au 1ᵉʳ corps.
(3) Depuis le 23 août seulement, remplaçant le général baron Nègre.

DIVISION DE CAVALERIE.

Commandant : . . . . . Général de division DE SALIGNAC-
FÉNELON.
Chef d'état-major . . . . . Lieutenant-colonel ARMAND.

1re *brigade* : Général SAVARESSE.
1er et 7e lanciers.

Commandant . . . . . Général de division LICHTLIN.
Chef d'état-major . . . . . Chef d'escadron GRANTHIL.

1re *brigade* : Général LEFORESTIER DE VENDEUVRE.
7e et 8e chasseurs.

2e *brigade* : Général YVELIN DE BÉVILLE.
1er et 7e lanciers.

Réserve d'artillerie :
5e, 6e, 10e et 12e batteries (4) du 10e régiment.
8e et 9e batteries (12) du 14e régiment.
1re et 2e batteries du 19e régiment à cheval.
3e batterie du 4e régiment.
3e et 4e batteries (4) du 14e régiment.
11e, 12e, 13e (à balles) du régiment d'artillerie de marine.

Réserve du génie :
4e, 11e, 14e compagnies de sapeurs du 3e régiment.

RÉSERVE DE CAVALERIE

1re DIVISION DE CAVALERIE.

Commandant . . . . . Général de brigade MARGUERITTE.
Chef d'état-major . . . . . X...

1re *brigade* : Général TILLIARD.
6e chasseurs.
1er hussards.

2e *brigade* : X...
1er et 3e chasseurs d'Afrique.

2e DIVISION DE CAVALERIE.

Commandant . . . . . Général de division BONNEMAINS.
Chef d'état-major . . . . . Lieutenant-colonel DE TUGNY.

1re *brigade* : Général GIRARD.
1er et 4e cuirassiers.

2e *brigade* : Général DE BRAUER.
2e et 3e cuirassiers.

Artillerie : 7ᵉ batterie du 19ᵉ régiment à cheval.
Une pièce de la 8ᵉ batterie (à balles) du 19ᵉ (1).

II

DÉCRET
NOMMANT LE MARÉCHAL DE MAC-MAHON,
GÉNÉRAL EN CHEF DE L'ARMÉE DE CHÂLONS

(L'original est de la main de M. Rouher,
la signature est de Napoléon III.)

Napoléon, par la grâce de Dieu et la volonté nationale, Empereur des Français,

A tous présents et à venir, salut ; avons décrété et décrétons ce qui suit :

Article premier.

Le maréchal Mac-Mahon, duc de Magenta, est nommé général en chef de toutes les forces militaires composant l'armée de Châlons et de toutes celles qui sont ou seront réunies sous les murs de Paris ou dans la capitale.

Notre ministre de la Guerre est chargé de l'exécution du présent décret.

Fait à Reims, le 21 août 1870.

Napoléon.

Pour l'Empereur.

Le ministre de la Guerre (2).

---

(1) D'après la *Section historique*. La Guerre de 1870-71, L'armée de Châlons, Organisation et Projets d'opérations, La Marche sur Montmédy ; *Documents annexes* ; pp. 1 à 10. — Pour la composition exacte des corps, divisions, etc., se reporter à ce document.
(2) *Papiers et Correspondance de la Famille impériale* ; t. 1, pp. 59 et 60.

III

PROJET D'UNE LETTRE DE NAPOLÉON III AU MARÉCHAL DE MAC-MAHON

(De la main de M. Rouher.)

Maréchal,

Nos communications avec le maréchal Bazaine sont interrompues. Les circonstances deviennent difficiles et graves. Je fais appel à votre patriotisme et à votre dévouement, et je vous confère le commandement général de l'armée de Châlons et des troupes qui se réuniront autour de la capitale et dans Paris.

Vous aurez, Maréchal, la plus grande gloire, celle de combattre et de repousser l'invasion étrangère.

Pour moi, qu'aucune préoccupation politique ne domine, autre que celle du salut de la patrie, je veux *être votre premier soldat* (1), combattre et vaincre ou mourir *à côté de vous*, au milieu de mes soldats (2).

IV

PREMIER PROJET D'UNE PROCLAMATION DU MARÉCHAL DE MAC-MAHON.

CABINET DE L'EMPEREUR.
Le secrétaire particulier.

Quartier impérial, le 18

Soldats,

L'Empereur me confie le commandement en chef de toutes les forces militaires qui, avec l'armée de Châlons, vont se réunir autour de la capitale.

Mon désir le plus ardent aurait été de me porter au

---

(1) Tous les mots en italiques sont rayés sur la pièce originale.
(2) *Papiers et Correspondance de la Famille impériale*, t. 1, p. 60.

secours du maréchal Bazaine; mais, après un mûr examen, j'ai reconnu cette entreprise impossible dans les circonstances où nous nous trouvons. *Nous ne pourrions nous rapprocher de Metz avant plusieurs jours. D'ici à cette époque, le maréchal aura dû briser les obstacles qui l'arrêtent; notre marche directe sur Metz n'aurait se* (1).

Pendant notre marche vers l'est, Paris aurait été découvert et une armée prussienne nombreuse pouvait arriver sous ses murs. Après les revers qu'elle avait subis sous le Premier Empire, la Prusse a créé une organisation militaire qui *lui permet d'armer rapidement son peuple et de mettre en quelques jours sous les armes sa population entière; elle dispose donc de forces considérables. Les fortifications de Paris arrêteront le flot ennemi; elles nous donneront le temps et les moyens* lui a permis de mettre en mouvement des armées considérables. Les fortifications de Paris arrêteront *le flot* l'ennemi et nous donneront le temps *d'organiser* d'utiliser à notre tour toutes les forces militaires du pays. L'ardeur nationale est immense, la patrie est debout, j'accepte avec confiance le commandement que l'empereur me confère. Soldats, je compte sur votre patriotisme, sur votre valeur, et j'ai la conviction *qu'avec de la persévérance* que nous vaincrons l'ennemi et le chasserons de notre territoire (2).

V

DEUXIÈME PROJET D'UNE PROCLAMATION DU MARÉCHAL DE MAC-MAHON

(Ce projet est écrit de la main de M. Rouher.)

Soldats,

L'Empereur me confie les fonctions de général en chef de toutes les forces militaires qui, avec l'armée de Châlons, se réuniront autour de Paris et dans la capitale. *Mon vif*

---

(1) Tous les mots en italiques sont rayés sur la pièce originale.
(2) *Papiers et Correspondance de la Famille impériale*, t. I, pp. 61 et 62.

désir et ma première pensée (1). Mon désir le plus ardent était de me porter au secours du maréchal Bazaine, mais cette entreprise était impossible. Nous ne pouvions nous rapprocher de Metz avant plusieurs jours; d'ici à cette époque, le maréchal Bazaine aura sans doute brisé les obstacles qui l'arrêtent; d'ailleurs, pendant notre marche directe sur Metz, Paris restait découvert et une armée prussienne nombreuse pouvait arriver sous ses murs.

Le système des Prussiens consiste à concentrer leurs forces et à agir par grandes masses.

Nous devons imiter leur tactique, je vais vous conduire sous les murs de Paris, qui forment le boulevard de la France contre l'ennemi.

Sous peu de jours, l'armée de Châlons sera doublée. Les anciens soldats de 25 à 35 ans rejoignent de toutes parts. L'ardeur nationale est immense, toutes les forces de la Patrie sont debout.

J'accepte avec confiance le commandement que l'Empereur me confère.

Soldats, je compte sur votre patriotisme, sur votre valeur; *j'ai l'espoir de vaincre*; et j'ai la conviction qu'avec de la persévérance et du temps nous vaincrons l'ennemi et le chasserons de notre territoire (2).

VI

DÉPÊCHE DÉCHIRÉE DONT LA COMMISSION CHARGÉE DE PUBLIER LES PAPIERS SAISIS AUX TUILERIES A PU RETROUVER LES MORCEAUX

L'Impératrice à l'Empereur.

Je reçois *une* (3) dépêche *de* Pietri. — Avez-vous *réfléchi à* toutes les conséquences qu'amènerait votre rentrée à

(1) Tous les mots en italiques sont rayés sur la pièce originale.
(2) *Papiers et Correspondance de la Famille Impériale*, t. 1, pp. 62 et 63.
(3) Les mots ou fragments de mots en italiques appartiennent à trois morceaux qui n'ont pas été retrouvés.

Paris sous *le* coup de deux *revers?* Pour *moi,* je n'ose prendre *la* responsa*bilité* d'un conseil. — Si vous *vous* y *décidez,* il faudrait au moins *que* la *mesure* fût présentée au pays comme *provisoire* : l'Empereur revenant à *Paris* réorganiser la deuxième armée et confiant provisoirement le commandement en chef de l'armée du Rhin à Bazaine (1).

VII

QUATRIÈME ARMÉE

Commandant en chef : le prince royal de Saxe.
Chef d'état-major, Général-major DE SCHLOTHEIM.

CORPS DE LA GARDE PRUSSIENNE

Commandant, le prince AUGUSTE DE WURTEMBERG.
Chef d'état-major, Général-major DE DANNEMBERG.

Ire division d'infanterie, Général-major DE PAPE :

Ire brigade : { 1er régiment.
Général de Kessel { 3e régiment.

IIe brigade : { Régiment des fusiliers de la Garde.
Général de Médem. { 4e régiment.

Bataillon de chasseurs de la Garde.
Régiment de hussards de la Garde.
Régiment d'artillerie de la Garde (4 batteries).
1re compagnie de pionniers.

IIe division d'infanterie, Général DE BUDRITZKI :

IIIe brigade : { 1er régiment de grenadiers.
Colonel Knappe de Knappstadt. { 3e régiment de grenadiers.

IVe brigade : { 2e régiment de grenadiers.
Général de Berger. { 4e régiment de grenadiers.

1er bataillon de tirailleurs.
2e régiment de uhlans de la Garde.
3e régiment d'artillerie de la Garde (4 batteries).
2e et 3e compagnies de pionniers.

(1) *Papiers et Correspondance de la Famille impériale,* t. I, p. 64.

Artillerie de réserve du corps de la Garde :
3 batteries à cheval.
4 batteries montées.

Division de cavalerie de la Garde, Commandant, Lieutenant général comte DE GOLTZ :

Ire brigade : Général de Brandebourg Ier.	Régiment des Gardes du corps. Régiment des cuirassiers de la Garde.
IIe brigade : Commandant, le prince Albert de Prusse.	1er régiment de uhlans de la Garde. 3e régiment de uhlans de la Garde.
IIIe brigade : Lieutenant général de Brandebourg II.	1er régiment des dragons de la Garde. 2e régiment des dragons de la Garde.

TOTAL du corps de la Garde : 29 bataillons, 32 escadrons, 90 pièces, 3 compagnies de pionniers.

IVe CORPS.

Commandant, Général D'ALVENSLEBEN Ier,
Chef d'état-major, Colonel de THILE.

VIIe division d'infanterie, Lieutenant général DE GROS, dit DE SCHWARZHOFF :

XIIIe brigade : Général de Borries.	26e régiment. 56e régiment.
XIVe brigade : Général de Zychlinski.	27e régiment. 93e régiment.

4e bataillon de chasseurs.
7e régiment de dragons.
4e régiment d'artillerie (4 batteries).
2e et 3e compagnies de pionniers.

Réserves de l'artillerie du corps :

4e régiment d'artillerie : { 2 batteries à cheval. 4 batteries montées.

TOTAL du IVe corps : 25 bataillons, 8 escadrons, 84 pièces, 3 compagnies de pionniers.

XII₍ᵉ₎ Corps (Saxon).

Chef d'état-major, Lieutenant-colonel DE ZERSCHWITZ.

XXIIIᵉ division d'infanterie, Commandant le prince GEORGES DE SAXE :

    XLVᵉ brigade :   { 1ᵉʳ grenadiers (nº 100).
    Général   { 2ᵉ grenadiers (nº 101).
    de Cranshaar.   (Régiment de fusiliers (nº 108).

    XLVIᵉ brigade :   { 3ᵉ régiment (nº 102).
    Colonel Montbée.   { 4ᵉ régiment (nº 103).

1ᵉʳ régiment de cavalerie.
12ᵉ régiment d'artillerie (4 batteries).
2ᵉ et 4ᵉ compagnies de pionniers.

XXIVᵉ division d'infanterie, Général HEHROFF DE HOLDENBERG :

    XLVIIᵉ brigade :   { 5ᵉ régiment (nº 104).
    Général Léonhardi.   { 6ᵉ régiment (nº 105).

1ᵉʳ bataillon de chasseurs (nº 12).

    XLVIIIᵉ brigade.   { 7ᵉ régiment (nº 106).
    Colonel Schultz.   { 8ᵉ régiment (nº 107)

2ᵉ bataillon de chasseurs (nº 13).
2ᵉ régiment de cavalerie.
12ᵉ régiment d'artillerie (4 batteries).
3ᵉ compagnie de pionniers du 12ᵉ bataillon.

Réserve d'artillerie du corps : 42 pièces.

XIIᵉ division de cavalerie (saxonne), Général DE LIPPE :

    Iʳᵉ brigade :   { Régiment de cavalerie de la Garde.
    Général Krugg de Niddo.   { 1ᵉʳ uhlans (nº 17).

    IIᵉ brigade :   { 3ᵉ régiment.
    Général Senff de Pilsach.   { 2ᵉ uhlans (nº 18).

12ᵉ régiment d'artillerie : 1 batterie à cheval.

TOTAL du XIIᵉ corps (saxon) : 29 bataillons, 24 escadrons, 96 pièces, 3 compagnies de pionniers.

DIVISIONS DE CAVALERIE.

Vᵉ division de cavalerie de réserve, Lieutenant général DE RHEINBACH :

    IIᵉ brigade :   { 4ᵉ cuirassiers.
    Général Barby.   { 13ᵉ uhlans.
                                     { 19ᵉ dragons.

XIIe brigade : { 7e cuirassiers.
Général de Brédoff. { 16e uhlans.
{ 13e dragons.

XIIIe brigade : { 10e hussards.
Général du Béderu. { 11e hussards.
{ 17e hussards.

4e régiment d'artillerie. { 1re batterie à cheval.
10e régiment d'artillerie. { 2e batterie à cheval.

VIe division de cavalerie, Commandant, le duc de MECKLEM-BOURG-SCHWERIN :

XIVe brigade : { 6e cuirassiers.
Général { 3e uhlans.
de Diepenbreick-Gruter. { 15e uhlans.

XVe brigade : { 3e hussards.
Général de Rauch. { 16e hussards.

3 régiment d'artillerie (2e batterie à cheval).

TOTAL de la cavalerie : 56 escadrons, 18 pièces.

TOTAL de la IVe armée : 83 bataillons, 120 escadrons, 288 pièces, 9 compagnies de pionniers, ce qui donne 66.400 hommes d'infanterie et 15.000 cavaliers (1).

VIII

Paris, le 18 février 1875.

PROCÈS-VERBAL

Un article a paru dans le journal *Le Gaulois*, en date du lundi 15 février 1875, dans lequel on lit :

«... Le 31 août, dans l'après-midi, les débris du 5e corps se battaient avec une louable énergie sur les hauteurs en avant de Mouzon, assaillis par le IVe corps prussien. Leur droite, en faisant face à Beaumont, était sérieusement menacée par les Bavarois, qui venaient de Warniforêt. Le général de Failly, voyant le danger, dépêcha son premier aide de camp, le commandant Haillot, au colonel du 6e cuirassiers, rangé en bataille sur sa droite, pour le prier de charger l'ennemi afin de dégager l'infanterie. Le colonel demanda un *ordre écrit* que le général ne pouvait lui donner, *le 6e cuirassiers n'étant pas sous ses ordres.*

(1) Prince Bibesco, tableau n° 3.

« Le brave Contenson, colonel du 5ᵉ cuirassiers, se dévoua et, mettant le sabre à la main, chargea à corps perdu sur les Bavarois (les Prussiens). Le colonel fut tué avec la plupart de ses officiers; son régiment fut presque détruit; mais le 5ᵉ corps put gagner le pont de Mouzon et... le 6ᵉ cuirassiers, son colonel en tête, put aussi se replier en bon ordre. »

M. le colonel Martin, colonel du 6ᵉ régiment de cuirassiers, crut devoir faire appel aux souvenirs de M. le lieutenant-colonel Haillot et lui demanda si les faits contenus dans cet article étaient exacts.

M. le lieutenant-colonel Haillot répondit à M. le colonel Martin qu'il ne connaissait pas le signataire de l'article du journal et qu'il ignorait où il avait puisé ses renseignements, mais que, conformément à ses souvenirs, qui étaient restés très présents à sa mémoire, le général de Failly l'avait envoyé, vers 5 heures du soir, porter à la cavalerie l'ordre de charger immédiatement; que la cavalerie du 5ᵉ corps, présente sur les lieux, ne se composant que de deux escadrons du 12ᵉ chasseurs, le colonel de ce régiment avait, en se portant en avant, demandé à être soutenu par les cuirassiers; *qu'alors lui, commandant Haillot,* était accouru au 6ᵉ cuirassiers, *qui dépendait du 12ᵉ corps,* et avait apporté au colonel Martin, commandant ce régiment, de la part du général de Failly, l'ordre de charger pour soutenir les chasseurs. *« Je ne connais que mon général de brigade ou un ordre écrit »*, répondit le colonel Martin, et, en ce moment, sur un commandement de son colonel, le 6ᵉ cuirassiers se mit en mouvement dans une direction opposée à celle où se trouvait le 12ᵉ chasseurs.

M. le colonel Martin ayant mis deux de ses amis, M. Taxile Delord, membre de l'Assemblée nationale, et M. le commandant Ballue, en relation avec M. le lieutenant-colonel Corbin et M. le commandant Mojon, désignés à cet effet par M. le lieutenant-colonel Haillot, ces messieurs exprimèrent en premier lieu les remerciments adressés par M. le colonel Martin à M. le lieutenant-colonel Haillot, en réponse à sa lettre, de laquelle il résulte qu'il était étranger à la rédaction de l'article du *Gaulois* et déclarèrent que M. le colonel Martin acceptait pour vrais et exacts les souvenirs du lieutenant-colonel Haillot : ils communiquèrent ensuite à MM. le lieutenant-colonel Corbin et commandant Mojon l'historique officiel du 6ᵉ cuirassiers, dans lequel se trouve le passage suivant :

«... Les premiers obus ne tardèrent pas à pleuvoir, et une panique s'empara presque immédiatement de l'infanterie, qui se trouvait en première ligne. Cette infanterie lâcha rapidement pied, abandonnant ses positions et l'artillerie qu'elle soutenait. *Ordre fut donné alors, par le général de Fénelon*, à la brigade de réserve, de charger. Le 5ᵉ cuirassiers se déploya en avant au trot, puis prit la charge. Le 6ᵉ cuirassiers suivit le mouvement à la même allure, en colonnes par pelotons. En présence de l'échec et des pertes du 5ᵉ, le général de Béville donna l'ordre de rétrograder et de suivre le mouvement général de retraite. Le 6ᵉ cuirassiers, ralliant les débris du 5ᵉ, repassa l'un des derniers sur la rive droite de la Meuse, protégeant et couvrant jusqu'à la fin la retraite de l'infanterie et du reste de la cavalerie.

« Cette action de cavalerie coûta la vie au colonel de Contenson, au lieutenant-colonel Assant, au commandant de Brincourt, à trois autres officiers et à cinquante hommes environ. Il y eut 80 chevaux tués ou blessés. Quant au 6ᵉ cuirassiers, il y eut deux hommes légèrement atteints; M. le capitaine Volf eut son fourreau de sabre coupé par un projectile et M. le capitaine Guibé un éclat d'obus dans le bras. Le cheval de M. le colonel Martin fut blessé à la tête, d'une balle; M. le lieutenant Ligier eut son cheval tué sous lui et trois chevaux de troupe furent également atteints. »

(Les membres de la Commission : *Petiet*, lieutenant-colonel, président; membres : *Retournard*, capitaine; *Fortier*, lieutenant; *Humbert*, sous-lieutenant.)

A la suite de cette lecture, ces messieurs ont déclaré l'incident clos et ont signé le présent procès-verbal.

Signé : Lieutenant-colonel Ch. Corbin.
Signé : Commandant Mojon.
Signé : Taxile Delord.
Signé : A. Ballue (1).

(1) A nous communiqué par M. de Pontich, receveur municipal de la Ville de Paris, gendre du colonel Martin. — Nous laissons le lecteur juge et nous contentons de faire observer que l'Historique du 6ᵉ cuirassiers se trompe étrangement, quand il déclare que « l'infanterie lâcha rapidement pied (au début de l'affaire), abandonnant ses positions et l'artillerie qu'elle soutenait », puisque, on l'a vu dans le récit de la bataille, elle tint tête aux Allemands, de midi et demi à 7 heures du soir.

AUTEURS & DOCUMENTS CITÉS OU CONSULTÉS

A

Abani (Charles). *La Guerre des peuples en France*; Histoire de la Guerre franco-allemande, 1870-1871.

Ambert (général baron), ancien député, ancien conseiller d'Etat; Paris, Plon, 1873.

Ardant du Picq (colonel). *Études sur le combat*. Préface de M. Ernest Judet; Paris, Chapelot, 1903.

Armée (L') française devant l'invasion et les Erreurs de la « *Débâcle* », par un capitaine de l'armée de Metz; préface du général Iung; Paris, Charles-Lavauzelle.

Armée sans chef (L'); Paris, Champion, 1891.

B

Baraude (Henri). *La Guerre de montagnes*; Paris, Chapelot, 1900.

Bazaine (Lettre de l'ex-maréchal), publiée par le *Times*, n° du 14 septembre 1874.

Bazaine (Procès). Compte rendu sténographique *in extenso* du *Moniteur universel*; *Bibliothèque nationale*, L^{b}h, 897.

Berthaut (général). *Principes de stratégie. Etude de la conduite des armées*; Paris, Dumaine, 1881.

Bitche. Imprimerie de la société de typographie, 1888. Publication de la *Revue du Cercle militaire*.

Bleibtreu (Karl). *La Légende de Moltke*, contribution à l'histoire de la guerre de 1870. Traduit de l'allemand par P.-A. Veling, capitaine au 26° bataillon de chasseurs; Paris, Charles-Lavauzelle.

Bonnal (général). *Freschwiller*; Paris, Chapelot, 1899.

Bonnet (Félix), capitaine au 3e régiment d'artillerie. *Guerre franco allemante, résumé et commentaires de l'ouvrage du Grand Etat-major prussien*; Paris, Dumaine, 1882.

Borbstaedt (colonel A.). *Opérations des armées allemandes depuis le début de la guerre jusqu'à la catastrophe de Sedan et à la capitulation de Strasbourg*; traduit de l'allemand par E. Costa de Serda, capitaine au corps d'Etat-major ; Paris, Dumaine, 1872.

Brackenbury (Henry), capitaine de l'artillerie anglaise (depuis ce temps général), professeur d'histoire militaire à l'Académie royale militaire de Wolwich. *Les Maréchaux de France; Etude de leur conduite pendant la guerre de 1870*; Paris, Lachaud, 1872.

Bruté de Rémur (capitaine). *La Défense des Vosges et la guerre de montagnes;* Paris, librairie militaire Edmond Dubois, 1890.

C

Callet (Auguste), membre de l'Assemblée nationale. *Les Origines de la Troisième république*; Paris, Albert Savine, 1889.

Campagne de 1870 jusqu'au 1er septembre (La), par un officier d'état-major de l'Armée du Rhin (général Robert); Bruxelles, librairie Rozez, 1871.

Campagne de 1870 (La). Traduit du *Times*, par Roger Allou; Paris, Garnier frères, 1871.

Carette (Mme), née Bouvet.

Chabot (Jules de), major au 3e chasseurs ; *Etude historique et tactique de la cavalerie allemande pendant la Guerre de 1870-1871*; Paris, Berger-Levrault, 1887.

Chuquet (Arthur). *La Guerre, 1870-1871*; Paris, Léon Chailley, 1895.

Clausewitz (général de). *Théorie de la Grande Guerre*; traduction du lieutenant-colonel de Vatry; Paris, Baudoin, 1886.

Coopération des Idées (La). Voir Deherme (Georges) et Duquet (Alfred).

Coumès (commandant), ancien professeur à l'Ecole spéciale militaire. *Aperçus sur la tactique de demain mise en* rapport avec la puissance du nouvel armement et l'emploi de la poudre sans fumée; Paris, Baudoin, 1892.

D

Dalsème (A.-J.). Le Siège de Bitche; Paris, Dentu, 1878.

Darimon (Alfred), ancien député de la Seine. Notes pour servir à l'histoire de la Guerre de 1870; Paris, Paul Ollendorff, 1888.

Deherme (Georges). Article de La Coopération des Idées, n° du 16 février 1912.

De Frœschwiller a Sedan: journal d'un officier du 1er corps; Tours, Hachette et Cie, novembre 1870.

Delmas (Emile). De Frœschwiller à Paris; Paris, Alphonse Lemerre, 1871.

Déroulède (Paul). 1870, Feuilles de route; Paris, Félix Juven.

Déroulède (Paul). 70-71, Nouvelles Feuilles de route, de la forteresse de Breslau aux Allées de Tourny; Paris, Félix Juven.

Derrécagaix (général). Histoire de la Guerre de 1870, par V. D***; Paris, à la Direction du Spectateur militaire, 1871.

Dœpfner (général autrichien). Voir Pierron (général).

Ducrot (général). La Journée de Sedan; Paris, Dentu, 1871.

Ducrot (La Vie militaire du général), d'après sa correspondance, 1839-1871, publiée par ses enfants; Paris, Plon, Nourrit et Cie, 1895.

Dumas (F.). Voir Girard (A.).

Duquet (Alfred). La Guerre d'Italie (1894); Paris, G. Charpentier, 1882.

Duquet (Alfred). Frœschwiller, Châlons, Sedan; Paris, Georges Charpentier, 1880.

Duquet (Alfred). Frœschwiller; Paris, Bibliothèque-Charpentier, 1909.

Duquet (Alfred). Metz, Les Grandes Batailles; Paris, Bibliothèque-Charpentier, 1888.

Duquet (Alfred). Metz, Les Derniers Jours de l'Armée du Rhin; Paris, Bibliothèque-Charpentier, 1888.

Duquet (Alfred). *Paris, Le Quatre-Septembre et Châtillon*; Paris, Bibliothèque-Charpentier, 1890.

Duquet (Alfred). *Paris, Chevilly et Bagneux*; Paris, Bibliothèque-Charpentier, 1891.

Duquet (Alfred). *Paris, Le Bombardement et Buzenval*; Paris, Bibliothèque-Charpentier, 1898.

Duquet (Alfred). *La Faillite du Cuirassé*; Paris, Librairie militaire Chapelot, 1906

Duquet (Alfred). *La Victoire à Sedan*; Témoignage préliminaire par Jules Claretie, de l'Académie française; Paris, Albin Michel, 1904.

Duquet (Alfred). *La Patrie*, n° du 20 mars 1901.

Duquet (Alfred). *Question de vie ou de mort*; *La Plume et l'Epée*, n° du 1er août-1er novembre 1907.

Duquet (Alfred). *Prévisions réalisées*; *La Plume et l'Epée*, n° du 1er décembre 1908.

Duquet (Alfred). *La Cote mal taillée de la Marine*; *Revue bleue*, n° du 6 mars 1909.

Duquet (Alfred). *Obus ou torpille*; *Revue bleue*, n° du 9 juin 1909.

Duquet (Alfred). *La Politique navale et la Flotte française*; *La Marine française*, n° de mai 1910.

Duquet (Alfred). *L'Armement nécessaire*; *La Marine française*, nos d'avril, de mai et de novembre 1910.

Duquet (Alfred). *Dernier défi*; *La Coopération des Idées*, n° du 16 janvier 1911.

Duret (Théodore). *Histoire de Quatre-Ans (1870-1873)*; Paris, Georges Charpentier, 1876.

Dussieux (L.), professeur honoraire à l'Ecole de Saint-Cyr. *Histoire générale de la Guerre de 1870-1871*; Paris, Lecoffre, 1881.

E

Echo de Paris (L'). Voir Houssaye (Henry).

Empire et la Défense de Paris (L') *devant le Jury de la Seine*, Compte rendu sténographique des débats; Paris, Hetzel, 1872.

Enquête parlementaire sur les actes du Gouvernement de la Défense nationale; Versailles, Cerf et fils, 1872.

Ernouf (baron). *Histoire des chemins de fer français pendant la Guerre franco-prussienne*; Paris, Librairie générale, 1874.

Erreurs (Les) de la « *Débâcle* », par un capitaine de l'armée de Metz; Paris, Charles-Lavauzelle.

F

Fabre (colonel). *Précis de la Guerre franco-allemande*; Paris, Plon, 1875.

Failly (général de). *Opérations et Marches du 5ᵉ corps*; Bruxelles, Lebègue.

Favre (Jules), de l'Académie française. *Gouvernement de la Défense nationale*, du 30 juin au 31 octobre; Paris, Plon, 1871.

Fay (général). *Etude de Marches, Iéna-Sedan*; Paris, Berger-Levrault, 1899.

Feuillet (Mme Octave); *Souvenirs et Correspondance*; Paris, Calmann-Lévy, 1896.

Fix (colonel). *Le Service dans les états-majors*; Paris, Berger-Levrault, 1891.

G

Gabriel (l'abbé). *Journal du blocus et du bombardement de Verdun*; Verdun, 1872.

Gilbert (capitaine). *Essais de critique militaire*, par G.-G.; Paris, Librairie de la *Nouvelle Revue*, 1890.

Girard (A.), professeur d'histoire au Lycée d'Agen, et F. Dumas, maître de conférences à la Faculté des lettres de Toulouse. *Histoire de la Guerre de 1870-1871*; Paris, Librairie Larousse.

Gohier (Urbain). *L'Armée nouvelle*; Paris, Stock, 1897.

Goltz (colonel van der). *La Nation Armée*; traduit par le capitaine Monet; Paris, Louis Westhauser, 1891.

Grimal (Jean). *La Guerre de 1870 et ses enseignements*, d'après le cours professé au 227ᵉ de ligne; Paris, Librairie universelle.

Grouard (colonel). *L'Armée de Châlons, son mouvement vers Metz 1870*, par A. G***, ancien élève de l'Ecole polytechnique; Paris, Baudoin et Cie, 1885.

Guerre franco-allemande de 1870-1871 (La), rédigée par la Section historique du Grand Etat-major prussien; traduction de M. le capitaine E. Costa de Serda, de l'Etat-major français; Paris, Dumaine, 1874.

H

Halévy (Ludovic), de l'Académie française. *L'Invasion, Souvenirs et récits*; Paris, Calmann-Lévy, 1885.

Haslan (Henri). *Légende et Vérité; Guerre franco-allemande*; Paris, Ollendorff, 1902.

Histoire de l'Armée de Chalons, par un volontaire de l'Armée du Rhin; Paris, Ghio, 1871.

Henry (colonel R.). *L'esprit de la Guerre moderne d'après les grands capitaines et les philosophes*; Paris, Berger-Levrault, 1894.

Hohenlohe-Ingelfingen (Prince Kraft de). *Lettres sur la Cavalerie*; traduites par Ernest Jaeglé, professeur à l'Ecole spéciale militaire de Saint-Cyr; Paris, Hinrichsen et Cie, 1885.

Hohenlohe-Ingelfingen (prince Kraft de), général d'infanterie, aide de camp de S. M. l'Empereur et Roi. *Lettres sur la Stratégie*; traduites par A. Veling, lieutenant d'infanterie, professeur adjoint à l'Ecole d'application de l'artillerie et du génie; Paris, Louis Westhauser, 1888.

Houssaye (Henry), membre de l'Académie française, Article paru dans l'*Echo de Paris*, n° du 6 février 1900.

J

Jacqmin. *Les Chemins de fer pendant la Guerre de 1870-1871*; Paris, Hachette, 1872.

Journal officiel, *Passim*.

K

Kerbrech (général baron Faverot de). *Mes Souvenirs, La Guerre contre l'Allemagne, 1870-1871*; Paris, Plon-Nourrit et Cie, 1905.

L

Laizer (marquis de), officier d'ordonnance du général de Wimpffen. *Sedan, Souvenirs d'un officier supérieur*; Paris, Hinrichsen, 1883.

Lamiraux (général), commandant l'Ecole supérieure de guerre. *Etudes pratiques de Guerre*; Paris, Charles-Lavauzelle.

Lebrun (général). *Bazeilles-Sedan*; Paris, Dentu, 1884.

Lecomte (Ferdinand), colonel fédéral suisse. *Relation historique et critique de la Guerre franco-allemande de 1870-1871*; Paris, Tanera, 1872.

Le Faure (Amédée). *Histoire de la Guerre franco-allemande, 1870-1871*; Paris, Garnier frères, 1875.

Lehautcourt (Pierre) (Général Palat). *Histoire de la Guerre de 1870-1871*; Paris, Berger-Levrault, 1907.

Lonlay (Dick de). *Français et Allemands; Histoire anecdotique de la Guerre de 1870-1871*; Paris, Garnier frères, 1897.

M

Mac-Mahon (Souvenirs inédits du maréchal).

Malo (Charles). *M. de Moltke*; Paris, Berger-Levrault, 1891.

Maillard (colonel L.), professeur de technique générale à l'Ecole supérieure de Guerre (plus tard nommé général). *Les Eléments de la Guerre, Marches, Stationnement, Sûreté*; Paris, Baudoin, 1891.

Margueritte (Paul et Victor). *Le Désastre*; Paris, Plon, 1897.

Margueritte (Paul et Victor). *Histoire de la Guerre de 1870-1871*; Paris, Chamerot.

Margueritte (Paul et Victor). *Les Braves gens*; Paris, Plon-Nourrit et Cie.

Marine française (La). Voir Duquet (Alfred).

Masson-Forestier. *Forêt noire et Alsace, Notes de vacances*; Paris, Hachette, 1903.

Mazade (Charles de). *La Guerre de France, 1870-1871*; Paris, Plon, 1875.

Mazel (G.), ancien officier d'infanterie. *La Tactique des trois armes*; Paris, Berger-Levrault, 1880.

Mézières (Alfred), de l'Académie française. *Récits de l'invasion*, Alsace et Lorraine; Paris, Emile Perrin, 1884.

Militar-Zeitung. Voir Henry (R.), colonel.

Moltke (maréchal comte de), chef du Grand Etat-major. *Mémoires*; édition française par E. Jæglé, professeur à l'Ecole militaire de Saint-Cyr; Paris, Le Soudier, 1891.

Moniteur universel. Voir Pajol (général).

O

Ollivier (Emile). *L'Empire libéral*; Etudes, Récits, Souvenirs; Paris, Garnier frères, 1911.

P

Pajol (général). Relation parue dans le *Moniteur universel* du 22 juillet 1871.

Palat (général). Voir Lehautcourt (Pierre).

Palikao (général Cousin de Montauban, comte de). *Un ministère de la Guerre de vingt-quatre jours*; Paris, Plon, 1874.

Papiers et Correspondance de la Famille impériale; Paris; Imprimerie nationale, 1870.

Patrie (La). Voir Duquet (Alfred).

Patry (Léonce), capitaine adjudant-major au 67e d'infanterie. *Campagne de France de 1870-1871*; *Etude d'ensemble*; Soissons, imprimerie L. Couturier, et Paris, Grand-Rémy, Hénon, 1879.

Pierron (général). *Méthodes de guerre actuelles et vers la fin du XIXe siècle*; Paris, Baudoin, 1886.

Pierron (général). *Stratégie et Grande Tactique, d'après l'expérience des dernières guerres*; Paris, Berger-Levrault, 1887.

Plume et l'Epée (La). Voir Duquet (Alfred).

Pontich (Lettre de M. de).

Poullin (Marcel), ancien rédacteur à la *France militaire*. *Nos Places perdues d'Alsace-Lorraine*; Paris, Bloud et Barral.

Prévost (F.), lieutenant-colonel du Génie à Vincennes. *Les Forteresses françaises pendant la Guerre de 1870-1871*; Paris, Dumaine, 1872.

Procès Bazaine. Compte rendu sténographique *in extenso* du *Moniteur universel*. Bibliothèque nationale, L, 5ʰ, 897.

Procès-verbal de l'affaire colonel Martin. — *Le Gaulois*, n° du 1ᵉʳ février 1875.

R

Rebillot (Lettre à nous adressée par le général baron) en mai 1911.

Relation de la bataille de Frœschwiller; Paris, Berger-Levrault, 1890.

Richard (du Cantal). Voir Pierron (général).

Revue politique et littéraire, n°ˢ des 10 novembre 1877 et 30 octobre 1880.

Revue bleue, n°ˢ des 6 mars et 9 juin 1909.

Rustow. *Guerre des frontières du Rhin, 1870-1871;* traduit de l'allemand par Savin de Larclause, colonel du 1ᵉʳ lanciers; Paris, J. Dumaine, 1871.

S

Scheibert (major). *La Guerre franco-allemande de 1870-1871*, décrite d'après l'ouvrage du Grand État-major et avec son autorisation; traduit par Ernest Jæglé, professeur à l'École militaire de Saint-Cyr; Paris, Berger-Levrault, 1895.

Schneegans (A.), adjoint au maire de l'administration républicaine de Strasbourg, député du Bas-Rhin. *La Guerre en Alsace, Strasbourg*; Paris, Dentu.

Schneider (Louis). *L'Empereur Guillaume*, Souvenirs intimes, revus et annotés par l'Empereur sur le manuscrit original, traduit de l'allemand par Charles Rabany; Paris, Berger-Levrault, 1888.

Section historique. *La Guerre de 1870-1871*; Paris, Librairie militaire Chapelot, 1906.

Simon (Jules), de l'Académie française. *Souvenirs du Quatre-Septembre, Origine et chute du second Empire*; Paris, Calmann-Lévy, 1876.

Stoffel (colonel). *La Dépêche du 20 août 1870*; Paris, Lachaud et Burdin, 1874.

T

Temps (Le), n° du 18 août 1870.

Times (Le). Voir Bazaine (ex-maréchal) et *Campagne de 1870*, traduite par Roger Allou.

Thoumas (général). *Les Capitulations*; Paris, Berger-Levrault, 1886.

Trochu (général). *OEuvres posthumes*; Tours, Alfred Mame, 1896.

V

Verly (Albert). *L'Escadron des Cent-Gardes*; Paris, Paul Ollendorff, 1894.

Verly (baron Albert). *Les Etapes douloureuses*; préface par Etienne Charles; Paris, Daragon, 1908.

Véron (Eugène). *La Troisième Invasion*; Paris, Librairie d'art, 1876.

W

Wartenburg (colonel comte Yorck de). *Napoléon, chef d'armée*; traduit de l'allemand par le commandant Richet, de l'Ecole supérieure de Guerre; Paris, Baudoin, 1899.

Widdern (Von). Voir Palat (général).

Wimpffen (général de). *Sedan*; Paris, Lacroix, Verbœckhoven et Cie, 1872.

Woyde (de), lieutenant général de l'Etat-major général russe. *Causes des succès et des revers dans la guerre de 1870*, traduit par le capitaine Thiry; Paris, Librairie militaire, R. Chapelot, 1900.

Z

Zola (Emile). *La Débâcle*; Paris, Bibliothèque-Charpentier, 1892.

TABLE

	Pages.
L'Œuvre de l'Opposition.	1
Après la défaite	10
Chute du ministère Ollivier.	10
Le ministère Palikao.	31
Vers Chalons	58
Retraite du maréchal de Mac-Mahon.	58
Retraite du général de Failly.	89
Retraite du général Félix Douay	105
Poursuite des Allemands.	123
Attaque de Bitche	138
Bombardement et Prise de Lichtenberg	144
Évacuation de la Petite-Pierre. — Premier bombardement de Phalsbourg	151
L'Invasion.	158
Tentative contre Toul	168
Contre Strasbourg	174
Armée de Chalons.	181
Conseils de guerre des 17 et 21 août.	181
Considérations sur la marche vers Metz, par Verdun, et sur la marche vers Montmédy . . .	220
La Dépêche du 20 août.	254
Mouvements d'aveugles et de boiteux	264
Marche des armées allemandes du 17 au 25 août. Vaine attaque de Verdun.	264
Emploi de la cavalerie par les Français	281
Marche de Mac-Mahon vers le nord	287

Pages.

MARCHE, JOUR PAR JOUR, DES DEUX ARMÉES FRANÇAISE ET ALLEMANDE, DU 26 AU 30 AOUT 297

    Journée du 26 août 297
    Départ du Prince impérial 304
    Conversion des Allemands vers le nord 308
    Journée du 27 août 322
    Journée du 28 août 330
    Journée du 29 août 348

BATAILLE DE BEAUMONT 364

    Installation du 5ᵉ corps à Beaumont. 365
    Surprise du 5ᵉ corps. 377
    Le Champ de bataille 380
    Arrivée de l'ennemi 383
    Arrivée des Saxons 392
    Arrivée des Bavarois. 393
    Attaque du bois Givodeau 400
    Intervention spontanée du général Lebrun 405
    Marche de l'ennemi sur Mouzon 415
    Charge des cuirassiers 420
    Prolongation de la lutte 423
    Fin de la bataille 430
    Superbe résistance du lieutenant-colonel Demange. 433
    Les fuyards du 5ᵉ corps. 437
    Mouvements de Ducrot et de Lebrun. 440
    Inaction de Félix Douay 449
    Résultats et considérations 467

PIÈCES JUSTIFICATIVES 481

AUTEURS ET DOCUMENTS CITÉS OU CONSULTÉS 499

Cartes des opérations militaires (hors texte) :

    De Frœschwiller à Châlons. 59
    De Châlons à Sedan 265
    Champ de bataille de Beaumont. 365

Paris. — L. MARETHEUX, imprimeur, 1, rue Cassette. — 11687.

Extrait du Catalogue de la BIBLIOTHÈQUE-CHARPENTIER
à 3 fr. 50 le volume
EUGÈNE FASQUELLE, ÉDITEUR, 11, RUE DE GRENELLE

OUVRAGES DE M. ALFRED DUQUET

La Guerre d'Italie (1859), avec 8 cartes des opérations militaires.. 1 vol.

Frœschwiller, Châlons, Sedan, avec 5 cartes des opérations militaires (*Épuisé*).................. 1 vol.

Frœschwiller, avec 3 cartes des opérations militaires. 1 vol.

METZ

Les Grandes Batailles, avec 5 cartes des opérations militaires.. 1 vol.

Les Derniers Jours de l'Armée du Rhin, avec 2 cartes des opérations militaires................ 1 vol.

PARIS

OUVRAGES COURONNÉS PAR L'ACADÉMIE FRANÇAISE (PRIX BERGER)

Le Quatre Septembre et Châtillon, avec 4 cartes des opérations militaires........................ 1 vol

Chevilly et Bagneux, avec 2 cartes des opérations militaires.. 1 vol

La Malmaison, Le Bourget et le Trente-et-un Octobre, avec 2 cartes des opérations militaires, 1 plan de l'Hôtel de Ville et 1 fac-simile................ 1 vol

Thiers, le Plan Trochu et L'Haÿ, avec 1 carte des opérations militaires........................... 1 vol

Les Batailles de la Marne, avec 5 croquis et 1 carte des opérations militaires.................. 1 vol

Second Échec du Bourget et Perte d'Avron, avec 3 cartes des opérations militaires............ 1 vol

Le Bombardement et Buzenval, avec 2 cartes des opérations militaires............................. 1 vo

La Capitulation et l'Entrée des Allemands.. 1 vo

10210. — L.-Imprimeries réunies, rue Saint-Benoît, 7, Paris.

www.ingramcontent.com/pod-product-compliance
Lightning Source LLC
Chambersburg PA
CBHW070946240426
43669CB00036B/1872